昭和18年頃撮影の「亜細亜産業」集合写真。右の看板に「聖戦技術協會　アジヤ産業」、左の看板に「立入嚴禁　陸軍省……」と読みとれる。

1列左から4人目矢板玄、5人目工藤孝次郎、7人目柴田宏。

2列左から3人目柴田寿恵子、4人目柴田八重子。

亜細亜産業の社員旅行か。
①母柴田菱子　②矢板玄　③白洲次郎と思われる
④祖父柴田宏　⑤祖母柴田文子　⑥キャノン機関のヘンリー・大西中尉　⑦ガーゲット機関の土山善雄と思われる
⑧キャノン機関のビクター・松井准尉　⑨CICのジョン・田中中尉と思われる　⑩竹谷有一郎と思われる

④
⑤
⑥
⑦
⑧
⑨
⑩
②
③
①

【写真上】 祖父の末弟旬大叔父所有の古いアルバム。左ページ上に、ナンバーがはっきりと写っている車の写真（キャビネ版）が貼ってあったが、なぜか剝ぎ取られている。これも謎だ。（本文409ページ参照）
【写真下】 アルバム右ページに貼ってある写真。問題の車をバックに五男旬（左）と次女寿恵子

完全版

下山事件 最後の証言

柴田哲孝

祥伝社文庫

まえがき

二〇〇五年七月――。

私は『下山事件　最後の証言』を発表し、事件の真相に迫った。その反響は予想を遥かに越えるものだった。あえて「最後の～」としたのは事件から五六年を経過し、生の証言を得られるのはこれが最後だと考えたからだ。だが、私の予想はいい意味で外れることになった。

あれから二年。本書を読み、ある者は啓発され、ある者は記憶を呼び覚まされ、またある者は閉ざし続けてきた心を開くことを決意してくれた。その情報がある時には証言として、ある時には告発として、さらには貴重な資料や物証として私のもとに寄せられる切っ掛けとなった。

けっして〝最後〟ではなかった。むしろ、あらたな〝幕開け〟だったのだ。そして二〇〇七年七月――。

柴田哲孝

目次

GHQ組織図（1949年7月現在）

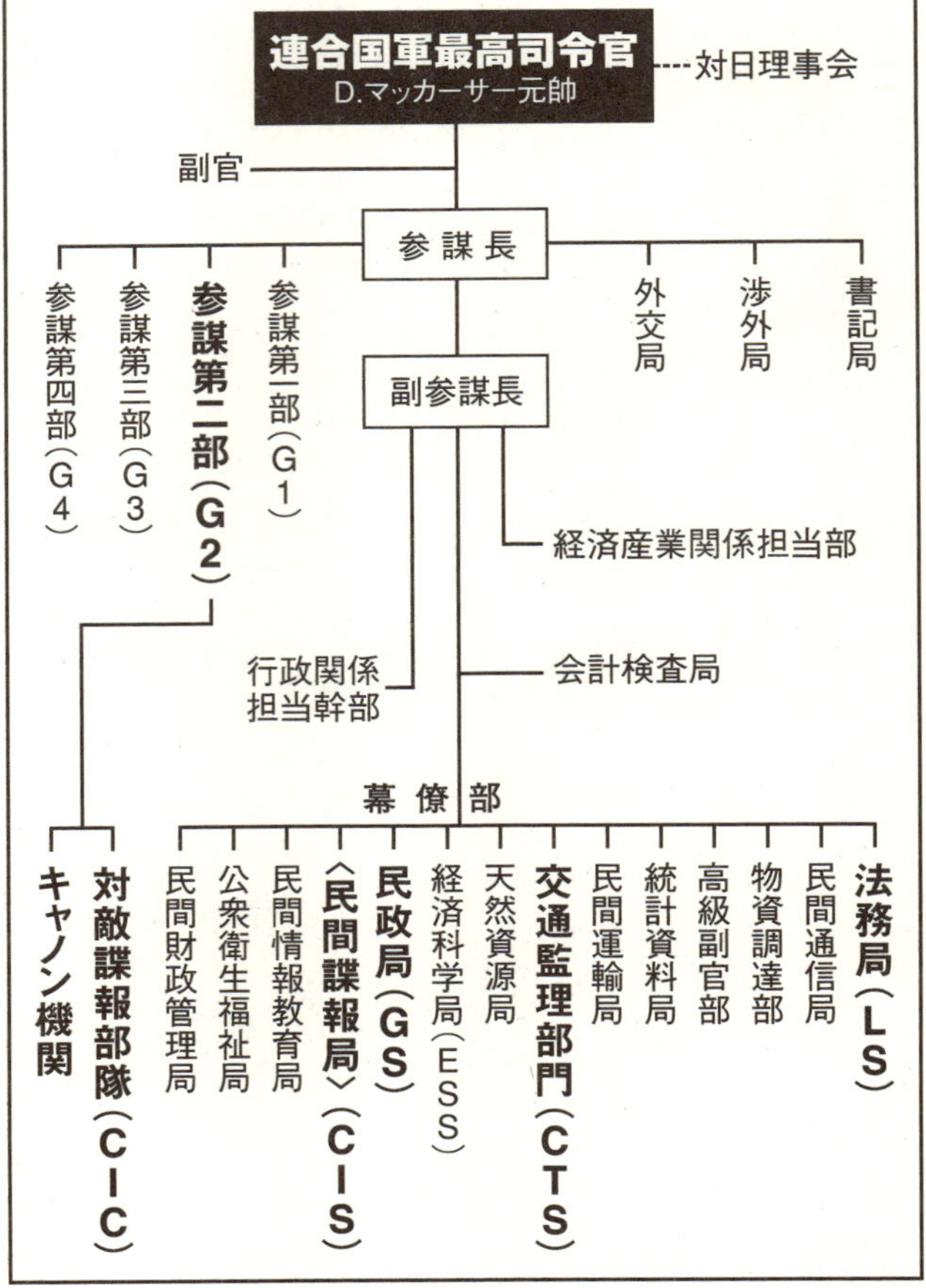

序章

戦後史最大の謎「下山事件」

二一世紀は、かつて遙か遠い未来だった。

だが、いつの間にか我々は、その時代を現実として歩み始めている。

気が付けば平成という年号も日常の隅々にまで浸透して久しい。同時に「激動の昭和」と呼ばれた時代は次第に過去へと押し流され、少しずつ人々の記憶から忘れ去られようとしている。

だが、けっして風化させてはならないものもある。

戦後の動乱が明けやらぬ昭和二四年（一九四九）七月五日。GHQ（連合国軍総司令部）占領下にあった日本で、ひとつの〝事件〟が起きた。その朝、通常どおり大田区上池《かみいけ》上《がみ》の自邸を出た初代国鉄総裁下山定則《しもやまさだのり》は、なぜか丸の内の国鉄本庁へは向かわず大西政雄運転手に日本橋の三越《みつこし》本店に行くよう命じた。その後、神田駅を回り、千代田《ちよだ》銀行（三菱《みつびし》銀行）本店に立ち寄った後、再度三越本店へと向かう。そして午前九時三七分頃、三越南口で車を降りて店内に入っていき、大西運転手を待たせたまま消息を絶った。

次に下山総裁が〝発見〟されたのは翌七月六日未明。場所は足立区五反野《ごたんの》、国鉄常磐《じょうばん》線の北千住駅と綾瀬《あやせ》駅の中間地点だった。午前〇時二四分に北千住駅を発車した最終下り電車の運転士が、東武線が交差するガード下の線路上に人間の死体らしき肉塊が散乱しているのを目撃。後にこれが、前日に失踪した下山総裁の轢死体《れきしたい》であることが確認された。いわゆる『下山事件』である。

当時、下山総裁は国鉄合理化に伴《ともな》う一〇万人規模の人員整理の渦中にあり、その責任者としてきわめて微妙な立場に置かれていた。事件前日の七月四日には第一次人員整理者三万七〇〇〇人の名簿を発表。労働組合との団体交渉の矢面《やおもて》に立ち、「国鉄合理化のために、断乎として（人員整理を）実施する」と宣告したばかりだった。

こうした中での下山総裁の死は、当初からさまざまな憶測を呼んだ。人員整理を苦にした自殺だったのか。それとも他殺だったのか。もし他殺だとするならば、人員整理に反対する労組左派による暗殺なのか。もしくは日米反動勢力（ＧＨＱ→右翼組織）による破壊工作だったのか。後にこれらの憶測は報道や世論のみならず、警察内部までも二分する（捜査一課は自殺説。捜査二課は他殺説）一大論争にまで発展した。

だが警視庁は事件から一ヵ月後の八月四日、捜査本部の合同会議において〝自殺〟と判定。しかし公式発表はせず、その報告書、『下山国鉄総裁事件捜査報告』（以降『下山白書』と表記）をおよそ半年後の昭和二五年二月に雑誌「改造」と「文藝春秋」の両誌に非公式に流出させ、一方的に事件を収束させた。以後、下山事件はその背景や実行犯の特定はもとより、自他殺すら明らかにならぬまま捜査は打ち切られ、事実上の迷宮入りとなって現在に至っている。

事件の起きた昭和二四年は、ある意味で戦後の日本の転換期となる年でもあった。一月には総選挙で民主自由党が圧勝し、単独過半数の二六四議席を獲得して第三次吉田茂内閣が発足。二月には米銀行家のジョセフ・ドッジが公使として来日し、「経済安定九原則」を基盤としたいわゆる〝ドッジ・ライン〟が実行に移された。国鉄が一〇万人規模の大量解雇を余儀なくされた定員法（行政機関職員定員法）もその経緯の一端である。

こうした社会情勢の中で、七月、八月の夏場には国鉄にまつわる怪事件が頻発《ひんぱつ》した。七月五日の下山事件を皮切りに、その一〇日後には無人電車が暴走して多くの死傷者を出した「三鷹事件」。さらに八月一七日未明には福島県内で機関車が脱線転覆し、乗務員三名が死亡した「松川事件」が起きている。

昭和二四年の夏。この歴史の断層ともいえる一時期について、ジャーナリストの斎藤茂男（一九二八～九九年）は自著『夢追い人よ』（築地書館）に次のように書いている。

〈下山事件の確たる真相は、私にはわからない。しかし、あの事件が起きた一九四九年の夏が、戦後の歴史と、日本人の民主主義への希求とをねじ曲げ、ねじ伏せた政治的な夏であったことは、確かなことのように思われる。そのとき、歴史の流れを誰が、どのように変えようとしたのか。……〉

一連の事件の中でも、下山事件には明らかな特異性がある。まず単なる列車妨害事件の範疇《はんちゅう》に止《とど》まらず、政府要人暗殺の可能性を含んでいること。事件後、早くからGHQの関与が噂され、政治的な背景が指摘されていたこと。ある者は事件を「昭和史最大の謎」と呼び、またある時には「日本のケネディ暗殺」にも例《たと》えられてきた。斎藤茂男の言う「歴史がねじ曲げられた起点」。その象徴に位置するのが、下山事件だった。

事件から半世紀以上が過ぎた現在に至るまで、日本のジャーナリズムから〝下山事件〟の文言《もんごん》が忘れ去られたことはない。その間には前述の斎藤をはじめ、朝日新聞社の矢田喜《やだき》美雄《みお》、作家の松本清張、元捜査一課の関口由三など、有名無名の数多くのジャーナリストや知識人がこの謎に挑《いど》み、自説を世に問い続けてきた。そして近年、この下山報道にある変化があった。静かに、かつ確実に、下山論争が再燃する兆《きざ》しを見せ始めている。

「彼」とは、誰なのか

事の発端《ほったん》は事件からちょうど五〇年が経過した平成十一年（一九九九）の夏、「週刊朝日」八月二〇日・二七日合併号に掲載された「下山事件（国鉄総裁怪死）謀殺説に新事実」と題する六ページに及ぶ記事である。この記事の中でフリージャーナリストの森達也は「彼」と称する人物の証言を元に、「彼」の祖父とある組織の代表者「Y氏」が事件の実行犯であるとほのめかしながら、同様の記事を計五回にわたり同誌に連載した。

連載の第一回目の三ページ目に、次のような記述がある。

〈それは事件から三十七年たった一九八六年のことだった。

「彼」の祖父の十七回忌が済んだ夜、親類縁者のだれもが思い出話にふけるなか、酔いが回ったのか、祖父の妹に当たる大叔母がふいに「彼」に向かって口を開いた。

「そういえば、おまえのおじいさん、下山事件に関係してたんだよ」〉

さらに二ページ後に、「彼」が大叔母の証言を確かめるために「Y氏」を訪ねる様子として次のように続く。

〈Y氏は十畳ほどある和室の中央に正座していた。がっしりとした体躯で背は高く、眼光は鋭い。傍らには日本刀が置かれていた。その鋭い眼差《まなざ》しにやや臆しながらも、「彼」は向き合って腰をおろした。

「お前は何者だ」

「以前お世話になった者の孫です」

「証明するものはあるか」

「彼」は自動車免許証を取り出して、見せた〉

そもそも「Y氏」とは何者なのか。週刊朝日の記事は、回を追うごとにその正体を明らかにしていく。「Y氏」が代表を務める組織の名は、「亜細亜《アジア》産業」。その本拠地は下山総裁が行方を絶った三越本店の近くにあり、別名「Y機関」とも呼ばれた。「鹿地《かじ》事件」(左翼作家として知られる鹿地亘《わたる》が拉致《らち》監禁された事件)の実行犯として有名なGHQの「キャノン機関」のキャノン中佐と深い関わりを持ち、その下請け機関として数々の非合法工作に関与していた——。

だが記事は結局、確証を得ることなく謎を残したまま連載を終えている。

これまでにも半世紀にわたる一連の下山報道の中で、実行犯とされる人物、もしくは組織の名は数多く浮上している。事件当初の労組左派説に始まり、朝鮮人説、GHQ説、CIA(米中央情報局)説に至るまで、ありとあらゆる手法で実行犯の特定が試みられ、時代の流れの中に消えていった。だが週刊朝日の「実行犯──→Y氏説」は、過去の数多くの報道とは異なり、一過性のもので終わらなかった。

次に「Y氏」なる人物がマスコミに登場したのは、三年後だった。二〇〇二年一二月、週刊朝日の連載に取材協力した社員記者の諸永裕司《もろながゆうじ》が単行本『葬られた夏 追跡下山事件』（朝日新聞社）を発表。ここでもやはり「彼」の証言を元に、亜細亜産業の「Y氏」を軸にキャノン機関の元工作員をアメリカにまで追跡し、事件の真相に迫ることを試みている。

さらに二〇〇四年二月、週刊朝日に連載した森達也が単行本『下山事件《シモヤマ・ケース》』（新潮社）を出版した。この本はその内容のほとんどが前出の『葬られた夏』に重複するもので、特に目新しさはない。だが森達也は、この本の中で唯一、「Y氏」なる人物の実名が「矢板《やいた》玄《くろし》」であることを暴露している。

個々の内容の相違はともかくとして、週刊朝日──→『葬られた夏』──→『下山事件《シモヤマ・ケース》』と続く一連の報道には、明らかな共通点がある。すべてが「彼」なる人物の大叔母の証言を発端に、「彼」の証言を軸にして、「Y氏」を実行犯とする仮説に基づいて全体が構成されているということだ。確かに二冊の単行本に関してはかなりの追加取材が行なわれ、肉付けがなされてはいるが、そのほとんどに「仮説に誘導する」という意図が見え隠れしている。つまり、「彼」と呼ばれる人物の取材と証言なくしては、一連の報道はいずれも「存在し得なかった」ということになる。

ところがすべての文中に登場する「彼」の証言の部分を読んでみると、理論を展開する上で根幹をなす重要な部分であるにもかかわらず、きわめて不自然な記述が多い。まず、「彼」の正体のみならずその実在すらも明らかになっていない。さらにその証言に関しては明らかに虚実が入りまじっている、と断ぜざるを得ない。

なぜそう断言できるのか。もちろん、確固たる理由がある。なぜなら一連の報道の中の「彼」こそは、実は「私」なのである。つまり「彼」の証言はもとより、「彼」の大叔母の証言、「彼」の母の証言、さらに「Y氏」のインタビューの内容を正確に知る者は、「私」しか存在しないのだ。

「私」の職業はジャーナリストである。その「私」が、なぜいままで下山事件について語らなかったのか。その理由は「私」をはじめ「私」の祖父、大叔母、母親などの血族が、ある意味で下山事件の当事者であったからに他ならない。

だが、いま、「私」は語るべき時が訪れたことを知り、心を固めた。以下に書くことは、「私」が知り得る限りの、我が血族と下山事件に関する真実である。

第一章　血　族

一、祖父・柴田宏《ゆたか》

私の英雄「ジイ君」

かすかな記憶がある。

私は泣きながら、必死に祖父の後ろ姿を追っていた。

季節は、初冬だった。まだ生まれたばかりの弟が母の背に負《お》ぶわれていた頃だから、私はおそらく三歳にはなっていなかったと思う。午前中の穏やかな日射しが、街並を淡い色に染めていたことを覚えている。

祖父の背中は遥か遠くにあった。私は、何かを叫んでいた。祖父の名を呼んでいたのかもしれない。だがその声は祖父の耳には届かず、大人と子供の足の違いもあって、私と祖父の距離は少しずつ遠ざかっていった。

やがて大通りに出ると、祖父は通りかかったタクシーを拾い、その姿が車中に消えて走り去った。私はその場に一人取り残された。すでに家からは遠く、見憶《みおぼ》えのない街の風景の中で、私はただ祖父の名を呼びながら泣き続けていた。その姿を出入りの御用聞きが見つけ、家に連れ帰ってくれたのは、それから小一時間も経ってからだった。家では母や祖母がいなくなった私を探し、大騒ぎになっていた。

当時、祖父は吉祥寺《きちじょうじ》の自宅を事務所にして、鉄道模型や釣り道具を扱う小さな貿易会社を経営していた。日のあたる居間の一角に置かれたデスクが、祖父の仕事場だった。私はいつも、その周囲で遊んでいた。祖父の打つタイプライターの軽やかな音が、いまも耳の奥に残っている。

祖父が商談などのために家を空《あ》けるのは、多くてもせいぜい週に一度か二度のことだったと思う。だがそのたびに私は何かしらの騒動を起こし、家人の手を焼かせた。祖父が出掛けるのを見付ければ、私は必ずその足にしがみついて邪魔をした。外出用のアメリカ製の靴を隠してしまったこともある。以来、祖父は、私に見つからないように勝手口から忍び足で出掛けるようになった。おそらくその日、私は窓から外を歩く祖父の姿を見つけ、母や祖母が目を離した隙《すき》にその後を追ったのだろう。

あの頃の私にとって、祖父は自分の世界の大半を占める大きな存在だった。それこそ朝から晩まで、片時も離れずに祖父を独占していなければ気がすまなかった。一種の守護神のようなものであったのかもしれない。時には仕事の邪魔をして膝の上で戯《たわむ》れ、腕の中で眠り、祖父が歩けば親鶏《おやどり》に従う雛《ひな》のようにその後についてまわった。祖父はそんな私を、いつも優しい眼差《まなざ》しで見守ってくれた。

私が小学生になっても、祖父は男として最も身近な手本であり、良き遊び相手だった。野球、釣り、竹馬、将棋といった当時の男の子の嗜《たしな》みは、すべて祖父が教えてくれた記憶がある。

私と遊ぶ時の祖父は、まるで少年のようだった。近所の遊び仲間が集まって野球が始まると、よく祖父が飛び入りで参加した。祖父は、必ずピッチャーをやらされた。その剛速球とカーブは有名で、少年たちを相手に三振の山を築いた。空地の先の家のガラスを割るほどの大きなホームランを打ったこともある。祖父は、近所の少年たちの間でも英雄だった。

柴田宏。それが私の祖父の名だ。宏と書いて、ユタカと読む。私や弟、近所の少年たちは、その祖父を「ジイ君」と呼んでいた。

祖父は長身だった。痩軀《そうく》だが肩幅が広く、大きな背中をしていた。私はその背中が好きだった。いま振り返ると、私は常に祖父の背中を見つめ、その後ろ姿を追うことによって成長してきたのではないかと思うことがある。もし私が祖父の存在に対して違和感を覚えることがあるとすれば、やがては祖父にも〝死〟という絶対的な瞬間が訪れるという現実だけだった。

だが、その時は意外に早くやってきた。ある日、たまたま私と中野の街を歩いている時に、突然祖父が腹痛を訴え、その場に崩れるように倒れた。近くの病院に担《かつ》ぎ込まれ、手術を受けた。患部を開いてみると、手の施《ほどこ》しようがないほどの末期の癌《がん》であることがわかった。

祖父は自分の体のことを知っていたのではないかと思う。虫歯を自分で抜いてしまうほどの医者嫌いの人だった。おそらく、倒れる何カ月も以前から耐え難《がた》いほどの苦痛があったはずだ。家族に心配をかけまいとしたのか。それとも自分の体力を過信していたのか。私は少年時代、よく祖父の戦時中の武勇伝を聞かされて育った。祖父が戦地で度重《たびかさ》なる窮地を生きながらえたのも精神力であるとするならば、その頑固《がんこ》さが最後には命取りとなった。

昭和四五年（一九七〇）七月一日、一年以上もの闘病生活の末に祖父は息を引き取った。享年《きょうねん》六九。特に祖父が最後の数カ月に見せた凄《すさ》まじいほどの生に対する執念は、私に対して「男とはいかに戦うべきか」を無言のうちに教えようとしていたかのようだった。

まだ一四歳になる直前の多感な年頃だった私にとって、祖父の死は単なる肉親の死という枠《わく》では語りつくせない意味を含んでいた。私は生涯、祖父の死の瞬間を忘れないだろう。それは壮絶なまでの価値観の消滅であり、同時に私が〝少年〟という輝かしくも平穏な時代に訣別《けつべつ》した瞬間でもあった。

「もしかしたら、兄さんかもしれない……」

以来、毎年夏になると、我が家では祖父の法要が恒例となった。祖父は柴田家の九代目の当主であり、七人兄弟の長兄でもあった。節目の回忌の折には横浜の菩提《ぼだい》寺に親類縁者が数十人集まったこともある。

平成三年（一九九一年）七月、その年には祖父の二三回忌にあたる法要があった。この時は私の家族の他に祖父の末の妹の飯島夫妻などが参加しただけのごく身内の法要で、その後、中華街に出て馴染《なじ》みの店でささやかな食事会が行なわれた。

その席で、祖父の思い出話が進むうちに、酒の勢いも手伝ってか突然、大叔母の飯島寿《す》恵子《えこ》が奇妙なことを口走り始めた。

「宏兄さんは、優しい人だったよね。私には、父親みたいな人だったし……。でもね、時々私、思うことがあるのよ。本当は兄さんほど恐ろしい人は、いないんじゃないかって……」

私は箸《はし》を持つ手を止めた。大叔母が何を言わんとしているのか、最初は見当もつかなかった。周囲では私と寿恵子の様子に気付かずに、話がはずんでいる。

「いったい、どうしたのさ。急に……」

私はあえて軽口をたたくように訊《き》いた。だがその時の寿恵子は、尋常な様子ではなかった。目には涙が溜まり、手がかすかに震《ふる》えていた。

「あんた、下山事件て聞いたことあるだろう。あれは自殺だとかなんとかいろいろ言われてるけどね。本当は、殺されたんだよ……」

だが当時の私は、「下山事件」に関してほとんど知識を持っていなかった。昭和二四年夏に初代国鉄総裁下山定則が三越本店で行方を絶ち、翌未明に五反野の線路上で轢死体《れきしたい》で発見されたこと。自他殺両方の説があるが、事件は事実上迷宮入りしていること。私の下山事件の知識はその程度のものでしかなかった。

「まあ、一応は知ってるよ。それがどうかしたの？」

私は平静を装っていた。だが、次に寿恵子が何を言おうとしているのか、漠然《ばくぜん》と予想していたような気もする。

「あの事件をやったのはね、もしかしたら、兄さんかもしれない……」

その一言がすべての発端だった。

謎が多い祖父の経歴

我が家の家系──特に母方の柴田の一族は──とかく噂《うわさ》の多い家柄である。溯《さかのぼ》れば愛媛県の伊達宇和島《だてうわじま》藩の家臣の出で、いまも先祖の墓が伊達家の墓陵に残っている。

先祖の一人が宇和海の海賊の娘と婚姻し、藩が水軍を組織する基盤となったというまことしやかな話もすでに定説となっている。実際に家系図を見ると、日本人名には見当たらない奇妙な名前も存在する。特に祖父や、それ以前の代までは、彫りの深い日本人離れした顔つきの者も多い。その他、坂本竜馬の脱藩の折、祖先の一人が手引きしたとする話。藩の海運業を通じて九十九《つくも》商会（現三菱）の創設者岩崎弥太郎《いわさきやたろう》と親交があったとする話など、根拠のあるなしは別として奇妙な伝承にはこと欠かない。

柴田の一族が宇和島を離れ上京したのは、祖父の先代の柴田震《しん》の時代、明治二八年頃である。その二年後に震は外務省に入省し、結婚して上海《シャンハイ》の領事館に赴任した。

祖父の宏が生まれたのは明治三四年（一九〇一）の一一月だった。その人生は、生い立ちからして幾許《いくばく》かの波乱を予感させるものだった。父震の赴任地である上海で生まれた祖父は、そこで四歳までの幼児期を過ごす。その後、父がジャカルタの領事館に転任。兄弟と共に郷里の宇和島に預けられ、親元を離れて育てられた。

明治四五年に震が品川区北品川の通称御殿山《ごてんやま》に某華族の旧邸を購入。これを機に祖父の宏もあらためて上京した。だが震はその後も赴任地をインドからアメリカ、イギリスと転々とし、各地で役職を歴任。大正三年（一九一四）には第一次世界大戦が開戦したこともあって、年に数日しか日本には帰らなかった。

大正五年四月、祖父宏は明治学院高等商業科（現明治学院大学）へ進学。ここでキリスト教教育を受けると同時に、後に「英国人にも引けを取らない」とまで評される英語力を身に付けることになる。また学業の他には陸上部に籍を置き、砲丸投げやハンマー投げに熱中。一時はオリンピックの候補選手になるほど活躍した。

当時の祖父は、将来は父の跡《あと》を継いで外務省に入ることを志《こころざ》していたという。だがこの頃から、祖父の運命が大きく動きはじめる。

大正一三年九月、末の妹の寿恵子が誕生する。これが前述の大叔母である。だがその三週間前に父震が癌によって他界。まだ五三歳の若さだった。父の死により七人兄弟の長兄だった祖父は、外交官への道を断念せざるを得なくなった。

家族を養う必要に迫られた祖父は、大正一四年、貿易会社「柴田カンパニー」を日本橋に設立。父震の外務省時代の三菱関連の人脈を頼ってイギリスから羅紗《ラシャ》などを輸入し、当初はかなりの成功を収めたようだ。その後、昭和二年に文子《ふみこ》と結婚。七年後の昭和九年一一月に私の母である菱子《りょうこ》が生まれている。

私の母は、祖父の一人娘である。菱子の菱は、〝三菱〟の〝菱〟である。このことからも当時の祖父と三菱との関係の深さが窺《うかが》える。

昭和一二年（一九三七）に日中戦争が勃発《ぼっぱつ》し、かつては同盟国だった日英両国の関係が悪化すると、祖父の会社の経営も急速に行きづまった。昭和一四年、倒産。その後は昭和一六年の第二次世界大戦の開戦を待たずに日本を離れ、軍属として満州やインドネシアを転々とする生活を送った。

戦時中から戦後の一時期にかけて、祖父の経歴には謎が多い。祖父の本当の身分は軍の〝特殊工作員〟であり、特にインドネシア時代は「スパイ活動を行なっていた」と言われ、それが親族の間では暗黙の了解になっていた。私自身、少年時代に祖父から直接そのような話を聞かされ、何の違和感もなく受け止めていた記憶がある。だが、具体的に祖父がどのような〝仕事〟をしていたのかとなると、誰も詳しいことを知らない。

話を一九九一年夏の法事の夜に戻そう。その日の私と大叔母の会話を、以下にできるだけ正確に再現してみたい。

祖父が関わった二つの事件

「あの事件をやったのはね、もしかしたら、兄さんかもしれない……」

寿恵子の口から出た言葉は、ある意味で突拍子もないことだった。自分の家族、しかも私が最も敬愛していた祖父が、昭和史最大の謎といわれる「下山事件」に関わったと言っているのだ。だが私は、不思議なほど冷静だった。心の片隅のどこかで、「ジイ君ならばあり得ないことではない」と考えていたのかもしれない。私は胸からボールペンを抜き、中華料理屋の箸の紙袋にメモを取りだした。

「それ、ジイ君が殺した、ということ？」

私と寿恵子は、いつの間にか周囲から閉ざされたように声をひそめていた。

「わからないよ……。でも殺したのは、宏兄さんじゃないと思う。あんた、亜細亜産業って知ってるだろう。計画したのは社長の矢板（玄《くろし》）さんじゃないかと思うんだよね」

亜細亜産業。確かに私はその社名を知っていた。祖父が戦時中から戦後まで勤めていた貿易会社だ。本社は日本橋室町《むろまち》の通称「ライカビル」の中にあった。業務内容は生前の祖父の言葉を信じるならば、「パルプ産業、もしくは貿易業」ということになる。また戦後はGHQ（連合国軍総司令部）に家具や文具、日用雑貨なども納入していた。大叔母の寿恵子、大叔父喬《たかし》の妻の八重子《やえこ》もほぼ同時期に事務員としてこの会社にいたと聞いていた。寿恵子が口にした、社長の矢板玄という人物にも記憶がある。祖父が亡くなる年の正月まで、毎年必ず年賀状が届いていた。

「どうしてそう思うのさ。何か、根拠でもあるの？」

「変な会社だったんだよ。三階にサロンみたいな部屋があって、右翼だとかヤクザだとかGHQや政治家だとか変な奴らが出入りしててさ。それに、前に昭和電工のこと話しただろう？」

寿恵子の言う「昭和電工のこと」とは、いわゆる「昭電疑獄事件」のことである。昭和二三年九月に起こった復興金融金庫の融資にからむ巨額汚職事件。化学肥料会社である昭和電工社長日野原節三は復興金融金庫から二六億円もの融資を受けたが、その際、一億円以上の金品を賄賂《わいろ》としてＧＨＱのＧＳ（民政局）、政界にばらまいた。それが露見し、最終的には首相の芦田均《あしだひとし》（民主党）をはじめとして六四名が逮捕。内閣総辞職に追い込まれた。

祖父が事件に関わった、もしくは自分が解決したと言っていた事件だ。いずれにしても昭電疑獄事件、下山事件が起きた戦後の昭和二三年から二四年は、祖父が亜細亜産業に籍を置いていた時期と一致する。

「だけど、それだけじゃ亜細亜産業と下山事件は結びつかないね」

「他にもあるんだよ。ライカビルの四階だったかな、矢板さんだけが使う秘密の部屋みたいのがあってさ。一度、まだ戦時中に、矢板さんがいい物を見せてやるって入れてくれたことがあった。そうしたら床下に、金の延べ棒がぎっしり並んでたんだ。百本はあったと思う」

百本の金の延べ棒というのはあまりにも荒唐無稽《こうとうむけい》な話のように思えた。だが後に、寿恵子の言葉にまったく嘘偽《いつわ》りがなかったことが証明されることになる。寿恵子が続けた。

「これは間違いないと思ったのは、二〇年くらい前だったかな。うちの旦那が持ってたんだから週刊文春だと思うけど、週刊誌に下山事件の記事が載《の》っててさ。それを読んでたら、実行犯はライカビルのA産業だと書いてあったのよ。ピンときたね。亜細亜産業だ、って……」

確かに昭和二四年七月の事件当時、「ライカビルのA産業」に該当する会社は亜細亜産業しか存在しない。この記事の特定にはかなり手間どったが、後に週刊文春ではなく、「アサヒ芸能」の昭和四八年八月二日号であったことが判明した。実はささいなことだが、これも不思議な点だった。寿恵子の夫、飯島進《すすむ》が買う週刊誌は長年の間、週刊文春に限られていたからだ。なぜその号に限ってアサヒ芸能を買ったのか、飯島に訊いてみたことがある。だが、「そんなはずはない」の一言で一笑に付されてしまった。

それでもまだ私は半信半疑だった。

「面白い話だけど、その記事そのものが信頼できるのかな」

寿恵子はしばらく考え、そして言った。

「佐久間って男がいたのよ、亜細亜産業に」

「佐久間?」

「そう。下の名前は……思い出せない。もう何十年も前の話だからね。亜細亜産業の社員ではないけど、年中出入りしていた。目つきが鋭くて、怖い男。私のことを気に入っていて、よく口説《くど》かれた。それを兄さんに見られて、ひどく叱《しか》られたことがあるの」

「どうして?」

「あいつは、殺し屋だって。人の血を抜いて喜んでるような奴だから、絶対にやめろって……」

「殺し屋?」

「そうだよ。いつもピストル持って見せびらかしてたしさ」

まるで安っぽい小説のような話だ。だが寿恵子は、真剣な口調で続けた。

「その佐久間という男と、偶然会ったのよ。週刊誌の記事を見た、半年くらい後だったかな。ある人の息子さんの結婚式でね。その時、訊いてみたのよ。私は佐久間と仲が良かったから、冗談半分にさ。下山事件やったの、亜細亜産業だろうって……」

寿恵子はそこで一度、言葉を切った。落ち着きなく中華料理屋の店内を見回し、薄い水割りを口に含み、タバコに火をつけた。

「佐久間は何て言ったの?」

「目つきが変わったわ。それまで笑いながら昔話してたのにさ。急に痣《あざ》がつくくらい人の腕を強く摑《つか》んで、言われたの。いくらお前でもそんなこと口にしたら、殺すぞって……」

まるでいまそこに佐久間がいるように、寿恵子は摑まれたという腕をさすった。

私と寿恵子が話に夢中になっているうちに、いつの間にか円卓を取り囲む場が静まり返っていた。母や、大叔父の飯島進が私たち二人の様子がおかしいことに気が付いたようだ。その時、飯島が言った。静かだが、有無を言わせない口調だった。

「やめなさい。いくら親戚にでも、滅多なことを言うもんじゃない」

話はそこで終わった。普段、酒の席では陽気な寿恵子が、その夜は殻に閉じこもるようにほとんど何も話さなかった。だが、その後に一言か二言、飯島の目を盗んでこんな会話があったことを憶えている。

「本当は飯島の方がよく知ってるはずなんだけどね」

「どうして？」

「だって、あの人も亜細亜産業のサロンの常連だったんだからさ。それに、下山さんもよく知ってたみたいだし……」

祖父は何者だったのか？

我が家に古いアルバムが残っている。祖父のアルバムだ。この一冊に、一九〇一年から一九七〇年までの、祖父の歴史のすべてが残されている。

手垢《てあか》で汚れ、すり切れた革表紙を開く。冒頭の数ページには、幼年期の写真が続く。上海時代のものだろうか。その中で祖父は、いつも何かに怒ったようにカメラを睨《にら》みつけている。

学生服の写真。宇和島の旧制中学時代の祖父は、どこか荒れていながら、一方で憂《うれ》いを含んだ様子がある。祖父は少年の頃から体が大きく活発で、水泳、球技、陸上競技から格闘技に至るまでスポーツは万能だった。腕っぷしの強さに関しても、武勇伝には事欠かなかったようだ。

青年期の祖父の姿は、精悍《せいかん》ですらある。荒々しさは影を潜《ひそ》めているが、目つきはさらに鋭さを増し、知性の中にも意志の強さを窺《うかが》わせる。明治学院時代。おそらく祖父が、外交官を志していた頃の写真だ。

だが、次のページを開くと、二十数年の時空を一気に飛び越えてアルバムの中の風景が一変する。

そこにあるのは、肉親の私が見ても違和感を覚える写真だ。おそらく亜細亜産業の何らかの施設の前で撮《と》られたものだろう。三十数名の社員（うち女性二名）が並ぶ亜細亜産業の集合写真である。男性社員の大半が軍服を着用し、足元を軍靴《ぐんか》やゲートルで固めていることから写真は戦時中のものであることがわかる。写真中央の最前列に座るひと際《きわ》体の大きな男が、総帥《そうすい》の矢板玄だ。同じ最前列の右角には、すでに四〇代の半ばに差しかかった祖父の柴田宏《ゆたか》の姿がある。二列目の女性二人は大叔母の柴田（後に飯島）寿恵子と、やはり祖父の弟の喬の妻・柴田八重子である。つまり、この一枚の写真の中に、私の血縁者が三人もいることになる。

背景の左右には、二枚の看板が写っている。右側に「聖戰技術協會　アジヤ産業〇〇

○」の文字。左側には「立入厳禁　陸軍省○○○」と読める。このことから戦時中の亜細亜産業が、陸軍関連の軍需産業であったことがわかる。
その他にも戦時中、もしくは戦後のものと思われる集合写真が二枚。いずれも室内で撮られたもので、最前列に祖父と矢板玄の姿がある。うち一枚は幹部全員がモーニングなどで盛装し、胸には勲章が光っている。後にこの写真は、昭和一九年の新年に撮影されたものであることがわかった。

祖父の胸にも勲章がある。確かに我が家には、今も勲章が残っている。だが、いつ、どこで、どのような功績により授与されたものなのか。母も、祖母も、その由来を知らない。

ページを繰《く》ると、以後も亜細亜産業時代の写真が続く。どこかの工場で撮られたものだろうか、祖父のアップの写真がある。すでに年齢は五〇代に差しかかろうとしている。私の知る祖父とそれほど時間の差はないはずなのに、顔や眼光の鋭さはまったく別人に見える。

その他にもインドネシア時代の写真。GHQの高官らしき人物らと共に酒宴の席で撮ったものが数枚。中には亜細亜産業の社員旅行の記念写真なのだろうか、矢板玄の家族が社員と共に山を背景に写ったものもある。平穏な写真だ。そこにはやはり祖父と祖母の文子、そして私の母の菱子の姿がある（口絵2～3ページの写真）。

一列、左から四人目矢板玄、五人目工藤孝次郎、七人目柴田宏、
二列、左から三人目柴田寿恵子、四人目柴田八重子

昭和一九年の写真。一列目の左端柴田宏、左から三人目林武、
四人目矢板玄、五人目工藤孝次郎

亜細亜産業――。

確かに、奇妙な会社だ。その総師の矢板玄とは、いったいどのような人物だったのか。横浜での夜の大叔母との会話は、その後も私の脳裡《のうり》に焼き付いたように消せなくなった。下山事件、床下の黄金、佐久間という殺し屋。まるでスパイ小説のストーリーのように現実離れしている。

だが、寿恵子が口から出まかせを言っているとは思えなかった。その必然性もない。さらに、話を止めに入った時の、大叔父の飯島進の態度だ。あれは単に寿恵子の軽はずみな言動をたしなめただけではなく、明らかに事情を知る者の毅然《きぜん》とした反応だった。

あの夜の寿恵子の言葉がよみがえる。

「うちの旦那は、下山さんもよく知っていたみたいだし……」

ジャーナリストという職業柄、私はそれまでにも常識では考えられないような話を聞くことには馴れていた。多少のことでは驚かないし、その真偽を見極める判断力にも自信はあった。だが、この件に関する限り、明らかに自分の能力の範疇《はんちゅう》を超えていた。

以後、私は急速に下山事件の謎に没頭していった。といっても、その興味の対象が事件そのものに集約されていたわけではなかった。むしろ私を駆り立てたのは、祖父柴田宏に対する愛着と好奇心だったような気がする。

祖父は、何者だったのか。そして事件の中で、どのような役割をはたしたのか――。

左側の男性がキャノン機関のヘンリー・大西。後ろの外国人は新聞記者か？

ともかく当時の私には、下山事件に関する知識が必要だった。あの横浜の夜、実は寿恵子は事件の真相を暗示するような重要な言葉を残していた。だが私は、その言葉の意味にすら気付いていなかったのだ。

私は下山事件に関する文献を集め、それを読み漁《あさ》った。

二、下山総裁謀殺事件

戦後の分岐点、昭和二四年

昭和二〇年（一九四五）八月一四日、御前会議は「ポツダム宣言」の受諾を決定。翌一五日正午、昭和天皇が「戦争終結の詔書《しょうしょ》」をラジオにて放送。いわゆる玉音《ぎょくおん》放送である。この瞬間に、太平洋戦争における日本の無条件降伏が事実上決定した。

治安維持法違反により、昭和八年に逮捕され網走《あばしり》刑務所に服役中だった日本共産党の宮《みや》本顕治《もとけんじ》は、当時のことを次のように振り返っている。

〈(八月一五日) 夕方、雑役が「ポツダム宣言受諾」と通知してくれた。(中略)二、三日たって、天皇の勅語のことが正式に所内マイクで独居房の私たちに知らされた。

それから雑役は、来るたびに新聞記事の取次ぎをした。看守長は、私を作業後特別呼び出して、これからは日本はどうなると思うかと新聞を見ながら聞いた。治安維持法は撤廃され、われわれの公然とした活動も可能になろうと答えると、黙って聞いていた〉(『網走

の覚書』新日本文庫）

その後、八月三〇日にGHQ最高司令官ダグラス・マッカーサーが神奈川県の厚木《あつぎ》基地に到着。九月二日に東京湾上の戦艦ミズーリ号において降伏文書に調印がなされ、GHQによる日本統治が一気に加速していくことになる。

GHQがまず着手したのは、日本の「軍産複合体」の徹底的な解体だった。九月二日には軍需生産の全面停止を指令。続く一一月六日には三井、安田、住友、三菱の「四大財閥解体」が決定された。

一般にこの四大財閥の解体は、「GHQの指令によって行なわれた」と認識されている。だが実情は、それほど単純なものではなかった。まず二日前の一一月四日に政府（幣原喜重郎《しではらきじゅうろう》内閣）が「解体計画案」を提出し、GHQがこれを承認。あくまでも「日本側の自主的解体」という建前をとった。その裏には当時のトルーマン米大統領の対日方針のひとつ、「日本政府を通じての間接支配」という原則があった。目的はあくまでも「日本の産業構造の民主化」であった。

下山事件の起きた昭和二四年はGHQの統治下で丸四年になり、その占領政策の大きな分岐点にあたる年でもあった。

一月二三日の総選挙では民主自由党が衆議院四六六議席中二六四議席の単独過半数を確

保して快勝。池田勇人《いけだはやと》、佐藤栄作《さとうえいさく》らの官僚議員が初当選をはたし、第三次吉田内閣が成立した。だが一方で、日本共産党が三五議席を獲得して驚異的な躍進をはたしている。これを機に、それまでGHQのGS（民政局）主導により推進されてきた〃容共〃政策は急激に危険性を露呈し、替わってG2（参謀第二部）が画策する〃反共〃が表面化していくことになる。

さらに二月一日にはジョセフ・ドッジ公使が来日し、「経済安定九原則」、いわゆるドッジ・ラインを施行。経済政策もまた「民主化」から「合理化」へと大きく転換していった。

当時、マッカーサーが吉田茂に宛《あ》てた書簡に、その頃の世相がよく表われている。

「日本は当面あらゆる面で耐乏を覚悟し、自由社会で認められる自由と権利の一部を一時放棄するのもやむをえない。経済安定九原則の目的達成に対する妨害や、政治的思想的反対は絶対に許されず、厳重に取り締まられなくてはならない」

これに対し吉田茂は、新内閣発足の声明の場で次のように応《こた》えている。

「経済安定九原則は強力、忠実にやる。この原則施行に反対する破壊的思想分子は断乎排撃する」

この場合の「破壊的思想分子」とは「日本共産党」、もしくは「共産主義者」を指している。つまり吉田茂は経済安定九原則を隠れ蓑《みの》に、来たるべき「レッド・パージ」（赤狩り)を国家として公言したことになる。

問題は「経済安定九原則」である。これは一ドル三六〇円の単一為替レートの設定、増税、予算案の締めつけなどを軸にした日本経済復興プログラムで、合理化を推進する反面、究極の〝デフレ政策〟でもあった。

　中でも当時の世相に大きな影響を与えたのが、大量解雇を大前提とした各企業団体の合理化案である。これはGHQの労働課が「最終的には二〇〇万人が失業する」ことを想定。マッカーサーをして「社会不安を引き起こしかねない」と憂慮させるほど大規模なものだった。だが、吉田内閣はこの合理化案を忠実かつ冷徹に履行《りこう》していく。四月になると機械、電器、鉄鋼などの民間企業を皮切りに、次々と工場を閉鎖し、人員整理が加速。中でも東芝は全四三工場中六割にあたる二八工場を閉鎖し、一社で民間としては最大の四千人もの解雇者を出した。

　さらに五月四日、吉田内閣は閣議において「行政機関職員定員法案」（定員法）を提示。三〇日にこれを可決させ、公務員二六万七千人の大量解雇が即時発表された。

　この「定員法」のあおりをもろに受けたのが「運輸省鉄道総局」だった。

　当時の鉄道総局は旧満州鉄道などの引揚げ者を受け入れ、職員の数は戦前の倍以上にあたる六〇万人にも達していた。その人件費が財務内容を圧迫し、泥沼ともいえる慢性赤字体質に陥《おちい》っていた。

この赤字体質を打開すべく鉄道総局では、事件の三年前の昭和二一年にも七万五千人規模の大量解雇を計画したことがあった。当時の鉄道総局長官は後に首相となる佐藤栄作。職員局長は後に（下山事件当時）国鉄副総裁を務めた加賀山之雄《かがやまゆきお》である。だが同年九月一四日、ゼネスト（一五日）を楯《たて》にする労組側の猛反発にあい、運輸省は人員整理を断念。その瞬間、佐藤栄作は、「わかった。俺が負けた」と言って涙を流したという。これがいわゆる「九・一五闘争」である。

だが翌年の昭和二二年一月、マッカーサーは約四〇〇万人の労働者が参加した「二・一ゼネスト」に中止を命令。これがさらに公務員の労働争議を禁じた「ゼネスト禁止令」へと発展し、鉄道総局の労組は次第に手足を奪われていく。そこに「定員法」という最終宣告を突きつけられる形になった。

国鉄は戦時中までは鉄道省と呼ばれ、独立した省庁のひとつとして六〇年以上の歴史を持っていた。それが戦後、運輸省の一部門である運輸省鉄道総局に吸収合併された経緯があった。目的は赤字の分担処理である。だが定員法が可決した二日後の昭和二四年六月一日、鉄道総局は再び運輸省から独立して「日本国有鉄道公社」へと生まれ変わった。

名目はあくまでも公共事業体としての独立採算制にある。言葉を換えれば、鉄道部門に限定する大量解雇を目的とした〝切り捨て〟に他ならない。

当時の国鉄の職員は同年五月末現在で五九万八一五七名。これを「定員法」により七月末日までに五〇万三〇七二名に整理。つまり国鉄はその誕生からわずか二ヵ月のうちに、約九万五千人にも及ぶ馘首《かくしゅ》を余儀なくされることになった。

国鉄初代総裁の役割

その国鉄に、初代総裁として就任したのが元運輸次官の下山定則（明治三四年七月生まれ・数え年四九）だった。就任に際して、下山と佐藤栄作の間に次のようなやりとりがあったという。

〈下山が総裁就任前、佐藤の家に来て話すには、

「自分が耳にした話では、今度の総裁は民間人をすえる筈《はず》であったが駄目になり、俺の処《ところ》に来たが、どんなものだろう。総裁は首切りが終ると同時にやめなければならないと云《い》うのでは、考えなければならない」

と云っていたので、佐藤は、

「そんなことはあるまい。就任した方がよいだろう」

となだめてやり、総裁就任をすすめた〉（『下山白書』）

この会話の内容からもわかるように、下山総裁は当初から、馘首《かくしゅ》が完了するまでのわず

か二カ月間に限定された「暫定総裁《ざんてい》」だった。それにしてもなぜこの時期に、下山だったのか。

大量解雇を唯一最大の責務とした総裁の人選は難航をきわめた。日本政府が期待する第一の候補は、鉄道総局時代に職員局長を務めた加賀山之雄だった。だがその加賀山に言わせれば、「よほど殉国《じゆんこく》的な方か、あるいは非常に勇気のある方か、あるいはおバカさんでなければやらない」ということになる。もちろん加賀山が引き受けるわけがない。

『下山白書』によると、元鉄道大臣であった村上義一《むらかみぎいち》にも打診がなされたという。だが、村上もまたこの要請を断わっている。その他にも小林一三《いちぞう》、財界の小林中《あたる》などが候補に挙がったが、誰一人として快諾する者はいなかった。

下山を初代総裁に選んだのはGHQのCTS（交通監理部門）のシャグノン中佐であるとされている。輸送担当の責任者であるシャグノンは、国鉄総裁選考の事実上の決定権を持っていた。前述の下山の「今度の総裁は民間人をすえる筈」という言葉にもあるとおり、シャグノンはその条件として「政治的な背景を持たない人物」を希望していた。その条件に合致したのが、大屋晋三《おおやしんぞう》運輸大臣により推薦された下山定則だった。

下山は技術畑出身の技官である。「政治的な背景――」という面においては、同じ国鉄の内部でも事務系の加賀山より明らかに適役だった。とにかく「汽車好き」で真面目《まじめ》ひとすじだった下山は、現場からたたき上げで運輸次官となった後も政治的に有力な人脈を持っていなかった。

松本清張はシャグノンが下山を総裁に選んだ経緯について、次のように書いている。

〈CTSのシャグノンとしては、下山になにもヒモが付いていないことが一番の適任者に思えたであろう。彼は、初代国鉄総裁が、日本側よりも、むしろGHQの内部、殊《こと》にGS側にコネを持っていてはならないと考えていた。というのは、国鉄総裁はあくまでもシャグノンの命令下に自由に動く人間でなければならないし、少くも、シャグノンの政策に喙《くちばし》を入れたり批判してはならなかった。ただ唯々諾々《いいだくだく》と命令を遵奉《じゅんぽう》する人間が最適任者だと思っていた。すべての命令、すべての人事はシャグノンから出される。GSにヒモのある総裁では、それが円滑にゆかないからである〉（『日本の黒い霧』文春文庫）

さらに松本清張は当時のGHQ内部の確執（GSとG2。後述）を例に挙げ、シャグノンを「G2（参謀第二部）側の人間」であったと示唆《しさ》している。

下山が総裁就任を決断したきっかけは、前述のとおり佐藤栄作の勧めがあったからだと言われている。だがもうひとつ、下山側にも苦難を承知で引き受けざるを得ない理由があった。

鉄道総局が国鉄に生まれ変わるのを機に、下山はいずれ運輸省を辞《や》めて政界に進出する考えのあることを周囲に洩らしていた。そこに舞い込んだのが、国鉄総裁への招聘《しょうへい》である。

下山は近く参議院選に出馬するつもりだった。普通に考えるならば、前運輸次官という肩書があれば十分なはずだった。この一月、同じ運輸次官から衆議院議員に転身した佐藤栄作の例もある。だが下山は、佐藤に対しての吉田茂にあたるような、政界の強力な後ろ楯を持っていない。政界への足掛かりを盤石《ばんじゃく》にするためにも、「元国鉄総裁という肩書が必要だった。結局下山は、迷ったあげくに「誰もやりたがらない」初代総裁を引き受けることになった。

興味深いのは初代総裁の人選よりもむしろ、第三次吉田内閣の布陣である。官房長官に元北海道長官、炭鉱の労働争議対策のベテランとして運輸大臣も務めた増田甲子七《ますだかねしち》。運輸大臣には実業家として企業の合理化に明るい大屋晋三。政調会長には鉄道総局長官として昭和二一年の九・一五闘争を戦い、その後運輸次官から政界入りして大抜擢《ばってき》された佐藤栄作。さらに国鉄副総裁にも、やはり九・一五闘争を職員局長として経験した加賀山之雄が名を連ねている。ほぼ全員が、労働争議のエキスパートで固められていることになる。(左図)

加賀山は別としても、その他の布陣は事件の半年前の一月に決まったものだ。だが、すべての人選に〝国鉄合理化〟の目的意識が明確に表われている。つまり、第三次吉田政権そのものが、「大量解雇実現内閣」だったことになる。

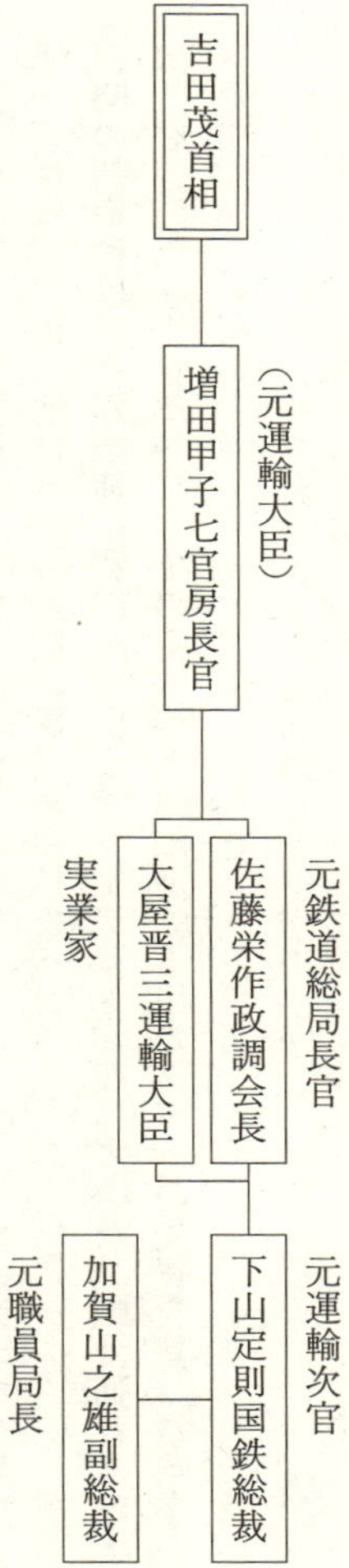

以来、下山総裁は、政府、GHQ、労組の三つ巴《どもえ》の板挟みとなって、未曾有《みぞう》の泥沼の中に足を踏み入れていくことになる。

下山総裁の正義感

闇市の店先に置かれたラジオから、美空ひばりの『悲しき口笛』が流れてくる。終戦から四年がたち、街を行く人々の姿も少しずつ変わりはじめていた。復員服姿の男やモンペ姿の女もあまり見かけなくなり、手作りの背広や洋服姿の人々が闇市のバラックの間を闊《かっ》歩《ぽ》した。進駐軍のＧＩ（俗語で米兵のこと）と腕を組んで歩くフレアスカートの若い女たちの姿も、当時の東京の風俗のひとつだった。

昭和二〇年三月九日の東京大空襲で文字どおり焼け野原となった東京は、急速に復興の道を歩みはじめていた。焼け残ったビルは改修され、銀行の支店や百貨店などが次々と営業を再開した。新たなビルや住宅、店舗なども先を争うように建設され、品不足となった材木や資材の価格が高騰した。その中で戦後の象徴的な風景であった闇市も、次第にその役割を終えようとしていた。昭和二四年八月、ＧＨＱは軍の物資横流しなどの犯罪の温床となった露店撤去を指示。同時に東京都は「露店整理連絡委員会」を発足させた。これを機に東京の闇市は、その後一年以内に姿を消すことになる。

下山事件は、梅雨《つゆ》の明けきらぬ新宿の風景から始まる。

当時の新宿には、まだ駅前に和田組の広大なマーケットが残っていた。駅に通じる路上には靴磨きの男や少年が並び、その背後の壁には進駐軍用のタバコの売買を禁じた英字のポスターが貼られていた。

そのポスターの中にまぎれるように、奇妙なビラがあった。

「下山を殺せ！」

「下山を暁《あかつき》に祈らせろ！」

そのようなビラが新宿駅周辺に貼られるようになったのは昭和二四年七月、事件の二、三日前からのことだった。

第一次解雇の期日が迫るにつれて、国鉄労組との談判は日ましに過熱していった。あくまでも合法闘争を主張する右派の民主化同盟（民同）に対し、労組主流の左派は「非合法闘争（ゼネスト）も辞さない」かまえを主張。まさに一触即発の状況の中で、下山総裁は連日その矢面《やおもて》に立って交渉に臨《のぞ》んだ。

事実、当時の下山総裁は、精神的にかなり追いつめられていたようだ。家族に「眠れない……」とこぼし、睡眠薬を服用。事件の数日前から、奇妙な言動や行動が目立つようになってきた。さらに下山の周辺でも、前述のビラの一件のように不穏な動きが目立ちはじめる。日時を追って、当時の様子を確認しておこう。

七月二日、土曜日――。

前日に九万五千人の整理を労組に通告したこの日、下山総裁は朝九時から首相官邸で開かれた会議に出席していた。その席上で、増田官房長官との間に次のようなやりとりがあった。

「六月の熱海《あたみ》の中央闘争委員会に加わった左派系組合幹部一七名を、第一次整理者名簿に入れてもらいたい」（増田）

「それはできない。決議は民同派も加わってのことなので、誰が賛成したのかも不明ではないか」（下山）

六月の中央闘争委員会とは二三日に熱海で開かれた「第一五回国鉄労働組合中央委員会」を指す。「非合法闘争」の左派と「合法闘争」の民同が対立した最後の決戦の場で、後にこれが労組の内部分裂に進展。中央委としては左派が勝利し「ストも含む実力行使」という結論に達した。

増田長官との会話には、下山総裁の正義感の強さと頑固さがよく表われている。だが、この会話の意味するものはそれほど単純なものではない。当時の緊迫した時勢の中で、国鉄総裁の立場にある者が、公《おおやけ》の会議の場においてこともあろうに左派――すなわち共産主義者――を擁護《ようご》したことになる。それが何を意味するのか。おそらくその場に同席した者は、ある意味で呆気《あっけ》にとられたことだろう。

その後、下山総裁は一〇時に国鉄本庁に戻り、労組（鈴木市蔵《いちぞう》副委員長）との折衝《せっしょう》にあたった。この折衝であくまでも「団体交渉」という立場を取る労組に対し、国鉄側は単なる「説明会」であると主張した。両者の主張は平行線を保ったまま、昼食の中断を挟み午後にまでもつれ込んだ。だが一六時四〇分、下山総裁は大屋運輸大臣の指示を受けて折衝を打ち切る。「国鉄合理化のため、断乎として（人員整理を）実施する」と宣告して席を立った。これが労組との事実上の最後の交渉となった。

李中　煥《イチュンファン》という情報屋

話は前後するが、この最終折衝の最中——正確には下山総裁が昼食のために中座した昼頃に、銀座四丁目の韓国代表部で後に問題となる出来事があった。李中　煥《イチュンファン》という情報屋が金権源《キムウオンゴン》一等書記官を突然訪ねてきて、次のように言った。

「今日は日頃から面倒ばかりおかけしているので、恩返しをしたいと思ってきました。実は下山国鉄総裁を列車で轢《ひ》かせて殺し、自殺に見せかける計画が進められている。奴らは必ず実行します。いまのうちに計画を教えてやれば、総裁の命も助かるし、代表部も日本政府から感謝されるでしょう」

この李中煥という情報屋は、いろいろと問題の多い男だった。これまでにもG2傘下のCIC（対敵諜報部隊）に偽情報を摑ませて逮捕され、韓国代表部が保釈金を払って保証人になった前歴などがあった。この時も李は情報料として五万円を要求したが、金書記官はどうせガセだと思い追い返したという。

労組との最後の折衝の後、下山総裁は一七時にシャグノン中佐を訪ね（中佐は不在）、大西運転手の運転する車（公用車・ビュイック四一年型）で有楽町のインターナショナル・レイルウェイ・クラブに向かった。これは交通協会の二階にあるクラブで、国鉄幹部やGHQ関係者などの情報交換の場になっていた。下山総裁も事件の直前に頻繁《ひんぱん》に利用し、前日にも三時間ほど立ち寄っている。この日は三〇分ほどで出てくると、数寄屋橋《すきやばし》から新橋の方に向かった。

ここから先がなんとも不思議なのだが、大西運転手の証言によると総裁は車を待たせ、一九時少し前に西銀座の出井《いずい》という関西料理屋に入っていった。これは朝日新聞社の矢田喜美雄が大西から直接確認している。総裁がこの店で二三時まで人と会っていたのは確かで、外務省の木村終戦連絡局長が二二時に電話すると、下山本人が電話口に出てきている。そこで下山は木村に「七月四日に整理通告をやるとGHQに伝えておいてくれるように」頼んだという。

ところが後に警視庁の捜査一課が作成した『下山白書』によると、七月二日の夜、総裁は、「登原」という料理屋で食事をしていたことになっている。いったいなぜ、下山総裁が出井という関西料理屋にいたことを隠す必要があるのだろうか。問題は場所ではなく、当日下山が会っていた〝人物〟の方だろう。おそらくその人物こそ、事件の核心を知り、同時に警視庁を動かす権力を持つ重要人物に違いない。だがその正体に関してはその後も手掛かりはなく、もちろん警視庁も一切捜査を行なっていない。

もうひとつ、理解に苦しむ事実がある。この夜、下山総裁は、加賀山副総裁と共に二三時にCTSのシャグノン中佐を訪ねる約束があった。ところが下山総裁が見つからないので、加賀山は仕方なく一人でCTSに行っている。結局シャグノンはまだ帰っていなかったのだが、いずれにしても下山総裁はGHQ高官との約束をすっぽかしたことになる。

当時の下山総裁とシャグノンの力関係を考えれば、あり得ないことだ。それとも二三時まで下山総裁が会っていた人物が、シャグノン以上の重要人物だったということか。
下山総裁は誰に会っていたのか。この事例に関連があるかどうかは別として、『下山白書』にきわめて興味深い記述がある。

〈中央区日本橋富沢町
国策パルプ株式会社　専務取締役　水野成夫《しげお》
同人は下山総裁とは学生時代の友人で、元共産党員であったが、現在は転向している。下山が次官就任後、水野が労働関係に詳しいと云うので、意見を聴取に時々訪ねて来られた。本年六月四日頃総裁室に訪ねて行くと、突然総裁は「水野さん、今度俺は殺されるかもしれんよ」と云うので「そんなばかなことはない。御苦労だが」となぐさめたが其折下山の態度は平素とは違っていた。
「国鉄の整理が終ったら来年参議院に立候補するから後援をしてくれ」と云う話をしていた。
七月二日下山から水野の処へ電話があり、丸ノ内八一六―一八四二に午後十一時迄いるから電話してくれと云っていたが、仕事が忙しいので電話をかけることを忘れてしまった。（後略）〉

水野成夫は後のフジテレビ社長。昭和二四年当時は労働問題のエキスパートとしてその名を知られると同時に、『鉄道電化期成同盟』（見返り資金を流用して国鉄の電化を促進させようとする世話人会）の委員長としても実権を振るっていた。東京電力の社史によると、国内電源開発に伴う見返り資金の融資がGHQにより認証されたのが昭和二四年六月三日。水野はその翌日の四日頃に「今度俺は殺されるかもしれんよ……」という話を聞いたと証言している。水野はあくまでも「労働関係」についての話だと主張するが、時期としてはきわめて微妙だ。

ピストルで恫喝《どうかつ》するシャグノン中佐

七月三日、日曜日——。

午前一時。深夜に帰宅し眠りについたばかりの下山総裁は、電話で起こされた。相手はシャグノン中佐だった。「すぐに東京駅のRTO（鉄道輸送事務所）まで来い」という命令だった。車を帰してしまったことを理由に断わると、その三〇分後に酒に酔ったシャグノンが、ジープで上池上の自宅にまで押しかけてきた。このあたりの事情は、雑誌「日本」（昭和三四年七月号）に掲載された加賀山副総裁の手記に詳しい。

〈後は実施あるのみ。私達は整理の具体的な進め方についての事務段階に入ったわけだ。私達は、現場の第一次整理の言い渡しを七月五日と決定した。

というのは七月四日は米国の独立記念日であるので、四日を遠慮し、本庁関係者のみにとどめたのである。

ところが一方、GHQのCTS（交通監理部門）は七月三日前にやれといっていた。シャグノンという男がCTSの担当官だったのだが、彼はまるでドン・キホーテを地でいっているような人物だった。

このシャグノンが、人員整理を七月五日にやると決定したことに不満で、ピストルを胸にぶらぶらさせながら、下山邸に一杯機嫌でおしかけ不満をぶつくさ言ったのが七月三日。（中略）

彼は米国の小さな鉄道の課長程度の人物で、元来が鉄道にそう深い知識をもっているわけではなかった。

それが日本に来ると、CTSの担当官になった。しかも、日本の鉄道のことを「マイ・レイルロード（おれの鉄道だ）」と言う。日本の国鉄を自分が経営している鉄道と思っているしまつだ〉

いくらシャグノンが占領軍の中佐とはいえ、仮にも下山は国鉄総裁であり、相手国の政府要人である。その下山総裁の自宅にピストルを持って深夜一時三〇分頃に乗り込むなど、尋常な行動とは思えない。

ところがシャグノンは下山から「四日に整理通告をやる」と聞くと、今度はすっかり上機嫌になって帰っていった。

それにしてもなぜ「五日では駄目」だったのか。なぜ「四日ならばOK」だったのか。加賀山の言葉にもあるように、七月四日はアメリカの独立記念日だ。この祝典の場に〝大量解雇〟という不安要素を重ねないことは、日本政府として当然の配慮であり、GHQ側もむしろそれを望んでしかるべきだ。

一説によるとシャグノンは、「どうしても独立記念日までに（第一次整理通告を）やりたがっていた」とも言われるが、説得力に乏しい。不測の事態を考慮すれば、独立記念日にこだわる必然性がない。いずれにしても、たかが一日の差である。その一日の中に、ピストルを持ち出すか上機嫌で帰るかの分岐点が存在したことになる。シャグノンには「四日」までにやらなくてはならない――「五日」以後ではまずい――〝絶対的な理由〟があったということになる。

この日、下山総裁はシャグノンが帰った後で睡眠薬を服用して眠り、七時三〇分に起床。日曜にもかかわらず定刻の九時少し過ぎに国鉄本庁に出勤している。午後は一五時から一六時四〇分まで総裁室にて部課長会議を行ない、その後は労組との会見に臨んだ。

この会見に関して朝日新聞社の矢田記者は非常に興味深い見解を示している。事件の鍵ともなる重要な要素を含んでいるので、多少長くなるが以下に引用してみたい。

〈下山総裁は会議が終わるとすぐ労組との会見をして、中央闘争委員会に対しては「二日に話したようにもう団体交渉の余地はない。整理の実行に移るだけである」と堅い本社の態度を表明した。この三日の労組に対する会見と整理実行の表明は、見方によってはていねいすぎるとも考えられるが、総裁がこんなことをした背景には、国鉄労使間の長い人間関係の温情というものがあった。本社側が〝整理断行〟と出て、熱海の国労大会では〝ストを含む実力行使〟と強い宣言が発せられても、いまだに実行行為にはいらない慎重な労組の態度に、本社側が労使の立場をこえて親愛感を現わしたかったのだともいわれている。

国鉄の人間関係をながめると、幹部といっても出発点では地位の上下もなく、同じ作業衣をきて機関車のハンドルを握り、あるいは駅の改札にいっしょに立ち、帳簿をつけた人たちである。いわゆる同じカマのめしを食い、喜怒哀楽をともにした仲間だった。戦争が終わって労働組合ができたときには、一等級の駅長をしていた人が労組に推《お》されて中央委員に出たりしたものだ。労組は左派と民主化同盟（いわゆる民同）に二分していても、もとの職場では同じ技術屋であり、事務屋で肩を並べた人たちである。下山総裁に限らず有資格の幹部たちは、国鉄にはいったときは全国各地で一年生として現場からたたきあげられ、育てられた人たちとは死ぬまでつき合うという気風ができていた。いわゆる〝国鉄一家〟の風は、民主化時代の波をこえ、労使という対立関係をこえて、この危険をはらんだ時期にも、その底に流れていたのである〉（矢田喜美雄『謀殺 下山事件』講談社文庫）

当時の国鉄と労組の微妙な関係だけでなく、この文章からは下山総裁の人物像までも察することができる。

この日、下山は、珍しく早く自宅に帰った。事件発生まで、残り三六時間を切った。

鉄道弘済会にかかってきた〝殺人予告〟

七月四日、月曜日。事件前日――。

午前一〇時、皇居前の広場にアメリカ第八軍の将兵約一万六千人が集結し、独立記念日の閲兵式が始まった。

この閲兵式に際し、指揮を執《と》るマッカーサー元帥は次のような声明を残している。

「日本を反共の防壁へ――。

共産主義者は犯罪分子であり、日本共産党は変態分子の集団である。国民は共産主義の東進を食い止め、南進を防止する有力な防壁とならねばならない――」

その声と閲兵式の騒がしさを、下山は式場に隣接する国鉄本庁四階の総裁室で聞いていた。ちょうどその頃、下山の知らない所で少しずつ運命が動き始めていた。

上野広小路にある鉄道弘済会本部に怪電話が掛かってきたのは、四日の午前一〇時三〇分頃だった。受けたのは同本部社会福祉部に勤務する宮崎清隆《きよたか》（元中国駐留憲兵隊勤務）という人物である。相手は自分の名を名乗らずに、いきなり言った。

「一言伝えておくことがある。今日か明日、吉田（茂）か下山かどちらかを殺してやる。お前が騒いだり人に言ったりしたら、お前も生かしてはおかない」

宮崎はその男にまったく心当たりがなかった。名前を訊くと、男はさらに続けた。

「誰でもいい。いずれ革命の時が来たら、戦場で黒白をつけよう。その時になればわかる」

そう言って電話は切れた。宮崎はすぐに上司の安斎《あんざい》課長に報告したが、その時は取り合ってもらえなかった。予告電話としては不自然な内容だが、タイミングからいってもまったくの悪戯《いたずら》とは思えない。〝鉄道弘済会〟に掛かってきたことにも裏があるように思える し（後述）、吉田茂の名を出している点も興味深い。少なくともこの怪電話の主は、吉田も下山と同じ「狙《ねら》われる側」であることを印象づけようとする意図が感じられる。

午前一一時――。

下山総裁が本庁会見場に入り、第一次整理者名簿の発表が始まった。その数、三万七〇

○名。発表は全国鉄道局別に同時に行なわれ、正午までにすべてを終えた。その後、下山総裁をはじめ加賀山副総裁、牛島辰弥職員局長らが会見場を後にし、総裁室に移動した。
はたして何が起こるのか。スト突入の第一報が入るのか。それとも労組が暴動を起こし、国鉄本庁が襲われるのか。だが、総裁室には皇居前広場から閲兵式のざわめきが流れてくるだけで、庁内は静まり返っていた。

加賀山と牛島の二人が、下山に言った。

「労組本部との混乱を避けるためにも、総裁はどこかに避難してほしい」

この申し出に、下山は怒りを露《あらわ》にした。

「こんな時に最高責任者が逃げ出したと言われては、国民にすまない。自分が諸君たちと共に戦わなくてどうするのだ」

だが結局、下山総裁は二人の申し出を受け入れ、一二時四〇分に車で国鉄本社を出発。後に推理の焦点となる「下山総裁の奇行」と「半日の放浪」が始まる。ここにできる限り再現してみよう。

下山総裁の奇行

一二時五〇分、下山総裁は首相官邸を訪れ、増田官房長官に第一次整理発表を報告。その後、目黒の外相官邸にいる吉田首相に会うために車二台で移動した。だが首相に一〇分ほど待たされると、下山総裁は「午後一時から別の会議が国鉄であるので」という言葉を残し、外相官邸から立ち去った。ちなみに国鉄では、一時からの会議など存在しなかった。

次に下山総裁が向かったのは、霞《かすみ》が関《せき》の人事院ビルだった。ここで特に用もなく、知人を何人か訪ねて世間話をし、時間を潰《つぶ》している。その後、一四時四〇分に千代田銀行（三菱銀行）本店に立ち寄り、私金庫室で数分を過ごした。どのような用があったのかはわからないが、下山総裁は翌日の事件当日にもこの私金庫に立ち寄り、重要な痕跡《こんせき》を残していくことになる。

国鉄本庁では、間もなく各局別の整理者氏名の通告が始まろうとしていた。第一次解雇のヤマ場である。ところが一四時五〇分、最も危険な立場にある下山総裁が、その緊迫した状況の中にひょっこりと帰ってきた。これに慌《あわ》てたのが牛島職員局長である。牛島は総裁を車に押し込み、危険を理由に国鉄の外に追い出した。

その一五分後、下山総裁は突然、警視庁の田中栄一《たなかえいいち》総監を訪ねている。もちろん約束などはない。先客（岩沢元消防部長）がいたが、下山はその会話を中断させるのもかまわずに話し始めた。その内容はほとんど第一次解雇にまつわる世間話程度のもので、結局用件らしきものは何も話さずに三〇分ほどで帰っていった。

次に下山総裁は、道の反対側の法務庁舎に行き、ほとんどつき合いのない柳川真文法務長官の部屋に入って電話を借りている。電話の先は、国鉄秘書室だった。その後、下山総裁は、ここでもやはり世間話を始め、すぐに立ち去った。この時の印象を柳川は次のように証言している。

〈別に用件もなくどちらかと言えば失礼な人だと思った。後から考えると態度が総裁ともあろう人としては普通でないと感じた〉(『下山白書』)

確かに、この日の下山総裁は精神的に追いつめられていた。この奇行と柳川証言は、後に下山総裁の自殺説の根拠のひとつに挙げられることになる。だが「普通でない」かどうかは別として、精神的に追いつめられている者がそれほど親密ではない人間を突然訪ねたりするものだろうか。実は後で調べてみると、下山総裁は前法務長官の佐藤藤佐と懇意であったことがわかった。この日も下山総裁は法務長官が柳川に代わったことを知らずに佐藤を訪ねたのである。

だがむしろ私は、警視庁、法務庁という順番で訪ねた意味に注目すべきだと思う。下山総裁が、単なる時間つぶしのために二人を訪ねたとは考えられない。結局ロに出す機会を失ってはしまったが、何らかの重要な用件があったはずなのだ。

さらに奇行は続く。一六時一〇分、次に下山総裁が現われたのは首相官邸だった。官邸にいたのは約二〇分。一六時五〇分に車で国鉄本庁に戻っている。

後に問題となったのは、下山総裁が首相官邸にいた約二〇分間に「誰と会っていたのか」だった。

「目黒（外相官邸）で会えなかった吉田首相に、夕方首相官邸で会ってきた」

下山総裁はその日、国鉄幹部の何人かにそう話している。ところが事件後に警視庁が調べてみると、吉田首相は「会っていない」と言う。下山総裁の首相官邸での空白の二〇分間に、誰も証人が存在しない。

この件を調べた朝日新聞の矢田記者は、次のように言っている。

〈私は当日の吉田首相の行動を調べてみたが、下山総裁が二度目に官邸を訪ねた時間には、たしかに首相は官邸にいた。そして十六時三十分から治安閣僚会議を開いていた。ただし下山総裁が（帰る時に）官邸の玄関に立って車を呼んだ時間には会議は始まっていた。首相には秘書官や官房長官がついており、総裁との単独会見でも秘書官が知らないことはないだろう。だとすると、総裁はウソをいっていることになる〉（『謀殺　下山事件』）

だが下山総裁が「首相に会った」と嘘をつかねばならない理由は思い当たらない。残る可能性として考えられるのは吉田首相の偽証だけだ。ちなみに、付け加えるならば、増田官房長官や秘書官も当然口裏を合わせているということになる。

もし下山総裁に会っていたとすれば、なぜ吉田首相はそれを隠す必要があったのか。そこで何が話し合われたのたか。おそらくその話の内容は、下山総裁が田中警視総監や柳川法務長官に伝えようとした用件に——さらに後の「下山事件」にも——少なからず関連するものであったと考えられる。

総裁は誰に会っていたのか?

夕刻になっても国鉄は平常どおり運行されていた。ストが決行される気配もない。国鉄の関係者、特に経営側にしてみれば、「不気味な静けさ」だった。一六時五〇分に下山総裁が本庁に帰り着くと、上層部の人間は労組の暴挙を恐れ、すでに全員が退去していた。下山総裁もわずか一〇分ほど本庁にいただけで、また出ていった。

向かった先は、東京駅の国鉄公安局長室である。ここで芥川治局長から運行が正常であるとの報告を受け、お茶をがぶ飲みしたり、他人のアイスクリームを食べてしまったりとまたしても奇行を繰り返す。さらに廊下に出たところで旧知の加藤源蔵東京駅長と出会い、二人で並んで歩きながら言葉をかわした。

下山総裁は、かなり急いでいる様子だった。出口まで送ろうとする加藤駅長の申し出を断わり、足早に立ち去った。この時、加藤駅長は、「総裁は〝情報屋〟を東京駅の近くに待たせているのではないか」と思ったと証言している。

ここからの下山総裁の行動が、事件を解明するひとつの鍵になる。東京駅を出た総裁は車に乗り、日本橋の白木屋（後の東急百貨店）の前で降りた。時間は、一七時四五分。大西運転手をそこで四〇分ほど待たせているが、総裁が「どこに」行き、「誰に」会ったかはいまも謎のままだ。ちなみに下山は、総裁に就任した六月一日以来、幾度となくこの白木屋の近くで車を降りている。時には大西運転手を数時間待たせることも珍しくはなかった。

その後、一八時四〇分に下山総裁は有楽町の交通協会に移動。すでに閉まっていた二階のインターナショナル・レイルウェイ・クラブの鍵を借りて中に入り、日本列車食堂会社から弁当を取って約一時間一〇分の空白の時間を過ごしている。

この行動も、謎だ。ただ食事のためだけならば、下山総裁には行きつけの料亭などはいくらでもある。わざわざ閉まっているクラブの鍵を開けさせてまで入ったということは、そこに行かなければならない用件——もしくは約束——があったと考えるのが妥当だろう。

誰かと会っていたのか。それとも連絡を待っていたのか。だが、相手は解明されていない。

その後、下山は二〇時に国鉄本庁に帰庁。総務課の会議に出席し、二一時四五分に上池上の自宅に戻っている。

第一次解雇当日の、下山総裁の慌ただしい一日が終わった。

そして翌日――。

〝事件〟は起きた。

事件当日の奇妙な行動

昭和二四年（一九四九年）七月五日――。

『下山白書』によると、国鉄総裁下山定則はいつものように朝七時に起床し、家族と共に朝食をとった。天候は曇り、無風。蒸し暑い朝だった。

朝食をとりながら下山総裁は、同席した次男と何気ない会話を交わしている。

「今夜は、久し振りに帰ってくるのだな」

当時、名古屋大学に通っていた長男定彦のことを話題に出し、楽しみにしている様子だった。下山総裁は前日の七月四日に第一次解雇者名簿三万七〇〇〇人分を発表したばかりだったが、家族の心配をよそに普段と変わった様子は見られなかった。

八時二〇分、これも定刻に大西運転手が運転する迎えの車（ビュイック四一年型）に乗り込み、大田区上池上の自邸を出発。その後いつものように五反田の国鉄ガードを抜け、国道一号線を品川方面へと向かった。下山総裁に変化があったのは、その直後、車が芝公園を過ぎて御成門《おなりもん》のあたりにさしかかった時だった。下山総裁は独り言《ひとごと》のように、きわめて印象的な言葉を残している。

「佐藤さんの所に寄るのだった……」

この「佐藤さん」とは当時、衆議院議員で吉田茂内閣の政調会長を務め、後に首相となる佐藤栄作であることが定説となっている。下山総裁とは旧鉄道省時代から旧知の仲だった。だが、もうひとつの可能性を考える必要がある。下山総裁は、前日の午後に元法務長官の佐藤藤佐を訪ねているが、結局会えなかった。この「佐藤さん……」とは、佐藤藤佐ではなかったのか……。大西運転手が「引き返しましょうか」と訊くと、総裁は「いや、よろしい」と答えている。この時、下山総裁は、佐藤栄作、もしくは佐藤藤佐になぜ会おうとしたのだろうか。その理由が事件を解明する鍵になると言われながら、今も謎のままになっている。

大西運転手はそのまま車を走らせた。だが、和田倉門を過ぎて東京駅のロータリーのところまで来ると、国鉄本庁を目前にして下山総裁は大西運転手にこう命じている。

「買物がしたいから三越へ行ってくれ」

さらにまた独り言のように、「今日は一〇時までに役所に行けばよいのだから」と呟《つぶや》いた。三越とは、日本橋の三越本店のことである。

このあたりから下山総裁の言動は、徐々に謎めいたものになってくる。車が東京駅北側の国鉄ガードまで来ると、今度はこう言った。

「白木屋でもよいから、真っ直ぐ行ってくれ」

ちなみに白木屋は、三越とは同じ通りにある。ところが車がその都電通りの白木屋前まで来ると、まだ表のシャッターが閉まっていた。

「まだ開店していませんね」

「うん」

大西はそのままビュイックを三越の正面玄関前に回した。だがそこにも「九時半開店」という札が下がっていた。

「役所（国鉄本庁）へ帰りますか」

「うん」

大西は三越の前を徐行して通り過ぎ、再度国鉄本庁方面へと向かった。だが車が常盤橋《ときわ》からガードの下にさしかかると、またしても下山総裁が言う。

「神田駅へ回ってくれ」

大西は命じられたとおり車を神田駅の西側通路に回した。大西が「お寄りになりますか」と訊くと、下山総裁は「いや」と言って首を振った。

大西は、これを国鉄本庁に帰る意思表示だと受け取った。そこで運輸省ビルに向かうべく駅の東側ガード下に車を回した。すると、いきなり下山総裁が命じた。

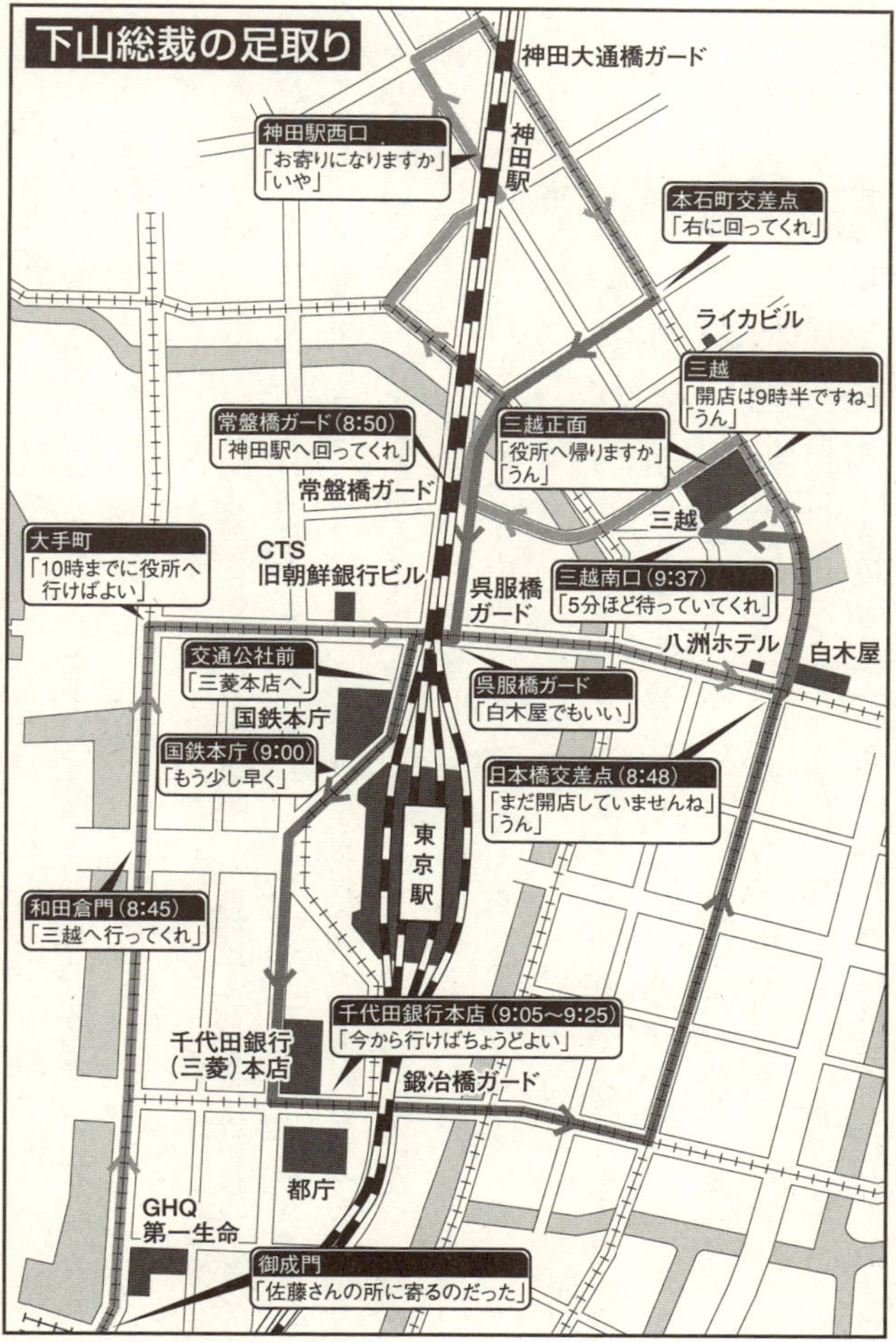
下山総裁の足取り
神田大通橋ガード
神田駅西口
「お寄りになりますか」
「いや」
神田駅
本石町交差点
「右に回ってくれ」
ライカビル
三越
「開店は9時半ですね」
「うん」
常盤橋ガード(8:50)
「神田駅へ回ってくれ」
三越正面
「役所へ帰りますか」
「うん」
常盤橋ガード
三越
大手町
「10時までに役所へ行けばよい」
CTS
旧朝鮮銀行ビル
呉服橋ガード
三越南口(9:37)
「5分ほど待っていてくれ」
八洲ホテル
白木屋
交通公社前
「三菱本店へ」
呉服橋ガード
「白木屋でもいい」
国鉄本庁
国鉄本庁(9:00)
「もう少し早く」
日本橋交差点(8:48)
「まだ開店していませんね」
「うん」
東京駅
和田倉門(8:45)
「三越へ行ってくれ」
千代田銀行本店(9:05〜9:25)
「今から行けばちょうどよい」
千代田銀行
(三菱)本店
鍛冶橋ガード
都庁
GHQ
第一生命
御成門
「佐藤さんの所に寄るのだった」

「右へ回ってくれ」

言われたとおりに大西が右折する。しばらくして室町三丁目の交差点に出ると、またしても下山総裁が言う。

「三菱（銀行）本店へ行ってくれ」

このあたりの下山総裁の言動は、きわめて興味深い。一見して単なる気紛《きまぐ》れのようでありながら、その裏に明らかな目的意識が見え隠れしている。大西運転手に行き先を次々と命じながら、時間調整をさせていたのか。もしくは尾行車にでも気が付き、それを振り切ろうとしていたのか（注・大西運転手は「尾行車はなかった」と証言している）。特にこの後の言動は、当時の下山総裁の心理を明確に物語っている。

車が再び国鉄本庁前を通ると、下山総裁は苛立《いらだ》つような口調でこう言っている。

「もう少し早く行け」

大西は命じられたとおり車の速度を上げた。三菱銀行（財閥解体で当時は千代田銀行に改名されていた）に着くと下山はそこで車を停《と》めさせ、店内に入っていった。この時、九時五分。下山総裁は地下の私金庫室に下りていき、ここで約二〇分間を過ごしている。

この空白の二〇分間も、後に議論の焦点になった。当日下山総裁は「服を着替えたので鍵を忘れた」ことを理由に借用書を書いて銀行の予備鍵（No. 1261）を借りている。このことから、銀行に立ち寄ったのは最初から予定していたわけではないことがわかる。下山総裁の死後、実弟の下山常夫立ち会いのもとに私金庫のボックスを開けてみると、百円札の束が三束で三万円、ドル札が五枚、株券を入れた茶封筒と自邸の登記書を入れた白い封筒などが入っていた。さらにボックスの一番下からは、春画が出てきている。

まず問題となったのが、この春画である。弟の常夫はこれを見た瞬間に、他殺であることを直感したという。

「もし自殺を決意して私金庫に入ったのなら、兄の性格からして身辺整理の意味でもこんなものは残すはずがない」

そもそもこの千代田銀行の私金庫は、昭和二三年三月二九日に契約したもので、家人さえその存在を知らなかった。ちなみに下山は、六月三〇日と失踪前日の七月四日一四時四〇分にもこの私金庫を開けている。

注目されたのが、三万円の札束である。当時の下山総裁の給与は、手取りで月約一万八千円。しかも子供も多く、けっして生活が裕福であったわけではない。三万円は下山総裁からしてみればかなりの大金にあたる。もちろん金の出所については、私金庫の存在と共に芳子《よしこ》夫人でさえまったく知らなかった。

この札束の帯封には、神田の某銀行のシールと、五月一五日付のスタンプが押してあった。後にこの銀行に問い合わせてみると、国鉄から下山総裁個人宛に払い出された金の一部であることがわかった。つまり、〝国鉄の金〟であった。

当日の下山総裁は、財布に二千円を入れて家を出ている。これは芳子夫人が確認している。だが死後に発見された黒革の財布には、百円札が四五枚、一〇円札三枚で、計四五三〇円が入っていた。つまり単純に引き算をすれば、私金庫から二千五百円を持ち出した計算になる。

この二千五百円——しかも国鉄の金を——下山総裁は何に使うつもりだったのだろうか。唯一考えられるのは、当日「三越周辺で会う人物に手渡す予定」だったということだ。だが結局下山総裁は、この金を使うことなく命を絶つことになる。

九時二五分、下山総裁は待たせていたビュイックに戻った。そして大西運転手にこう告げている。

「今から行けばちょうどよいだろう」

車は都庁（現東京国際フォーラム）前から京橋を通り、三越南口の駐車場に入った。ここでも下山総裁と大西運転手の間に、次のようなやりとりがあった。

「まだ開いていないんじゃないか」

大西が車から降り、後部のドアを開けながら言った。

「もう（店内に）人が入ってますよ」

車から降りて三越に向かったが、二、三歩引き返してきて、下山総裁が言う。

「五分くらいだから待っていてくれ」

五分はともかくとして、実際に下山総裁はごく短時間で車に戻るつもりだったのだろう。ビュイックの後部シートには、弁当や書類などが入った鞄がそのままになっていた。下山総裁が車から降りるところを、三越四階の日本鉱業株式会社運転手の二見由雄が目撃している。

下山総裁は、急ぎ足で三越の店内に姿を消した。この時、午前九時三七分。そしてそれが、大西運転手の見る生きた下山総裁の最後の姿となった。

三、謎だらけの下山事件

ライカビル

母の菱子が祖父のことを語る時、今でも少女のような顔になる。時には楽しそうに笑いながら。時には含羞《はにか》みながら。時には目にうっすらと涙を溜めて、声を震わすこともある。

「あれは中学三年の修学旅行の時だったかしら。東海道線で京都に行ったんだけど、父さんが東京駅まで送りに来てね。他の子の親なんか誰もいないのに。そしたら汽車にまで乗り込んできて、動き出しても降りないのよ。そのまま横浜までついて来ちゃったの。友達はみんな大笑い。私、恥ずかしくてね。でも、うれしかったな……」

下山事件のあった昭和二四年当時、母は一四歳になっていた。吉祥女子中等部の二年生で、学校の授業が終わるとよく中央線に乗り、祖父の勤める日本橋の亜細亜産業まで遊びに行った。当時のライカビルの様子も、克明に記憶していた。

「二階から四階まで、全部亜細亜産業が入ってたんじゃなかったかな。私が行くのは、父さんがいた二階の事務所だけだったけどね。階段を上って二階に行くと、父さんがいつも奥の方で手を振るの。仕事が終わるのを待ってて、よくデートしたな。帰りに天ぷら食べたり、銀ブラして買物したり。三越も近かったわよ。歩いて五分もかからなかったんじゃないかしら」

母は、最初の頃、下山事件の話を聞いてもそれほど重大なことだとは考えていなかったようだ。事件に関する知識も、まったくと言っていいほどなかった。それだけに私が亜細亜産業について訊《たず》ねても、記憶していることを屈託なく話してくれた。

「矢板（玄）さんのこともよく覚えてるわよ。父さんのすぐ近くに座ってたから。私が行くと、ヨォ、菱子ちゃん、なんて言ってね。ずいぶん、可愛がってくれたのよ。背が高くて、かっこ良かったしね。いい人だったわよ。矢板さんの家族や社員の人たちと、みんなで旅行に行ったことがあるの。場所は……相模《さがみ》湖かどこかだったかな。よく覚えてないけど。だから私、矢板さんの息子さんたちとも何度か遊んだことがあるのよ」

その社員旅行の写真は、今も祖父のアルバムに残っている。母の記憶する亜細亜産業は「ごく普通の貿易会社」であり、社員はみな「家族的で優しい人たちだった」ということになる。だが……。

下山事件を計画したアジトは、三越の近くにあった——。

下山事件の研究では第一人者と言われる朝日新聞記者の故矢田喜美雄も、その説を強く主張する一人である。

大西運転手によると、下山総裁は総裁に就任以来、二日ないし三日に一度は日本橋交差点近くで車を待たせ、一時間から三時間ほど姿を消していた。特に六月の中旬以降はこれが毎日のようになり、事件前日の七月四日の夕方にも白木屋前で車を四〇分ほど待たせている。つまり、日本橋交差点の周辺から徒歩で四〇分ほどで行き来できる場所に、総裁がひそかに出入りする場所があった。それが犯行グループのアジトではなかったか、というのが矢田の主張である。

宮下英二郎の証言

さらに矢田は、元CIAの工作員だった宮下英二郎の証言から、その場所を「八洲《やしま》ホテルであった疑いが強い」と推定している。根拠となった宮下英二郎の手記を要約してみよう。

――七月四日、夕方だが、有楽町の東鉄レイルウェイ・クラブで貝谷氏（仮名）に会うと、下山さんに明日渡す日共情報がほしいという。私はその夜、かねて日共中央委員会事務局に潜入していた私たちの機関員から、印刷したばかりのトウシャ版刷りの指令を手に入れることができた。五日朝九時（事件当日）、私はこの指令を持って約束した渡し場所の日本橋交差点近くにある八洲ホテルを訪ねた。

貝谷氏はホテルの玄関で待っていて、私をホテルの一室に案内した。その部屋で四人の

三越周辺地図
★＝進駐軍使用土地及び建物
千葉銀行
室町三丁目
ライカビル
室町二丁目
三越前
三井銀行
日本銀行
三越
東京銀行
一石橋
國分ビル
日本橋
野村ビル
呉服橋
八洲ホテル
日本橋
白木屋
N

見知らぬ男女がいて紹介された。いずれも姫路CIC（対敵諜報部隊）の二世メンバーで体が小さくてやせ型のアーサー・藤波。細い銀ぶちメガネ、円顔、小肥りの小林愛治、三十五歳。眉毛が濃く日本語のうまい山田整史。女性は谷妙子と名乗っていた。貝谷氏は前日の七月四日、CICの某大佐とCTSのシャグノン中佐を介し、この三名を紹介されたという。九時半ごろ外からの電話で藤波が出たが、電話が終わると藤波を先頭に山田、小林がコルトを脇の下に貝谷氏といっしょに出て行った。

四日は米独立記念日でパーティーがあったが、貝谷氏が山田に会うと下山総裁に会わせてくれと頼まれた。下山さんに連絡すると、五日午前九時四十五分に三越一階中央階段付近で会おうという返事だった。総裁はすこし遅れてきた。貝谷氏は総裁と連れ立って地下街へ下りた。うしろから山田、小林が続いた。地下街では料亭風の店に入り二人を紹介した。山田はここで「下山さんにみせたい重要資料がある。われわれに同行してほしい」と言った。下山氏はこれに対し「会議とGHQへの報告があるから……」と断わると、ピストルを出しておどした。貝谷氏はそこで下山氏へ「とにかく資料を見たら……」とすすめ、四人は地下鉄口を出て三井銀行本店前にとめてあった高級車に乗り込んだ。

車は神田—九段下—議事堂前—神宮外苑と都内をあてどなく廻り、着いたのは本郷ハウスだった。ここで山田と下山氏は別室にこもり、貝谷氏は他の部屋に案内された。四時三〇分ごろ、貝谷氏が山田に呼ばれて別室に行くと、下山氏がソファーの上に倒れて外人医師の診察を受けていた。貝谷氏はその後隣室に連れて行かれ、「下山氏が死亡しても決して目撃した事実は他言しない」という誓約書に署名させられて帰された。私はその後、関東食品KKの有満美義氏を訪ね、貝谷氏の今後について、いろいろ相談した。（「週刊文春」昭和三四年一一月九日号）

矢田喜美雄はさらに、八洲ホテルが三越南口からわずか二〇〇メートルの距離にあったこと、G2（参謀第二部）のウィロビー少将が管理者だったことを挙げ、ここが「アジト」であったことの論拠としている。

だが私は、当初からこの意見には懐疑的だった。いくらGHQの管理下にあったとはいえ、ホテルには人の出入りが多い。もちろんフロントには絶えず数人のフロントマンが立っている。しかも当時の日本橋はほとんど街灯もなく、照明があったのは八洲ホテル周辺だけだった。そのような場所に目撃者を作ることなく、連日下山総裁が訪れることなどはたして可能だったのだろうか。また貝谷が「CTSのシャグノン中佐を介し……」実行犯グループと会ったことを示唆し、「シャグノンが犯行に加わっていた」ことを印象づけていることも作為的だ。

証言は細部にわたりきわめて具体的で、少なくとも当時一般に知られていた下山事件の情況証拠には矛盾していない。だが、あまりにも具体的すぎて不自然な面もある。既成事実を元に創作された「プロパガンダ（宣伝）」の臭いがしなくもない。だいたい元ＣＩＡの工作員が、ＣＩＣのメンバーの実名を出したりするだろうか。

「本郷ハウス」の名前が出てくるのもおかしい。別名、岩崎別邸。Ｇ2のキャノン中佐率いる「キャノン機関」の本拠地である。つまり宮下は、暗にキャノン機関の犯行であることを主張している。実際に矢田も、この本郷ハウスに関しては架空ではないかと推察する。さらに貝谷氏は陸軍中野学校の出身者で、戦時中は関東軍情報部員として満州で暗躍。吉田首相秘書の村井順（後の初代内閣調査室長）の紹介により下山総裁の情報提供者となった。

宮下英二郎は昭和四〇年一〇月四日にも、『下山事件研究会』のメンバー（広津和郎、桑原武夫、木下順二、松本清張、塩田庄兵衛）の前で「宮下勝義」の名で同様の証言を行なっている。

「貝谷さんは戦争中朝香宮のお付き武官をしていて、一時、満州で諜報機関にいたという噂は聞いている。戦後は雑誌社の専務などをやりながら、ＣＩＣの仕事もやっていた」

（『資料・下山事件』みすず書房より要約）

宮下の言う「雑誌社」とは『ロマンス』などの大衆雑誌を発行する『ロマンス社』（中央区銀座四八―九）のことで、宮下の言う専務とは塩谷好太郎という人物である。塩谷は明治四三年静岡県盤田郡袋井町の生まれで、中野学校――関東軍参謀第二課（対ソ連関係）というキャリアは宮下証言と矛盾しない。さらに宮下は、極東通信社の甲斐田透、加賀山国鉄副総裁の秘書伊達竜之介の関係で塩谷を紹介されたと言う（だが塩谷は事実関係を否定）。

この中野学校――ロマンス社――という一連のキーワードに関して、本書『下山事件最後の証言』を出版した直後の二〇〇五年七月末、〝青木〟と名乗る匿名の人物から封書による情報提供があった。文面によると〝青木〟は八三歳。下山事件の背後関係について熟知しているらしく、事件解決の「キーワードは『陸軍中野学校』である」と指摘。さらに「亜細亜産業の実態を調べれば会社が何をやっていたのかわかるはず。出版社のロマンス社との関係も……」と同社の関与を示唆した。

その後、ロマンス社を調べてみると興味深い事実が浮上した。ロマンス社は終戦一年後の昭和二一年七月、元講談社の熊谷寛（社長）、大陸講談社の櫻庭政雄らが設立。前述の雑誌『ロマンス』を始め、『婦人世界』、『トルー・ストーリー』、『フォト・プレイ』など計六誌を発行していた。櫻庭は満州時代に甘粕正彦らと親交し、戦後も日本の右翼社会に広い人脈を持っていた。さらにロマンス社は、設立に際して阿片王として知られる里見甫（後述）に社長就任を要請していたこともわかった。

その後、昭和二五年五月にいわゆる「ロマンス社事件」が発覚。雑誌ロマンスなどの販売を扱っていた「日本交通公社」との間に二億一千万円もの使途不明金が明るみに出て、同社は解散した。その経緯は国会の大蔵委員会などでも議題に上り、社会問題にまで発展した。このロマンス社事件の中心人物として名が上がったのが、前述の貝谷こと塩谷好太郎である。つまり、ロマンス社と塩谷好太郎は、下山事件が起きた昭和二四年七月五日当時、交通公社を通じて国鉄利権に深く喰い込んでいたことになる。

ＣＩＡをはじめプロの諜報員のプロパガンダには、一定の法則がある。その九割は〝実話〟で、一割に〝虚偽〟を挿入してカバーストーリーを構成する。具体的には人名、地名、日時などを入れ替えるという手法だ。これを宮下証言にあてはめて考えるとわかりやすい。昭和三〇年代半ば当時は、すでに下山事件の実行犯としてキャノン機関が噂になっていた頃だ。つまり、その「本郷ハウス」が〝餌《えさ》〟の部分である。もちろんこのプロパガンダの〝目的〟の部分が他にあることは明らかだ。それが「貝谷氏」であり、「姫路ＣＩＣのメンバー」であり、「八洲ホテル」ではなかったのか。宮下はこれらの名前を具体的に挙げることにより、〝本物〟から目を逸《そ》らそうとしたと考えた方が自然だ。

逆に考えるならば、宮下は実に貴重な証言を残してくれたことになる。当時、三越の近くには、「姫路ＣＩＣ以外のメンバーが集まる八洲ホテルとは別の諜略の拠点」が存在したことを、ＣＩＡとして認めたのだ。

矢田喜美雄は、宮下英二郎にまんまと騙《だま》されたということになる。だが矢田は、もちろんこの時点で「ライカビル」の存在を知らなかったのだが。

「三階から上は、お化けが出るぞ」

ライカビル——。

改めてこのビルについて言及しておく必要がある。

住所は中央区日本橋室町三ノ二。戦前からカメラのライカを輸入するシュミット商会が一階に入っていたことからその名で呼ばれるようになったという。

一九九一年当時、私は迂闊《うかつ》にもライカビルはすでに取り壊されたものと思い込み、現地を取材することをあきらめていた。ところがそれから何年も経って、当時、週刊朝日の記者だった諸永裕司がこのビルを探し出してきた。歴史の舞台は、まだ残っていたのだ。

私は諸永記者に誘われるままに、ライカビルに足を運んだ。場所は三越から昔の電車通りを渡り、室町三丁目方向へ向かう途中にある。おそらく直線距離で二〇〇メートルも離れていないだろう。白木屋からでも徒歩で一〇分もかからない。昭和二四年当時、その手前にあった藤越ビルには、運輸省と国鉄職員の出向機関が入っていた。

「昔から三越の南口と室町三丁目は地下道で結ばれていたらしいです。それを通れば、ほとんど人目に触れずに行くことができたはずですね」

諸永記者が言った。

確かに、そうだ。下山総裁は、大西運転手にも見られることなくライカビルに行くことができた。なぜ三越の〝南口〟だったのか。なぜ〝白木屋〟でもよかったのか。ライカビルの前に立てば、考えるまでもない。

ライカビルは巨大なビルの谷間でまどろむようにその老いた体で夜空を仰《あお》いでいた。間口は五間もないだろうか。五階建ての細長いビルである。

重い木製のドアを開けて、中に入る。御影《みかげ》石の敷かれたフロアーに立った。タングステンの暗い光の中に、少しずつ五〇年前の風景が浮かび上がってくる。

正面には蛇腹《じゃばら》式ドアの古いエレベーターがあり、右手には木の手摺《てす》りの階段が見える。手摺りに手を置くと、その深い冷たさの中に、かすかな温もりが残っているように感じた。

それは懐かしい、祖父の手の温もりだった。かつて、遠い過去に、祖父も確かにこの手摺りに触れたことがあった。

「どうします？　上がってみますか」

諸永記者の声に我に返った。

「そうだな。行ってみようか」

階段を上がっていく。二階は英国式のパブになっていた。ガラスの扉の向こうから、若者たちの熱気が洩れてくる。彼らは、知らない。おそらく、想像もできないだろう。五〇年以上前に、この場所で、何が行なわれたのか――。

三階。ここには〝サロン〟があった。夜になると右翼やGHQが集まり、議論を闘かわ

日本橋室町三丁目にあったライカビル。三越本店とは目と鼻の先である（共同通信）

せた場所だ。佐久間という名の殺し屋も、ここに出入りしていた。だが今は、麻雀屋になっている。入口から覗《のぞ》くと、奥から麻雀に興ずる平和な声が聞こえてきた。

四階に上がる。そこはごく普通の会社のオフィスになっていた。

昭和二四年当時、ここには〝室町将軍〟と呼ばれ、政財界に絶大な権力を振るった右翼の三浦義一が主宰する「国策社」の事務所が看板を掲げていた。当時の日本の右翼社会の総本山である。

一方に、「日本金銀運営会」という奇妙な事務所があった。戦時中から戦後にかけて、その床下には莫大な黄金やプラチナのインゴットが眠っていた。そんなことを言っても、いったい誰が信じるだろうか。

帰りはエレベーターに乗った。狭く、暗い箱の中に、五〇年前の大気がかすかに残っていた。

二階で降りて、パブに寄った。店は混んでいた。諸永記者と窓際の小さなテーブルに座り、ギネスを注文した。

ここには亜細亜産業のオフィスがあった。祖父や、大叔母の寿恵子が働いていた場所だ。母も、幾度となく遊びにきたことがある。

祖父や、矢板玄はどこに座っていたのだろう。タバコの煙る室内を見渡しながら、ぼんやりとそんなことを考えた。周囲から一人閉ざされ、音が消えていく。タバコの煙の中に、祖父の影を見たような気がした。

ビールが届き、二人でグラスを合わせた。

「このビルを見つけてくれて、ありがとう」

何気なく、そんな言葉が口をついて出た。

「いえ、仕事ですから……」

諸永記者が、ちょっと戸惑《とまど》った顔でそう言った。

以前、母に訊いてみたことがあった。母は、あれほど何度もライカビルに通いながら、一度も三階から上には上がったことがない。何か、理由があったのだろうか。

「父さんがね、変なこと言うのよ。三階から上には、お化けが出るんだって。だから私、怖くて行けなかったのよ」

「お化け……？」

「そう。お化け。父さんらしいでしょ。本当に変な人だったわよね」

そう言って、母が少女のように笑った。

そうだ。祖父は確かに、そういう人だった。

下山総裁、失踪

下山総裁が三越で行方を絶った頃、すでに国鉄本庁でも慌ただしい動きがあった。当日の朝九時から局長会議が予定されていたにもかかわらず、総裁の下山が登庁していない。最初に異変に気付いたのは、いつものように八時四五分から国鉄本庁舎裏門で下山総裁を出迎えていた総裁秘書の大塚辰治である。三〇分待ったが下山総裁は現われず、九時一五分過ぎに下山総裁の自宅に確認の電話を入れている。電話口に出たのは芳子夫人で、

「いつものとおり家を出ました」と言う。

考えてみると、これも奇妙な話だ。当日、下山総裁は、午前九時から局長会議に出席するはずだった。にもかかわらずその朝、大西運転手に、「今日は一〇時までに役所に行けばよいのだから」と自分を納得させるように言っている。

下山総裁は、会議などの公用の約束の時間は必ず守る人間だった。まさか局長会議を忘れていたとも考えにくい。可能性としてあり得るのは、「三越で五分足らずで済むはずの

用事」が、下山総裁にとって「局長会議にも優先するもの」であったということくらいだ。

それにしてもなぜ下山総裁は、ダブル・ブッキングというミスを犯したのだろうか。考えられるとすれば、事前に局長会議の予定が入っていて、その後――おそらく前日の退庁後に――予期せず「三越の用事」が入ってしまったということだろうか。その可能性があるとすれば、前日の夜のインターナショナル・レイルウェイ・クラブでの空白の時間に、何らかの電話連絡が入ったということか――。

当日にはもう一件、外すことのできない予定が入っていた。午前一一時にGHQのCTS（交通監理部門）に赴《おもむ》き、国鉄担当官のシャグノン中佐と会見する約束である。これは下山総裁が自らセッティングした会見で、加賀山之雄国鉄副総裁も同行し、今後の人員整理などについて意見を交換することになっていた。

もし当日の下山総裁がこの予定を最優先すべきと考えていたならば、「今日は一〇時までに――」と判断したことも納得できる。

大塚秘書はせめてこの会見に間に合わせるべく、その後も八方手をつくして下山総裁の行方を追っている。鉄道省時代の同僚だった佐藤栄作をはじめ、CTS、GS（民政局）の労働課長代理エーミス、田中栄一警視総監など計一三カ所にも電話を入れたが、結局下山総裁の行方はわからなかった。

以後の下山総裁周辺の当日の動きを、時間ごとに追ってみよう。

一〇時過ぎ、下山総裁の自宅に奇妙な電話があった。芳子夫人が出ると男の声で、「オノデラ」と名乗った。用件は「今日、総裁はいつものとおり家を出たか」の問い合わせだった。最後にもう一度夫人が名前を確認すると、今度は「アリマです」と名乗っている。夫人はいずれの名前にも聞き憶えがなく、「今日はおかしな日だと思った」と言う。

一〇時四五分、ただならぬ事態と察した大塚秘書は、国家地方警察本部（国警本部）長官の斎藤昇に電話を入れ、朝からの事態の経緯を報告。だが何の手掛かりも得られぬまま、シャグノン中佐との約束の一一時を過ぎた。

一一時三〇分、今度は副総裁の加賀山自らが国警本部、警視庁、東京地検などに電話を入れ、国鉄として正式に下山総裁失踪を報告した。その後、正午頃になると、新聞各紙が本庁内の異常な雰囲気に気付き、国鉄記者クラブ内が慌ただしくなりはじめた。

一二時三〇分。大塚秘書が下山総裁の知人の森田のぶの住所をつきとめ、佐保田という運転手を料亭成田屋にまで行かせている。前日の第一次解雇の疲れを癒《いや》すために、立ち寄って休んでいるのではないかと考えたという。だが森田のぶは留守で、下山総裁は見つからなかった。

一四時少し前、それまで自分の車で下山総裁を捜していた加賀山副総裁がＧＨＱに立ち寄り、事態を報告。ちょうどその頃、芥川公安局長から正式に警視庁に〝極秘捜査〟の依頼があり、捜査一課二号室関口由三主任以下の捜査班があらためて〝事件〟として動き出した。その中には後に『吉展《よしのぶ》ちゃん事件』で名を知られる平塚八兵衛もいた。

一五時。大塚秘書が下山総裁の自宅に到着。ほぼ同時に関口警部補班も合流し、芳子夫人らに事情聴取が開始された。すでにこの時、下山家では、総裁の消息に関する問い合わせなどで大騒ぎになっていた。一方、大西運転手は「三越の中をブラブラしたり、外を一時間くらい歩いてみたりしながら」待ち続けていた。一五時には車にいる所を、前述の二見運転手に話しかけられている。

一五時三〇分。NHKラジオの臨時ニュースで、「下山国鉄総裁失踪——」の第一報が流れる。ニュースは瞬時のうちに全国を走り抜けた。

一七時。大西運転手が下山総裁の失踪を知ったのは、この時間のNHKラジオの定時ニュースだった。信じ難《がた》いことに大西は——それまで七時間半もの間——三越南口にビュイックを駐車したまま下山総裁の帰るのを待ち続けていたという。この放送を聞いて、大西が国鉄本庁に連絡を取り、あらためて下山総裁の失踪が確定的となった。

三越に駆けつけた警察官に「なぜこの時間まで連絡しなかったのか」と問われ、大西は次のように答えている。

「待たせっぱなしはいつものことで、特に不審には思わなかったからです」

その後、大西は捜査一課の地下取調室に連行され、捜査一課の金原係長により犯人同様の厳しい追及を受けることになる。

一八時三〇分。三越店内では店員四三〇名全員の待機命令が出され、ここに一課の捜査員約三〇名が急行し、一斉捜査が行なわれた。捜索は一階から三階までの全店、四階以上の貸事務所全室、さらにエレベーターから便所にまで及んだ。だが、下山総裁は発見できなかった。

一九時。捜査一課では初の捜査会議が開かれている。誘拐、自らの意思による失踪、自殺、他殺など、ありとあらゆる可能性がここで議論された。もちろんこの時点で、下山総裁の生死は明らかになっていない。ところが、この頃から各所で不可解な出来事が頻発し始めた。

謎の電話と奇妙な落書き

新橋の東京鉄道局労働組合東京支部に鉄道専用回線で謎の電話が掛かってきたのも、一九時から一九時半までの間だった。受けたのは当直の前田幹夫という渉外部員で、前田は労働支部室に行き次のように言った。

「いま電話が掛かってきたが、下山総裁が自動車事故で死んだそうだ」

これを聞き、そこに居合わせた全員が喊声《かんせい》を上げた。その後、前田は上野管理部に問い合わせてみたが、「そんなニュースは知らない」という返事だった。これはおかしいということになり、電話の発信元を確認すると、田端《たばた》機関庫内詰所に新設されたばかりの電話からであることがわかった。翌朝、この部屋の鍵が壊されているのが発見され、何者かが忍び込んで電話したものと推察されたが、犯人は特定できなかった。

前後してもう一件、注目すべき事例がある。これは翌六日早朝五時に発見されたものだが、日暮里《にっぽり》駅南口公衆便所の中に白墨《はくぼく》による奇妙な文字が残されていた。

『5・19下山缶』

この六文字は「五日の一九時に下山（の死体）がドラム缶（もしくはそれに類するもの）に入れられた」という意味にも受け取れる。この落書きが発見された時点では、まだ下山総裁の死は公表されていない。後に「犯人の連絡文ではないか」と問題になったが、やはりこれを書いた人物も特定できなかった。

この二件の事例は、ひとつの推論を提起させる。五日一九時の時点ですでに下山総裁は死んで（殺されて）いて、少なくともその事実を認識する者が存在したのではないか――。

奇妙な出来事はそれからも続く。

二一時。下山家にまた「アリマ」という人物から電話が掛かってきた。受けたのは下山家の書生、中村量平の妻だった。

「いまニュースで総裁が行方不明になったことを聞きました。今日、総裁は自分のところに立ち寄ったが、元気だったから心配はいらないと思います」

　これだけのことを伝えると、電話は切れた。「アリマ」というのは当日の朝にも下山家に電話を掛けてきて、「オノデラ」もしくは「アリマ」と名乗った男と同一人物である。しかも「アリマ」は、少なくともこの一二時間の間に下山と「会った」と言っている。電話の内容は家人を安心させるための好意的なものだが、捜査一課は重要参考人として内偵を開始した。

　実はこの「オノデラ」もしくは「アリマ」という人物について、後に興味深い情報に遭遇することになる。

　二二時。警視庁の地下取調室で大西運転手の事情聴取が終了した。この結果を受けて坂本刑事部長が記者クラブにおいて会見。「下山総裁は誘拐ではなく、何らかの事故にあった公算が大きい」という見解を発表した。

　二三時三〇分。捜査一課の三越本店捜査班が当日の捜査を終了した。最後まで事情聴取に残されたのは、その朝に「総裁らしき人を見た」という六名の店員だった。

　そして、日付が変わった。

轢断列車は無灯火に近かった

七月六日――。

当日の田端操車場の動きをいくつかの資料から以下に要約し、前日からの動きをまじえて追ってみよう。

田端操車場は東京鉄道局管内でも最大の操車場である。東端は山手線の日暮里駅に始まり、西端までの長さは約三キロメートル。その中には貨物専用駅の尾久《おぐ》駅があり、東北、常磐両線がここに集結し、操車が行なわれていた。

七月五日夜の田端機関区は、間もなく雨が降り出しそうな蒸し暑さの中で、不穏な雰囲気に包まれていた。前日の四日、第一次解雇者の名簿が発表され、同機関区の整理対象者は六〇名以上。田端機関区は特に左派勢力が強く、深夜まで組合員が集まり国鉄労組中央闘争委員会のスト突入指令のため待機していた。一方、役職者のほとんどは組合員による仕返しを恐れ、身を隠していた。業務においても通常とはまったく別のシフトが組まれ、混乱は極限に達した。

東京鉄道局水戸機関区の乗務員山本健機関士（四五歳）、荻谷定一機関助士（二三歳）、横田一彦車掌（三五歳）の三名が田端操車場東端の休憩所に入ったのは、五日の二一時少し前だった。三名は、六日〇時二分発の平《たいら》行き「八六九貨物列車」を運行して水戸に帰る予定になっていた。定刻にはまだ時間があったのでそこにいた雑務手（吉羽視孝）に二三時には起こすように頼み、仮眠用のベッドに入った。

ところが荻谷が小用のために起きると、すでに時間は二三時半になっていた。理由は雑務手が将棋に夢中になって起こし忘れたためだった（将棋をさしていたのは山本機関士本人だったという証言もある）。Ｄ５１６５１機関車は発車までに約一時間の準備が必要だった。荻谷は山本機関士をすぐ起こすように雑務手に命じ、慌てて機関車に向かった。

ところがＤ５１６５１に乗ってみると、ここでも不測の事態が起きていた。釜の火種が消えかかり、蒸気圧が規定の三分の二以下に落ちていたのである。さらに、もうひとつの異常があった。発電機が故障していて、ヘッドランプが点灯しない。

ここに山本機関士も駆けつけ、二人で全力で出発準備に取りかかった。まず釜を石炭で満たし、圧力を規定の一五キロまで上げた。発電機は予備のバッテリーで間に合わせたが、ヘッドランプは通常の百分の一以下の一〇ワットしか確保できなかった。それでも四〇分後にはなんとか発車可能な状態になり、六日〇時一〇分、八六九貨物列車は定刻より約八分遅れで田端機関区を発車した。

この八六九貨物列車の遅れは偶然なのか。それとも作為的なものなのか。もちろん警察は、事件後に綿密な捜査を行なっている。ところが七月九日に調べたところ、勤務割を記録する宿直簿のページが、七月一日から五日までの分だけむしり取られたように無くなっていた。

さらに興味深い後日談がある。事件後、もちろん山本機関士と荻谷機関助士の両名は厳しい事情聴取を受けている。ところが事前に山本が荻谷に、「田端出発が遅れた理由を警察には話すな」と口裏を合わせるよう命じていたことがわかった。なぜ遅発の理由を秘密にする必要があったのか。単純に考えれば、自分が将棋をさしていて遅発したことを内密にしておきたかったとも受け取れる。これが問題となって山本はさらに警察から追及を受けることになるが、結局は嫌疑不十分ということで放免されている。山本機関士については『下山白書』に次のような記述がある。

〈山本は機関士になれず一時満鉄に行き昭和二一年一月に北支大同から内地に戻り再び国鉄に奉職、其後機関士となって現在に及んでいる〉

つまり、満鉄からの帰省組だ。ちなみに山本機関士は事件から七ヵ月後の昭和二五年二月一九日、四六歳の若さで不審死を遂げている。

話を戻そう。八六九貨物列車は、ほとんど無灯火に近い状態で闇の中を疾走した。八分の遅れを取り戻すために、釜炊きに必死だったという。だが当日の運行は貨車が通常の半分の四九輛だったことに加え、ほとんど空荷だったために、予想以上に速度が上がった。北千住を抜け荒川鉄橋に差し掛かる頃には、遅れはほぼ二分にまで短縮されていた。

六日午前〇時一九分三〇秒——。

鉄橋を渡ると常磐線のレールはここで右に大きくカーブを切りながら下っていく。間もなく東武線と交差するガードの下を通過する。直後、荻谷機関助士が綾瀬駅の信号を見るために体を乗り出した瞬間だった。機関車の底板にバラス（敷き石）が当たる異音を聞いた。「何かを轢《ひ》いたな」と思った。

だが、八六九貨物列車はそのまま走り続けた。その後、金町《かなまち》駅を通過する頃には遅延を完全に取り戻し、通常運行に移った。

午前一時、定刻に我孫子《あびこ》駅に到着した時点で山本機関士が機関車最前部の排障器が曲がっていることを確認。さらに三時四九分、水戸駅で調べてみると機関車の車軸などから血痕が発見された。ここでD51651機関車が人身事故を起こしたことが決定的となり、平行きの貨車と切り離されて、証拠保存のため車庫に入れられた。

九〇メートルにわたって散乱した遺体

一方、六日午前〇時二四分――。

上野発松戸行の最終電車第二四〇一Mが、定刻どおり北千住駅を発車した。東武線ガード下の通過が〇時二五分。轢断列車（八六九貨物列車）通過のおよそ六分後になる。

その時、運転士の椎名利雄は、二〇メートルほど前方のヘッドランプの光軸（ヘッドランプは通常の一キロワットの明るさがあった）の中に、点々と赤っぽい散乱物があるのを発見。「轢死体ではないか」と感じた。二四〇一Mが次の綾瀬駅に着いたのが〇時二六分。

同駅の安部助役に次のように報告した。

「線路上にマグロ（轢死体のこと）らしきものがあるので調べてもらいたい」

二四〇一Mが同駅を出発後、松本正四郎改札係と岸勝弥駅手の二人がカンテラを手に現場（足立区五反野南町九三八－九四二番地先の常磐線北千住──↓綾瀬間下り線路上）に向かった。およそ三〇分後、二人は首と手足のない肉付きのいい人間の胴体が線路脇にうつ伏せになっているのを発見。小菅《こすげ》刑務所裏の警手詰所の鉄道電話から安部助役に「色が白いので女性の死体らしい」と報告した。

午前一時、安部助役から連絡を受けた上野保線区北千住分区の田中荒次郎分区長が当直の小島陸之助副分区長と共に現場に向かった。この頃から五反野周辺には雨が降り始めた。二人は雨ガッパを着用していた。

現場に到着した二人は、カンテラの光を頼りにバラバラになった轢死体を調べ始めた。間もなく上着のあった周囲に、「国有鉄道総裁下山定則」と書かれた名刺が散乱しているのを発見。さらに近くに落ちていたパス入れの中には、総裁名義の「東武鉄道優待乗車券」が入っているのを確認した。二人はすでに五日夜からラジオのニュースなどで下山総裁の行方不明を知っていた。

「これはとんでもないことになった」と思ったという。とにかく、警察に知らせなければならない。二人は現場から最も近い西新井署の五反野南町駐在所へと向かった。この時、

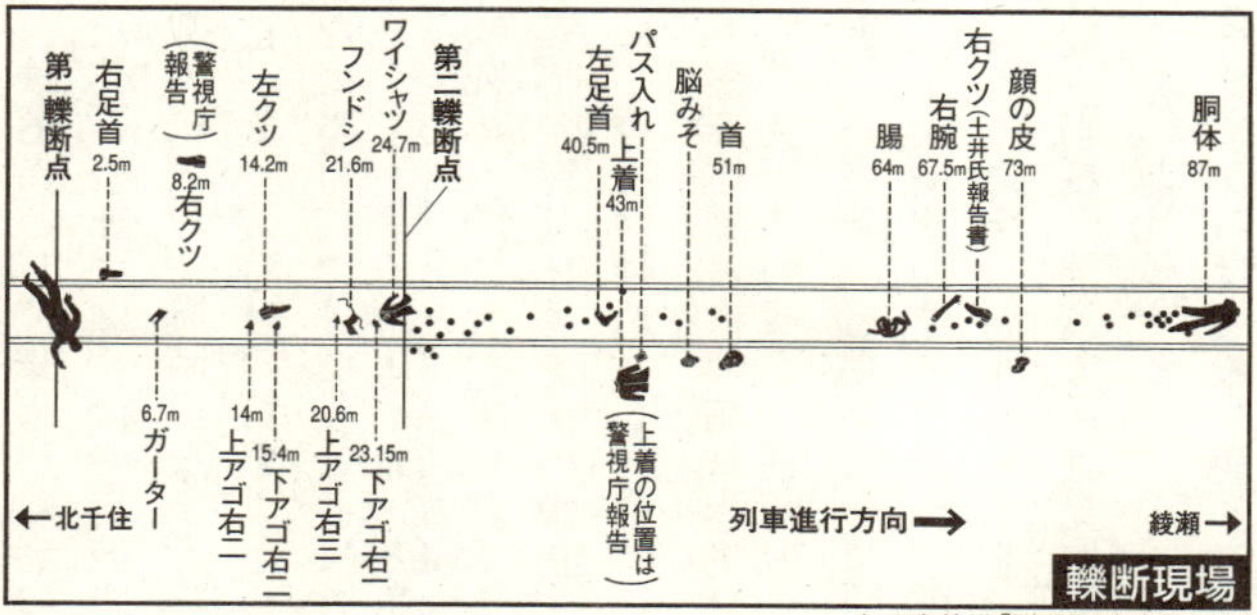

轢断現場

矢田喜美雄『謀殺 下山事件』より

午前一時四五分——。

以後、現場周辺は、急速に慌ただしさを増していく。二時四〇分頃に五反野南町駐在所の中山巡査が到着したのを皮切りに、国鉄関係者や警察関係者などが続々と現場に集まり出した。その中には身元確認のために呼ばれた大塚総裁秘書や、土井清国運行課長などの姿もあった。

午前三時頃になると、現場周辺の雨は豪雨に変わっていた。この頃、下山総裁をよく知る斎藤綾瀬駅長が現場に入っている。斎藤はどしゃ降りの雨の中で胴体を持ち上げてみた。その時のことを、次のように証言している。

「激しい降雨があったのに胴体の下になっている石が全然濡れてなくて、血も全く付いていなかった。顔面は二つに割れて下向きになっていたが、それを裏返して見た時も、その下の石は白く乾いていてやはり血が付いていなかった」

鉄道員として長年自殺者の轢死体を見馴れている斎藤は、これを「不自然」と受け取った。この証言は、後の自他殺論争に大きな波紋を投げかけることになる。さらに斎藤は総裁の紙入れや腕時計などを発見し、その場にいた警察官に託している。ところがこの警察官がその腕時計の針を動かしてしまった（後に報告）ために、総裁の死亡時刻を推定するための重要な証拠品としての価値がなくなってしまった。

午前四時、下山総裁の鉄道省時代の秘書だった折井正雄上野駅旅客係長が現場に到着。轢死体の顔面を見て総裁本人であることを確認。「下山総裁の死体発見」の第一報が、朝五時のNHKラジオの定時ニュースで流された。前後して新聞各社の取材陣が集まり始め、現場は騒然とした空気に包まれた。

五時三〇分。豪雨も上がり、警視庁による正式の現場検証が始まった。東京地検の布施、金沢の両検事、堀崎捜査一課長、東京都監察医務院の八十島《やそじま》監察医、大塚総裁秘書など、およそ三〇名がこれに立ち会っている。だが、ここでも奇妙なことが起きている。

下山総裁の遺体は頭部、胴体、右腕、左足、右足首の五つの部分に切断され、遺品と共にその肉片が約九〇メートルにわたり散乱していた。捜査一課ではこの散乱状況について、当日に綿密な検証見取図を作成している。ところがこの見取図は、後に国鉄側が作ったものと比較すると、かなりの部分で位置関係に違いがあることがわかった。しかも当然そこにあるはずの眼鏡、タバコケース、ジッポーのライターなどが発見されていない。

さらに現場と遺体の状況には、通常の自殺ではあり得ない不自然な点がいくつかあった。頭部は原形をとどめないほどに粉砕され、胴体も肋骨《ろっこつ》のほとんどが折れていたが、当日下山総裁が着用していた灰色のウール地の上着はあまり汚れていないだけでなく、どこも切れていない。これに対してワイシャツ、アンダーシャツ、下着などには油（後に植物性のヌカ油と確認）がべっとりと付着して黒く汚れていた。しかも、斎藤綾瀬駅長など何人かの国鉄職員も確認しているように、これらすべての着衣にはほとんど血液が付着していなかった。

これだけ不審な轢死体であるにもかかわらず、当日の検視を担当した八十島医師は現場で断言している。

「他殺の疑念はない。自殺である」

この結論に対して異議を唱えたのが東京地検の布施検事である。布施検事が〝自殺〟の説明を求めると、八十島医師はこう答えている。

「胴体の部分に死斑がなかった。これは鉄道自殺者によく認められることだ。死斑がないということは死体に大きな損傷がある場合には多く起こりうる。したがって本件の死体は、〝生体が轢かれたもの〟の可能性を示している」

確かに生体轢断の〝可能性〟は示しているが、だからといって〝自殺〟と断言する根拠とはならない。この曖昧《あいまい》な回答に納得できなかった布施検事は、すみやかに司法解剖の手続きを要請。下山総裁が時局がら注目の人ということもあり、八十島医師もそれに同意した。ちなみに八十島は後に生体轢断（自殺説）を主張する慶応大学の中館教授の門下だった。

東大法医は死後轢断と判定

六日午前一〇時三〇分。東大医学部法医学教室に下山総裁の遺体が白木の棺《ひつぎ》に納められて搬入された。東大法医に運ばれたのは、当時は山手線を中央線で南北に分け、北側は東大法医、南側を慶応大学法医という取り決めがあったからにすぎない。

解剖指揮古畑種基《ふるはたたねもと》主任教授、執刀桑島直樹博士。これに布施、金沢の両東京地検検事、警視庁捜査一課関口警部補、同鑑識課員、東大薬学部裁判化学室秋谷七郎主任教授他が立ち会い、執刀が開始された。以下がその結果である。

○血液型はＡ型（きわめて稀《まれ》なＡＭＱ型）
○遺体の解剖時の体重は約六六キログラム（生前は約七五キログラム）
○遺体は胴体（両脚部基部を含む）、首頭部、右腕、両足首の五つの部分に大きく分断されていた。
○胴体は胸腹部の内臓に大きな欠損があり、腰骨盤が粉砕。腹部の皮と肉に両脚部がぶら下がっている状態だった。

○首頭部はほぼ粉砕。頭髪の一部を含む顔面の皮が分離。脳は頭蓋骨から脱離し、三分の一ほどしか残存していない。（これらの遺体の状態から下山総裁は線路上に俯《うつぶ》せに横たわり、列車の進行方向に対して両足首を左側レール上に置き、肩を右側レール上に置いて、上前身をわずかに機関車側に斜めに向けた体勢で轢断されたものと推定された）

○死体には血液がほとんど残存していなかった。心臓には穴が開いていて、ここにも血液はまったく認められなかった。

○首、肩、腕、左足首の断裂面には、自殺（生体轢断）ならば当然認められるべき生活反応が発見できなかった。つまりこの事実は、下山総裁の遺体が〝死後轢断〟――死んだ後に線路上に置かれた――ことを示している。

○遺体には各部を合計すると、三八〇ヵ所にも及ぶ擦過傷、打撲傷などの傷が確認された。これらの傷の大半には、やはり生活反応が存在しなかった。だが両手足の皮下出血、睾丸、陰茎、瞼《まぶた》、内臓の粘膜出血などごく一部には明確な生活反応が残っていた。（下山総裁が生前に何者かによって暴行を受けたと思われる。しかもこれらの傷は、手足と顔の一部を除くとほとんどが衣服に隠れる部分に集中していた。さらに両手首の皮下出血の痕は外側に点々と環状に並び、両手を合わせてロープで縛られたようにも見える（103ページの図）。実際に解剖を行なった桑島博士も「腕部を何かで縛《しば》

って血液の流れをある程度止めておいたのではないかと思う」と証言している）

この腕の傷については、当時のGHQ文書にも記述が残っている。

〈一九四九、七、十一「捜査進展報告」（覚書）

公安課長宛（PSD）シュパック発

警視庁が衣類所持品等のリストを発表した。検視の結果、両手首及び両足首に出血があるので、死亡前に縛られていた可能性が高まった〉

○死因は不明。ただし窒息死の可能性は否定。死亡推定時刻は五日夜という以外は不明だったが、後（七月一一日）に水素イオン測定法などにより五日二一時三〇分を中心に前後二時間以内（すなわち、八六九貨物列車に轢《ひ》かれる三時間近く前）と確認された（この時間は日暮里に残されていた『5・19下山缶』の文字に合致する）。

東大法医の司法解剖の結果は、六日一九時三〇分から記者クラブで発表され、翌朝の各紙朝刊にも載った。さらに六日の一二時（警視庁が死後轢断を発表する七時間以上も前）には、増田甲子七官房長官が記者会見で次のように発表している。

「鉄道の専門家は、下山総裁が轢かれる前にすでに死んでいたという見方をしている」

以上のことから推察できるように、警視庁――もしくは政府、GHQ――の当初の見解

下山総裁（共同通信）

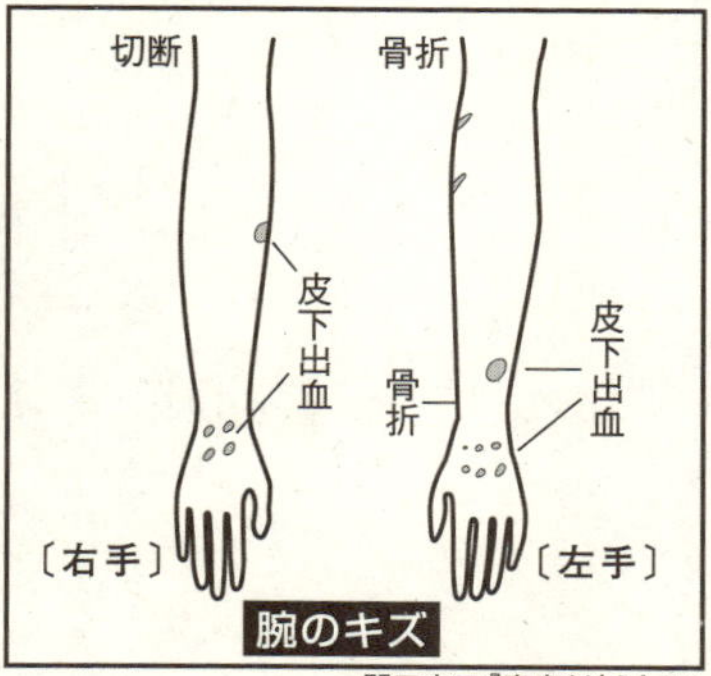

関口由三『真実を追う』より

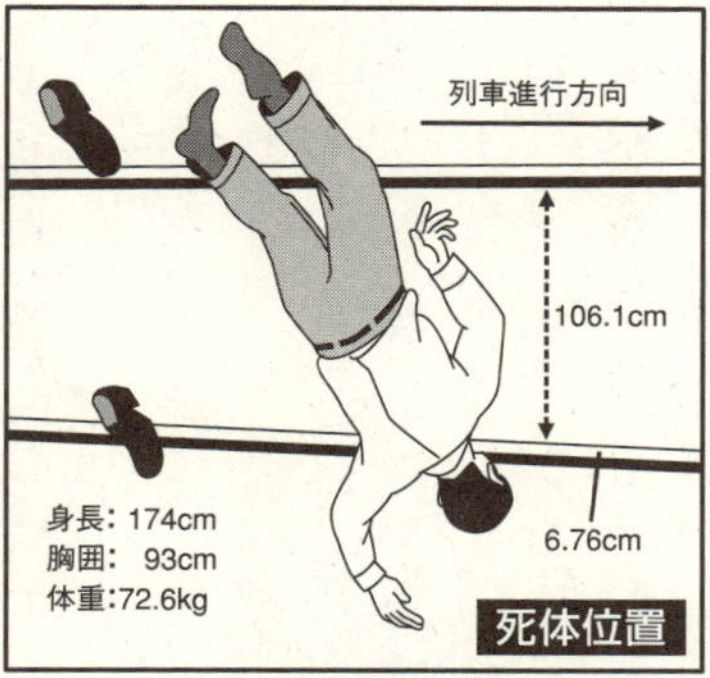

大野達三『アメリカから来たスパイたち』より

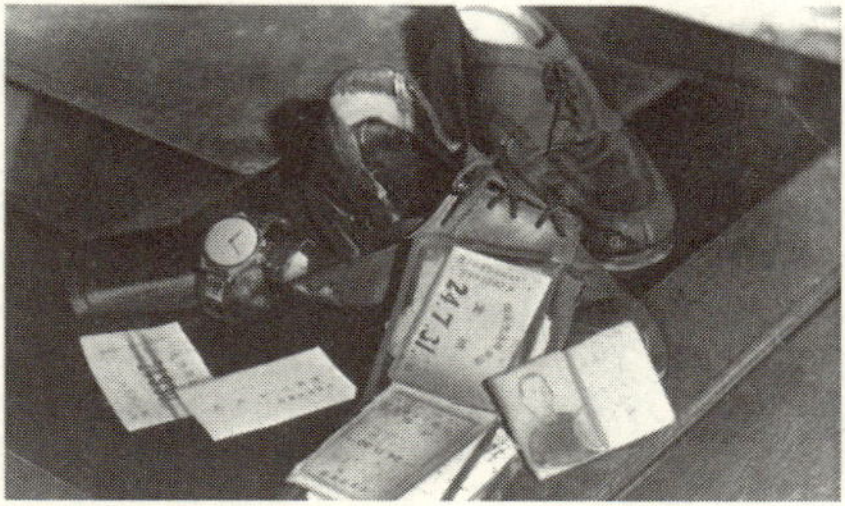

轢断現場から集められた
遺品の靴など（毎日新聞）

は〝他殺〟だった。ところがその後、捜査一課を中心に、下山総裁の死は〝自殺〟へと強引に誘導されていくことになる。

以上が下山事件の当日とその前後の概略である。この中で私は、特にひとつの事実に注目していた。多くの資料に繰り返し登場する「死体には血液がほとんど残っていなかった」という一文である。さらに解剖から一ヵ月後、東大法医の古畑教授は下山総裁の内臓が極度の貧血状態であったことから、死因を次のように推定、発表した。

「失血死――」

あの夜、大叔母の寿恵子は、佐久間という名の殺し屋についてこう言っていた。

「人の血を抜いて喜んでいるような奴だから……」

その時は半信半疑で聞いていた言葉が、急激に現実味を帯びてきた。

四、情報屋・李中煥《イチュンファン》

総裁は血を抜かれて死んだ？

横浜の夜の一件以来、私が大叔母の寿恵子に会ったのは二ヵ月ほど後のことである。寿恵子は、祖父とは二三歳も年が離れていた。生まれた時にすでに父の震が他界していたこともあり、寿恵子にとっての祖父は一番上の兄というよりも「父親に近い存在」だった。

逆に私の母の菱子とは、一〇歳しか離れていない。幼い頃は長年同じ家で暮らしていたこともあって、母と寿恵子は、実の姉妹のように仲が良い。お互いが家を行き来し、夕食を共にすることも珍しくなかった。

その日も母の誘いに乗り、家に同行した。母は私が寿恵子に会いたがっていることをわかっていて、気を利《き》かしてくれたようだ。大叔父の飯島進は仕事に出ていた。彼が家に戻るまでの三〇分ほどの時間を利用し、キッチンで立ったまま話を訊《き》いた。

「例の話……」

私がそれだけ言うと、寿恵子はすぐに察したようだった。

気乗りはしない様子だったが、話さないというほど頑《かたく》なでもない。

「あれからいろんな資料を読んだんだ。どうも下山さんは血を抜かれて死んだらしい。それで、この前、寿恵子さん言ってたろう。佐久間という殺し屋。血を抜いて喜んでたとかいうさ」

「ああ……。下山事件？」

下山総裁が血を抜かれて殺されたという見解に関して、実に興味深い情報がある。GHQのG2（参謀第二部）に所属するCIC（対敵諜報部隊）の元協力者だった前述の李中煥（李中漢）という朝鮮人の証言である。（カッコ内の＊注は著者注）

〈誘拐犯は四人組で、約束の朝がくると総裁は三越北口に現われた。四人組は自動車で都心部にある某ビルに総裁を連行した。誘拐車のナンバーは「IA＝2637」だった（＊注・進駐軍ナンバー）。ビルに連れ込まれた総裁は間もなく暴力によって失神させられ、腕に注射をされて裸にされた。はぎ取った衣類は中村という総裁より少し背の低い四十九歳の男が身につけてビルから出た。

総裁は夜にはいり、腕の上膊《じょうはく》部の血管を切られ血を抜き取られて死んだ（＊注・遺体のこの部分はちょうど轢断部分に当たり、メチャメチャに破壊されていた）。夜九時半ころには死体は再び自動車にのせられて現場（＊注・五反野の轢断現場）に運ばれた〉（『謀

殺　下山事件』）

問題なのは、この証言がＣＩＣに持ち込まれたのが七月一〇日、つまり事件の五日後のことで、古畑教授の「失血死」の結論が出される三週間以上も前だったことだ。ちなみに李の証言はニセ情報とされ、七月一五日に「占領軍作戦命令違反」の罪状でＣＩＣに逮捕。後に韓国に強制送還されている。引用した証言は李が小倉《こくら》刑務所に収監されている時に日本側の検事（東京地検の布施健検事）に供述したものだ。ところがこの供述書は直後に盗難にあって紛失。それから三〇年後にワシントンの米国立公文書館で発見されるという奇妙な後日談がある。重要なのは李はなぜそれほど早い段階で、下山総裁が「血を抜かれて死んだ」ことを知っていたのかということだ。

李という朝鮮人の正体

話を元に戻そう。下山総裁が血を抜かれて死んだことを聞いても、大叔母の寿恵子は特に驚いた様子は見せなかった。

「そのくらいは聞いたことはあるよ。でも兄さんから佐久間の話を聞いたのはもっと前だからね。下山事件には直接関係ないよ」

つまり、こういうことだ。寿恵子が亜細亜産業に入社したのは戦時中の昭和一八年春。

祖父の紹介だった。だが戦後の昭和二三年四月、結婚を機に退社し、その後は「人手が足りない時のアルバイト程度」しか会社には行っていない。祖父が佐久間を「血を抜くような——」と言ったのは結婚の前年の夏頃のことで、下山事件の二年近くも前のことになる。

だが、直接関係ないとはいえ、興味深い話だ。寿恵子の記憶が正しければ、亜細亜産業では下山事件の二年も前から、「人の血を抜いて殺す」という、普通ではあり得ない話が当然のように語られていたことになる。

寿恵子が興味を示したのは下山総裁の死因よりも、むしろ李中煥という名前だった。

「あの頃、私が会社を辞める少し前頃かな。朝鮮人が何人か出入りしてたんだよ。その中に、李というのがいたね」

私は息を呑んだ。

「李中煥?」

「わからない。そんな名前だったような気もするけど、朝鮮人の名前なんて憶えられないよ。李というのも多いしね。よく矢板さんのところに来て、馴れ馴れしく話しかけてたね。面白い話があるんだとか言って。矢板さんは嫌な顔してたけど、時々小遣いを渡してたみたいだね」

李中煥はＣＩＣの協力者と言われているが、自称「ソ連共産党員」を名乗る情報屋だった。下山事件の直前には、韓国代表部にも情報を売り込み、金をせびっている。亜細亜産業に「面白い話」を持ち込み、「小遣い」を手にするという行為は、あまりにも李中煥の実像に近い。

「年齢は？」

「そうだね……。若かったよ。三〇歳くらいだったかしら。兄さんはそいつのこと嫌ってたけどね。信用できない奴だって」

記録によると李中煥の出生は一九一九年一月、ハルビン市ジャムス街一九〇。父親は元キリスト教朝鮮総会長牧師の李白益喜となっている。寿恵子が李に会った昭和二三年当時は二九歳。年齢もほぼ一致する。

「その李という男について、他に憶えていることないかな。どんなことでもいいんだけど」

「何回か話したことはあるんだけど……」

寿恵子は酒を飲む。いわゆるキッチンドランカーだ。その日もビールを飲みながらキッチンに立ち、夕食の仕度《したく》をしていた。しばらく考えて、そして言った。

「たぶん千葉か茨城か、遠くの方に住んでたんじゃなかったかしら。電車賃も高くて儲《もう》からないとかなんとか、よく愚痴《ぐち》をこぼしてたね」

その時は気が付かなかったのだが、寿恵子は実に重要なことを口にしていた。後日、資料を確認してみると、李中煥は昭和二三年当時、確かに千葉CICのアブラハム少佐の元に出入りしていたことがわかった。

李という名の朝鮮人。情報屋らしき行動。年齢。住んでいた場所。その人物が李中煥であったという確証はないが、あまりにも条件が一致している。

寿恵子の証言は、常に核心をかすめている。事件にきわめて近い所にいながら、当事者ではなかったことがそうさせるのだろう。知識がないために自分の言葉の重要性に気付くことなく、無作為に話しているだけに信憑《しんぴょう》性がある。

右翼の大物、ＧＨＱ、ヤクザ……

当時、亜細亜産業における寿恵子の仕事は事務一般だった。戦時中から戦後にかけて、ライカビルのオフィスには二〇人前後の社員がいた。そのうち、女性事務員は二人から四人。寿恵子が一番若かったこともあり、「よくお茶くみをやらされた」という。大切な客が来社すると社長の矢板玄は三階のサロンに通した。お茶を運ぶのは常に寿恵子の役目だった。それだけに寿恵子は、来社した人物の顔と名前をかなり記憶していた。

「この前、言ってたよね。亜細亜産業には右翼だとかGHQだとかヤクザだとか、変な奴がよく来てたって。誰か覚えてる？」

「ああ覚えてるよ。有名な人だと、そうだねえ……。右翼なら三浦義一《ぎいち》とか。あとは田中清玄《せいげん》？　そんな人もいたね」

三浦義一。通称「室町将軍」として知られ、右翼としては児玉誉士夫《こだまよしお》と並ぶ有名人だ。戦後はGHQをはじめ、日本の政界、特に吉田茂には大きな影響力を持っていた。

田中清玄も有名だ。昭和二四年夏に国鉄がらみで起きた下山、三鷹、松川の三大事件のうち、いわゆる「松川事件」で関与が噂されたことがある。松川事件とは、八月一七日、福島県内の東北本線、松川—金谷川駅間で起きた列車転覆事件。機関士ら乗務員三名が死亡。レールの継ぎ目板や犬釘《いぬくぎ》が外されていたことから計画的犯行であることが判明。後に国鉄と東芝松川工場の組合員の共同謀議とされ、二〇名が起訴されたが、全員に無罪判決が下され迷宮入りとなった。

「他には？」

「右翼というのかな。私はヤクザだと思うんだけど。ものすごく怖い人がいた。一度、佐久間が怒鳴られてるのを見たことがある。名前は、関山……。下の名前はよく覚えてないけど、最後に〝人〟という字が付いたと思う」

これは政治団体「輿論社」の総帥・関山義人であることがわかった。戦争中は大陸に渡り、「関山機関」を組織して軍の物資調達に奔走。一財をなし、戦後は「日本の政財界の黒幕」とも呼ばれた。前述の三浦義一とは大陸時代から深い親交があり、やはり吉田内閣に強い発言力を持っていた。さらに右翼活動の一方で、奥州大学（現富士大学）の学長や明治大学の理事を務めるという異色の経歴の持ち主でもある。

「あとは児玉誉士夫だね。私は一度しか見たことないけど、よく話には出てたよ」

明治四四年（一九一一）福島県生まれ。「戦後最大の黒幕」、「政界のフィクサー」と呼ばれた右翼の大物である。戦時中は海軍航空本部の嘱託となり、上海ブロードウェイ（上海の日本人居留地）に「児玉機関」を設立。軍需物資の買い付けと破壊工作に従事した。児玉が戦時中に得た資産は、およそ四五〇億円（現在ならば兆の単位）にものぼると言われる。また児玉は昭和五一年に発覚したロッキード事件でも黒幕を務め、CIA（米中央情報局）の協力者であったことはすでに暗黙の事実となっている。下山事件に関連しても、児玉誉士夫の名が取り沙汰《ざた》されたことがある。


〈「……中でも忘れられないのは、事件後、右翼の大立物某氏が国鉄民同派（＊注・労組右派）の情報屋Kに自宅で脅迫された事件があり、某氏の申し立てで検挙して調べたが、ついに一言もしゃべらなかった」〉（「朝日新聞・下山事件関係者の回顧談」昭和三四年七月五日）

これは「某担当捜査官」の談話として掲載されたもので、「事件」とは下山事件、「右翼の大立物某氏」が児玉誉士夫、「情報屋K」が同姓の児玉直三という人物である。

児玉直三は民同の戦闘部隊、独立青年同盟の活動家の一人で、労組左派の情報通として知られ、当時の加賀山国鉄副総裁も情報屋として使っていた。事件のあった年の八月二四日にも加賀山を訪ね、次のようなやりとりがあった。

〈「私の生命を保証してくれるなら、ある種の下山事件に関する重大なカギを与えてもよい。ただし、それには三万円の金がいる」

これを聞いた加賀山氏は動揺して、

「もっとくわしく話してくれるなら……」

と迫ったが、Kは、

「事件を計画した本部は三越の近くにある」

といっただけで、それ以上は口をつぐんだ。Kがもらしかけたことは事件の核心にふれるように思われた〉（『謀殺　下山事件』）

文中のKとは、もちろん児玉直三のことである。

この話を聞いた東京地検は児玉直三に三万円を与え、護衛を付け、密かに身辺捜査を進めた。ところがその最中に児玉誉士夫から「脅迫された」という届け出が警視庁にあり、児玉直三は逮捕。東京地検の手を離れて警視庁の管轄下に置かれ、小菅刑務所に拘留されてしまった。考えてみれば、このタイミングはきわめて微妙だ。警視庁が児玉直三の口を封じるために一時的に隔離した、とも受け取れる。

それにしても児玉誉士夫は、なぜ民同の情報屋に脅《おど》されなければならなかったのか。それとも単に、児玉直三の逮捕に荷担《かたん》しただけなのか。


『下山事件　最後の証言』を刊行してから二年後の二〇〇七年四月一一日、児玉直三本人を探しあてて話を聞く機会があった。児玉はすでに八九歳になっていた。

待ち合わせた埼玉県内の某ＪＲの駅の改札口に、児玉は妻と連れだってやってきた。腎臓が悪く、もう四五年も人工透析をやっているという。駅前の喫茶店の椅子に座り、ゆっくりと、嚙み締めるような口調で話し始めた。

「下山事件ですか。もう昔のことで、あまり憶えていないな……」

その穏やかな笑顔からは、かつての独立青年同盟の闘士としての面影は感じられない。

私が児玉誉士夫との一件について訊くと、児玉直三は隠すでもなく、いかにも楽しそうに笑った。

「そんなことがあったなあ。私もあの頃は気が短かったから。しかし児玉誉士夫の家に乗り込んだのは、まったく別の用件ですよ。下山事件とは関係ありません」

児玉直三の言葉からは、嘘は感じられない。

――そもそも『独立青年同盟』とは、どのような組織だったのか――。

「私の組織も学生運動なんかと同じですよ。それまでの民同（民主化同盟）の中に、さらに活動的な反共の組織を作ろうと……」

児玉直三によると、独青ができたのは下山事件の直前だという。初期のメンバーは児玉の他に星加要（一九〇九〜一九八九。昭和二二年国鉄反共連盟を結成。二五年三月には三度目の国鉄労組書記長に就任）、室伏憲吾など五〜六人だった。主な資金源は、『世界民主研究所』を主宰する転向派の右翼、鍋山貞親だったという。

「最初は仲間が集まって、なんとなく（独青が）始まったんです。その後に星加なんかが入ってきた。初めはお金がなくて、仲間で（活動資金を）出し合っていたのですが、独青ができて一週間か一〇日くらいで下山事件が起きた。その直後に、鍋山から金が入ったんです」

奇妙な話だ。自然発生的に誕生した独立青年同盟。労組右派の若手が主体の小さな組織に、星加要ほどの大物運動家が合流する。その直後に下山事件が起き、右翼の大物の鍋山貞親から運動資金の名目で金が払い込まれた。

――なぜ鍋山は独青に資金を提供したのか――。

「星加が亡くなったいまとなっては、わかりませんね。しかし、鍋山は田中清玄と親しくしていた。私は直接会ったことはありませんが。もしかしたら（資金源の裏は）田中なのかもしれない」

田中清玄もまた、左翼からの転向組である。当時は『電源防衛隊』を組織し、国鉄の電化事業を介して利権に食い入っていた。

「それ以外には西尾末広（元社会党副書記長・後の民社党党首）ですね。後になって、西尾から直接資金が入ったこともあった。それほど大きな額ではありませんが……」

田中清玄、そして西尾末広。この二人は下山事件の周辺に常に印象深い場面で登場する。

——独青は具体的にどのような役割を荷っていたのか——。

「労組左派の情報を、加賀山（国鉄副総裁）の指示で集めていたんです。加賀山から直接金は出ていませんが。下山さんとも直接四～五回は会ってますね。下山さんと会う時には、三越地下の室町茶寮によく行きました。星加といっしょにね。事件の直前にも会ったことがあったなあ……」

「室町茶寮」という店の名は、例の『下山白書』にも登場する。

〈中央区日本橋室町三の二（地下街）

室町茶寮　支配人　新長二郎

七月五日午前十時頃三十四、五歳の男五人連れにて来店し菓子と茶をとり約二十分位話をして帰った者があるが、その時中央に座っていた人は背広に白ワイシャツを着、一寸《ちよつと》下山さんに似ていた様に思うが違うようでもある〉

偶然なのか。だが児玉直三は「事件の当日には行っていない」と言う。いずれにしても下山総裁は、事件の直前に幾度となく三越周辺に車を待たせ、姿を消していた。その内の少なくとも四〜五回は、児玉直三を含む独立青年同盟のメンバーと会っていたことが確認されたことになる。

――加賀山副総裁に、「事件を計画した本部は三越の近くにある」と言ったことがあったそうだが――。

「ありましたね。そんなことが。三越に近いある場所が、犯人達のアジトだという情報があったんです。それで、加賀山に話した」

――その後、結局その場所を話さなかったそうだが――。

「確たる証拠がなかったからです。その後、いろんな話が出た。あそこではないか、ここではないかと……」

――そのアジトとは、ライカビルの亜細亜産業ではないのか――。

亜細亜産業と聞いて、児玉の表情に明らかな変化があった。

「亜細亜産業という名前は聞いたことがある。仲間内で、よく亜細亜だという話は出ていた。あり得ると思う」

　児玉直三は、大きく頷きながら、はっきりとそう言った。

　最後に、祖父のアルバムの中に残っている亜細亜産業の写真（口絵1ページ）を見せた。児玉は私が差し出した拡大鏡を用い、注意深く写真に見入っていた。そして一人の男の顔を指さし、言った。

「この男は知っている。事件の前後に何度か会ったことがある。どこでいつ会ったのかは忘れてしまったが……」

　気のせいかもしれない。だが、確かに、児玉直三の表情に恐怖の色が浮かんだような気がした。児玉が「知っている」と言った男は――私の祖父――柴田宏だった。

「他にも何人かは会っている。特にこの男と、この男も……」

　児玉直三は亜細亜産業の総帥矢板玄と、専務の工藤孝次郎を指さした。


「**迫水さんて知ってる？　それに佐藤栄作も**」

　寿恵子との話は続いた。

　いつの間にか時計は午後六時を回っていた。間もなく、大叔父の飯島進が帰宅する時間だ。その前に、どうしてももうひとつだけ寿恵子に訊いておかなければならないことがあった。

「この前、政治家も来てたって言ってたよね。名前、覚えてる?」

「ああ、来てたよ。でも政治家は事件に関係ないんじゃないの。迫水《さこみず》さんて、知ってるかな。この人はよく来てたね」

元衆議院議員、迫水久常《ひさつね》。戦時下の東条英機内閣で初代大蔵省総務局長を務め、戦後は内閣書記官長を経験。吉田茂内閣の要人でもあった。この迫水久常という人物は、下山事件に関連して亜細亜産業の周辺を調べていくと、重要な場所で再三にわたり登場することになる。

「他には?」

「そうだねえ……。あと名前が出てくるのは、佐藤栄作くらいかな」

佐藤栄作——。その名前を聞いた時、正直愕然《がくぜん》とした。寿恵子の口から佐藤栄作の名前が出ることを少なからず予測してはいたのだが……。

事件当日の朝、下山が大西運転手に「佐藤さんの所に寄るのだった」と言った、あの佐藤栄作である。

「それ、いつ頃の話?」

「私が会社を辞めるちょっと前だから、昭和二二年の暮れか二三年の一月じゃないかな。あ、思い出した。そうだよ。確か、御歳暮か御年賀だかを持って来たのよ。その場に宏兄さんもいたね。でもあの頃はまだ、佐藤栄作は代議士になっていなかったはずだけど」

寿恵子は何気なく、無意識のうちに、とんでもないことを話している。確かに寿恵子が言うとおり、昭和二二年の暮れか二三年の正月といえば佐藤栄作はまだ運輸次官だった頃の話だ。

寿恵子が続けた。

「あの頃、私は佐藤栄作の顔なんか知らなくてさ。ただ、岸信介《のぶすけ》の弟だって聞かされて、顔が似てるなと思った。でも、下山事件には関係ないと思うよ。事件よりもだいぶ前の話だしさ」

「じゃあ、どんな用で来たんだろう?」

「あれは佐藤栄作が首相になった時(一九六四年)だったかな。宏兄さんに、それとなく訊いたことがあるのよ。なぜ佐藤栄作が亜細亜産業に来たのかって。そうしたら兄さん、こう言ってたよ。兄貴の岸信介があの頃、巣鴨《すがも》(プリズン)に入っててさ。それを出してくれって矢板さんに頼みに来たんだって。GHQの高官の……名前は思い出せないんだけど……なんとかっていう人に交渉したらしいよ。矢板さんと兄さんが」

亜細亜産業、暗躍す

寿恵子の証言に該当する事例は確かに存在する。佐藤栄作の兄、後の首相の岸信介がGHQによりA級戦犯容疑で逮捕の指令を受けたのは終戦間もない昭和二〇年の九月一七日。二二年暮れから二三年一月は、二年以上にわたり巣鴨プリズンに収監されていた最中で、釈放はおろか死刑の可能性さえ憂慮《ゆうりょ》されていた頃だ。弟の佐藤栄作が藁《わら》にもすがる思いで亜細亜産業に駆け込んだ事情は推察できる。しかもさらにその後、寿恵子の証言を裏付けるような出来事が起きている。

昭和二三年一二月二三日、ＧＨＱは東条英機以下七名のＡ級戦犯の絞首刑を執行。ところがその翌日の二四日、岸信介を含む同じＡ級戦犯容疑者一九名が巣鴨プリズンから釈放されたのである。その中には前述の児玉誉士夫、同じく右翼の大物として知られる笹川良一らの名もあった。

この突然の釈放について、ジャーナリストの春名幹男《はるなみきお》は次のように書いている。

〈アメリカはなぜ、これらの重要人物を戦犯として訴追せず、釈放したのか。処刑されたＡ級の戦犯と戦犯容疑者の生死を分けた一線は何だったのか。戦犯容疑者を訴追するのには、

「十分な証拠が集まらなかった」

公式的には、そう言われてきた。

だが、アメリカの真の意図は、ＧＨＱの児玉ファイルなどに封印されてきた。戦争責任は東条英機らに負わせた。その裏で、児玉、笹川らを釈放し、情報活動に利用

する――

そんなアメリカ情報当局の痕跡が、〈CIAの）児玉ファイルにも残されている〉（『秘密のファイル』新潮文庫）

ここで春名幹男の言う「GHQ（連合国軍総司令部）」とは、時代と背景を考慮すればチャールズ・ウィロビー少将率いるG2（参謀第二部）と考えるのが妥当だろう。その後、実際に児玉誉士夫はCIAの協力者となって暗躍。岸信介は昭和三二年に親アメリカ派内閣を樹立し、首相として「日米安全保障条約」の改定を強行したことはあまりにも有名だ。

だが問題は、当時の矢板玄が実際にGHQに対してそれほどの影響力を持っていたのかどうかということだ。ところがこれを裏付ける事実があった。斎藤茂男の著作『夢追い人よ』からその部分を抜粋してみよう。

〈当時Y氏とともに「亜細亜産業」の取締役だった岩本興次《こうじ》氏（後に磐城興業代表取締役）や協力者だった竹谷賢一郎氏の話によると、Y氏は古荘四郎彦《ふるしようしろひこ》氏（元千葉銀行頭取）の戦犯問題をキャノン中佐を通じてもみ消し、その謝礼に旭缶詰会社（千葉県勝浦市墨名）をもらって経営していた〉

このY氏が矢板玄であることは、後に斎藤本人から確認した。キャノン中佐とは鹿地事件（作家鹿地亘の拉致監禁事件）で知られる「キャノン機関」のボスで、G2のウィロビー少将の腹心の部下として特権を駆使。戦後の日本で様々な謀略に関わったとされる人物である。このキャノン中佐はその後も下山事件の周辺に頻繁に登場し、矢板玄との親密な仲も次第に明らかになっていくことになる。そうなると寿恵子の言う「GHQの高官」とは、キャノン中佐である可能性が高い。

実際に岸信介と同日に釈放された児玉誉士夫の陰では、キャノン中佐が一枚噛んでいたことは確かなようだ。

〈児玉は、釈放されてから四日後の十二月二十八日、GHQを訪れた。児玉は、「ウランをお渡ししたい」

と言った。

児玉は、法務局（LS）での取り調べでは、「ウラン」を持っている、などという供述をしていなかった。なのに、なぜ釈放された後になって、GHQに「ウラン」を渡す気になったのか。

翌十二月二十九日付のGHQ秘密メモはその間のいきさつと児玉の言い分を書き留めて

いる。
「拘置所から出してもらうために（ウランを）差し出した、と疑われるのを恐れたから。私はもはや、物質的な富には関心がない」
児玉はそう話した、とメモは記している。（中略）
二十八日の児玉との面会の席には、GHQ側から、法務局のリギットと、G2のキャノンも出席した、とメモは記している〉（『秘密のファイル』）

この記述から推察すれば、キャノン中佐の関与と児玉誉士夫釈放の取引にウランが介在していたことになる。このウランは実は臭化ラジウムで、当時総額二五万〜四〇万ドルの価値があったという。後にこの臭化ラジウムは児玉誉士夫が大陸から持ち帰ったダイヤモンドと共に日銀に保管され、いわゆる「M資金」の元になったとも言われている。

矢板玄にどの程度の権限があったのかは推察するしかないが、岸信介の釈放に何らかの形で一役買ったことは事実だろう。さらにこの寿恵子の証言は、後に「下山事件」の謎を解く上で、きわめて重要な意味を含んでいたことが明らかになっていく。

当時、A級戦犯容疑のもみ消しは、「缶詰会社一つ」、もしくは「四〇万ドルのウラン」に相当する価値があったということを忘れてはならない。だが、いくら運輸次官だったとはいえ、一介の役人である佐藤栄作にそれほどの財力があったとは思えない。

考えられるとすれば、佐藤が自由にできた鉄道総局にからむ莫大な利権である。いずれにしても佐藤栄作は、矢板玄とキャノン中佐に、並の方法では返すことのできない莫大な〝借り〟を作ったことになる。

五、『下山白書』の怪

七月五日の目撃証言

下山総裁が轢《れき》死体となって発見された七月六日の時点では、政府、警視庁の見解は、「他殺」に肯定的だった。その日の正午の記者会見で増田官房長官が「下山総裁が轢《ひ》かれる前にすでに死んでいた」と発言したこと。さらに同日夜には東大法医の「死後轢断」という解剖結果がすみやかに発表されたことからも明らかである。実際に七日午前九時から行なわれた警視庁と東京地検の合同会議でも、まず下山総裁の遺体の轢断面に「生活反応がなかった」ことが指摘され、その二時間後には正式に「下山総裁事件特別捜査本部」が開設された。もし自殺ならば、警察は〝事件〟とは呼ばないし〝捜査本部〟も設置しない。さらに会議に出席した田中栄一警視総監は斎藤昇国家地方警察長官に対し、「最初の捜査会議の空気としては、集団の力による殺人方法がとられたのではないかとする見方が強い」と報告している。

ところが、だ。この〝七月七日〟を起点に、警視庁——特に捜査一課の見解は——他殺から自殺へと大きく方向を転換していくことになる。その結果、八月四日に警視庁で開かれた捜査本部合同会議において〝自殺〟の結論を下し、後に『下山白書』として雑誌「改造」と「文藝春秋」に流出（昭和二五年二月）させた。その自殺説の根拠となる事件当日の目撃証言を、『下山白書』などから追ってみよう。

◎三越周辺の目撃証言

①長島シズ子（三越店員・19）の供述

五日午前九時三五分頃、年齢は五〇歳くらい。背が高く、頭髪を分け、薄ネズミ色のシングル背広上下を着た人が一階北口寄りの化粧品売場の前を行ったり来たりしていた。五日午後一〇時のニュースで事件を知り、売場前でぶらぶらしていた人が下山総裁ではないかと思った。

②新井キミ（三越店員・21）の供述

一階履物売場の担当。午前一〇時少し前、草履《ぞうり》のケースの前で一人の男が品物を見ていた。五〇歳くらいで中肉。顔色は白い方で、髪は分け、小豆《あずき》色の洋服上下を着ていた。品が良い静かな落ち着いた人柄のよい重役タイプ。下山総裁かどうかはわからない。

③高田喜美子（三越奉仕部員・35）の供述

地下鉄入口案内所に勤務。一〇時一五分頃、年齢五〇歳前後、背丈五尺六寸（約一七〇センチ）、体重一七～一八貫（約六五キロ）の太った男が通った。額《ひたい》が広くて眼鏡をかけた社長タイプで、白いワイシャツ、ネズミ色背広上下、無帽、所持品はなかった。その男の後を二〜三人の男が同時に階段を下りていったが、連れかどうかはわからない。五日のニュースで下山総裁が三越で行方不明になったことを知り、自分が見た人がそうではないかと直感した。長年案内係をしているため、一回見れば人相や服装を忘れない自信がある。

④梅村正博（学生・18）の供述

三越付近歩道上でライターの石や油を入れるアルバイトをしていた。一〇時二〇〜三〇分頃に三越正面から出てきた男が立ち止まり、両手をズボンのポケットに入れ、四〜五分ボンヤリと考え事をしていた。その男が売場に来て「油を入れてくれ」と出したライターは進駐軍の持っているジッポーかシルバーのどちらかだった。年齢四七〜八歳、身長五尺七〜八寸。背広上下に白ワイシャツ。上品な人で眼鏡の縁が太いように記憶している。

『下山白書』によると、事件当日の七月五日から六日にかけて確認された三越周辺の目撃証言は、以上の四件である。だが、実際にはこの四件の他にさらに三件の目撃情報があったことが朝日新聞社の矢田記者によって確認されている。この三件に関しては後述する。

ともかくここでは『下山白書』に記載された目撃証言を元に、警視庁（捜査一課）が主張する事件当日の下山総裁の足取りを追ってみることにしたい。

◎地下鉄の目撃証言

⑤西村豊三郎（飲食店営業・43）の供述

五日午前一一時二三分渋谷発の浅草行地下鉄に乗り、いちばん前の車輛で座っていたが、日本橋と末広町の間のいずれかの駅で乗った男（五〇歳くらい）が足を踏んだ。男は考え込んで詫《わ》びようともせず、変な奴だと思い足の先から顔まで見上げたのでよく憶えている。男は身長五尺六〜七寸で髪は七三。白ワイシャツにネズミ色洋服上下、チョコレート色短靴で、所持品はなかった。自分は上野で降りたが、男は浅草の方へ乗り続けた。

⑥尾野平八（靴磨き・65）の供述

七月五日は朝八時から浅草地下鉄駅西口で靴磨きをしていた。時間の記憶はないが、一番ホームから来た人が前記のような（下山総裁のような）人相、着衣だった。

『下山白書』に記載された供述の特色は、目撃者がきわめて正確に——ほぼ例外なく——当日の下山総裁の人相、身長、服装を記憶していることだ。下山総裁は身長約一七五センチ（五尺七寸八分）、体重七五キログラム（約二〇貫）、当時四九歳。事件当日の服装はグレーの背広上下に白ワイシャツ、チョコレート色の短靴、黒縁眼鏡、無帽、所持品はなし。色白で額が広く、髪を七三に分け、眉が太く下がっていて「落ち着いた人柄の重役タイプ」だった。正確というよりも、不自然なほど「正確すぎる」というべきだろうか。
『下山白書』の目撃証言は、さらに轢断現場周辺へと続く。

◎五反野周辺の目撃者

⑦萩原詮秋（五反野駅員）の供述

七月五日は精算係として改札口にいた。午後一時四三分着の浅草発大師前《だいしまえ》行電車が到着し、下車客約二〇人のうち一人が私に切符を渡してから、「この辺に旅館はないですか」と尋ねられた。そこでいっしょに駅を出て、末広旅館を教えた。その男は背の大きい、四〇〜五〇歳くらい。白ワイシャツに茶のさめたような背広上下を着ていた。

（この供述の興味深い点は「切符を渡してから……」と証言していることだ。遺留品の中に、総裁名義の東武鉄道優待パスがあったことを思い返してもらいたい。もしこの人物が下山総裁ならば、なぜ切符を買う必要があったのか）

⑧長島フク（末広旅館主婦・46）の供述

七月五日午後二時頃、お客が来たと三男がいうので出てみると、上品な男が玄関に立っていた。「六時頃まで休ませてくれ」と言うので主人（長島勝三郎・49）に相談し、二階の四畳半に案内して窓を開けた。男は窓に腰掛け、「涼しいですねー。水を一杯ください」と言った。そこで下から茶を持ってきて宿帳への記入を申し出ると、「それはかんべんしてくれ」とそのまま返された。さらに下から蒲団《ふとん》を運び、「お連れさまがお見えになりますか」と訊くと、「私のような年寄りに連れがありますか」と笑った。その後、男は部屋で休み、五時二〇分頃に手が鳴った。行ってみると、すでに男は階下の八畳間に下りて仕度を終えていた。「おいくらですか」と訊くので「二百円です」というと、黒革の財布から二百円とチップ百円、計三百円を古い百円札で出して渡された。男は玄関で靴の紐を結ぶようにかがんでから午後五時三〇分頃に出ていった。

男の人相着衣は身長五尺七寸、年齢五〇歳くらい。色白面長でふくらみがあり、眉が開いていてロイド眼鏡をかけ、髪を七三に分けて上品な優しい顔をしていた。無帽でネズミ色の背広上下、白ワイシャツにネクタイ、チョコレート色のひだのある進駐軍の靴、紺の木綿《もめん》の靴下、黒革の財布、荷物はなく単独。下山総裁に酷似するので西新井署に届け出た。

これが「下山事件の結論を左右する」とまで言われた「長島フク供述」である。確かに長島フクが言うとおり、客の男の人相着衣は下山総裁に酷似している。いや、まさに七月五日に三越南口で消息を絶った「下山総裁そのもの」と言っていい。この供述は『下山白書』によると七月一二日の日付になっているが、これは供述書の作成された日時である。実際にはそれ以前に夫・勝三郎によって西新井署に届けられていた。正確に言うなら、事件の翌日、七月七日の正午前だ。
五反野周辺の目撃情報はさらに続く。

⑨成島正男（会社員・38）の供述
七月五日午後六時一〇分頃、養女の昭子と銭湯に行く途中、東武線トンネル入口（足立区五反野南町一〇八七）で、土堤下の畦道《あぜみち》から出てきた立派な紳士に出会った。その男はトンネルに入っていき、出口で立ち止まって考え事をしていた。身長五尺五、六寸、顔色は脂《あぶら》ぎって浅黒く、眉毛が濃くて黒縁の眼鏡をかけていた。靴の爪先に馬蹄型のひだがついていたのを憶えている。朝日新聞に六日に掲載された写真には似ていないが、人相書には一致するので家内には「下山さんに違いあるまい」と話した。

⑩渡辺盛（工員・30）の証言
七月五日六時頃、事件現場ガードの手前の沼でエビガニを取っていると、ダンダラ坂を立派な紳士が下りてきた。男は常磐線の溝に沿って五〇メートルくらい行ったかと思うとまた引き返してきて、今度は東武線の土手に沿って歩いていき、しばらくするとまたトンネルの方から戻ってきた。男は五〇歳くらい、身長五尺六〜七寸で顔は夏ミカンのような肌。眉毛は太く下がっていて髪に白髪があり、アメ色の眼鏡をかけていた。無帽で白っぽい背広。縞《しま》入りの白ワイシャツに手織りの金糸が入ったネクタイをしていた。写真を見て

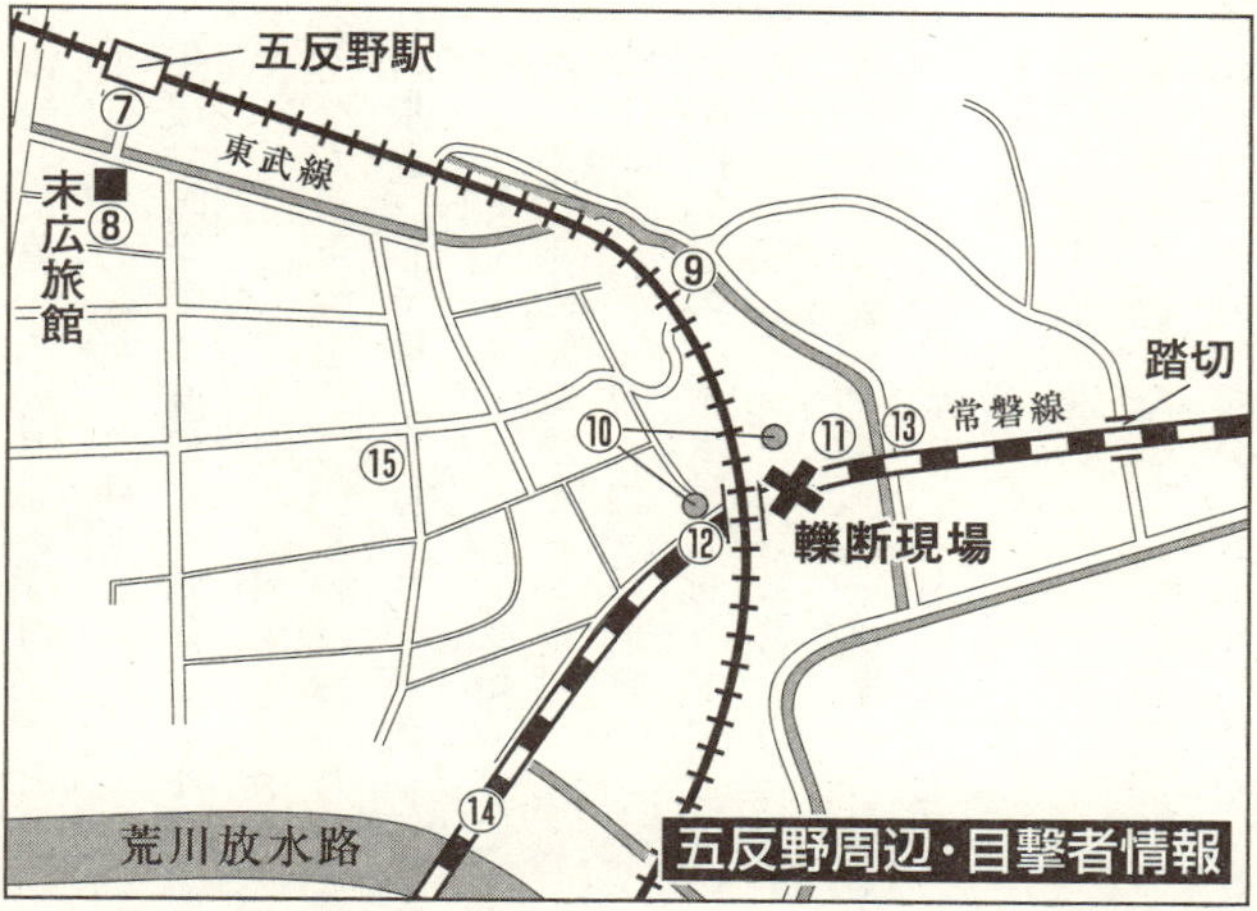

足立区五反野駅近くにあった末広旅館（毎日新聞）

下山総裁に違いないと思い届け出た。

⑪山崎たけ（43）の供述

午後六時半頃、妹の家から帰る途中に近道をするため線路内を東武線ガードに向かって歩いていると、玉蜀黍《とうもろこし》畑の中に紳士が一人で立って草の葉をいじっていた。こんな夕方にあんな人が百姓をしているのはおかしいと思って見ていると、気まずくなったのか、そのうち歩きだして線路を登っていった。年齢四六〜七歳、色白で鼻が高く、肥《ふと》った顔。眼鏡のことは記憶にないが、無帽でネズミ色の洋服。チョコレート色の上等な靴で上品な人だったので、下山総裁だと思った。

⑫辻一郎（清掃人・39）の証言

六時四〇分頃、東武線のガードのところに来ると、消防小屋（北千住方面）の方から枕木の上をぶらぶら歩いてくる男がいた。顔は広く角顔で、ネズミ色の体に合った服。靴は記憶にないがその他の人相、着衣は下山総裁に似ていた。その男は電車の来る方角に背を向けて歩いていたので、命知らずだと思った。人相、着衣、態度、所持品など総合して下山総裁と認められる。

⑬三田喜代子（20）の証言

夜八時半を過ぎていた。五反野踏切前で自転車を降りて待っていると、反対側から知人の中山はつが走って渡ってきて「変な人がいるよ」と言った。見ると、この辺りでは見かけない立派な人が立っていた。電車が通過したので自転車に乗ろうとすると、その男は東武線のガードの方に線路上を歩いていった。年齢は五〇歳くらい、背は高いほうで灰色のような服を着ていた。眼鏡はなく、ワイシャツの襟《えり》が上着の上に出ているような感じだったが、これもはっきりしない。何か元気がないようだった。人相が似ているのでその人が下山さんに違いないと思っていた。

⑭中島義雄（田端機関区助士・22）の証言

七月五日常磐線下り二六三貨物列車に乗り、定刻二二時七分に北千住を発車して荒川放水路鉄橋を渡った。二二時九分頃に土手の踏切の約三〇メートル手前にさしかかった時、ふと前方を見ると、踏切の警標の陰に人が立っていた。こんな夜遅く人が通らぬ場所なので、てっきり飛び込み自殺かと思い機関車が踏切を通過するまでよく見ていた。その人は下山総裁と人相、服装が似ていて、りっぱな紳士風の男だった。

⑮加藤谷蔵（魚商・30）の証言

午後一一時三〇分近くであったと思う。梅田町の田中ラジオ店の帰りに自転車で五反野南町の花井市太郎さんの家にさしかかった時、東武のガード下の方向から一人の男が下を向いて左側を歩いてきた。こんな遅くに何だろうと思い、その顔を見ながら行き過ぎて、振り向くとその人も立ち止まって私の方を見ていた。雨が降り始めたのに急ぐでもなく、ぶらりぶらりと高砂町の方へ歩いていった。

その人の人相は四、五十歳前後、丈五尺五寸以上、面長で肥った顔、黒か茶縁の眼鏡をかけ、髪は七三に分け、肥った重役風の品のよい人だった。服は鼠色のような背広上下に白ワイシャツ、荷物は持たず一人で、この辺では初めて見る人だった。翌朝、朝日新聞の記事と写真を見て、昨夜見た人があまりにもよく似ていてはっとした。

このような目撃証人による供述が、『下山白書』には延々と続く。実際の証言は、五反野周辺だけでも二〇件以上に達した。これらの目撃証言を順番につなぎ合わせていくと、下山総裁が失踪した五日の足取りがほぼ完全に浮かび上がってくる。要約すると、以下のようになる。

◎五日午前九時三五分に三越南口で車を降りた下山総裁は店内に入っていき、①一階北口寄りの化粧品売場の前を行き来し（同九時三五分）、②一階履物売場で品物を見て（一〇時少し前）、③地下鉄入口案内所の前を通り（一〇時一五分）、④付近の歩道上でライターにオイルを入れ（一〇時三〇分）、⑤渋谷発浅草行地下鉄の中で男の足を踏み（一一時三〇分頃）、⑥地下鉄浅草駅で降りて西口の靴磨きの前を通り、⑦東武線五反野駅で降りて駅員に旅館を訊き（午後一時四三分）、⑧末広旅館に入って三時間ほど休んで出て行き（二時～五時三〇分）、⑨東武線のトンネルをくぐり（六時一〇分）、⑩ダンダラ坂を下りて東武線の土手に沿って行き来し（六時頃）、⑪玉蜀黍畑の中に立って葉をいじり（六時三〇分）、⑫消防小屋の方からガードに向かって枕木の上を歩き（六時四〇分）、⑬その後もいかにも元気がない様子で常磐線の線路の上を歩き回り（八時半過ぎ）、⑭いかにも自殺しそうに踏切に立ち（一〇時九分）、⑮東武ガード下から轢断現場に向かった（一一時三〇分）、ということになる。さらに推察するならば、下山総裁は五日深夜から六日未明にかけて足立区五反野南町の常磐線下り線路上に自分の意志で横になり、六日午前〇時一九分三〇秒に八六九貨物列車に〝轢断された〟ということになる。

　以上の『下山白書』の供述を信ずる限り、他殺の可能性が入り込む余地はない。下山総裁は明らかに自殺したことになる。

　だが、あえて断言する。これらの目撃証言は犯人グループと捜査一課の共作によるあからさまな捏造《ねつぞう》であり、情報操作だ。

　なぜか――。

　検証してみよう。

加賀山副総裁は「他殺説」

『下山白書』を読むと、実に巧妙に〝自殺〟に誘導しようとする意図がうかがえる。前述の目撃証言の他に下山総裁の交友関係（元陸軍大佐守田正之、商工次官小菅乙成、東京工業大学長和田小六、佐藤栄作他）にも供述がとられ、注釈を付けることで自殺の可能性を強調している。その中で、唯一〝他殺〟を主張するのが国鉄副総裁の加賀山之雄だった。

その理由として、

〈一、森田のぶ（＊注・下山の愛人）の関係で脅迫されてあの犯行になったものか

二、田端駅労組関係の動きによる関係者がないか等を考えられるが総裁は労組関係では未《いま》だうらまれる事はなく特に労組の動きもない〉（『下山白書』）

この供述は、たいへん興味深い。当時、下山総裁の周辺に最も精通している加賀山副総裁が他殺を主張していること。その要因に愛人関係のもつれを指摘していること。また、総裁は労組関係から恨まれることはない、と分析していることだ。しかも加賀山は、ここでは労組関係者を〝左派〟とも〝民同（右派）〟とも限定していない。

事件から一〇年後に加賀山は、この見解を自らの文章で、さらにくわしく雑誌「日本」に発表した（昭和三四年七月号）。これは下山事件を研究する上で、特に〝他殺論〟の論拠にはきわめて重要な論説である。多少長くなるが、以下に要約してみたい。

――七月六日、無残な轢死体となった下山総裁が発見された。私（加賀山）がその日以

来今日まで考え続けてきたことは、下山氏は殺されたのだということだ。私は屍体が発見された時、ただちに「殺《や》られたな」と直感した。

下山総裁は非常に情報好きな一面があった。自分の配下や友達を通して私たちの知らないような情報をキャッチし、得意になるようなところがあった。つまり彼のこういう習癖を知っている犯人が、「重大な情報があるから一人で三越に来てくれないか」と巧みにおびき出した。そして三越地下で脅迫されて誘拐された可能性は十分にあるわけだ。

現場近くの末広旅館で下山総裁らしき人物が休息したという証言がある。人相、服装がよく似ているというわけで、自殺説をとる人はこの証言を根拠にしている。しかし私は、おそらくこの末広旅館の下山氏は替え玉だと思う。旅館の人も総裁その人を知っているわけではない。

この事件は右翼、あるいはアメリカが共産党弾圧の口実を作るためにやったのだという説もある。しかし赤色テロの謀略でこそあれ、アメリカがこのような事件を起こす必要はどこにもなかった。私は下山総裁の死は徒死ではなかったと思う。事件を契機に国鉄大整理も進行、無事終了した。その意味ではこの年は日本の経済が立ち直る契機をつかんだエポックメイキングな年でもあったからだ。

加賀山之雄はきわめて大胆かつ冷静な推論を展開している。しかも政府要人でありながら、謀殺、替え玉といった煽情的な表現を駆使している。また、前述の『下山白書』とは微妙なニュアンスの違いがあることも無視できない。同じ他殺説でありながら『下山白書』では愛人関係を要因に挙げているのに対し、「日本」では赤色テロ（共産党犯行説）を主張している。この違いが一〇年という時間差によるものなのか、もしくは〝警察権力〟というフィルターの介在によるものなのかは謎だが。

捜査一課が黙殺した供述

問題は、はたして加賀山が言うように、末広旅館に現われた下山総裁が〝替え玉〟だったのかどうかだ。だが、それ以前に、『下山白書』に記載される目撃証言には作為的な情報操作がなされた痕跡がある。朝日新聞社の矢田記者は、後に警視庁捜査一課三越班の小薬刑事に取材し再検証している。

警視庁による目撃証言の情報操作は、まず事件当日七月五日の三越周辺の部分から始まっている。『下山白書』に記載される三越周辺の供述は、前述の①〜④までの計四件。だが実際には、下山総裁が失踪した五日から六日にかけて、一課の三越班は計七件の目撃証言を確認していた。ところが、意図的に、都合の悪い三件の供述を証拠として採用していない。その黙殺された三件の供述を『謀殺 下山事件』から要約してみよう。

Ⓐ小川某（三越店員・20）の供述

一階北口雑貨売場に勤務。開店間もない時間（五日九時三五分頃）、太った背の高い紳士が売場前を通り、北口エレベーターの方に行くのを見た。洋服を着て持ち物はなく、長島さん（＊注・供述①）が見た人と同じだと思う。

Ⓑ飯田英一（三越調達部員・49）の供述

三階北東の隅にある家具売場の通路から出たところで、洋服姿、体格のいい紳士に出会った。その紳士は三〜四人の男といっしょだったが、連れの中には黒い背広を着た中年の男が一人いた。時間は開店間もない頃で、一〇時前だと思う。その紳士は、下山さんに似ていた。

Ⓒ熊本武三郎（管理人・58）の供述

三越五階の貸事務所の管理室にいた。五日午前一一時頃、部屋を出ると洗面所から出てきた紳士がいた。何か尋ねたいようだったので近寄って「何の御用でしょうか」と聞くと、「ちょっと待つ人がいるから……」と言ってそのうち三階の売場に通じる北口階段を下りていった。その人は顔を見られたくない様子だった。五〇歳前後で体格はよく、肩幅が広く、下山さんに似ていた。黒縁眼鏡をかけ、髪は分けていたがややハゲ上がり、洋服はネズミ色、白ワイシャツにネクタイ。帽子や持ち物はなかった。

なぜこの三名の目撃証言が黙殺されたのか。もし仮に不都合があるとすれば、下山総裁がⒶ北口エレベーターに向かい、Ⓑ三階家具売場で三〜四人の男と合流し、Ⓒ五階の事務所に姿を現わしたこと（当時三越は四階から上が貸事務所になっていた）しか考えられない。

実はこの貸事務所の中で、当初から捜査線上に浮上した団体があった。六階の「労働調査協議会」である。だが捜査一課主任の関口由三によると、「国鉄関係者の出入りは一人もなかった」（『真実を追う』サンケイ新聞社）ことを理由に捜査対象から外された。このニュアンスは微妙だ。当時捜査一課は情報提供者を国鉄内部の人間と想定していたのか。もしくは、事件そのものを「国鉄労組の犯行」と睨《にら》んでいたとも受け取れる。いずれにしても関口は、その理由を明確に説明してはいない。

私は『謀殺 下山事件』のこの一節を初めて読んだ時、心の奥にある種、違和感のようなものを感じた。小さな符合にすぎない。おそらく私以外の人間ならば——例えこれを書いた矢田喜美雄でさえも——見過ごしてしまうだろう。

私の目に止まったのは、三件の目撃証言の中でもⒷの飯田英一の供述だった。

「三階北東の隅にある家具売場の通路——」

もしこの目撃証言が真実ならば、下山総裁はこのあたりで「黒い背広を着た中年の男」を含む「三〜四人の連れ」と合流したことになる。

事件当時の亜細亜産業の業務内容を思い出してもらいたい。本業はパルプ産業、印刷業、鉄工業などの部門を持つグループ企業。本社が三越と目と鼻の先の日本橋室町のライカビルにあり、そこでの表向きの業務は貿易業、もしくは総合商社だった。取引先はGHQなどを中心に、主な商品として家具を扱っていた……。

家具——。それだけの符合にすぎない。偶然、の一言で片付けてしまえばそれまでだ。

だが……。

『下山白書』は脚色されている

『下山白書』における目撃証言の情報操作は、三件の供述の意図的な隠匿《いんとく》に止《とど》まらない。捜査一課はその他の供述に関しても絶妙な脚色を施《ほどこ》し、自殺説への誘導を目論《もくろ》んでいる。

例えば三越周辺の目撃証言の③（127ページ）である。『下山白書』によると、高田喜美子は「その男の後を二〜三人の男が同時に階段を下りていった」が、「連れかどうかはわからない」と証言したことになっている。だが後に矢田喜美雄が担当捜査官に確認すると、実際の供述は次のようなものだった。

「北口エレベーターのほうから三〜四人連れが灰色洋服、黒縁眼鏡でりっぱな体格をした下山さんらしい人といっしょに案内所前を通って地下鉄の方へ出ていった。いっしょの人は連れという感じだった」

どうやら捜査一課は、どうしても下山総裁が単独行動であったと主張したいらしい。〝連れ〟の正体が明るみに出ると、よほどまずい事情があるようだ。

さらに、④の梅村正博の供述にも手が加えられている。このアルバイトの学生は、下山らしき男のライターは「進駐軍の持っているジッポーかシルバーのどちらかだった」と証言したことになっている。だが、捜査員のメモの原文では「帝国銀行のマークがはいったスイス製ジュラルミンライター」になっている。

当日、下山総裁が持っていたライターはGHQのCTS係官からもらった米国製の〝ジッポー〟だった。つまり『下山白書』が主張する「三越正面から出てきた男」――スイス製のジュラルミンライターにオイルを入れて地下鉄乗り場に向かった男――は、実は下山総裁ではなかったということになる。

では、いったいどこから目撃証言に操作の手が加えられているのか。

『下山白書』における捜査一課の情報操作の痕跡を辿《たど》っていくと、〝本物の総裁〟と〝替え玉〟の分岐点は三越の一階から三階あたり。供述でいえば②から③、もしくは証拠として認められなかったⒶのあたり――九時三五分頃――にあるようだ。下山総裁は三階の家具売場、五階の事務所などに立ち寄り、その後どこに行ったのか。確認できる目撃証言をまじえ、〝本物〟の下山総裁の足取りを追ってみたい。

Ⓓ小川貞子（主婦）の証言
五日、午前一一時一三分頃に地下鉄の三越前で降りた。地下道から右に曲がり三越地下入口に入ろうとした時、奇妙な四人連れがその角にへばりついていて思わず立ち止まった。
曲がり角には円い大きな鉄板が敷かれているが、そこに足を乗せた男ともう一人の男が話していた。さらに左側のショーウィンドウには別の二人連れがいた。
鉄板に足を乗せた男は重役タイプ、黒いロイドメガネ、灰色の服を着て持ち物はなく、確かに下山さんに似ていた。この下山さんらしい人に話しかけていたのは五〇歳すぎのやせ型、浅黒い三角顔をした身長五尺ちょっとの低い背、金縁《きんぶち》眼鏡をかけた学校の校長先生といった感じの男だった。この小さな男は細い格子縞の黒い線が入った洋服に白い開襟《かいきん》シャツを着て、先のとがった黒い靴を履いていた。持ち物は茶の黒ずんだ手下げカバンだけだった。（捜査一課小薬刑事聴取）

このⒹ小川証言は、下山総裁だけでなくいっしょにいた男の外観を細部にわたり正確にとらえている。もし五日午前中に下山総裁が三越周辺から何者かによって誘拐されたのだとすれば、その男は実行犯である可能性がかなり高い。しかも男は「身長五尺（約一五〇センチ）ちょっと、浅黒い三角顔で金縁眼鏡をかけていた」と、きわめて特徴的な人相をしている。おそらくこの背の低い男は、三越の三階家具売場から下山総裁を追っていった二〜三人の男の一人であり、状況からすれば実行犯の三越グループのリーダー格であった可能性が高い。またこの供述は一課の刑事が聴取したにもかかわらず、何らかの理由によりあえて『下山白書』から削除されているだけに信憑性がある。

いずれにしても実行犯グループの中で、人相がはっきりとしているのは三越周辺で目撃された「三角顔の小男」と、後述するが、五反野に替え玉として現われた「土工の親分のような男」の二人だけだ。替え玉に関しては、元CIAの協力者の真木一英という人物が興味深い証言をしている。

「下山事件には下山氏の替え玉がいた。江東区枝川町に住む李という男（前出の李中煥とは別人）で、替え玉が露見しそうになったので昭和三〇年秋に消されてしまった」

この李――おそらく朝鮮人――が五反野の替え玉であったのかどうかは確認されていない。ちなみに作家の松本清張は、「替え玉の正体は永久にわからないだろう」と述べている。

一方、三越の「三角顔の小男」に関してはこれまでまったく具体的な証言がない。だが、役割から判断するならば、実行犯グループの中でもかなりの重要人物であったことが推察できる。

いったい、何者だったのか。この男の正体さえ摑めれば、実行犯グループも特定できることになる。だが、おそらく不可能だ。ところが数年後、ある人物の証言から「三角顔の小男」の正体が明らかになった——。

宮下証言とH・Oの日記

話を戻そう。三越の地下道で数人の男と共に目撃された下山総裁は、その後どうなったのか。元CIA協力者の宮下英二郎が、「総裁は姫路CICのメンバーによって拉致され、三井銀行本店前にとめてあった高級車に乗せられ、本郷ハウスに連れ込まれて死亡した」と証言していることは前述した。実は、これにきわめて類似する情報が他にもある。

事件から八年後の昭和三二年、熱海のある旅館で一人の宿泊客が海に身を投げて自殺した。麻薬の常習者で、将来を悲観しての自殺だった。

その男、H・Oは、部屋に一冊の大学ノートに記した日記を残していた。その日記を偶然手に入れたのが、元内外タイムス、当時は読売新聞社の記者だった鎗水徹《やりみずとおる》である。

日記には、男の半生と共に、下山事件に関するきわめて重大な情報が記述されていた。だが、奇妙なことに、鎗水は新聞記者であるにもかかわらずこの歴史的なスクープを自分で記事にしていない。七年間封印した後、こともあろうにライバル紙の朝日新聞社の矢田記者に内容を話し、時効直前の昭和三九年に発表させている。以下に日記の内容を要約してみよう。

――自分の出身は北海道小樽《おたる》市色内《いろない》だが、樺太《カラフト》で終戦を迎えた。抑留の後、復員して国鉄に就職。だが昭和二三年八月、職場離脱闘争（北海道旭川機関区で集団欠勤を理由に職員が解雇されたのを機に起きた争議。約四〇〇人の共産党員がこれに参加し、職場を離脱。津軽海峡を越えて東京に向かった）に参加して上京した。（なぜか日記には、ここから一年の空白がある）

事件が起こる直前、（H・Oを含む）共産党派遣の情報屋グループはよく下山総裁に会っていた。下山は「整理の対象は老齢者、技術を持たない者を優先する。赤（共産党員）を切れという命令はあるが、当面の対象にはしない」と約束していた。

七月五日、共産系労組の情報を伝えるために三越付近に行き、日本橋室町三丁目の大通りで下山総裁を乗せ、二台の車が前後して走り出した。近くに暁テル子の公演ポスターが貼ってあったのを憶えている。

室町から日比谷交差点を抜けて三宅坂の米軍ドライブインに立ち寄り、ここで総裁は後ろの車に移された。その後、神宮外苑に向かい、ここで総裁の車と別れ、代々木のワシントンハイツに入った。ハイツで「任務がすんだ」と言われて入浴し、新しい服をもらったが、身の危険を感じて宿舎から逃亡した。

自分は情報屋として総裁と接触したが、これが誘拐のための偽装工作とは夢にも思わなかった。情報屋グループの中にスパイがいて、五日朝に総裁と会うことをCICに内通したのだと思う。以来、東京に身を潜《ひそ》めていたが、後に仲間の三人が台湾の米軍基地に送られて働かされていることを知った。三人は永久に日本には帰れないだろう。

さらにH・Oは逃避行の苦しみを麻薬でまぎらわし、常習者になったこと。心身共に疲れ果て、総裁誘拐の汚名を悔《く》いていることを告白し、日記を閉じている。

日記の内容——実際には鎗水徹の証言なのだが——は、きわめて具体的かつ写実的である。下山総裁が車で拉致されたこと。CICが関与していたこと。都内の米軍の某施設に連れ込まれたらしいこと。細部に関しては多少のディテールの差こそあれ、大筋においては宮下証言に矛盾しない。矢田記者はこの証言を「事件を究明する最大級の証拠として評価されるもの」としている。

確かにこの日記が本物だとすれば、事件の核心を衝《つ》くものだ。だがこの記述を最初に目にした時、私はやはりある種の違和感のようなものを感じた。鎗水がたまたま知り合いだった旅館の主人から、日記を偶然手に入れたこと。H・Oだけが、なぜ東京でCICの手を逃れて台湾に送られなかったのか。さらにこの証言を発表した矢田記者は、自分の目で日記の存在を確認していない。

そもそもH・Oの日記は存在したのだろうか。この点について、後に朝日新聞社の諸永裕司記者が鎗水本人に確認している。


〈「ところで、H・Oさんの日記は、その後どうしたんですか」

「さっき言ったろ。GHQの前でノートも全部焼き捨てたんだ」

事件の核心につながる資料だとすれば、米軍が焼却させたりするだろうか。

不覚にもこのときは気づかなかったが、鎗水がH・O氏の日記を手に入れたのは昭和三二年の秋だと話していた。その時期にGHQは日本にいない。占領が終わったのは昭和二七年のことだ〉（『葬られた夏』）

日記の真偽はともかくとして、車で拉致された下山総裁を当日、目撃した人物がもう一人いる。翌日六日の読売新聞に、某政府関係者の証言として次のような記事が載った。

「五日午前一一時頃、所用で平河町の民主自由党本部から日比谷方面へ車を走らせている途中、逆に都電議事堂停留所のほうから平河町に向かってくる車とすれちがった。この車の中に、二〜三人の男に前後左右を囲まれた下山さんらしい人を見た。いつもと違う車に総裁が乗っているので、不思議だと思った」

証言をした〝某政府関係者〟とは、民主自由党の議員佐藤栄作の秘書、大津正である。鉄道省時代からの佐藤栄作の腹心の部下として知られ、下山総裁との間で重要な橋渡し役を担ってきた人物だ。

そうだ。またしても佐藤栄作だ。下山事件に関連して佐藤栄作の名が浮上するのは、これで何度目だろうか。七月五日の事件当日、下山総裁は出庁する車の中で「佐藤さんの所に寄るのだった……」と洩らしている。大叔母の飯島寿恵子は、佐藤栄作が亜細亜産業の矢板玄と親交があったと証言した。そして今度は、佐藤栄作の腹心の部下である大津正が「いつもと違う車に乗った下山総裁を見た」と証言している。

当初この大津証言は、匿名《とくめい》だったこともあってそれほどマスコミの注目を集めなかった。もし大津証言が重要視されていれば、警察は自殺説をとる『下山白書』を世に送り出すこともなかったろう。

だが、大津証言は、次第に他殺説の最重要証言として一人歩きを始める。前述の宮下証言や鎗水証言の正当性を証明する根拠とされたことも理由のひとつだ。また後に加賀山副総裁は「下山総裁をよく知っている人の証言だけに信用できる」という見解を発表。その信憑性を擁護すると共に自らの他殺論の裏付けとした。さらに大津の名前が公表される以前の昭和二七年七月、各労働組合に次のような英文の怪文書が出回ったことがあった。

「下山総裁が殺された地点の近くの地面には、大型の米軍軍靴の跡が残っていた。犯行が行なわれた頃、現場付近を一台の米軍用トラックが通過したという事実が警察に報告されている。また、運輸省の某役人が、下山氏が一米人と米国の自動車に乗っているのを議事堂脇の道路で見かけた、と証言している。これらの証言は（マスコミから）注意深く取り上げられなかった」

文中の「運輸省の某役人」とは、もちろん大津正である。興味深いのは、この文書が「米軍の関与」と「大津証言に注目すべき」であることを強硬に示唆していることだ。それにしても誰が、何のために、この文書を配付したのか。英文であることを考慮すると、GHQの関係者を想像したくなる。だが、逆に、日本人の犯行グループが「GHQを装った」とも考えられる。

この大津証言が信用できるものであるかどうかは別として、もう一つ付け加えておかなければならないことがある。実は大津正と前述の鎗水徹は、自宅が同じ横浜にあり、「きわめて仲の良い間柄」だった。

鎗水情報にむしろどこかきな臭いものを感じるのは私だけだろうか。

目撃された人物の特徴

捜査一課による供述の改竄《かいざん》は、五反野周辺の目撃証言へと移行するとさらにエスカレートする。末広旅館に現われた下山総裁が「替え玉」だったかどうかはともかくとして、その他の供述には大幅に手が加えられている。これに関しても矢田喜美雄は、事件の一五年後の昭和三九年頃に再取材を行なっている。『下山白書』の供述と実際の目撃証言の差について、いくつか例を挙げてみよう。

典型的なのが一三四ページ⑫の辻一郎の供述だ。辻は東武線のガードのところで出会った男を、次のように証言したことになっている。

「顔は広く角顔で、ネズミ色の体に合った服。靴は記憶にないがその他の人相、着衣は下山総裁に似ていた」

矢田記者が得た実際の証言はこうだった。

〈報告書（下山白書）には「人相、着衣その他を総合して下山総裁と認められる」とありますが、私がみた男は髪こそキチンと分けてはいましたが、顔は日焼けして浅黒く、ホホ骨が突き出ていてマユもつり上り、土工の親分というようにガッチリした大男で胸を張って歩いていました。（中略）私がみた男は西尾末広さんに似ていました。とても下山総裁だなんて考えられません。男は白い開襟シャツをきてメガネはかけていませんでした。（中略）刑事さんには見たままのことを申しあげたのですが、信用されなかったのか「下山さんとは思いません」という私の意見は入れられませんでした。事件後はほんとうのことをいうと犯人に私も殺されるかもしれないと思い、それからはだれにも何もいわないことにして今日まで過ごしてきました〉（『謀殺　下山事件』）

この証言は、いくつかの興味深い事実を示唆している。まず、五反野周辺に姿を現わした下山総裁らしき人物の人相だ。辻一郎は、「土工の親分」のような西尾末広に似た男だと証言している。これは三越周辺の証人の多くが上品な印象を持っているのとは対照的だ。

西尾末広とは、元社会党の衆議院議員、芦田内閣で官房長官や副総理（昭和二二年）を務めた人物である。後に昭和電工疑獄事件にからんで検挙（昭和二三年）され、議員を除名された。前述したように「民同の独青に資金援助した人物」でもある。

すでに触れたように、亜細亜産業は西尾を失脚させた昭電事件にも裏で深く関わっていた。その翌年の昭和二四年、今度は同じ亜細亜産業の関与が疑われる「下山事件」の舞台にその名が浮上したことは、偶然としてもあまりにも皮肉な符合である。ちなみに西尾は起訴をまぬがれ、三年後の昭和二七年に議席を回復。「日米安全保障条約の段階的解消論」を経て社会党を離党し、昭和三五年に民主社会党を結成している。

西尾の写真を見る限り、「土工の親分」に見えるかどうかはともかくとして、いかにも意志の強そうな豪傑然とした風貌をしている。どう考えても下山総裁とは似ても似つかない人相だ。

警視庁による目撃証言の改竄は、これだけではない。他にもいくつか例を挙げてみよう。

供述⑬の三田喜代子は、『下山白書』に書かれた自分の証言について次のように反論している。

〈刑事さんには事件後、二回も家に来てくわしくきかれましたが、調書には私が話していないことがずいぶんはいっています。例えば「その人の年齢は五十歳」身長は「五尺五、六寸」「肥えた方」「灰色の」背広などです。私がみた時間はもう夜で薄暗い後ろ姿しかわかりませんでした。したがって顔形とか洋服の生地の色などわかるはずもありません。

私が刑事さんに話したのは体格がよく、洋服をきていたということだけでした。調書のおわりのほうでは「ワイシャツの襟が上着のうえに出て」とか「何か元気がないようでした。（中略）私は新聞をみてからその人が下山さんだったにちがいないと思っていました」とかありますが、こんなことは全部刑事さんが勝手に作りあげたものです〉（『謀殺　下山事件』）

供述⑨の成島正男の証言はさらに核心を突いている。

〈（下山白書の）調書の大筋は合っていますがたいせつなところが違っています。（中略）

私は六日朝、朝日新聞に出ていた総裁の顔と五日夕方にみた男の顔があまり違うので、警察に届け出る必要もないと思い、六日朝は銀座の石油会社に勤めに出ました。その日の午後でしたが面会人があり、会ってみると毎日新聞の記者でした。記者は「これをはいた人を昨日見かけたでしょう」と靴の写真をみせてくれました。靴がゴム底で前にヒダがついていたこと、アメリカ製だと思ったこと、あの付近ではみかけない服をきた人だったことなどを話しました。そして靴の写真をみてからは「この靴だったかもしれませんね」というと、記者はすっかり喜んで帰りました。（中略）また調書では「家内には下山さんに違いあるまいと話しましたが」とありますが、私はそんな話を誰にもしていません。（中略）あの男は下山さんとは関係ない別人だといまでも確信しています。それにしてもおかしなことは警視庁でみせられた靴のことです。私がみたトンネルで会った男のはいていた靴とウリふたつでした。すると別の男が下山さんの靴をはいていたとでもいうのでしょうか〉（『謀殺　下山事件』）

『下山白書』の目撃証言における捜査一課の情報操作は、これだけに止《とど》まらない。特に五反野周辺の目撃情報については、確認できうるかぎりほぼすべての供述に関して何らかの意図的な改竄が行なわれている。しかもそのやり口は単なる隠匿や脚色の範囲を超え、あからさまな「証拠の捏造」だ。

だが、逆に捜査一課の〝嘘〟は、客観的な真実を浮き彫りにしている。例えば⑨成島の供述にある「ヒダのついた靴」だ。これは間違いなく下山総裁の靴と同じだ。成島が「別な男が――」と言うように、捜査一課の思惑とは異なり、結果として第三者が「総裁の靴を履いていた」ことを証明してしまった。

供述⑪山崎たけ、⑫辻一郎、⑬三田喜代子が「眼鏡はかけていなかった」、もしくは「記憶にない」と証言していることにも注目すべきだ。逆に⑧末広旅館の長島フク、⑨成島正男、⑩渡辺盛、⑮加藤谷蔵は「ロイド眼鏡をかけ――」などと供述している。これらの目撃証言を総合すると五日に五反野周辺に姿を現わした男は、午後六時四〇分頃までは眼鏡をかけていたが、その後はなぜか「眼鏡を外して」足場の悪い土手や線路上を徘徊《はいかい》し一一時半になってまた「眼鏡をかけなおした」ことになる。

これは実に重要な証言だ。なぜなら当日下山総裁が使用していた眼鏡は濃いアメ色のセルロイド縁のロイドタイプで、右遠視〇・五度乱視八〇度、左遠視〇・五度というものだった。もしこの眼鏡を度の合わない人間がかけていたとしたら、夕暮れと同時に外したくなるのも納得できる。

また、供述⑩渡辺盛が男のネクタイを記憶していたことも注目に価する。『下山白書』によると供述は「手織りの金糸が入ったネクタイ」ということになっているが、実際の証言は「結び目の下に光る筋が入っていて、ネクタイは緑色だった」となっている。これは下山総裁が一三年前にイギリスに出張の際に現地で買ったもので、色は濃紺に赤、金糸が斜めに入った格子縞のもの――当日のネクタイに酷似する。やはり男が下山総裁のネクタイを着用していた可能性が高い。
さらに付け加えるならば、当日、五反野周辺にいた男が着ていた灰色、もしくは白っぽい上着も、下山総裁本人のものであることが物証によって確認されている。これは数年前に注文で作ったウール地の冬服で、夏服が傷んだために六月一五日から着用していたものだった。後にこの上着は失踪翌日の七月六日未明、ほとんど無傷の状態で轢断現場で発見されている。問題は、この上着のポケットから小さな植物片が発見されたことだった。

〈現場にて発見の下山総裁の着衣内ポケット内から発見した烏麦殻《からすむぎ》と現場附近より採取した烏麦殻とは同一種類のものであると鑑定された（刑事部鑑識課）〉（『下山白書』）

この物証が、供述⑪の山崎たけの「玉蜀黍畑の中に紳士が一人で立って草の葉をいじっていた」という証言とぴったり一致した。五反野にいた怪人物は確かに本物の下山総裁の上着を着て、畑に立ち、その場にあった烏麦をポケットに入れたのだ。
以上のことから、ひとつの事実が浮かび上がってくる。加賀山副総裁が言うように、末広旅館をはじめ五反野に姿を現わした〝下山総裁〟は〝替え玉〟だった。しかもその替え玉は実際に総裁の上着を身に着け、靴を履き、ネクタイをしめ、眼鏡をかけていたということになる。

ならば本物の下山総裁は、裸同然の恰好でいったいどこに消えてしまったのか。

決定打とされた長島フクの証言

いずれにしても末広旅館の長島フクの証言が、捜査一課を「自殺説」に傾倒させる決定的なターニングポイントになったことは否定できない。

七月八日、長島フクが西新井署で供述した翌日、五反野周辺の捜査方針に大きな変化があった。それまで捜査一課と共に現場で聞き込みを行なっていた捜査二課の天海班、浅野班に、捜査本部長から突然の引き揚げ命令が下ったのだ。理由はもちろん長島フクの証言にあった。当日まで他殺の線で捜査を進めてきた二課にとって、上層部のこの決定はまさに青天の霹靂《へきれき》だった。当時、現場で浅野班を率いていた捜査二課の浅野淳一警部補は、後に朝日新聞社の矢田喜美雄に次のように語っている。

「本部の方針が変わったのは、末広旅館の証言や他の目撃者が出たためだ。（二課の）〝殺し〟専門の刑事どもには単純な判断しかできない。レール近くを歩いていた男が総裁だなんてナンセンスだ。私が会った証人、辻一郎君によると、その男は眼鏡もかけず、アゴが張って日焼けして黒く、西尾末広さんに似た顔だったといっていた。二課に現場をまかせてくれていたら、怪しい男の正体をきっと洗い出していたんだがね……」

捜査一課にとって長島フクの供述やその他の五反野周辺の目撃証言は、事件を自殺で決着させるための動かぬ証拠であり絶対的な根拠でもあった。だがもし末広旅館に現われた下山総裁や、他の総裁らしき男が加賀山副総裁のいうように〝替え玉〟だったとしたら――。

いや、あり得ない。長島フクは当日約三時間にわたり、何回も間近で顔を合わせ、その男と会話まで交わしている。しかも「紺木綿の靴下」まで記憶（？）しているほどつぶさに観察しているのだ。もし男が替え玉だったとしたら、見抜けないわけがない。

そうだ。長島フクは誰かにたのまれて〝偽証〟した、とは考えられないだろうか。

謎を解く鍵を握っていたのは、私の母の菱子だった。

第二章　証　言

一、母・菱子の思い出

疎開先にて

昭和二〇年八月一五日の終戦を、母の菱子は茨城県笠間《かさま》の疎開先で迎えた。

この時、母はまだ一〇歳だった。祖母文子の妹の嫁ぎ先に世話になり、地元の小学校に通っていた。母は、体が小さかった。同級生から「東京っ子」と呼ばれていじめられ、いつまで経っても馴染《なじ》めなかった思い出がある。

季節が流れ、年が明けた。だが、祖父の宏《ゆたか》は戻らなかった。

終戦の前から、便りも途絶えていた。いつの間にか亜細亜産業からの給料も振り込まれなくなり、祖母の文子が野良仕事に出るようになった。

父さんは、死んだのかもしれない――。

いつ東京に帰れるかのあてもなく、母と祖母は祖父の帰りを待ち続けた。だが、母は、祖父が生きていることを心のどこかで信じて疑わなかった。

終戦から一年近くが過ぎたある日、母は数少ない友達と共にコックリさんをやった。箸《はし》を三本使って占うたわいもない遊びである。母は、父親のことを占った。

「コックリさん、コックリさん、教えてください。父さんはいつ帰ってきますか……」

すると、自分と友達の箸を持つ手が自然に動き出し、七月一五日を指して止まった。

母は、喜んだ。父さんが、帰ってくる。家に走って帰り、祖母の文子に知らせた。

それを聞くと、祖母は急に泣き出した。母は知らなかったのだ。七月一五日は、お盆《ぼん》だった。

七月一五日は、何事もなく過ぎた。祖父は、やはり帰ってこなかった。

終戦から一年が過ぎ、笠間の山里に二度目の秋がめぐってくる頃になると、さすがに母も父親の死を現実として受け止めるようになっていた。祖父は、筆まめな人だった。一度目の出征の時も、二度目にインドネシアに渡った時も、終戦間際までは毎日のように手紙が届いていた。日々の生活を綴《つづ》ったり、時にはマンガが描いてあるような手紙だったが、母にはそれが何よりの楽しみだった。

その手紙が届かなくなり、一年以上にもなる。もし父さんが生きていれば、手紙を書かないわけがない――。

だが、昭和二一年一〇月のある日、思いがけないことが起きた。母はその日、いつものように学校から帰ると井戸端で大根を洗う手伝いをしていた。突然、男の声で名前を呼ばれた。振り向くと、そこに軍服姿の〝父さん〟が立っていた。

祖父が、腕を広げた。母はその胸の中に、無我夢中で飛び込んだ。

「最初は、夢だと思った。でも、本当に父さんだった。汚い恰好《かっこう》してたのよ。髪は伸びてるし。髭はもじゃもじゃだし。後から聞いたら、わざと驚かそうと思って剃《そ》らないで帰ってきたんだって。もう軍服なんて汗臭くて。でもね、その時の父さんの匂い、私は一生忘れない……」

だが、復員してからの祖父はどこかおかしかった。東京に帰れば、親戚もいる。仕事もある。それなのに、いつまで経っても東京に帰ろうとしない。そのうち祖父は、奇妙なことを言い始めた。

「このままここで暮らさないか。畑を借りて、百姓でもやって、三人でのんびりとさ……」

実際に祖父は、近所の農家をあたり畑や家を借りる交渉をしている。限られた親兄弟以外、東京に住む人間にはまったく連絡を取らなかった。母は、「父さんは何かに脅《おび》えていたようだった」と言う。

なぜ祖父は脅えていたのか。これは後にわかったことだが、祖父はインドネシアの独立戦争を傭兵《ようへい》として戦っていたらしい。そのためにインドネシアを植民地としていたオランダから戦犯として訴追される可能性があったという。

祖父が復員した最初の正月は、笠間で過ごした。それからしばらくしたある日、東京から突然二人の男が車で訪ねてきた。ちょうど夕食の時間だった。祖父は母と祖母を家の中に残し、二人の男と共に外に出ていった。

両親の様子から、それが招かざる客であることが、うすうす理解できた。母は、その二人の男のうちの一人をはっきりと記憶している。それから一年後、母はその男と日本橋室町のライカビルで再会することになる。

眼鏡をかけた、小柄な男。いつも黒い背広を着ていた。男の名は林武。亜細亜産業の専務である。

しばらくして男たちが立ち去り、祖父が家に戻ってきた。そして食卓に着くなり、言った。

「東京に帰ろう。また会社に戻ることになった」

東京に帰れる。母はその言葉に手放しで喜んだ。だが祖母の文子は、なぜか暗い顔をしていた。

その夜、祖父と祖母の間にちょっとした諍《いさか》いがあった。〝母さん〟がいつまでも泣いていて、〝父さん〟がそれを慰めていた。東京に帰ることで、なぜ母さんが悲しむのだろう。まだ子供だった母には、それが理解できなかった。

祖母の不安の理由も、ひとつしか考えられない。やはり、亜細亜産業だ。

おそらく祖母は、かなりのことを知っていたのではないかと思う。祖父の宏が亡くなったのが一九七〇年の七月。その直後に、祖母の文子は理解に苦しむような行動を起こしている。祖父の書斎には、膨大な量の書類が残されていた。その中には英語で書かれたぶ厚い日記帳が六冊、さらに数十年分の書簡などもあった。祖母はそれらを即座に掻《か》き集め、知人に託して焼却させた。

もしあの日記が残っていたとしたら――。

下山事件は細部にわたりすべて明らかになっていたかもしれない。

再び亜細亜産業へ

昭和二二年一月、母は祖父と祖母と共に東京に戻った。吉祥寺の成蹊《せいけい》大学裏門の近くに大きな家を借り、祖父の母の鶴《つる》、やはりインドネシアから復員したばかりの弟の喬《たかし》夫妻、妹の寿恵子が同居した。間もなく、家に電話が引かれた。いまから考えると、祖父は復員したばかりでなぜそんなに金を持っていたのか不思議ではある。

祖父は妹の寿恵子、喬の妻の八重子と共にまた亜細亜産業に復職した。役職は、重役待遇だった。母は武蔵野第四小学校に転入し、平穏な日々が始まった。

母が、「父さんはＧＨＱ（連合国軍総司令部）の仕事をしている」のを知ったのはその年の春だった。四月に、ＧＨＱオーストラリア軍のルー・キャメロンという軍人が家に遊びに来たことがきっかけだった。この時の写真――家の前でキャメロンが家族と共に写っているもの――はいまも手元に残っている。写真の下には、Australian Warrant officerと祖父の字で説明が記してある。

このキャメロンという人物は、「父さんと家具の取引をしていた」と母は記憶している。当時、亜細亜産業は、ラワン材を使ったデスクや椅子などを製作していた。その主な取引先がＧＨＱであり、祖父がその営業担当だった。キャメロンは祖父の〝親友〟で、それからも何度か家に遊びに来ている。特に母を自分の子供のように可愛がっていて、一時「養子にほしい」という話もあったようだ。

実は私も、キャメロンには何度か会っている。祖父が亡くなった後、一九八二年と九〇年の二回、キャメロンが住むオーストラリアのメルボルンの自宅を訪ねたことがあった。キャメロンは、祖父のことをよく憶《おぼ》えていた。二人で夕食を共にしながら、祖父の思い出話がはずんだ。こんな会話があった。

「祖父がスパイだったと聞いたことがあるんです。キャメロンさんは何か知っていますか？」

私は戦時中の、ジャカルタ時代の祖父について聞いたつもりだった。だが、意外な答えが返ってきた。

「ああ、そうだ。ユタカはスパイだった。ショーデン（昭和電工）という会社を知ってるかい。そこで、汚職事件があっただろう。それを解決したのがユタカだよ。彼はアメリカのGHQの将校とも友達でね。G2（参謀第二部）のウィロビーとも付き合っていた。ユタカは、大物だったんだ」

G2のウィロビー。その名前を耳にしたのは、この時が最初だった。一九八二年の一二月のことである。

母が学校の帰りに頻繁《ひんぱん》に亜細亜産業に遊びに行くようになったのは、昭和二二年の秋からである。ちょうどその頃、警視庁は昭電疑獄事件の内偵を始め、翌二三年の四月に巨額贈収賄が発覚することになる。だが、母には、特にその頃の祖父に変わった様子があったという記憶はない。祖父はごく普通に出社し、酒を飲めば夜遅くなるという程度だった。

黒塗りのビュイック、そして……

この年の春から夏にかけて、母にはいくつかの楽しい思い出がある。そのひとつが、祖父が借りてきた車で行った江ノ島へのドライブだった。

「父さんが矢板さんからすごい外車を借りて来たのよ。真っ黒な、大きな車でね。それで父さんと、K・Kさん（母の同級生）といっしょに江ノ島までドライブしたの」

「その車、車種を覚えてる？」

「確か、ビュイックだったかしら……」

私はその車名に、引っ掛かるものがあった。下山総裁が失踪した当日に乗っていた車が、ビュイックの四一年型だった。これはもちろん偶然だ。

実はビュイックは、下山事件に関連する一連の情報の中で、他にも何台か浮上してきている。「総裁は血を抜かれて死んだ」と証言した前述の李中煥である。李は、小倉刑務所で行なわれた布施検事の取り調べに対し、次のように供述している。

「事件当日、下山総裁は予定の時間に三越南口に車を止め、店内を通り抜け、反対側の出入口に出てそこで大山及び有吉と落ち合った。ソ連側はその時二台の車で有吉、大山の他木下及び陳の二名がいた。その時に使った車は一台はシボレー、一台は黒塗りのビュイックで、米軍のナンバープレートを付けていた。一台は確かIA26337だった」

李はこの供述で、下山事件は「ソ連側の犯行」であったことを主張している。だが李は自称元「ソ連大使館の暗号係」であり、GHQのCIC（対敵諜報部隊）にも協力していたダブルエージェント（二重スパイ）だった。おそらく、意図的に、供述には固有名詞のすり替えなどの情報操作の手が加えられているはずだ。だが「総裁は血を抜かれて――」と証言しているように、その内容には重大な真相が含まれていることも否定できない。

はたして黒塗りのビュイックは事実なのか、それとも李の捏造《ねつぞう》なのか——。

いずれにしても黒塗りのビュイックは、当時の日本ではけっして一般的な車ではなかった。GHQ関係車輛、もしくは官庁の公用車以外ではほとんど使われていなかった。そのビュイックを、亜細亜産業が所有していたことは偶然なのだろうか。

事件当日、下山総裁が三越周辺から車で連れ去られたことについては、後に多くの情報が寄せられている。そのほとんどすべてが、「車は黒の高級車、もしくはアメリカ車」であったと特定している。

さらに事件当日の七月五日の夜、五反野の轢断現場の周辺で八台の不審車が近隣の住民によって報告されている。GHQのジープ一台を含み、その内の六台までが後の捜査で特定されているが、残る二台が未確認のまま終わっている。

未確認の内の一台に、ビュイックの三七年型があった。この車を担当したのは平塚八兵衛である。捜査一課によると、ビュイックが目撃されたのは「前日の七月四日の夜」であり、「事件とは無関係」と判断されたと言う。その後ビュイックに関する捜査は打ち切られ、もちろん所有者も特定されなかった。

この経緯も奇妙だ。たとえビュイックが目撃されたのが前日であったとしても、犯人グループが「現場の下見をした」という想定は十分に成り立つ。まして車の台数が現在とは比較にならないほど少なかった当時、ビュイックのような特殊な車を警察が特定できなかったわけがない。捜査一課が「意図的に捜査の手をゆるめた」と受け取れなくもない。いずれにしてもビュイックは、事件の謎を解くひとつの鍵になる。

母の菱子は、きわめて記憶力のいい人だ。平成一九年七月現在七三歳になるが、いまでも知人の電話番号を一〇〇人分はソラで言えるほどだ。下山事件当時は一四歳だったが、当時の亜細亜産業の様子や関係者の名前、特徴などを克明に憶えている。

だが、残念なことに下山事件に関する知識をまったくといっていいほど持っていなかった。母にとっては単に「下山さんという人が殺された事件」であり、私が教えるまでは「国鉄総裁であることも知らなかった」のだ。知識がないというより、興味がなかったというほうが正確かもしれない。

それだけに、事件に関する重大な情報が記憶に埋もれてしまっている可能性がある。黒塗りのビュイックの一件はその好例だった。母は、下山事件との関連をまったく意識せずに、単なる思い出話のひとつとして私に話したにすぎない。すでに母は私が下山事件に夢中になっていることは知っていた。だが母は、「父さんや矢板さんがそんな事件に関係していたわけがない」と信じきっていた。

その母に、ある日「下山事件」に関する本を読んでみないかと勧めてみた。私が用意したのは松本清張の『日本の黒い霧』の中に収録される「下山国鉄総裁謀殺論」である。短編でありながら複雑な事件が端的かつ理論的に整理され、GHQ関連をはじめひととおりの情報が網羅されている。事件の全体像を把握するという意味においては理想的な著作である。

元来が読書家であり、松本清張の推理小説を愛読していた母は、この申し入れを快く引き受けてくれた。短編としては長い作品だが、母はこれを二日で読み終えた。そして本を閉じるなり、私に言った。

「ねえ、大変だわ。この本の中に、私の知ってる人が出てくるのよ……」

それが、長島フクだった。

長島フクの年賀状

長島フク――。

母はその名前だけでなく、末広旅館という屋号もはっきりと記憶していた。直接会ったことはない。母が憶えていたのは、年賀状だった。

「父さんのところにこの人から毎年、年賀状が来ていた。女の人の名前なんで、気にはなっていたんだけど。いったいこれ、どういうことなんだろう……」

長島フクは、捜査一課の「自殺説」の論拠となる最重要証人である。その長島フクが、祖父の知り合いだった。それが何を意味するのか、もちろん母も理解していた。

亜細亜産業と長島フクが、完全に一本の線でつながったことになる――。

母の記憶によると、長島フクの年賀状が来ていたのは、昭和二四年から三四年までだという。祖父の年賀状を整理するのは毎年母の役目だったので、よく憶えている。後で調べてみると、長島フクは昭和三四年に子宮癌のために死亡していた。母の記憶と完全に一致する。毎年同じような図柄の年賀状で、旅館の名前と住所が印刷してあり、末尾に直筆で長島フクの名が書き加えられていた。五反野という住所にも憶えがあった。

母は、女性の名前であることが気になって、一度祖父に訊《たず》ねてみたことがある。祖父は、仕事で遅くなった時に何度か泊まっただけだと答えた。確かに祖父の言うとおり、五反野の周辺には亜細亜産業の工場がいくつかあり、仕事で終電がなくなれば泊まることも珍しくはなかった。

だが、もし亜細亜産業が事件に関与していたとすれば――。

七月五日の事件当日、末広旅館に立ち寄った男が替え玉であったかどうかを検証することさえ無意味だということになる。替え玉である以前に、長島フクの〝偽証〟であった可能性が高い。つまり、捜査一課の「自殺論」はその根底から崩壊する。

この末広旅館に関しては、後に朝日新聞社の諸永記者が興味深い情報を入手した。以下に引用してみよう。

〈亡くなってから十七年になる（長島フクの）夫の勝三郎について、捜査一課の数少ない生き残り刑事である金井は、僕との雑談のなかで意外なことを漏らしていた。

「最初に通報してきたのは末広旅館の旦那だったけど、この長島勝三郎っていう男は偶然にも私の先輩でね。警察に入って間もないころ、麻布鳥居坂署で一緒だったんだ。そのとき、（関口由三・捜査一課）主任も顔見知りだった。元特高の警察官なんだよ」〉（『葬られた夏』）

いったいこれはどういうことだ？　末広旅館の夫婦は亜細亜産業と関係があっただけでなく、自殺論を展開する捜査一課の現場責任者とも旧知の仲だったということになる。

長島勝三郎と「顔見知りだった」とされる関口由三は、警視庁を退職後の昭和四五年、『真実を追う　下山事件捜査官の記録』をサンケイ新聞社から発表している。この本は、もちろん捜査一課の見解を主張する〝自殺論〟だ。その中で関口は末広旅館に触れ、長島勝三郎について「経歴から見ても対談しても、りっぱな人であった」と評しているが、「知り合いだった」とは一言も書いていない。ちなみに長島フクの調書を作成したのも、関口由三である――。

昭和二四年夏の不思議な思い出

下山事件が起きた昭和二四年の夏は、母にとっても不思議なことがいろいろあった季節だった。「事件とは関係ないかもしれない」と断わりながら、母はいくつかの思い出を語ってくれた。

七月一五日、ある事件が起きた。午後九時二四分。中央線の三鷹駅で無人電車が突然暴走して脱線。そのまま車止めを乗り越えて隣接する運送店に激突し、死者六名、負傷者二〇名を数える大惨事となった。いわゆる三鷹事件である。

当時、母は吉祥寺に住んでいた。三鷹は国鉄の駅にしてひとつ。自宅からは目と鼻の先だった。事件を知ったのは、翌一六日の朝だった。学校に行くと、三鷹から通っている友達が「すごい事故を見た」と自慢しているのを聞いた。

ちょうど夏休みの直前で学校が早く終わり、母は友達と事故現場を見に行く約束をした。自転車を取りに家に急いで戻ると、そこに会社に行っているはずの祖父がいた。

「なんで父さんが家にいるのか、不思議だったのよ。風邪をひいてたわけでもないし、だいたい病気くらいで会社を休む人じゃないし。それに父さん、なんだか様子がおかしかった。火事とか事故とかあれば、真っ先に見に行く人でしょう。それが私が誘っても、話に乗ってこなかったし……」

三鷹事件の起きた七月一五日は、下山事件からちょうど一〇日後だった。母が事故現場を見に行った一六日に、吉田茂首相は事故を「一部の労組であり共産主義者の煽動《せんどう》によるもの」とする声明を発表。検察当局は共産党員による犯行と断定し、「電車往来危険転覆致死」の罪状で党員など一〇名を逮捕した（後に竹内景助有罪、他九名は無罪）。これを機に共産党は急激に求心力を失い、ほぼ無抵抗のままに七月二一日の九万四千三百人あまりの大量解雇を受け入れることになる。

さらに追い打ちをかけるように、福島県内で松川事件が起こる。八月一七日午前三時九分、東北本線松川―金谷川駅間で線路の継ぎ目板やボルトが外され、列車が脱線し転覆。機関士など三名が死亡する惨事となった。これも福島県警により「労組左派による犯行」と断定され、東芝松川工場の組合員など二〇名が逮捕起訴された（後に全員無罪）。

松川事件の前後にも、母の周辺に印象的な出来事が起きている。

その事件が起きた八月一七日、母は当時通っていた吉祥女子中等部の夏期行事に参加していた。一五日から一七日にかけての二泊三日の小旅行で、級友や先生と共に伊豆の海に出かけていた。もちろん松川事件のことは知らない。

行きも帰りも電車だった。三鷹の駅に集合し、三鷹の駅で解散する。ところが一七日の夕方に駅に着くと、そこに祖母が迎えに来ていた。

「おかしいな、と思った。私はどこでも一人で行くほうだったし、母さんが駅まで迎えにくるわけがない。何かあったな、と思った。そうしたら母さんが、変なことを言いだすのよ。家を引っ越したって。新しい家がわからないだろうから、迎えにきたって」

旅行に出かける二日前の朝まで、母は引っ越しのことなど一度も耳にしていなかった。

新しい家は、下連雀《しもれんじゃく》にあった。前の家のように大きくはない。一〇畳一間の借間である。それまで同居していた母の祖母の鶴、叔父の喬の姿もなかった（寿恵子はすでに結婚して家を出ていた）。

「なぜ急に引っ越したのか、母さんに聞いたの。だって、おかしいでしょう。中学二年の娘が引っ越すことを知らなかったなんて、まるで夜逃げみたいじゃない。そうしたら母さんが、また変なことを言うのよ。前の家にいると、朝鮮人が襲ってくるんだって……。そういえば、その前だか後だかよく憶えてないけど、父さんも言ってたことがある。朝鮮人に裏切られた。だから朝鮮人は、信用できないんだって……」

朝鮮人が襲ってくる——。

朝鮮人に裏切られた——。

その言葉を聞いて、咄嗟《とっさ》に思い浮かんだのが、下山事件の三日前に韓国代表部に情報を持ち込んだ李中煥だった。

「その朝鮮人、李っていわなかった？」

だが、母は言った。

「知らない。だいたいその朝鮮人の名前なんて、聞かなかったし……」

母は、朝鮮人が襲ってくるという話を信じてはいなかったようだ。家にお金が無くて、前のように大きな家には住めなくなったのだと解釈していた。事実、祖父は昭和二四年の夏からしばらくの間、仕事をしていた形跡がない。新しい家にもたまにしか帰ってこなかった。亜細亜産業を退社したのか、それとも会社そのものが消滅してしまったのか――。

だが、けっして祖父はお金に困っていたわけではなかったようだ。家は小さかったが、生活そのものはむしろ裕福だった。さらに事件から一年後の昭和二五年七月、祖父は日本橋に事務所を借りて第一貿易という貿易会社を設立。ほぼ同時期に吉祥寺の中町に五〇坪の宅地を現金で購入し、翌年には当時としては豪邸ともいえる洋館の自宅を新築した。

『日本の黒い霧』を読んでからの母は、あまり昔話をしたがらなくなった。私が下山事件や祖父の思い出に話を向けても、口が重くなる。そして必ず最後には、いつも決まった会話になる。

「父さんは、本当にやったのかしら……」

「まさか。ジイ君は、人を殺せるような人じゃない」

私は、祖父を信じたかった。その一方で、下山事件の謎を解くことに使命感を燃やす自分がいる。それは、もしかしたら、尊敬する祖父の秘密を暴《あば》くことにもなりかねないと予感しながら。だが、いずれにしても、私の行為は少なからず年老いた母を傷つけることになる。

ある日、下山事件の話をした後で、母が泣いている姿を見た。ただ黙って俯《うつむ》きながら、涙をこぼしていた。

母は、けっして強い人ではない。むしろ、脆《もろ》い人だ。一人娘として「父さん」に慈《いつく》しまれて育ち、結婚に失敗し、それでも女手ひとつで私と弟を育ててきた。その母が、いま私の前で、泣いている……。

膝の上で組む手の上に、涙が落ちた。それを見た時、心の中で何かが切れたような気がした。

もうやめた。下山事件なんかどうでもいい。いまさら犯人をつきとめたって、何になるというのだ。

だが、できなかった。私にはどうしても、心の衝動を抑えることができない。気が付くとまた私は下山事件の資料を開き、その迷宮の中に足を踏み入れていた。

本当に、祖父は事件に関係したのだろうか。だが、たったひとつ言えることがある。

亜細亜産業――。

あらゆる情況証拠は、亜細亜産業の事件への関与を示唆《しさ》していた。それをすべて「偶然」の一言で片付けることは、不可能だった。

二、自他殺論争

法医学界、マスコミを二分する論争

捜査一課が長島フクの供述を根拠に自殺説へと突き進むにつれて、「自他殺論争」は世論を二分する一大論争へと発展する。ある新聞は読者から意見を公募して「紙上討論会」を展開。また政府は国民に情報提供を呼びかけ、これに百万円の賞金を懸《か》けるという異例の対応をとった。当時の百万円といえば宝くじの一等賞金と同額であり、現在の貨幣価値に換算すると四千万円以上の大金である。

まず、自他殺論争を簡単に整理してみよう。

捜査本部では、捜査一課（下山白書）が自殺。捜査二課と東京地検（布施検事）が他殺。法医学界では直接解剖を執《と》り行なった東京大学医学部（古畑種基教授）が他殺（死後轢断《れきだん》）。慶応大学医学部（中館久平教授）と元名古屋大学法医学主任教授の小宮喬介博士が自殺（生体轢断）。報道関係では朝日新聞、読売新聞の両紙が他殺説を取るのに対し、五反野で成島証言（総裁の靴を確認）を得て自殺のスクープをものにした毎日新聞は最後まで自殺説を譲らなかった。

この中で最も不可解なのが、法医学界の動きである。七月六日、下山総裁の遺体が東大医学部に搬入され、正式な司法解剖が行なわれた。その結果、轢断面に生活反応がないことなどから「死後轢断」と判断され、当日の夜に発表されたことは前に述べた。さらに七月八日には、同医学部の秋谷教授が肉片の水素イオンの発生量から総裁の死亡推定時刻を「五日二一時三〇分頃」と特定している。

ところがこの解剖所見に、意外なところから待ったが掛かる。異議を唱えたのは、東京で法医学界の勢力を二分する慶応大医学部の中館久平教授だった。まず七月一一日、毎日新聞の社会面に中館教授による「東大の解剖所見は懐疑的」とする反論記事が載った。これにさらに慈恵医大の藤井安雄教授、前述の元名古屋大教授の小宮博士が同調し、本格的な東大批判へと発展していく。

この批判を受けて日本法医学会の理事長でもあった古畑教授は、異例ともいえる臨時報告会を開催した。七月三〇日、東大医学部講堂で開かれた「下山遺体解剖所見報告会」、さらに八月三〇日の衆議院法務委員会の証人喚問などから、中館、小宮両教授の「生体轢断説」の根拠を確認してみたい。

○慶応大学中館久平教授

「従来法医解剖では轢死体を扱うケースは稀《まれ》であり、総裁の轢断遺体についても従来の法医学所見を適用できるか否《いな》か問題がある。私が最近体験した三鷹事件（七月一五日）の轢死四遺体のうち三体に、世界の文献にまだ発表されていない睾丸、陰茎、手足の甲《こう》などの表皮剝奪《はくだつ》を伴わない皮下出血があった。これは東大法医が報告した総裁の皮下出血と同じものと考えられる。したがって、このような皮下出血は轢死固有のものと考えられる」

　確かに下山総裁の遺体には、睾丸や陰茎に生活反応が認められる皮下出血の跡があった。この傷は、総裁が生前に暴行を受けたものと東大医学部では推定した。ところが中館教授は本来「他殺」の物証となるこの皮下出血を逆手《さかて》に取り、同じような傷が三鷹事件の被害者にもあったことを根拠に「生体轢断」であると主張しているのだ。さらに、小宮博士の意見がこれに続く。
○元名古屋大学法医学教室主任教授小宮喬介博士
「警視庁の鑑識課によると、列車の排気管にゼリー状血痕がついていたとのことだ。ゼリー状といえば、凝血《ぎょうけつ》である。死後の血は、個人差や死因によっても異なるが、しばらくの間は固まるものもある。しかし、生きている時の血であれば特殊な一部の例は別として完全に固まる。（列車に）固まった血が付着していたとすれば、生体が轢《ひ》かれたと見るのが常識的である」

　小宮博士は、血液凝固の研究に関しては第一人者だった。だが、事件当日に名古屋にいたはずの小宮博士が、なぜ「自他殺論争」の渦中に駆り出されたのか。実は博士を招聘《しょうへい》したのは、警視庁の坂本智元刑事部長（前愛知県警察本部長）であることが確認されている。関連して毎日新聞記者の平正一が興味深い記述を残しているので引用してみよう。

〈そのころから、捜査本部の幹部の活躍が目につくようになった。

金原捜査一課長は大合同会議の開かれた夜（＊注・七月二一日）、折から上京中の元名古屋大学法医学教室主任教授小宮喬介博士と秘《ひそ》かに会見している。この会見は午前三時におよんだ。おそらくは東大の解剖所見に対する博士の反論の説明をきいたのであろう。その結果、今度は坂本刑事部長、堀崎捜査一課長、塚本鑑識課長が午前一〇時から午後二時まで四時間にわたって小宮博士に会った。このほかに中館慶大教授の見解が聞かれたことは申すまでもないことだろう。（中略）死体運搬の可能性が検討された。（中略）それも大会議から一週間後のことである〉（平正一著『生体れき断』毎日学生出版社）

毎日新聞が自殺論を主張していたことは前述した。その中でも平正一は熱烈な自殺論者であり、その著書『生体れき断』も小宮博士の主張を根拠に自殺説の立場で書かれたものである。だが、図らずも平は、逆に小宮博士の招聘が不自然なものであり、「博士と捜査一課がグル」であった可能性を著書の中で露呈してしまった。

小宮博士への疑惑

轢断列車の八六九列車には、肉塊や頭髪と共にごく微量の血痕が付着していた。茨城県警本部の鑑識課は、その一部が「赤褐色でゼリー状を呈していた」と報告している。だが、この小さな血痕がはたして「生体轢断」の根拠となり得るのか。どう考えても小宮博士の理論は曖昧《あいまい》だ。事実、小宮博士の共同研究者だった名古屋大学法医学主任教授の古田莞爾博士は、後に「日本医事新報」一九五七年七月号の中で「それまでの研究結果との矛盾」を指摘し、「下山事件の自他殺問題はこのゼリー状血痕を証拠にして論議するのは誤り」であると明言している。

結局東大法医の古畑教授は、衆議院法務委員会において、中館、小宮の両参考人にほとんど反論しないまま押し切られている。だが中館、小宮両教授（博士）の論説には疑問がある。

○まずどちらも、遺体の轢断面に生活反応がなかったことについて、明確に説明していない。つまり、もし仮に自殺の可能性があったとしても、他殺の可能性を否定するものではない。

○中館教授は三鷹事件の被害者の解剖所見を元に轢死体の特徴を論じている。だが三鷹事件の被害者は正確には圧死、もしくは打撲《だぼく》死であり、轢死とは言えない。

○さらに決定的なことは、中館、小宮両教授（博士）共、実際に下山総裁の遺体を解剖していないだけでなく、一度も見ていない。つまり、完全に机上《きじょう》の論理なのである。だが、奇妙なことに——ある意味ではやはりと言うべきか——警視庁の捜査一課は中館、小宮論を根拠に「自殺論」を補強していく。

小宮博士については、興味深い後日談がある。事件当時、博士は五三歳。その直前に材木や油脂類の闇取引に荷担していたことが明るみに出て、名古屋大学から免職されていた。つまり、「警察から目を付けられる」立場の人間だったわけだ。その小宮博士と警視庁の間でどのようなやりとりがあったのかについては推察の域を出ない。だが、警察が小宮博士の汚職を盾《たて》に取り、自殺論を強要するための取引の材料に使ったことは十分に考えられる。

小宮博士は、事件から二年後の昭和二六年九月二一日、五五歳の若さでこの世を去っている。死因は肺癌だった。

遺品の靴が示す数々の疑念

法医学界以上に奇怪だったのが警視庁内部の自他殺論争だった。

事件発生当時、捜査本部の方針は明らかに他殺だった。ところが長島フクの証言を機に、捜査一課は単独で自殺説へと転換。『下山白書』に向けて加速していったことは前に述べた。

この一課の暴走は、「強殺専門の単純な刑事が犯人側の策謀に騙《だま》された」もしくは「左翼犯行説を主張するGHQに反発した」とする意見もあるが、私はそうは思わない。法医学界の論争での小宮、中館両教授の招聘や五反野の証言の改竄《かいざん》を見てもわかるように、捜査一課は「自殺説」を明らかに捏造《ねつぞう》している。単純な誤認捜査ではなく、作為的な情報操作であったと見るべきだ。

下山総裁の遺体が発見された五反野の轢断現場は、当初から「自殺ではあり得ない」情況証拠に満ちていた。例えば総裁が当日身に着けていたはずのロイド眼鏡、ネクタイ（金糸の入ったもの）、ライター（ジッポー）、シガレットケース、シガレットホルダー、シャープペンシルが、捜査員を総動員して捜したがついに発見できなかった。何か一つか二つならば機関車にはさまって遠くに運ばれるということもあり得る。実際に下山総裁のアンダーシャツの一部は、轢断列車の貨車の一輛目にからまり終点の福島県平駅で発見されている。だが身に着けていたり、上着のポケットに入っていたはずのものがこれだけ無くなるということは考えられない。しかもライター、シガレットケース、シガレットホルダーなど、喫煙器具がすべて無くなっているのも不自然だ。

捜査一課の関口由三主任は、当時のことを自著の中に次のように述懐する。

〈いま私はこれを書きながら、ふと気のついたことは、喫煙具全部がないことである。煙草好きであったという下山総裁が、この世の別れに最後の一服を心いくまですって、思いきってどこかに処分したのではないかとも推理してみた〉(『真実を追う　下山事件捜査官の記録』サンケイ新聞社)

どう考えても、自殺論を主張するには説得力に乏しい見解である。

総裁の靴に注目したのはジャーナリストの斎藤茂男だった。後に、轢断現場で発見された靴について、私にこんなことを話してくれたことがあった。

「右側の靴が大きく裂けてたんだよ。ちょうど線路の上に載ってたんだね。ところが下山さんの右足の方には、まったく傷がないんだ。おかしいだろう？　それでも捜査一課は、こんな大事な〝物証〟を無視しちゃったんだ」

確かに下山事件には、情況証拠はありあまるほど存在する。逆に、「物証」はきわめて少ない。斎藤の指摘する靴の傷は、その貴重な物証のひとつだった。

斎藤の言わんとしているのはこういうことだ。下山総裁は、轢断された時に靴を履いていなかった。もし履いていれば、靴といっしょに中にあったはずの足も轢断されていなければおかしい。つまり靴は、「誰かによって線路上に置かれていた」ことになる。

総裁の靴は、その他にも様々なことを物語っている。底にゴムの貼ってあるラバーソールと呼ばれるタイプで、チョコレート色の革製の短靴だった。総裁はこの靴を大切にしていて、必ず赤茶のクリームを使い、書生の中村という人物に毎朝磨かせていた。自宅以外の街頭で靴を磨かせたことは一度もなかったと家族が証言している。ところが現場で発見された靴には、使われるはずのない焦《こ》げ茶のクリームが塗られていた。もちろんこれも、下山総裁の死に第三者が介在した物証となる。だが、当然のことのように、捜査一課はこの矛盾にも目をつぶっている。

また靴底のラバーソールからは、五日午後に歩き回っていたはずの五反野周辺の泥や砂などの物質はまったく検出されなかった。つまり五反野の下山総裁は本人か替え玉かは別として、少なくとも「総裁の靴を履いていなかった」可能性もある。そのかわりに靴底には一円玉大のアスファルトが付着し、さらにそこから微量の緑色色素が検出された。

斎藤は言う。

「捜査一課の連中は、これを現場の草の葉緑素だと言うんだ。ところが東大の秋谷さん（東京大学裁判化学教室の秋谷七郎教授）が調べてみると、工業用の染料のマラカイト・グリーンだった。当然一課は、これも無視しちゃうんだけどね」

衣類に付着した染料は何か？

この色素の粉は、下山総裁の衣服からも検出されている。ワイシャツを振ってみると、白い紙の上にかなりの量の緑、赤紫、赤、茶、白などの埃《ほこり》のようなものが落ちてきた。このうち白い粉は線路周辺にまかれた石灰の粉であることがわかったが、それ以外はいずれも靴に付着していたものと同一のタール性の工業用染料の原料だった。この染料はアルコールやシンナーなどに溶解し、皮革製品やウール地の染色、もしくは金属や木製品の塗装にも使用されるものだ。その中で最も多かったのが、緑のマラカイト・グリーンだった。

染料の原料は、それぞれが単色で使われることは少ない。ほとんどの場合は任意の色に調合されて使用される。

そこで私は、ひとつの実験を行なってみた。下山総裁の衣類から検出されたものと同じ種類の色素を揃え、付着していた割合を参考に調合してみたのである。実験用の色素は当時簡単に入手できた模型用の水性塗料を使った。するとその色は、オリーブグリーン――軍隊で使用される暗緑色――になることがわかった。つまり下山総裁は死亡する直前に、オリーブグリーンの衣料や革製品、もしくは鉄製品などを作る工場のような場所を歩き――もしくはワイシャツのまま床をころがってから――現場に向かったことになる。

色素の他にも、下山総裁の遺品からはもうひとつ奇妙なものが発見されている。衣類に染み込んでいた大量の油である。この謎の油は主にワイシャツ、ズボン、下着などに染《し》み込んでいたもので、その量は「搾《しぼ》れるほど」だった。実際に東大裁判化学教室で搾ってみると、その量は一六三・八グラムもあった。ほぼコップに一杯分である。この油は現場の枕木やバラスにも流出して油染みを作っていたので、実際にはその倍以上の量が総裁の衣類に含まれていたことになる。

後に〝下山油〟と呼ばれるこの油が自他殺論争の焦点になる。警視庁は当然この油の存在を認知していたが、捜査一課は「機関車に轢かれたのだから当然」として問題にしなかった。だが機関車には、これほど大量の油は使用されていない。実際に秋谷教授は同型のD51機関車や貨車の下に潜《もぐ》り込んで布で油をぬぐってみたが、数グラムしか検出できなかった。

さらに、機関車に使用される油と〝下山油〟とでは、まったく種類が違った。機関車には純度九五％の鉱物油が使われているのに対し、〝下山油〟は植物油九七％（鉱物油三％）だった。さらに詳しく調べてみると、この油は「米ヌカ油の酸化したもの（＊注・古い油）」であることが判明した。

この〝下山油〟に関しては、斎藤茂男が秋谷教授に綿密に取材を行なっている。

〈「ズボン、ワイシャツ、フンドシに多量に付いている油は、右側に多く左側が少ない。また上衣にはまったく付着していない。これでいえることは、下山さんは上着を着ずに右を下にして油の流れている場所に倒れていた、ということだ。その場所で下山さんは死んだと推定できる。また靴には、外側にも内側にも油が付いていなかった。靴下には付いており、靴の内側は油を吸収しやすいフエルト様の紙製品だったのに付いていなかった。このことは、下山さんが轢断時に靴をはいていなかったのはもちろん、死体となって轢断現場に運ばれる間もはいていなかったと推定できる」〉(『夢追い人よ』)

重要な物証「ヌカ油」を追う

秋谷教授は、油の流れている場所で下山さんは死んだ、と推定している。だが、「下山さんは上着を着ずに右を下にして油の流れている場所に倒れていた」というのはどのような状況なのだろうか。さらに付け加えるならば、油が最も多く染み込んでいたのはアンダーシャツとフンドシ。その次にズボンとワイシャツ。上着には右側の裏生地にごく少量の油染みがあっただけだった。つまり下山総裁は、油の流れる場所に倒れていた時、アンダーシャツとフンドシ、靴下だけのほぼ裸に近い状態だったということになる。

最も一般的な解釈として、下山総裁は——その時点での生死は別として——油の容器として使われたドラム缶のようなものに入れられていたのではないか。もしドラム缶だとすれば、七月六日未明に日暮里駅の便所で発見された「5・19下山缶」という落書きと一致する。

作家の松本清張は次のような推理をしている。

〈私はドラム缶ではなく、四角な箱のようなものではなかったかと思う。つまり寝棺のような役目をする物だ。それに下山の体は右脇を下にした状態で置かれたのではあるまいか。（中略）缶は棺の意味かもしれない〉（『日本の黒い霧』）

さすがに推理作家ならではの理論的な推論だ。だが、私はこの推論にも疑問を感じた。もし箱のような形状のものであれば、総裁の衣類に染み込んでいた油の状態からして、平らな底にはかなりの量の油が残っていたことになる。それに「缶は棺の意味」というのも単なるこじつけにすぎない。

そこで私は、独自の推理を試みた。下山総裁が入れられていた〝缶〟とは、ドラム缶を縦に切断したものではなかったのか。それならは、身長一七五センチの下山総裁でも足を曲折させれば中に横になれる。ドラム缶一個よりも、持ち運びも容易だ。それにもし中に少量の油が残っていても、やがてそれが半円状の底に溜まり、総裁の衣料に局部的に染み込んだことにも矛盾が生じない。

だが、ドラム缶を縦に割り、中に油が溜まっている容器など一般的に存在するのだろうか——。

もしあるとすれば、何らかの工場だろう。以来私は、町で小さな工場を見かけるたびに、そのような容器があるかどうかを訊《たず》ねてみた。

答えは意外と早く見つかった。別の用件で、川口市のある工場を訪れた時だった。事件には無関係な工場なので、仮にW鉄工所としておこう。その工場に入った時に、私が想定したドラム缶を二つに割ったような容器が、いくつも床に並んでいた。しかもその容器には持ち運びがしやすいように両側に取っ手が付けられ、中には油が入っているものまであった。

社長のS・W氏に話を聞いてみた。

「ああ、これかい。鉄に焼きを入れたりなましたりするのに使うんだよ。いまはうちみたいな小さな工場にしかないけど、昔はどこでも見かけたね」

ちなみにW鉄工所は、ラリー車などの注文部品を作っていた。容器の中に入っている油の種類を確かめると、鉱物油だった。だが、植物油が使われることはあるのだろうか。

「おれが若い頃には植物油も使ってたよ。特に戦後は、物資がなくてね。官給品のナタネ油やヌカ油なんかも使ったな」

その後、五反野の轢断現場周辺を取材した折に、現地の工場でまったく同じものを目撃したこともある。

前述の秋谷教授は、下山油に関する調査結果を後に公表した。以下に要約してみよう。

○着衣の油はヌカ油と微量の鉱物油と判定する。

○このヌカ油は昭和二四年春（事件の数カ月前）に搾油《さくゆ》され、その後「油糧公団東京支所」を通じて都内約九〇〇カ所の工場などに配給されたものと判明。

○事件当時この油を使用していた業種は、①石鹸工場（原料）、②製鉄工場（鉄をなます際に使用）、③皮革工場（皮をなめす際に使用）、④ゴム工場（型抜き）などである。

〝縦割りにしたドラム缶〟は、あくまでも私の推論である。事実の符合はある意味で偶然であり、単なる情況証拠にすぎないのだが……。

いずれにしても〝下山油〟は、重要な物証のひとつだ。これに注目したのが他殺の線で捜査を展開した東京地検と捜査二課だった。特に捜査二課は油糧公団からの配給先を徹底的に追及し、次第に殺害現場と実行犯を絞り込んでいく。だが、その捜査二課の他殺捜査は、やがて意外な結末を迎えることになる。

そして、一課は捜査から手を引いた

事件からおよそ一ヵ月が経過した昭和二四年八月三日、捜査責任者の坂本智元刑事部長の自宅公舎で合同捜査会議が開かれた。この会議は公式的なものではなく、あくまでも捜査本部の内部的な会議で、最初から結論ありきといった様相を呈していた。実際に会議では捜査二課の見解はまったく無視され、一方的に捜査一課の自殺論に押し切られた。警視庁は当初その結果をすみやかに発表し、事件を〝自殺〟で決着させる腹だったようだ。だが、意外なところから「待った」がかかる。その経緯について、警視庁主任捜査官の関口由三が貴重な証言を残している。

〈当時捜査本部には二世の（CICらしい）アメリカ軍人や地検の検事たちが常にきていて、報告があるといちいちどういうことかときかれていたんですね。そうして、その報告が自殺の線がにおうものだと喜ばれなかった。面白くない顔をされた。自殺じゃまずいという空気だったんでしょうね。（中略）私の推測ですが、アメリカ筋の圧力だと思います。その方が彼らにとって都合がよかったのでしょう。（中略）発表中止となったあとで、（捜査）二課では他殺の線で国鉄労組などの捜査をやりましたが、それは世論の上で他殺という声が強かったことと、もう一つは進駐軍に対する一つの政治的意図ということもあって、継続捜査という政策がとられたのだと思っています〉（『資料・下山事件』下山事件研究会編）

関口の言う「アメリカ筋の圧力」とはもちろんGHQである。「二世の（CICらしい）アメリカ軍人」という言葉が示すように、それがウィロビーの率いるG2（参謀第二部）であることに異論の余地はない。

実際にGHQ、特にG2は、自殺論にかなりの苛立ちを示していた。毎日新聞などの自殺報道に対し、GHQ文書に次のようなメモが残っている。

〈プリアム大佐殿

これは悪い報道だ。彼らを黙らせろ。これは自殺ではない。

R・S・B〉

なぜGHQのG2は警視庁の自殺の発表に圧力をかけたのか。他殺でなくてはならなかったのか。当時の世相にあてはめてみると、ある図式が浮かび上がってくる。

事件から一ヵ月後、ちょうど捜査一課が自殺説の公表を画策していた頃、世論は「左翼勢力による他殺」という意見が大勢を占めていた。捜査二課の捜査方針もまた「左翼犯行説」だった。G2はこの世論と捜査二課の方針に便乗し、後のレッド・パージと国鉄の大量解雇に利用しようとしたのではなかったのか。

だが、ひとつ腑《ふ》に落ちないことがある。もしG2が警視庁に圧力をかけてまで他殺で押し通そうとしたならば、そもそもなぜ捜査一課が自殺の線に突き進んでしまったのか。単なる誤認捜査——考えられないことだが——だったのか。それとも何らかの別の圧力があったのか。もし圧力があったとするならば、いかなる勢力からの圧力だったのか。

いずれにしても警視庁は公式的な自殺論の発表を断念した。八月三日を境に捜査の主軸となる捜査一課は事実上事件から手を引き、自殺論の集大成として『下山国鉄総裁事件捜査報告』の作成にとりかかった。この報告書は同年一二月に完成。冊子二〇部がガリ版刷りで印刷され、警視庁幹部に配布された。その一部を後に警視庁は非公式にマスコミに流出させ、昭和二五年二月号の雑誌「改造」と「文藝春秋」に掲載。いわゆる『下山白書』

として事態の収拾をはかろうとしたことは前述のとおりである。

一方、他殺説をとる捜査二課と東京地検は、その後も地道な捜査を続けていた。その捜査に急展開が見られたのは八月二五日、下山総裁の衣類が東京地検の判断で東大の裁判化学教室の鑑定に回されてからだった。もちろん警視庁は地検の決定を中止させる権限を持たない。担当の秋谷七郎教授はこれを化学的かつきわめて細密に鑑定し、前述のタール性色素や〝下山油〟などの他殺の重要な物証を次々と発見していくことになる。

これに勢いを得たのが吉武辰雄係長が率いる捜査二課だった。二課は地検と協力して三〇名の捜査員を現場に投入。油糧公団の配給先を中心に油問屋、油脂工場、その他の油を使用する工場などをしらみ潰《つぶ》しに当たり、サンプルを収集した。その結果、一二月の初めには油がヌカ油であることが判明した。

当初、東大裁判化学教室の鑑定結果は東京地検を通して捜査二課にのみ報告されていた。一課が『下山白書』の編集に取り組んでいる裏で、二課の捜査員は文字どおり連日油まみれになって現場捜査に没頭していたことになる。

二課へのあからさまな妨害策

一二月四日の午後、東京地検において地検と捜査二課の合同捜査会議が開かれた。席上では「一二月一五日より吉武係長を中心に新体制を組み、長期計画で捜査を行なう」こと。さらに「油や染料などの科学的物証を追及すれば、犯人特定に至る可能性が高い」ことなどが確認された。だがその数時間後、意気高揚する捜査二課にとって思いもよらないことが起こる。当日の深夜、東京地検の馬場次席検事宅を警視庁の坂本刑事部長が突然訪問。二課の他殺捜査の支柱だった吉武係長の転出を報告した。

なぜ坂本刑事部長はそれほどまでに吉武係長の転出を急いだのか。その後の経緯を見れば理由はある程度推察できる。田中栄一警視総監は同年一二月三一日、大晦日《おおみそか》の慌《あわただ》しさを狙うかのように「下山総裁事件特別捜査本部」を解散した。「もし新体制の科学捜査が発表されれば、世論の動向からして捜査本部の解散などできなくなる」というのが本音だろう。それとも、田中総監は他殺捜査そのものではなく、犯人が特定されることを恐れていたのか——。

前後して吉武係長の表向きの転出の理由が明らかになった。五井産業事件にからむ汚職の疑いだった。その結果、上野警察署次席への異動が発表された。

だが、これは左遷《させん》ではなく、事実上の栄転である。もし吉武が実際に汚職に関係していたのだとしたら、あり得ない話だ。いったい警視庁と吉武係長の間に何があったのか。その経緯についても、ジャーナリストの斎藤茂男が吉武本人に取材している。

〈「私にはまったく身に覚えのないことで、それはのちに明白になったことなのだが、ある会社（＊注・五井産業）の社長と私が特別な関係があって、そのためにその社長が関係する贈収賄事件を私が握りつぶしている——というデマが流されたんです。私はその人物を知ってはいたが、個人的に金銭の授受があるとかいうことは絶対になかった。（中略）結局私は一二月になって、下山事件の他殺捜査がいよいよヤマ場という時期に捜査二課から追い出されてしまった……」〉（『夢追い人よ』）

贈収賄事件とは、〝味の素事件〟を指す。この経緯について五井産業社長の佐藤昇は次のように弁明している。

〈おそらく当時、私が下山事件につき後援会役員としての協力を求められて、吉武第二係長の部屋に度々出入した時、たまたま味の素事件が捜査されていたので一部の者が誤解したものと考えられる〉（『改造』昭和二五年六月号）

佐藤に協力を求めたのは、朝日新聞社の矢田喜美雄である。後に矢田は、昭和四〇年七月五日の下山事件研究会の懇談会の席で、「自分が五井産業の社長に油を抽出する際に使うエーテル代を出させた」ことを認めている。つまり矢田のこの行為が、吉武係長の汚職疑惑につながったことになる。

奇妙な話だ。最初は業界紙のような小さな新聞にデマ記事が載り、それがいつの間にか一般紙に飛び火した。だが、吉武が上野署に〝栄転〟すると、噂はいつの間にか自然消滅してしまった。ちなみに吉武は〝下山油〟の線を追っていけば必ず犯行現場を特定できると確信していたという。しかも火種となったのは、吉武と他殺捜査で協力していた朝日の矢田記者だった。

吉武が転出し、捜査本部が解散した後も二課と地検はあきらめなかった。油の次に着目したのは染料と、総裁の上着の背中から発見された微量の白い石膏《せっこう》の粉だった。この粉はワイシャツなどから検出された石灰とは別のもので、事件当日総裁が白い粉の付着する壁のようなところに背中を押しつけられたことを物語っていた。

成果が挙がったのは、染料だった。都内の塩基性染料を扱う問屋や販売店を調べてみると、そのほとんどが神田と日本橋に集中していることがわかった。特に多いのが総裁が失踪した室町周辺——亜細亜産業のあった場所だ——で、三越を中心にした三〇〇メートル以内に五〇店が集まっている。しかもその取引先の工場のほとんどが、五反野のある足立区、荒川区など荒川放水路沿いに点在していた。

ここまで的《まと》が絞り込めれば、下山総裁の殺害現場の特定も時間の問題だった。その場所はおそらく荒川放水路に面した何らかの工場で、そこには、ヌカ油と染料を使い、石膏粉が付くような白い壁がある。当時、捜査二課の捜査員は地検からの応援も含めて二〇名。

あとは足を使い、すべての条件が揃う場所を探し出すだけでいい。

だが、捜査が大詰めを迎えた昭和二五年三月下旬、またしても捜査二課に圧力がかかる。警視庁は四月の定期異動の折に、下山事件を担当していた主力の捜査官のほとんどを他の警察署に転出させた。残ったのは青木警部補班の五名だけだった。

いくら現場捜査が絞り込めていても、わずか五名の捜査員では身動きがとれない。捜査二課の完全な敗北である。その後も二課の他殺捜査は細々と続けられた。だが、同年七月に他の事件を担当するという形で自然消滅に追い込まれた。それは下山事件の事実上の迷宮入りを意味していた。

それにしても、誰が他殺捜査に圧力をかけたのか。これだけの大事件の捜査本部を世論を無視して半年で解散し、二課の捜査を強引に闇に葬《ほうむ》ったのはいかなる権力なのか。もちろん田中栄一警視総監が権限を行使したことは明らかだ。だが、田中が自分の意思で、単独でやったとは考えられない。その裏には、さらに大きな力が存在したはずだ。

朝日新聞社の矢田記者は、GHQが介入した可能性を示唆している。昭和二五年八月、最高検察庁の布施主任検事が「事件の掘り返し」を検討した時、これを却下したのがGS（民政局）の法務担当官のマック・松方だったという。本名は松方真。ライシャワー元駐日米大使夫人の実弟で、「おれの検察庁」と言っていばり散らし、当時日本の検察行政に絶大な権力を持っていた人物だ。

吉武係長の突然の転出に関しては、ＧＨＱの機密文書の中にも謀略を暗示させる報告書が存在する。ＧＳのピアス・マッコイという人物が同局長のホイットニー少将に報告したもので、通称「マッコイ・メモ」と呼ばれる。このメモの存在を私に教えてくれたのは当初から事件の調査に協力してくれていた「週刊ポスト」の道平継記者だった。

捜査を妨害したのは誰か？

「マッコイ・メモ」には、昭和二五年三月一六日に都内某所で開かれたある秘密会議の模様が克明に描写されている。報告の内容は「増田甲子七官房長官と秘密組織の関係について」。〃秘密組織〃とは、旧内務省ＯＢや警視庁ＯＢなどで組織される「桜田会」を意味する。以下に、「マッコイ・メモ」の要点を「週刊ポスト」（昭和五二年一月一四日・二一日合併号）から拾ってみよう。

〈12月5日、田中警視総監は都内某所の料亭に招かれたが、この夕食会には後藤氏（公職追放された元法相）、安井氏（東京都知事）、横山氏、藤沼氏（ともに公職追放された元特高高官）、そして増田官房長官が出席。

席上、安井都知事と増田長官は、田中総監に対し、吉武係長を転任させせぬよう強く要請して圧力をかけた〉

〈田中警視総監に圧力を加えた元特高高官二人は、秘密組織のメンバーとみられる。（中略）この秘密組織は『桜田会』として知られるもので、戦前の特高警察幹部によって構成される。同会の指導者は岡崎、丹羽両氏といわれ、そのほか警視総監経験者数人がメンバーという。同会は、元部下で現在は警視庁幹部となっている人脈を通じて警視庁に多大な影響力をもっており、常に捜査中の事件に関するいかなる情報も入手できるといわれ、ときには捜査の方向を変えるに足る圧力をかけることすら可能であるという〉

この「マッコイ・メモ」の内容は、当時の下山事件を巡る複雑な利害関係を浮き彫りにしている。ちなみに増田と共に転出に反対した安井誠一郎は、キャノン機関のあった岩崎別邸の〝常連客〟の一人で、キャノン中佐とは親密な間柄だった。つまり、G2側の人間である。都知事である安井がこのような会議に出席していた不自然な経緯を考えても、「G2の代弁者」であったと考えることに無理はない。

同じく、警視庁上層部の人脈にも裏が見え隠れしている。注目すべきは「桜田会」だ。これは戦時中の特高警察幹部——つまり共産党弾圧派——によって組織された会で、民自党の岡崎英城らも所属。右翼の三浦義一も発言力を持ち、当時の警察機構に絶大な権力を行使していた。

整理すると、次のような構図が浮かび上がってくる。

○他殺捜査推進派――捜査二課、増田甲子七官房長官、安井誠一郎東京都知事、桜田会、G2。

○他殺捜査妨害派――捜査一課、田中栄一警視総監、GS（？）。

この中でG2が下山事件を〝他殺〟に誘導しようとしていたことは、後にGHQの様々な機密文書などでも明らかになっている。理由は「事件の主犯はG2であり、共産党の犯行に見せかけて国鉄の大量解雇に利用した」とする説が一般的だ。だがこの説には、明らかな矛盾がある。国鉄の大量解雇は、事件から一ヵ月後の昭和二四年八月には完了していた。「マッコイ・メモ」の言う秘密会議は、それから七ヵ月も後の翌年の三月に開かれている。つまり、少なくとも大量解雇だけがG2の目的ではなかったということになる。

ならば、その理由はどこにあるのか。もちろん昭和二五年から起こる「レッド・パージ」にも事件を利用し、来たるべき朝鮮戦争（昭和二五年六月二五日開戦）に向けて日本を「反共の防波堤」とする基盤を固めようとしたという推論は成り立つ。

だがこの説にもやはり決定的な穴が存在する。吉武係長が転出させられた当時、二課の捜査官たちは「時間の問題で犯行現場を特定できる」ことを確信していた。もし噂にあるように、G2が実行犯だとしたら――。

G2は事件をレッド・パージに利用するどころではなくなる。現場が特定され、犯行グループの名が挙がれば、自らの謀略が暴かれることになる。

一方、田中栄一警視総監がなぜ他殺捜査を妨害したのかについても明確な解釈が存在しない。よく「自殺論を発表した手前、面子《メンツ》を重んじた」と言われるが、これも根拠に乏しい。まず、警察は一度も公式に自殺論を発表していない。さらに、もし捜査一課が犯人グループにミス・リードされたとしても、同じ警視庁の二課が真犯人を挙げれば十分に面子は立つことになる。それに元来警視庁は、当初から意図的かつ強引に〝自殺〟で片付けようとしていた。

いったい何が両者の立場を分けたのだろうか。

事情はもっと単純なものであったはずだ。実行犯の特定を容認するか。それとも断固として阻止するか。警視庁の側には、どうしても犯人を逮捕できない理由があったということになる。

三、亜細亜産業の実態

大叔母が語る亜細亜産業の業種

一九九一年一二月、大叔母の寿恵子に三度目の面談――。

寿恵子は昭和一八年春から二三年春まで足かけ五年――戦後からしばらくは空白があるので、実質丸三年――にわたり亜細亜産業に勤務していた。職種は事務員。亜細亜産業が取り扱う商品はパルプ、印刷物、鉄工製品、ゴム製品、木材、家具、皮革製品、合成樹脂など多岐に及んだ。その取引のすべてを、ライカビルの本社で帳簿に記載していたのが大叔母の寿恵子だった。つまり、亜細亜産業の業務内容に関して、寿恵子以上に詳しく知る人間は他にいない。

まず亜細亜産業は、どこにどのような工場を持っていたのか――。

「戦時中に兄さんがいた亜細亜パルプは、田端の方じゃなかったかな。住所は王子だと思う。印刷は日暮里の近く。何度か駅まで書類を届けに行ったことがあるから。あとは北千住や綾瀬の方だね」

日暮里――。

下山総裁が失踪した翌日、「5・19下山缶」という落書きが発見されたあの日暮里だ。少なくとも亜細亜産業の工場は、下山総裁の轢断現場周辺に点在している。

さらに、北千住だ。捜査二課は殺害現場を荒川放水路沿いの工場地帯に絞り込んでいた。北千住は、まさにその中心に位置する。特に綾瀬は、轢断現場の五反野から目と鼻の先だ。

「北千住や綾瀬にはどんな工場があった？」

「綾瀬には鉄工所、ゴムの工場、あとは北千住にベルトや銃のケースを作ったりする革の工場だね。広い敷地があって、その中にいろんな工場が建ってたんだ。私は何度も使いに行かされたことがあるから、よく憶えてるよ」

寿恵子は、工場内の配置図を描けるほど克明に記憶していた。私はアルバムを開き、何枚かの写真を見せた。昭和二四年頃に、祖父の宏が何らかの工場のような場所で撮った写真である。

「ああ、間違いないね。これは綾瀬の工場だよ。この後ろに写ってるのが私が描いたこの建物だよ」

寿恵子によると、この工場は「綾瀬から小菅の方に歩いて一五分くらい」のところにあったという。

何枚かの写真。中の一枚に、石膏のような白い壁面が写っている。下山総裁の上着の背中には石膏の粉が付着していた。その壁に背中を押しつけられ、暴行を受ける下山総裁の姿が目に浮かんだ。

「その工場では、何を作ってたんだろう」

「そうだね……。車軸とか……。大砲やライフルの部品とか……。戦時中は、ほとんど軍隊に納めてたけど……」

寿恵子は、何か言いにくいことがあるような様子だった。

「戦後は？」

「あんた、これをどこかに書くつもりなんだろう。それ、まずいのよ。亜細亜産業は、絶対に身内からしか事務員を雇わなかったのよ。わかるでしょう？　私も入る時、業務内容に関しては他言しないって念書入れてるの。あの会社は下山さんだけじゃない。他にも殺されたとか、消されたとか、そんな噂はいくらでもあった。私、怖《こわ》いのよ……」

「大丈夫だから。寿恵子さんが危険な目に遭《あ》うようなことは、絶対にしないよ」

そんなやりとりが、しばらく続いた。寿恵子は、「もうこのことは二度と何も話さない」とまで言った。だが私は、根気よくなだめ、説得した。やがて大叔母は、少しずつまた話し始めた。

「車軸やコイル、それにピストンの何とかという部品……」

「それ、もしかしたら機関車の部品？」

「そうよ。亜細亜産業は戦後、それを東武鉄道や国鉄に納めてたのよ」

いったいこれは、どういうことだ。亜細亜産業と国鉄は、取引があった。つまり矢板玄と下山総裁には、利害関係の接点があったということになる。

「他にも亜細亜産業はいろんな物を扱ってたでしょう？　例えば材木とか、家具とか」

材木に話が移ると、大叔母は少し安心したようだった。

「ああ、材木ね。日本の材木も扱ってたけど、元々矢板さんの実家は材木商だったらしいから。その他はほとんどは南洋材（ラワン材）だったね。兄さんが担当してインドネシアから輸入してたのよ。その南洋材を使って、家具を作ってたの」

「それをGHQに納品していた？」

「そう。半分はね。あとの半分は普通のテーブルや椅子なんかで、家具屋やデパートでも売っていた」

デパートと聞いて、引っ掛かるものがあった。失踪当日、下山総裁は、午前一〇時前頃に三越三階の家具売場で姿を目撃されている。

「三越にも？」

「もちろん、三越にも。他にも高島屋や東急（白木屋）でも売ってたよ。三越には何階だか忘れちゃったけど、大きな家具売場があって、そこに亜細亜産業のコーナーがあったね……」

寿恵子は下山事件についてそれほど多くのことを知らない。母ほどではないが、その知識は「週刊誌や新聞の記事を何回か読んだ程度」だった。もちろん〝下山本〟の類《たぐい》は一切読んだことはない。つまり寿恵子は、下山総裁が事件当日に三越の家具売場に立ち寄ったことも、そこで何人かの男たちと合流したらしいこともまったく知らずに話している。

寿恵子は、しばらく家具の話に熱中していた。当時の日本はまだ畳に座卓の生活で、椅子とテーブルは一般家庭には珍しかったようだ。ちょうど戦後の動乱期も落ち着きを取り戻したころで、アメリカの中流家庭の生活も紹介され始め、ラワンの洋家具はけっこう富裕層に人気があったらしい。

頃合を見計らって、話を本筋に戻した。

「他にはどんなものを扱ってた。例えば、油とかは？」

寿恵子が、一瞬身がまえたような気がした。

「油ねえ……。例の、下山さんの体についてたっていう油のことだろう。確かに油は扱ってたよ。しかもかなりの量をね」

どうやら寿恵子は、下山総裁の衣類に油が染み込んでいたことくらいは知っているようだ。

「その油は、ヌカ油？」

核心を衝《つ》く質問だった。

「いや、そういう名前の油は聞いたことはないね。扱っていたのは、確か〝雑油〟っていったかな。戦時中は〝鉱油〟っていうのもあったけどね。戦後は、雑油だけだよ」

雑油――。初めて聞く言葉だった。どのような油を意味するのか。その中には、ヌカ油も含まれるのだろうか。

「その油、どこから買ってたか憶えてる？」

「国から買ってたんだよ。たぶん通産省か何かだったんじゃないかな。亜細亜産業に役人あがりの林武っていう専務がいてさ。その伝手《つて》で配給されてたんだよ」

「それ、油糧公団って言わなかった？」

「ああ、そうかもしれない。そんな名前だったような気がする……」

　寿恵子によると、亜細亜産業はかなり大量の雑油の配給を受けていたようだ。正確な量は記憶していないが、年間に「ドラム缶で数十本の単位」だったという。その一部は亜細亜産業の鉄工所などでも使われていたが、大半は他の工場などに転売されていた。

「売った、と言えば聞こえはいいけど、本当のところは横流しだよね」

「どういうこと？」

「国から配給されたものだから、勝手に売ったり買ったりできなかったんだと思う。二重帳簿があったからね。私と、工藤孝次郎（亜細亜産業の役員）で作ったんだけど……」

気になる社名――鈴木金属

雑油の横流しと聞いて、ひとつ思い当たることがあった。法医の「自他殺論」の中に警察の要請で駆り出され、強引な「生体轢断説」を主張した元名古屋大学の小宮博士である。小宮博士が大学を追われ、警察に弱みを握られた理由は、油と材木の闇取引だった――。

「他には。染料のようなものは扱ってなかった？」

「染料？　まさかそれも事件に関係あるって言うんじゃないだろうね」

寿恵子は、染料のことをまったく知らなかった。そこで下山総裁の衣類や靴などから塩基性の染料の粉が検出されたこと。その染料の出所が総裁の殺害現場を特定する重要な物証になることを簡単に説明した。その表情から、寿恵子の驚きが手に取るようにわかった。

「これはもう決定的だね。確かに、染料も扱ってたよ。小さなガラスビンに入った粉の染料だろう。GとかMとかRとかいうやつ。会社に、いつも見本が置いてあったよ」

GとかMというのはどういう意味だろう。

〝G〟はグリーン、〝M〟はマゼンタを意味するのだろうか。寿恵子は小ビンに入った商品サンプルを記憶していたが、実際の染料は四リットルの缶の単位で取引される。

「それが床に落ちていたのかな」

「どうだろう……。私が会社を辞めたのは昭和二三年の春だからね。でももし下山さんがライカビルで殺されたというんなら、きっとそうなんだろうね……」

だが、それはあり得ない。染料のサンプルがあったとしても、まさか日本橋の本社事務所にドラム缶に入った油まで置いてあったとは考えられない。仮に下山総裁が一時的にライカビルに連れ込まれたとしても、殺害場所は他にあるはずだ。

「その油や染料、どこに売っていたのかな。取引先を憶えてない？」

私が期待したのはGHQだった。だが、期待は外れた。大叔母は、GHQに売った記憶はないと言う。GHQと取引があったのは「大砲の弾の部品」などの鉄工製品、家具、材木、樹脂製品などだ。逆に亜細亜産業はGHQから砂糖などを買っていた。

寿恵子は記憶の糸をたぐるように、雑油を横流ししていた数社の社名を挙げた。すべて、日本の会社だ。ほとんどは、事件とは無関係だろう。

だがその中に、気になる社名があった。

鈴木金属――。

事件の一連の流れの中で、鈴木金属は謎めいた場面で登場している。

事の発端は昭和二四年七月九日、芝の青松寺で営まれた下山総裁の葬儀にまで遡《さかのぼ》る。

葬儀委員長は参議院議員の村上義一。その他副委員長の加賀山国鉄副総裁をはじめとする国鉄関係者、運輸省関係者、政財界、GHQ関係者（CTSミュラー大佐他）など会葬者計五千人を数える盛大な葬儀となった。

ところが四九日も終えた八月末、奇妙なことが起きた。下山夫人が弔問客全員に挨拶状《あいさつ》を送ると、その中の一通が書簡を添えられて返送されてきた。

「御丁寧な御挨拶状をいただきましたが、私は下山総裁とは面識がなく、告別式にも参列しておりません。何かの間違いではないかと思い、御返送申し上げます」

挨拶状を返送してきたのは、江戸川区東小松川の「小松川製油」専務の白石という人物だった。調べてみると当日の葬儀弔問客の名簿の中に確かに〝白石〟の名はある。名刺も残っていた。これはおかしいということになり、家族はすぐに警察に連絡を取った。

知らせを受けた捜査二課の大原刑事は、さっそく小松川製油に出向き白石専務と会った。だが白石は首を傾《かし》げ、「いったい誰が自分の名刺を使って下山さんの葬儀に参列したんだろう」と言うばかりで、何もわからなかった。

この「奇妙な名刺」について、後に大原刑事から直接話を聞いたジャーナリストの斎藤茂男と、私は次のような話をしたことがある。

「実は小松川製油というのは、例の〝下山油〟の件で捜査線上に浮かんでたんだよ。でも大原さんは、白石専務はシロだと言うんだ。もしやましいことがあるなら、わざわざ礼状を送り返すような目立つことをするわけがない」

「じゃあ何者かが白石専務になりすまして葬儀に参列したということになりますね」

「地検は、犯人が葬儀の様子を探りにきたんじゃないかと見ていたね。白石専務と名刺交換した者の中に犯人がいたんじゃないかというんだ。結局、わからなかったけどね」

「もしくは、犯人が小松川製油が捜査線上に浮かんでいることを知っていて、疑いを向けるように仕組んだか……」

「それなんだよなぁ……。だとすると犯人側に、捜査二課の情報が漏れていたということになる」

小松川製油にまつわる話は、ひとまずここで終わる。ところがそれから一五年後の昭和三九年、まったく別の情報線上にふたたび小松川製油の名が浮上することになる。そのきっかけが、鈴木金属だった。

北海道の労組運動員のＨ・Ｏという人物が上京し、総裁の拉致に関与。後にＣＩＣ（対敵諜報部隊）の手を逃れながら日記を残し、熱海で投身自殺をしたことは前に述べた。朝日新聞社の矢田記者が「最大級の証拠」と評価するいわゆる〝鎗水《やりみず》情報〟である。

実はこのＨ・Ｏには、逃走資金を援助するスポンサーがいた。それが鈴木金属の社長村山祐太郎という人物だった。

鈴木金属が設立されたのは昭和一三年。工場は北区の赤羽にあり、元は羊毛の染色工場の跡地だった。主に金属の圧延加工などを手掛け、砲弾のカートリッジなどを生産し陸軍に納入。いわゆる軍需産業としてスタートを切った。その後、砲弾の信管バネに使用するピアノ線を国内で初めて開発に成功。太平洋戦争の特需を受けて急成長をとげた。戦後はさらにこのピアノ線を国鉄とGHQに納入し、業績を伸ばしていった。

大叔母は「鈴木金属は大砲の弾の部品を作る会社」として記憶していた。その記憶と鈴木金属の実像は矛盾しない。さらに「羊毛の染料工場の跡地」に建設された工場で、「金属の圧延加工」を行なうならば、塩基性染料やヌカ油が存在しても不思議はない。

だが、鈴木金属にまつわる話はここからさらに混迷を深めていく。斎藤は言う。

「朝日の矢田さんが一度村山を訪ねたんだ。そうしたら門前払いをくったらしい。そこでぼくが、鈴木金属を洗ってみた。そしたらそこに出てきたんだ。小松川製油が……」

斎藤が調べたのは会社の商業登記や土地、建物の譲渡関係、定款《ていかん》などだ。すると系列会社の中に、ある油脂会社の名が浮かんだ。さらにその油脂会社の系列を探っていくと、人事や取引面で密接なつながりのある小松川製油に行き当たった。

「引退後の専務に会ってみたんだよ。とにかく名刺については〝知らない、不思議だ〟の一点張りでね。本当に、何も知らないようだったな……。でも、国鉄がね……。小松川製油も国鉄と取引があったんだ。それに専務は、加賀山副総裁とも知り合いだった」

斎藤はその時、小松川製油と国鉄の関係についてそれ以上は語らなかった。だが、当時の斎藤の白石専務の取材には、綿密なメモが残されていた。斎藤の死後、「斎藤メモ」はすべて朝日新聞社の諸永裕司記者に託され、その著書の中に公表されている。以下に要約してみよう。

〈(K製油は)戦後は米ヌカからヌカ油をとり、さらにそれからドロドロの洗剤を作り、国鉄を中心に納めていた〉

〈四半期に二～三千万円もの取引をしていた。この洗剤は機関車や車両を洗うもの。国鉄資材局との関係は深く、国鉄担当職員にいつもワイロを贈ったり、供応していた。知人の代議士を通じて米軍から国鉄に口をきいてもらったこともある〉

〈戦後、東久邇宮《ひがしくにのみや》内閣のころ、加賀山と知り合った〉(『葬られた夏』)

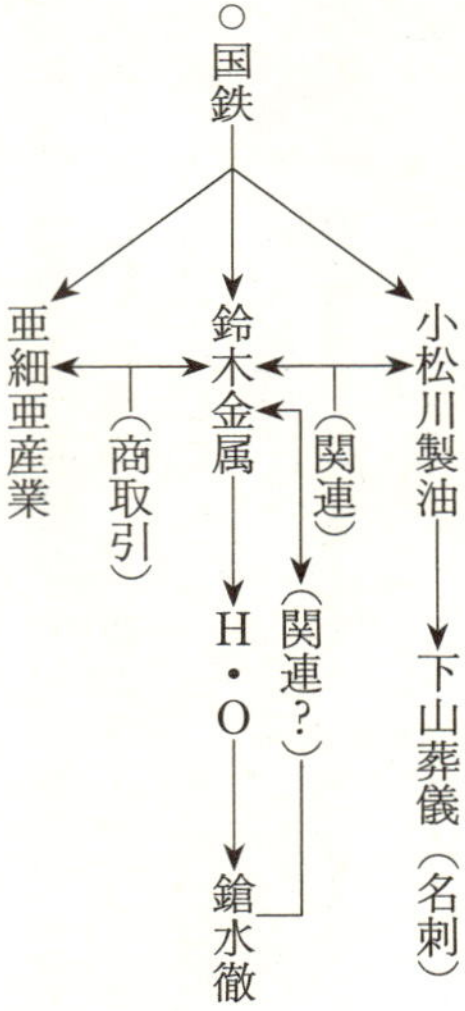

鈴木金属、小松川製油、さらに亜細亜産業。

商取引という一本の線で関連するこの三社は、国鉄を中心にして間接的につながっていた。

さらにこの事実は、何を意味するのか。

この斎藤メモは、ひとつの事実を浮き彫りにしている。戦後の国鉄利権は、贈賄汚職の温床だった――。

また直接的にではないにしても、ここに加賀山副総裁の名が登場していることも興味深い。ちなみに小松川製油は、下山事件の三年後に倒産している。

鈴木金属に関してはまだ続きがある。社長の村山祐太郎とH・Oの日記を手に入れた鎗水徹の関係だ。これに最初に着目したのは、作家の松本清張だった。下山事件を題材にした「地を匍《は》う翼」(「別冊文藝春秋」昭和四二年一二月五日号)という小説の中に、次のような記述がある。


〈この四人の留守家族に対しては、大分県出身の豊後物産株式会社の社長で宮田竹二郎という人が面倒をみているらしい。(中略)さらに木田鉄一本人について調べてみると、本籍は大分県北海部郡阪ノ市町の出身で、学歴としては東京の通信学校卒業ということが判った。(中略)そこで、今度は宮田竹二郎氏について身元調査をおこなった。宮田氏はたしかに豊後物産の社長で、本籍は大分県北海部郡阪ノ市町二四番地である。これはいささ

か意外な感じがした。木田氏の出身地と全く同一だったからである。しかも、木田氏はこのことに一言もふれていない〉

「地を匍う翼」は、朝日新聞社の矢田記者が鎗水情報を入手した四年後に書かれたもので、H・Oを含む四人がモチーフになっている。文章の前後の流れを見れば〝宮田〟が村山祐太郎、〝豊後物産〟が鈴木金属、〝木田〟が鎗水徹であることがわかる。つまり松本清張は、この小説の中で、村山と鎗水が出身地がまったく同じであることを暗示しているのだ。

朝日新聞社の諸永記者は、後にその事実関係を確認している。

〈僕はさっそく鎗水と村山の戸籍謄本を手に入れて二枚を見比べてみた。

「山形県天童市老野森町」

二人ともすでに本籍地は変わっていたが、出生地は番地で二番違いだった〉（『葬られた夏』）

鎗水情報は偽装か？

鎗水と村山は、つながっていた可能性がある。これは何を意味するのだろうか。

鎗水は、Ｈ・Ｏの日記を〝偶然〟手に入れた。そのＨ・Ｏのスポンサーが、村山だった。Ｈ・Ｏと村山のつながりを〝調べた〟のも鎗水である。そしてその鎗水と村山は、同じ町内の出身だった。さらにＨ・Ｏの日記は、鎗水以外に誰も現物を確認していない――。

ちなみに私は、一九九四年の夏に某週刊誌の記者と熱海署に出向き、昭和三二年にＨ・Ｏという人物の投身自殺の記録があるかどうかを調べてみたことがある。ところがそれに該当する事件はまったく存在しないことがわかった。そうなると、日記どころか、Ｈ・Ｏという人物の存在すら最初から架空であった可能性も考えなくてはならなくなる。

この複雑かつ矛盾と偶然に満ちた事実を客観的に説明する方法はひとつしかない。

鎗水情報は、最初からジャーナリストを混乱させるための偽情報ではなかったのか――。

ならば、その目的はどこにあるのだろうか。「Ｈ・Ｏの日記」と前述の「宮下証言」には、興味深い共通点がある。いずれも「下山総裁を三越に呼び出した人物（Ｈ・Ｏと貝谷）」が語っていることだ。もしどちらもプロパガンダだとすれば、目的もこのあたりにあるのかもしれない。最も大きな疑問は、村山はなぜ自分の経営する鈴木金属や系列会社の小松川製油に疑いの目を向けるようなことをしたのかということだ。

その謎を解く鍵は、村山の交友関係の中にある。一人は、戦時中から取引のあった亜細亜産業の矢板玄だ。大叔母は村山の名前は憶えていなかった。だが、「社長がよく来ていた」ことは記憶していた。

さらに村山祐太郎の伝記『ピアノ線の人』（野村三三著、にっかん書房）の中に、東京都知事だった安井誠一郎、そして田中栄一警視総監との交友関係を確認できる。いずれも前述の「マッコイ・メモ」に登場する秘密会議の出席メンバーだ。特に村山は、田中総監との親密な関係を自著の中で強調している。警察の使用していたアパートの立ちのき問題で田中が住民側から告訴された折、そのアパートを私財で買い取って警察に寄付。告訴を取り下げさせたのが村山だった。つまり村山は、田中に大きな貸しを作ったことになる。さらに付け加えるならば、田中と安井はキャノン中佐とも親交があった。

以上のことから、以下の二通りの推論が成り立つ。

①鈴木金属、また小松川製油のいずれかが下山総裁の殺害現場だった。これが鐪水情報によって暴かれ、田中総監がもみ消した。だが、この構図の場合、村山と鐪水の出生地の一致は〝偶然〟で片付ける必要がある。

②総裁の殺害現場は他にあった。鈴木金属と小松川製油は本物から目を逸《そ》らさせるための〝おとり〟だった。つまり鐪水情報とはキャノン――田中警視総監――村山ラインが作り上げた、真相を闇に葬るためのプロパガンダだった。鐪水は、その末端にすぎない。考えてみると、タイミングも絶妙だった。鐪水がH・Oの日記を「手に入れた」として

いるのが昭和三二年。それを鎗水は、七年後の昭和三九年に朝日新聞社の矢田記者の元に持ち込んでいる。まさに、時効の直前だ。

当時、矢田は、轢断現場から「血の道」(後述)を発見するなど下山報道の他殺論者としては第一人者だった。その矢田を利用して発表させれば、プロパガンダは〝既成事実〟として一人歩きを始める。結果はまさしく、犯行グループの思惑どおりになった。

この疑問を、私は斎藤茂男にぶつけてみたことがある。斎藤と矢田は共に下山事件を追う〝同志〟だった。

「つまり、鎗水情報は最初からガセだったわけか……」

「客観的に考えれば、そうなりますね。他には考えようがない」

「確かに、怪しいんだよ。鎗水情報は、はまりすぎるんだよね。それは矢田さんとも話したことはあるんだ。ぼくと矢田さんは、鎗水に踊らされてたということか……」

矢田喜美雄もまた、『謀殺　下山事件』を発表してから数年後に、「鎗水の嘘つき野郎に完全に騙された」ことを周囲に認めていた。

鎗水情報は、迷宮の入口だ。地図を頼りに足を踏み入れても、それぞれの道は壁に阻《はば》まれて行き止まりになる。気が付けば、戻ることもできない。やがて、闇の中で尽き果てることになる。

犯人グループが、時効直前に仕掛けた最後の罠《わな》だったのではなかったか――。

四、秘密サロンの人脈

姓名が確定できる人々

ある意味で、大叔母の寿恵子や母菱子の証言にも危険な部分はある。作為的ではあり得ないが、あまりにも事件の事実関係に符合しすぎる面がある。その意味では鎗水情報と同様に、何らかのフィルターを通して検証する必要があるのかもしれない。

初めて下山事件の話が出た一九九一年夏の横浜の夜以来、私は数年にわたり、寿恵子や母に再三〝取材〟を試みてきた。その回数は数えきれない。だがまとまった情報が得られたのは最初のうちだけで、あとは二人とも散発的に人名や小さな出来事を思い出す程度だった。もちろんひとつひとつは、貴重な証言であり、事件の真相に迫るヒントを与えてくれたこともある。特に亜細亜産業の人脈に関してはかなりの部分が明らかになった。その人数は名前が確認できたものだけでも二〇人以上、確認できないものを含めれば数十人にも及ぶ。ここで二人の証言とその後の情報により明らかになった人物を列記し、事件に明らかに無関係と思われる者を除外し、整理しておきたい。

○林武

本名、林武一。明治三八年（一九〇五）、長野県出身。専売局芝工場勤務、官業労組主事を歴任した後に東京市議を一期務め、昭和一八年に亜細亜産業（亜細亜パルプ専務取締役）に入社した。

いわゆる社会党右派の労組闘士として知られ、昭和二〇年には「総同盟」結成に参加。二二年に亜細亜パルプを退社し、東京都労働局長に就任した。だがその後も亜細亜産業総帥の矢板玄と親交し、〝サロン〟に出入りしていた客観的な確証がある。

この人物は母と寿恵子の両方が記憶し、すでに文中にも何度か登場している。母の記憶では「笠間の疎開先に祖父を迎えに来た男」、寿恵子は「雑油の配給に一役買った男」だと言う。

その人脈は広く、同じ社会党の西尾末広、都知事の安井誠一郎、共産党指導者として知られる伊藤律、転向組の田中清玄や鍋山貞親などとも親しかった。特に田中と鍋山とは親密で、「夕方会社に来ては、林を誘ってよく飲みに行っていた」（寿恵子談）と言う。

林武は当時四〇代後半。身長一五〇センチ強と小柄で、眼鏡を掛けていた。私の手元に写真があり、顔も確認できる（33ページの写真）。

○工藤孝次郎

寿恵子が、「雑油の横流しの二重帳簿を作っていた」と名指しする人物。役職は取締役で、事実上の亜細亜産業のナンバー2。矢板玄の昭和電工時代からの腹心の部下で、番頭的な存在だった。大叔母によると「林と工藤が汚い仕事をすべて引き受けていた」。ちなみに昭電疑獄事件は、当初工藤の担当だった。後に北海道虻田《あぶた》郡の生家に戻っている（33ページの写真）。

○岩本興次

亜細亜産業の社員。寿恵子は亜細亜産業の取締役と記憶。矢板玄の昭和電工時代からの同僚で、「香港もしくは上海にいたことがある」と聞いた。主にGHQ関連の〝仕事〟を担当し、退社後は磐城興業代表取締役という記録が残っている。

○白洲次郎

ある意味で白洲次郎は、「戦後の日本を作った男」と言ってもいい。明治三五年（一九〇二）兵庫県芦屋生まれ。綿の貿易商だった父文平の影響で中学生の頃からスポーツカー（ペイジ・グレンブルック）を乗り回し、その後英国のケンブリッジ大学に留学。卒業後は新聞記者、「日本食糧工業」の取締役を経て吉田茂の側近となった。いわゆる「ヨハンセン（吉田反戦）グループ」の中心的人物である。

戦後は吉田茂の招聘《しょうへい》により「終戦連絡事務局」の参与（後に次長）に就任。吉田政権とGHQの交渉役を務めると同時に『日本国憲法』の誕生に寄与した。

伝説の多い男でもある。青柳恵介は『風の男白洲次郎』（新潮文庫）の中で次のように論じている。

〈白洲次郎が本質的に「穏やかで優雅な人」であることに異を唱えるつもりはないけれども、占領期間中、GHQが「従順ならざる唯一の日本人」と本国に連絡した男、ホイットニー（＊注・GS局長）が「白洲さんの英語は大変な立派な英語ですね」と言った際「あなたももう少し勉強すれば立派な英語になりますよ」と答えた男、そういう男を「ふだんは穏やかで優雅な人」と評するのは、明らかに皮肉である〉

白洲次郎とGSとの確執は、すでに歴史的事実として認識されている。昭電疑獄事件を通じてケージス（チャールズ・ケージス大佐。GS次長）の追放に関与したことも、斎藤昇国警長官の証言などにより明らかになりつつある。一方でG2のウィロビーやキャノン中佐とは積極的に親交。G2直属の「辰巳機関」の長、辰巳栄一をウィロビーに紹介したことは、白洲自身が認めている。

さらに白洲は、ハリー・カーン率いるACJ（ジャパン・ロビー）の日本側の代弁者の一人としても知られる。だが、ドッジ・ラインの制定には執拗に反発した。このあたりには「けっして持論を曲げない」という白洲の強《したた》かな人間性と信念がうかがえる。

寿恵子は、昭和二二年頃に何度か白洲次郎が亜細亜産業に来社したことを記憶していた。

「とにかく素敵な人だった。背が高くて（白洲は身長が一八〇センチあった）、いつも英国製の高そうなスーツを着ていた。話術がうまくて、優しそうで、まるで銀幕のスターみたいな人。いままで生きてきて、あれほどいい男に会ったこともない」

祖父とは年齢が近いこともあって、仲が良かったようだ。戦後から祖父はソフト帽を愛用していたが、白洲次郎の影響だった。祖父のソフトのコレクションの中にステットソンというメーカーのものが二つあった。当時、会社員の月給に匹敵するほどの高級品である。そのうちの一つを祖父は「白洲にもらったものだ」と自慢していた。我が家には白洲次郎と思われる人物が祖父や矢板玄などといっしょに写った写真が残っている（口絵2～3ページの写真）。

○三浦義一

明治三一年（一八九八）大分県生まれ。

小田原時代の北原白秋に師事した後、大正九年に早稲田大学を中退して九州電気株式会社に入社。だが一三年に退社して上京。昭和七年には右翼結社『大亜義盟』を創立して相談役になるが、翌年に「虎屋事件」の主謀者として逮捕、投獄された。

出所後は右翼の矢次一夫、関山義人らと交友。後に矢次らと理論誌『国策』を主宰する国策社を設立（昭和一〇年）。この国策社の創設当時の青年部長が関山義人で、事務所は戦中戦後にかけて日本橋室町のライカビルの四階にあった。だが奇妙なことに、三浦の経歴の中から〝ライカビル〟の名は抹消されている。

その後も小田原の益田孝男爵邸に問罪状を送りつけた「益田男爵事件」（昭和一〇年）、「不穏文書事件」（一二年）、「政友会革新派総裁中島知久平狙撃事件」（一四年）などで投獄、出所を繰り返す生活を送った。

昭和一三年（一九三八）には中支方面派遣軍嘱託として大陸に渡り、張南京市長顧問に就任。関山義人と共に上海や南京を中心に暗躍した。またこの頃から軍の上層部とも深く交流するようになり、東条英機とも交友。その関係で迫水久常と知り合い、後の「金銀運営会」の人脈を築いた。

戦後は「室町将軍」と称され、長年にわたり日本の右翼社会の頂点に君臨。政財界にも絶大な権力を誇った。『日本の右翼』（日新報道出版部・猪野健治著）の中に、昭和四〇年頃の建国記念日の制定に関して興味深いエピソードが載っている。

〈右翼は「建国記念日は、二月一一日（注・旧紀元節）以外にあり得ない」立場に立っていた。

そんな緊迫したある雨の朝、西山幸輝氏（日本及日本人社会長＝当時）は、世田谷の三浦邸をたずねた。話は、当然、建国記念日におよんでいった。愛飲のオールド・パーを傾けていた三浦は、ややあって田中角栄自民党幹事長（当時）に電話をかけさせた。

田中幹事長が電話口に出ると、三浦はあれこれ説明をきいていたが、最後に「総理の意見は……」とたずねた。電話の様子では、佐藤首相は、まだ最終的な態度をきめかねているようで、三浦は「じゃ、こっちから総理に電話をしよう」といって電話をきった。

数分後、鎌倉から電話が入った。佐藤首相からであった。三浦と佐藤は、佐藤が運輸省の自動車課長時代から親しい仲である。

たがいに挨拶をかわしあったあと、三浦は「ときに建国記念日の問題だが二月一一日にしてもらわなきゃ責任はもてない。たのんだよ」とダメを押した。そして席へ戻ると、「おい、二月一一日に決まったよ」と、平然といったという〉

この一文は日本の政治と右翼の関係、さらに三浦義一が佐藤栄作をいかに自由に操れたかを如実に物語っている。

三浦は日本の政財界だけでなく、GHQにも発言力を持っていた。一時戦犯容疑で収監されたが、病を理由に釈放。G2のウィロビーと組み、「昭電疑獄事件」ではGSのケージスを放逐するために暗躍した。

晩年は自らを〝牢人《ろうにん》〟と称し、「牢人の会」を主宰。政財界のフィクサーとして盤石の地位を築いていく。中でも三浦義一は、九州電気時代の人脈を辿り、終生日本の電力事業に影響力を行使し続けた。

昭和二四年の日発再編問題（見返り資産の巨額融資にからむ電力会社九分割問題）では、当初三浦はGHQの意向である九分割案に田中清玄らと共に反対の立場をとっていた。だが後に白洲次郎が中心となって発足した「電気事業再編成審議会」（松永安左ヱ門会長・委員の一人に水野成夫がいた）に同調。日本の電力再編成を加速させる原動力となった。この時、終止反対の立場を押し通した田中清玄との間に深い確執が生まれた。

三浦義一は白洲次郎と蜜月の仲で、銀座では「おそめ」という同じクラブに通い、青山の同じマンションにも部屋を持っていた。当時の面白いエピソードが『おそめ』（石井妙子著・洋泉社）に載っている。

〈三浦の助言で秀が購入したマンションは、青山にあり、階下には白洲次郎も部屋を持っていた。白洲は、やはり後にこの部屋を顔なじみの秀にならとごく安い値段で譲った〉

文中の〝秀〟とは、銀座のクラブ「おそめ」の経営者の上羽秀である。

○田中清玄

明治三九年（一九〇六）北海道亀田郡七飯村生まれ。

東京帝大文学部美学科入学の後、昭和二年九月に共産党に入党。共産党再建活動を通じて佐野学らと知り合い、逮捕、釈放、脱走を繰り返した。

武闘派の共産党員として頭角を現わし、昭和五年一月の和歌山二里ヶ浜での共産党再建大会では書記長として警官隊と戦い、五月には追及を逃れて上海に密航。その二ヵ月後に治安維持法により逮捕勾留され、無期懲役の判決を受けた。

だが昭和八年七月、獄中で佐野学、鍋山貞親らと連名で転向声明を発表。以後は一貫して国粋主義者としての道を歩むことになる。

昭和一六年四月二九日、紀元二千六百年の恩赦により仮釈放。昭和二〇年一月に土木会社「神中組《じんなか》」（後に三幸建設）を創設して実業家となった。

昭和二四年八月一七日に起きた松川事件では、当時事件現場の近くに神中組の工事現場があったことから田中清玄の関与が疑われたことがある。だが田中は「電源防衛隊」の活動で新潟県内にいたことを理由に事件当日のアリバイを主張し、追及を逃れている。この松川事件に関連し、田中は後年、次のような発言をしている。

〈――ソ連が本気で田中さんに、後方攪乱《かくらん》工作を依頼しようとしたとお考えですか。

もちろんです。ソ連が私を使ってやりたかったのは、電力や輸送機関の破壊工作でした。これをやられたら米軍は身動きが取れませんからね。それで私は、「祖国防衛・平和安定のための電源防衛・食糧増産・生産・運輸の安全」をスローガンに掲げ、全国各地の電源・石炭地帯を中心に電源防衛隊を組織して、彼等の破壊工作に対抗したのです。一九四九年には三鷹事件、松川事件が起きていますが、あれはみんな国鉄を寸断して、日本の輸送路を断ち送電線を断って、日本を米軍の基地として機能しないようにする、彼等の後方攪乱工作の一環ですよ。私は今でもそう確信しています。〉（大須賀瑞夫著『田中清玄自伝』文藝春秋・一九九三年）

この証言にはいくつかの奇妙な点がある。まず田中は三鷹、松川の両事件が「ソ連の後方攪乱工作の一環」としているが、あまりにも説得力に乏しい。さらに三鷹、松川の両事件には触れていながら、国鉄三大事件の内の最大の事件、「下山事件」には一言も言及していない。なぜなのか。

興味深いのは同じ『田中清玄自伝』の中で、田中は昭和二三年に神中組を「三幸建設」と名を変え、血盟団事件の被告だった四元義隆《よつもとよしたか》に会社を無償で譲ったと主張している。もしこれが事実ならば、松川事件が起きた昭和二四年八月にはすでに三幸建設は四元のものだったことになる。

だが田中の主張に対し四元義隆は、まったく異なる証言を残している。


〈四元は実業界でも活躍した。昭和三〇年に田中清玄が投げ出した三幸建設の社長に就任すると、その人脈をフルに使って業績を上げ、同社の再建に成功した〉（黒井文太郎編『謀略の昭和裏面史』）

田中が四元に三幸建設を譲り渡した昭和三〇年当時、実は五億円にものぼる巨額の負債があったと言う。さらに付け加えるならば、田中清玄が社長時代の三幸建設の大口個人株主の一人に、田中と同じ共産党からの転向組であり昭和二四年当時国策パルプの副社長だった水野成夫がいた。下山総裁が事件の三日前に連絡を取ろうとし、当時「鉄道電化期成同盟」の委員長として国鉄電化事業の中枢にいたあの水野成夫である。

「電源防衛隊」を組織していたと自らが語るように、田中もまた労働問題のフィクサーという立場で日本の発電事業に深く関与していた。つまり田中と水野は、三幸建設の巨額の負債だけでなく、国鉄の電化事業においても利害関係が一致していたことになる。

　大叔母は田中清玄のことをよく記憶していた。神中組を設立する一年ほど前からほぼ毎日のように亜細亜産業に顔を出し、同じ転向組の同期の鍋山貞親とは特に親しかったと言う。

○西山幸輝
大正一二年（一九二三）宮崎県生まれ。

戦前戦中は社会党の本部役員として佐野学、片山哲、西尾末広らと交友。戦後に関山義人（興論社社主）を介して三浦義一を知り、右翼に転向した。これを機にライカビル五階に関山が創設した「東京産業」（後に興論社）の社員となり、児玉誉士夫などとも交友。右翼社会に人脈を広げた。

　昭和三六年に興論社から独立し、「昭和維新連盟」を結成。後に『日本及日本人』という右翼系理論誌を主宰。晩年は政財界のフィクサーとしてホテル・ニュージャパン事件などの裏でもその名が挙がっている。晩年は京橋に事務所を置いたことから「京橋将軍」とも呼ばれた。

　昭和四五年の夏、この西山幸輝が下山事件に関し、週刊新潮の某記者にきわめて重大な証言を残している。

「やったのは右（右翼）の方でもかなり有名な連中だ……」

事件当時、日本の右翼社会の総本山と言われたライカビルに出入りしていた西山幸輝だけに、その証言には説得力がある。

○伊藤律

正直、この名前が寿恵子の口から出た時には少なからず驚いた。誰もが知る日本共産党の指導者である。大正二年（一九一三）に岐阜県に生まれ、昭和八年二月に共産党に入党。同年に検挙。その後も釈放と検挙を繰り返しながら一時、満鉄の東京支社に籍を置いたこともある。昭和一六年に治安維持法で再検挙された折に特高の取り調べに自白し、後にこれが「ゾルゲ事件」の発端となった。戦後は党活動に復帰し、徳田球一書記長の元で党の指導者の一角を担うが、昭和三〇年九月に党中央委員会において満場一致で除名されている。


その伊藤律が、なぜ〝反共の巣窟〟ともいえるライカビルに出入りしていたのか――。

寿恵子は単に伊藤律を「共産党の大物」としか認識していない。林武の友人で、「よくサングラスや帽子、マスクで変装して遊びに来た」と言う。亜細亜産業で見かけたのは昭和二二年の末から二三年にかけてで、ちょうど伊藤が党の実権を握り始めた頃に重なる。

寿恵子は伊藤が来ると何度か「三菱銀行にお金を下ろしに行った」思い出があり、「矢板さんから伊藤にかなりの金額が渡されていたはず」だと証言する。これは単純に伊藤が「スパイ」であったことを示すものなのか。それとも共産党の活動資金の一部を亜細亜産業が援助していたと解釈すべきなのか。

伊藤律に関しては、キャノン機関の工作員だった韓道峰という人物が、下山事件に関連して核心を衝く証言をしている。

〈国鉄との情報連絡は、共産党の伊藤律があたっていて、私の知る範囲では三越での行方不明当日も、伊藤律がなんらかの形で動いていたのだと思う。伊藤は、かなりの情報のコネを国鉄に持っていたとみえ、何度か、国鉄労組の報告をキャノンにしているのをきいたことがある〉（畠山清行著『何も知らなかった日本人』）

さらに韓道峰は、「伊藤律が下山総裁の情報屋」であり「キャノンからも金を受け取っていた」と証言している。

下山総裁は事件の直前まで三越周辺で頻繁に情報屋と接触していた。事件当日は、その三越で行方を絶った。さらに「実行犯のアジトは三越の近くにあった」とする証言が数多く存在する。以上の事実関係に伊藤律の情報は寸分の狂いもなく直結する。

林武の人脈には、共産党からの転向組の鍋山貞親がいた。この三者の立場を事件当時の国鉄労組の左派、民同（右派）の関係にあてはめてみると、信じ難い構図が浮かび上がってくる。

伊藤は当時の共産党の指導的立場にあり、労組左派の精神的な支柱だった。逆に鍋山は民同右派の主要人物である。さらに林武は犯行に関与したと目される亜細亜産業の人間だ。この利害関係が相反する三者が、真ん中に札束を積み、ひとつのテーブルを囲んで談笑している奇妙な風景を想像すると、事件の本質の一端が見えてくるような気がする。

ちなみに伊藤律の党除名の理由は「スパイ容疑」と「米日反動勢力への奉仕」だったことを付け加えておきたい。

○鍋山貞親

福岡県生まれ。大正一五年（一九二六）に共産党中央常任委員に任命されるが、昭和八年に獄中で佐野学（後に早大教授）らと連名で転向。戦後は狂信的な反共論者として活動し、「世界民主研究所」を主宰して民同を指導。同研究所がキャノン機関の下請け機関のひとつだったという証言もある。大叔母によると、「一時はほぼ毎日のように会社に来ていた」という。ライカビルの〝サロン〟の典型的な常連の一人だった。

鍋山は、民同の戦闘部隊「独立青年部隊」の活動家であり、加賀山副総裁が情報屋として使っていた児玉直三とも深い親交があった。事件後の八月二四日、「事件を計画した本部は三越の近くにある」という情報を売り込みにきた男である。「(児玉に)鍋山を紹介したのは社会党の西尾末広」であり、「(鍋山の事務所には)最新の情報があるのでよく顔を出していた」ことは児玉直三自身が証言している。

ここにひとつの構図が浮かび上がる。伊藤律によってもたらされた労組左派の情報は、亜細亜産業を介し、鍋山——児玉(民同)ラインを通って国鉄(加賀山副総裁)にもたらされていたという推測である。

☆亜細亜産業(林武) ← 伊藤律
亜細亜産業(林武) → 鍋山貞親 ←(?)— 伊藤律
鍋山貞親——(西尾末広)→児玉直三(民同)→国鉄(加賀山)

さらに鍋山は、増田官房長官にも直接情報を流していた。事件直後の七月六日朝、首相官邸で開かれた治安閣僚会議において、増田は次のような発言をしている。

〈鍋山君からの情報によれば、極左秘密結社があって、吉田首相をはじめ閣僚などの暗殺

計画を進めているということだから、よほどの警戒が肝要である……〉(山田泰二郎著『アメリカの秘密機関』晩聲社)

この図式は、前述の宮崎清隆の脅迫電話の一件と類似する。林武(亜細亜産業)の人脈から流れた情報により、「吉田首相も狙われている」ことを印象づけている。

それにしても、交錯する情報の背後には林武と西尾末広の影がちらつく。〝偶然〟とはいえ、五反野の替え玉が「西尾末広に似ていた」と証言されたあの西尾である。いずれにしても、国鉄側とGHQに流出した労組左派の情報の陰で、鍋山貞親が重要な役割をはたしていたことは間違いない。

○**長光捷治**

戦時中はよくライカビルに出入りしていたが、「戦後は一度も会った記憶がない」(寿恵子談)。調べてみると、戦後寿恵子が亜細亜産業にいる間は巣鴨プリズンに収監されていたことがわかった。元上海憲兵隊中佐。昭和二四年初頭から目黒区の自宅を本拠に「柿ノ木坂機関」を組織。これがキャノン機関の筆頭下請け機関であったことは多くの資料から明らかになっている。寿恵子によると「いかにも軍人然とした人物」で、礼儀正しく、矢板玄も一目置いていた。後に米軍の払い下げ油を売買する会社を福岡で経営する。

○**矢板玄蕃**《げんば》

亜細亜産業社長の矢板玄の父親。福井藩の出身。同じライカビルの四階に三浦義一と共に事務所を持つ。東条英機内閣時代に初代大蔵省総務局長を務めた衆議院議員の迫水久常と深い親交があった。三浦と迫水が頻繁に亜細亜産業に出入りしていたことは前述したが、この二人は父親の玄蕃の人脈だった。また寿恵子が「床下の黄金を見た」というのも、亜細亜産業の本体ではなく、三浦と矢板玄蕃の四階の事務所だった。また寿恵子は、「よく矢板さんのお父さんから満州事変（昭和六年九月一八日、関東軍が満州鉄道を爆破。これを中国軍の犯行と決めつけて大義名分とし、後の満州全土武力占領に結びつけた）の頃の武勇伝を聞かされた」記憶がある。

○**今井武満**

亜細亜産業の社員。戦時中は重役だったが、「戦後に私が戻った時（昭和二二年二月）には辞めていた」（寿恵子談）。

この人物は、米国立公文書館に残るGHQの機密文書の中に名前が挙がっている。

〈亜細亜産業が日本政府の指示にもとづいて「Leybold K.K.」という会社が所有してい

た電話線三本を買い取ったとあり、「イマイ・タケミツ」という代表者の名前も記されていた。事件が起きる三年前ということになる〉（『葬られた夏』）

今井のその後の消息は不明。

○村井恵（韓道峰）

寿恵子は「兄さんの明治学院時代の先輩」と記憶していた。いわゆる軍属上がりの大陸浪人の一人だが、「物静かで上品な人」だったという。

長い間この人物と事件の接点が浮かばなかったのだが、後に興味深い事実が判明した。村井恵は、前述の「国鉄との情報連絡は、共産党の伊藤律があたっていて――」と証言した韓道峰と同一人物だった――。

畠山清行著『何も知らなかった日本人』によると、村井恵は明治学院大学の神学部卒。韓道峰も偽名で、本名を韋恵林という韓国人だった。朝鮮銀行に在職中に日本陸軍の特務班にスカウトされて諜報員となり、後に上海に「村井機関」を設置して「甘粕《あまかす》機関（元憲兵大尉甘粕正彦を長とする機関）」の下部組織に組み込まれた。

村井は日本人と韓国人の両方の顔を使い分けて大陸で暗躍した人物で、韓国独立運動仮政府の文教部長を兼務した。白川大将が爆死した上海新公園爆破事件の主犯、韓大総統こそ韓道峰その人で、事件後は村井恵として犯人グループを捜査する側に回り追及を逃れた。また上海のフランス租界に広い人脈を持ち、キリスト教の秘密結社「フリーメーソン」のフランス結社員でもあった。

寿恵子が村井をよく見かけたのは亜細亜産業に再入社した昭和二二年から退社する二三年春にかけてで、「柴田さんの妹としてよく可愛がってもらった」思い出がある。

○竹谷有一郎

寿恵子は竹谷賢一郎として記憶している。だが我が家に残るキャノン機関のメンバーらと撮影された写真により、同一人物と確認。戦時中に上海を本拠にした大陸浪人の一人で、中国の伝統的秘密結社「紅幇《ホンパン》」のメンバーとして知られ、児玉誉士夫とも親交があった。戦後は亜細亜産業に頻繁に出入りしていたが、その後キャノン機関の協力者となり秘密工作船の責任者の一人として暗躍した。矢板玄の大陸時代からの友人で、「話のうまい面白い人」だったと言う。後に竹谷は、亜細亜産業と下山事件の関連について核心を衝く貴重な証言を残している（口絵2〜3ページの写真）。

○ヘンリー・大西中尉

キャノン機関には日系二世の将校が何人かいたが、その中の一人。この人物を記憶していたのは母の菱子だった。

昭和二四年八月、亜細亜産業がキャノン機関と結託し、マカオから大量の生ゴムを密輸したことがあった。だが情報が事前に千葉県警に漏洩《ろうえい》。勝浦湾沖で陸揚げを待機しているところを勝浦署に押さえられた。

知らせを受けた矢板玄はすぐにキャノン中佐に連絡。ジープで勝浦署に乗りつけ、検挙寸前で救出したのがヘンリー・大西と前述の岩本興次だった。

だが実際のヘンリー・大西はこうした武勇伝のイメージとはかけ離れた人物で、「いつも父さんの腰巾着みたいにつきまとっていた」と母は言う。

「体の大きな二世の将校がいて、その人にいじめられると父さんの後ろに隠れちゃうのよ……」

ヘンリー・大西はGHQの撤退後も日本に残り、三菱系列の三興産業に勤務。後にジャーナリストの斎藤茂男がインタビューを試みたが、「軍をやめるとき、当時のことは絶対にしゃべらないと誓約書にサインしているから何もいえない」(『夢追い人よ』)の一言で一蹴されている。またこの人物に関しては、祖父や母と共に写っている数枚の写真が残っている(口絵2~3・35ページの写真)。

○ビクター・松井准尉

キャノン機関の事実上のナンバー2。後にCIA（米中央情報局）に移り、一九五九年のカンボジアのシアヌーク殿下暗殺未遂事件（王室の祝宴にCIAが小型爆弾を送り、儀典長が死亡した事件）にからみその名が挙がった。当時の地元の新聞「ネアク・チェアト・ニューム」に、「事件は国内の反逆者ダプ・チュホンとアレン・ダレスを長とするアメリカ諜報組織（CIA）のスパイ、ビクター・松井らによるもの」という記事が載っている。

母は松井の名前を正確には記憶していない。ただ「いつもヘンリー・大西とコンビでいたマツイという二世の大きな将校」として認識している。

このビクター・松井に関しては、後に朝日新聞社の諸永記者がバージニア州北部の自宅まで追跡し（二〇〇一年）、インタビューに成功している。結果として下山事件の核心には触れられなかったものの、きわめて貴重な証言を引き出している（口絵2〜3ページの写真）。

○土山善雄

北海道のガーゲット機関に所属するCIC軍曹。元CIAの宮下英二郎が証言する「国鉄函館本線の朝里トンネルの爆破（未遂）を命じた人物」（土山義雄中尉）として知られ、昭和二三年の夏頃にガーゲット機関のDRSへの移管と共に上京した。前述の鎗水徹が出入りしていた、あのDRSである。主に鉄道を利用した破壊工作のプロで、松川事件の実行犯としてもその名が挙がっている。最近、この人物が亜細亜産業に出入りしていたことが確認された（口絵2〜3ページの写真）。

○ジョン・田中中尉

下山事件に関西のCICが絡んでいたという〝噂〟は根強い。ジョン・田中もその一人で、大阪CICのいわゆる「共産係」のチーフを務めていた。事件に関連しては同じ大阪CICの新谷波夫の証言として、七月三日頃に東京のRTOから三菱銀行、神田駅、国鉄本庁、三越南口へと下山総裁の乗る公用車をジープで尾行した人物として知られる。このコースは、不思議と下山総裁失踪当日の朝の足取りと一致する。

ジョン・田中は新谷を通し、その配下に元憲兵や元特高などを置いていた。その人脈の中には海烈号事件（後述）の三上卓や阪田誠盛らもいた。

亜細亜産業にジョン・田中が出入りしていたことはこれまで確認されていなかったが、集合写真（口絵2〜3ページ）にそれらしき人物の顔が写っている。また母の菱子は「田中という二世の兵隊がいた」と記憶している。

○金某

寿恵子が李（李中煥？）という朝鮮人を記憶していたことは前述した。その他にも寿恵子は、「何人もの朝鮮人が出入りしていた」と証言する。名前はほとんど憶えていないが、その中に「金という殺し屋が一人いた」ことは確かだという。

これに該当する情報がいくつかある。事件当日、五反野の旅館に日本人妻と泊まった金（当時四二歳）がその一人だ。『謀殺　下山事件』によると、八月に入って捜査二課が千葉県市川の朝鮮人街から「事件の主謀者は北鮮人」という情報を得て、小林警部補班が出動。旅館を捜査すると、金某が実際に宿泊していたことが確認された。だが宿帳に記入された住所（埼玉県北部の白岡駅に近い村）を訪れると、金という男は存在しなかったことがわかった。

小林警部補はその後一〇月に、まったく別の金という男を逮捕している。「高円寺のトラ」と異名をとる暴れ者で有名な男（当時三七歳）だった。この金某は銀座の料亭で二人の同国人に「おれは下山事件の犯人を知っている。もう北朝鮮に帰ってしまい東京にはいない」と話していた。地検で供述を取ったが結局裏を確認できず、釈放されている。

もう一人、金某という男の事件への関与を証言する人物がいる。前述の韓道峰（村井恵）だ。韓は「殺害現場にいた人物」として、権、金という二人の朝鮮人の名を挙げている（金に関しては仮名としているが）。

ライカビルは、まるで異次元の空間だった。終戦後の物資が欠乏していた頃に、そこにはいつも本物の日本酒や、高級ウイスキー、外国タバコなどが並んでいた。毎日、日が暮れる頃になると、甘い香りに誘われるように魑魅魍魎《ちみもうりよう》が集まりだす。どこからともなく姿を現わし、一人、また一人と三階のサロンへと消えていく。

右翼、共産党崩れ、ヤクザ、大陸浪人、殺し屋、朝鮮人、情報屋、政治家、スパイ、GHQ関係者——。

普段はけっして表舞台に立たない者たちが、酒を片手に、夜を徹して反共の激論を交わした。時にはその場で情報が売買され、声をひそめて謀略の密談がささやかれた。

そしてその場に、祖父の柴田宏もいた——。

寿恵子は言う。

「亜細亜産業の社員でも、三階の〝会議〟に呼ばれる人と呼ばれない人がいた。あそこに出入りしてたのは、一部の重役だけよ。兄さんもその一人だった。他の社員は、私と同じように何も知らなかったと思う」

そして一言、付け加えた。

「飯島（夫）も、メンバーだったんだけどね……」

不確かな人々

これまでに挙げた亜細亜産業の人脈は、すべて大叔母と母の証言に依《よ》ったものだ。だが二人は、それぞれの人名を完全に記憶していたわけではなかった。

例えば寿恵子は、関山義人を「関山○人、右翼？」と記憶していた。そこに私が後から〝義〟という字をあてはめ、関山義人であることを確認した。苗字《みょうじ》だけで記憶していた人物も多い。村井恵もその一人だ。大叔母は「村井という上海にいた軍属で、兄さんの大学の先輩」とだけ記憶していた。鍋山貞親に関しては「右翼の偉い人で、頭に〝鍋〟の付く人」とだけしか記憶していなかった。私はそういった断片的な情報を元に、膨大な資料の山と格闘し、時には取材を通し、該当する人物を探し出す。さらにまた寿恵子や母に確認する。そういった気の遠くなるような作業の繰り返しだった。

だが、それでもまだ、本名が明らかになっていない人物のほうがはるかに多い。

○**佐久間**——殺し屋。血を抜くという男。寿恵子と昭和四〇年代に再会して以来、その後の消息、本名共に不明。寿恵子は、「日本人ではなかったと思う」と言う。

○**中村**——亜細亜産業社員。社長の付き人のような男。ちなみに李中煥は「替え玉は中村という四九歳の男」と証言している。

○**マーさん**——馬？　と書く中国から来た殺し屋。銃とナイフの使い手。

○**吉田**——亜細亜産業には何人か元七三一部隊（旧日本軍の細菌部隊）の人間が出入りし

ていた。その中の一人は「吉田といったかもしれない」（寿恵子談）。だが、結局その名前を確認することはできなかった。

○**キタ**——「キタは〝北〟ではなく〝喜多〟ではないか」と寿恵子が言う。この喜多という人物に関しては元ＣＩＡの宮下英二郎（「総裁は車でつれ去られ、本郷ハウスに連れ込まれた」と証言した人物）が興味深い証言をしている。「キタは仮名でキャノンの工作資金を作るためにダイヤの摘発と売却を主な任務にしていた。だがなぜか下山事件の直前にいなくなった」

本名不明。

○**伊藤**——寿恵子は「戦前から出入りしていた矢板さんの友人」と記憶。キャノン機関の配下に伊藤述史を長とする「伊藤機関」があったが、同一人物かどうかは確認がとれていない。

これ以外にも亜細亜産業との関係が噂された――もしくは可能性のある――人物で、寿恵子や母に私から実名を挙げて問い質《ただ》してみたが、結局証言を得られなかったケースもある。以下に列記しておきたい。
○宮下英二郎（CIA）○真木一英（暗殺のベテラン）○田中栄一（警視総監）○斎藤昇（国警長官）○安井誠一郎（東京都知事）○吉田茂（首相）○西尾末広（社会党議員）○沢田美喜（後述）○李香蘭（山口淑子・女優・後に参議院議員）○鍋水徹（読売新聞記者）○加賀山之雄（国鉄副総裁）○ウィロビー少将（G2）○キャノン中佐（G2）○ハリー・カーン（ニューズウィーク記者）
以上の人物に関しては、寿恵子も母も亜細亜産業に出入りした事実を確認していない。もし確認できていれば、いずれも事件に直結する情況証拠となるのだが――。

だがこの中の何人かは、以後にまったく別の取材で亜細亜産業との関係が明らかになった。

残念なのは寿恵子も母も、GHQ関係者――特にウィロビーやキャノンなどの大物に関して――まったく記憶していなかったことだ。

「GHQの連中が来るのは夜遅くなってからだった。そういう日には、兄さんが私を早く帰したしね……」

大叔母の他にもう一人、祖父の弟喬の妻八重子が亜細亜産業に勤務していたことは前述した。八重子は元上海ブロードウェイ（日本人居留地）のクラブ歌手で、女優といっても通るほどの美人だった。だが後に八重子は亜細亜産業でGHQの某将校と知り合い、出奔《しゅっぽん》してしまった。そのような事情もあり、祖父は実の妹の寿恵子をなるべくGHQ関係者には近付けたくなかったようだ。寿恵子は、キャノンが亜細亜産業に出入りしていたかどうかだけでなく、その名前すら知らなかった――。

元社員の証言

話は前後するが、二〇〇六年七月、亜細亜産業の元社員だった前沢史子（仮名）という人物と連絡を取ることができた。前沢は、大正一三年（一九二四）生まれ。いまも「亜細亜産業について話せば殺されるかもしれない」と信じていた。

昭和一八年頃、前沢は銀行に勤めていたが、取引先だった亜細亜産業の工藤孝次郎に誘われて事務員として移った。それまで八〇円だった給料が、一気に一四〇円に昇給したと言う。当時の女性事務員としては、破格の給料だった。

当初、亜細亜産業の本社は京橋にあった。それがしばらくして、日本橋室町のライカビルに引っ越した。前沢は当時の亜細亜産業に出入りしていた人物を何人か記憶していた。

「柴田宏さんのことはよく憶えています。あまり会社ではお見かけしたことはなかったけど、確か南方の方に行ってらっしゃったんじゃないかしら。社内で、凄い人だとは聞いてました。インドネシアで独立戦争を指揮してらした？　伝説の人物でした。それに（柴田）寿恵子さん。（柴田）八重子さん。二人ともお綺麗で派手な方で、私達はモンペだったのにいつもスラックスを履いてね。住む世界が違うというような印象でした」

さらに亜細亜産業総帥の矢板玄。亜細亜パルプ専務の林武。岩本輿次や戸塚浩二などの名前が次々と出てくる。

「佐久間さんというのもよく憶えています。よく裏の店に、他の女の子といっしょに天ぷらを食べに連れていってくれたことがありましたね。もう一人、高橋さんというのもいました。後で、横須賀あたりでヤクザの組長になった人です」

前沢によると、佐久間や高橋は亜細亜産業の社員ではなく、「三浦義一や関山義人の子分」だったと言う。二人共体が大きく、荒っぽい人間だった。

「例えば矢板さんあたりが、やれ、とは言わなくても、目くばせをしただけでね。阿吽《あうん》の呼吸で何でもやるような……。それまでにも何をやったかわからないというようなことを、二人はよく私達にも脅しみたいに言っていた。だから私、思うんですよ。（下山事件をやったのは）高橋さんと佐久間さんじゃないかと。何かあの二人が関係していたような気がするのよ……」

これは前沢史子の直感にすぎない。だが、奇妙なほど大叔母の見解と一致している。

「佐久間さんは、確か立教の出身だったわ」

立教といえば、ＣＩＣのポール・ラッシュ（後述）が実権を握っていた大学だ。後にこの情報を元に調べてみると、佐久間の年齢に合致する立教の昭和一〇〜一三年の名簿に計五人の〝佐久間〟姓の卒業生、もしくは在校生がいたことがわかった。だが、佐久間の名前に関しては前沢も記憶になく、特定することはできなかった。

前沢によると、「亜細亜産業は奇妙な会社だった」と言う。社員は社長の矢板玄や専務の工藤孝次郎をはじめ、当時としては考えられないほど高級なスーツで身を固めていた。異常なほど羽振りが良く、戦後は砂糖や酒、タバコや缶詰など米軍の横流し物資が山積みになっていた。

「亜細亜パルプの大きな工場が、横浜の溝の口にあったんです。よく使いに行かされました。その近くに……名前は忘れましたが、丸山という元憲兵の偉い人の二号さんが住んでいて……そこにお金を届けるんです。それもかなりの大金を。そこに行くと、ミルクの缶とかいろいろくれるんです」

ところが昭和二三年頃になって、亜細亜産業の景気が急に悪くなりはじめた。理由はわからない、が事業を縮小した。この時に社員が大量に退社し、前沢もその一人だった。

「しばらくして、工藤孝次郎さんが突然訪ねてきたんです。お金を貸してほしいと。百円でもいいからと。あの羽振りの良かった工藤さんが、百円だなんて……」

昭和二三年の秋頃の話だ。その頃、亜細亜産業にいったい何があったのか——。

「でも工藤さんは本当にいい人でした。確か昭和二〇年の春でした。灯火管制の時に、夜、工藤さんが突然すうっ……と来たんです。そして、玄関に出ていくと、ぼそぼそっと言った。私は本所（墨田区）に住んでいたんですが、あと二〜三日したらここは空襲になるから、荷物をできるだけ持って逃げろと。それで私は〇〇の方に逃げたんです。本所が三月の九日か一〇日だと言ってました。そうしたら、本当にその日に東京大空襲があったんです……」

これも不思議な話だ。なぜ工藤孝次郎は東京大空襲の日時を知っていたのか。

もし亜細亜産業が軍部から情報を得ていたとすれば、国は東京大空襲を知っていながら市民を見殺しにしたことになる。もしくは亜細亜産業は、戦時中から米軍と何らかの繋《つな》がりがあったのか——。


初めて大叔母の寿恵子から下山事件の話を聞いてから半年の間に、私は寿恵子や母が知りうる限りほとんどのことを聞き出していた。そのひとつひとつの証言は、その他の資料と合わせ、すべて貴重な情報となった。

だが半面、情報は混沌《こんとん》としていた。顔のパーツはあるが、輪郭が見えてこない。原画のないジグソーパズルと格闘しているような気がした。

事件を解明するには、何らかの決定打が必要だった。もしそのようなものがあるとすれば……。

矢板玄——。

他にはあり得ない。

ある日、母にそれとなく矢板玄の消息を訊《き》いてみた。

「矢板さんは、まだ生きてるのかな」

「さあ、どうかしら。生きているとすれば、八〇近くになるはずね」

「どこに住んでるんだろう」

「それならだいたいわかるわよ。父さんが死ぬまで年賀状が来てたし、葬式にも来てくれたから。矢板さんは、栃木県の矢板市に住んでたのよ」

そういうことか。考えるまでもなく、当然の話だ。なぜそれに早く気が付かなかったのだろう。

翌週、私は矢板市へと向かった。

第三章　総帥・矢板玄

一、矢板玄に会いに行く

とてつもない人物

一九九二年二月――。

早朝の都内の雑踏を抜け、東北自動車道に乗った。

低い空に、雲が重くたれこめていた。岩槻《いわつき》インターを越えると、間もなくフロントガラスに小さな雨つぶが当たりはじめた。

助手席にはK社の週刊誌の記者Mが乗っていた。

「矢板さん、本当に生きてますかね……」

「さあ、どうだろうな。亡くなったという知らせは入っていない。年齢からしても、生きている可能性はあると思うよ」

「だけど、面白いな。わくわくしますね。もし、生きていたら……」

当時Mは、下山事件に関して資料集めなどの面で無償で私に協力してくれていた。好奇心が強く、行動力があり、有能な人間だ。Mはこの時点ですでに、それまでほとんど報道されたことのない矢板玄の経歴についてある程度調べ上げていた。

『矢板玄《くろし》——大正四年（一九一五）、栃木県矢板市生まれ。父は矢板玄蕃《げんば》。栃木県の疏水、国道、鉄道の開発に功労した矢板家直系の一五代目。東京高等師範付属中学を経て、横浜高等工業学校（現横浜国立大学工学部）を卒業。昭和電工に入社し、昭和一〇年頃に陸軍の電気技師として中国大陸に渡り、満州鉄道の開発に従事。後に児玉誉士夫の誘いを受けて軍属となり、「矢板機関」を組織。上海、香港、南方戦線における物資調達に奔走した。

昭和一五年には支那事変（昭和一二年七月七日、盧溝橋《ろこうきょう》事件に端を発する日中戦争の日本側の呼称）における功績により、弱冠二五歳で勲六等瑞宝章を受章。翌年帰国し、「聖戦技術協會　アジヤ産業」（後の亜細亜産業）の社長に就任した。

戦後はGHQ（連合国軍総司令部）顧問として民生に参画。後に三菱化成重役顧問』

当時入手可能だったいくつかの紳士録や郷土史から要約すると、矢板玄の経歴はだいたい以上のようになる。さらに付け加えるならば、矢板玄は上海ブロードウェイ（上海の日本人居留地）時代、某国領事館にスパイとして潜入。後にこれが発覚して現地の英国刑務所に収監されていたこともあった。また矢板玄は、「児玉機関」の初手柄となった東光公司の海賊物資を日本海軍に納入した折にもその名が挙がっている。物資は最終的に海軍と陸軍が山分けしたが、その時、陸軍側の昭和通商の代表として折衝に当たったのが矢板玄だった。

二〇歳そこそこで大陸に渡り、軍属の特務機関を組織。支那事変の英雄。激動する国際情勢の中で、スパイとして暗躍した。さらに莫大な物資を前に、児玉誉士夫や海軍の強者《つわもの》を相手に一歩も引かず折衝する。しかもそれをすべて、二五歳までにやりとげている。

矢板玄は、とてつもない人物だ。真の大物は、けっして歴史の表舞台には登場しない。その典型だ。

私はステアリングを握りながら、Mから教えられた矢板玄の経歴を反芻《はんすう》していた。あくまでも略歴だ。だがその中に、いくつかの暗示的なキーワードが含まれている。

栃木県の鉄道の開発に功労。

満州鉄道。

児玉誉士夫と矢板機関。

ＧＨＱ顧問として民生に参画。

三菱化成重役顧問。

その中で私が最も気になったのは、「GHQ——」の一節だった。「顧問」とはどういう意味なのか。さらに、「民生に参画」とは——。

ジャック・キャノン中佐

下山事件にはGHQが関与していた。この推論を最初に発表したのは、作家の松本清張だった。松本清張はその著書『日本の黒い霧』の中で、当時の「GS（民政局）とG2（参謀第二部）の確執」に注目し、そこから「G2傘下のCIC（対敵諜報部隊）が関与していた」とする推論を導き出している。

G2の傘下には、もうひとつ注目すべき組織があった。前述の「キャノン機関」である。松本清張は、「キャノンは事件に関与していない」と主張している。だが、その他の報道では、「キャノン主謀説」をとなえる記述は多い。一九九二年当時は、実際に私もそう考える一人だった。

キャノン機関のボス、ジャック・キャノン中佐に関しては、ジャーナリストの平塚柾緒《まさお》が一九七一年にルイジアナ州の自宅に訪ね、貴重なインタビュー記事を残している。

〈「ムライ（注・村井順氏＝元内閣調査室長）はどうしている」
「ボディガード会社（日本総合警備保障会社）のボスだ」

「あ、そう（日本語で）」

「サイトー（斎藤昇氏＝元国警長官、現厚生大臣）は出世してるのか？」

「たいへんに出世して、いま大臣だ。それもお医者さんの意見をとくにきき入れる厚生大臣という要職についている」

「あ、そう（同）」

キャノンの口からは、タナカ（田中清玄）、スガワラ（菅原通済）、サワダ（沢田美喜）といった、かつて彼が個人的に、あるいは、「GHQ」という名のもとに接触した人たちの名前がつぎつぎと飛び出す〉（「アサヒ芸能」昭和四六年一一月二五日号）

平塚が日本人として初の単独インタビューに成功するまで、キャノンは謎の人物とされてきた。CTS（交通監理部門）のシャグノン中佐とその名が混同されたり、「実在の人物ではないのではないか」という噂が挙がったこともある。だが、この平塚のインタビューで、キャノンの人物像だけでなくその人脈の一端も明らかになった。

このインタビューから六年後の一九七七年、今度はNHKがキャノンと接触し、『キャノンの証言』というドキュメンタリー番組を制作した。その番組中でキャノンは、さらに児玉誉士夫、白洲次郎（吉田茂の側近・初代貿易庁長官）などの人脈を明かしている。実はこの時のインタビューで、田中栄一元警視総監の名も挙がっていた。下山事件を強硬に自殺で葬ろうとしたあの田中だ。だがなぜかNHKの番組では、田中栄一に関する部分がカットされていた。

興味深いのはこれらのインタビューで名前の挙がった人物が、後にキャノンとの関係を訊《たず》ねられると一様に当惑し、時には否定していることだ。本郷ハウスでキャノンと共に写った写真が残っている白洲次郎でさえ、その付き合いを認めていない。

占領下の日本において政府要人がGHQの高官と関係したことは、特に秘すべき問題ではない。だが、キャノンとの付き合いだけは、「絶対にまずい」理由でもあるのだろうか。

話を戻そう。平塚のインタビューは、さらに核心に迫る。

〈そして、戦後の日本に連続して起こった、いわゆる〝黒い霧事件〟のいくつかを質問のなかに加えたとき、一瞬、間を置いたキャノンは、さり気なく、あまりにもさり気なく一人の男の名前を口にしたのである――。

（中略）

――戦後の日本に起きたいくつかの事件のなかで「キャノン機関の仕業《しわざ》」ではないかといわれている事件があるのだが。

「……」

即答はなかった。黙って夜のハイウェーをすべっていく。

「〇〇〇・〇〇〇〇（仮名で六字）というのを知っているか」

（中略）ポツリと、いやさり気なくキャノンは一人の日本人名を口にした。

——その名前なら知っている。

「もう死んでいるかなァ……」

——わたし（記者）の知っている〇〇氏と同一人物なら、まだ健在だ。あなたのいう〇〇氏は現在何歳くらいになっている人か。

「六十歳くらいだと思う。〇〇は日本の特務機関員だったので彼から日本人のエージェント（情報員）を何人も紹介された。彼は某国の△△領事館に入っていた（潜入していた）スパイだった」

〇〇氏——現在は某一流上場会社の幹部であり、その生家は周辺でも名家で通っている。すなわち地位も名誉も財力もある紳士である。キャノンが東京・湯島の本郷ハウスで活躍していたころ、〇〇氏は東京・中央区のビルの一室に〝貿易会社〟の看板をかかげていたこともある人だ。キャノンがときたまそのビルを訪れていたことは、当時の〝社員〟の何人かが証言している。（中略）

かりに「X氏」としよう。

——あなたは最初、X氏をどうして知ったのか。

「おお、ある人に紹介された。こうこうこういう男がいるが会ってみないか、といわれたのでね。最初に彼に会ったとき、非常に紳士なので信用した」

——紹介してくれた人というのは日本人ですか。

「イエス」〉

もうおわかりだろう。キャノンの言う「〇〇」こそ、矢板玄である。「生家」とは矢板市の矢板家、「某一流上場会社」とは三菱化成、「貿易会社」とは亜細亜産業だ。

文面の前後を深く読み込んでみると、キャノンが矢板玄の名を出したタイミングはきわめて微妙だ。「松川、下山」という事件について訊ね、その後一拍置き、直後に矢板玄の名をキャノンが出している。この流れを読むと、「キャノンが実行犯として矢板玄を名指しした」とも受け取れる。実際にインタビューを行なった平塚も、「仮に戦後の謎の事件の質問に対する〝答え〟のつもりであったとしても、確証と断定が得られない以上、実名は伏せざるを得ない」と付記している。

少なくともキャノンは、下山事件や松川事件について何かを知っていたはずだ。だが、そのキャノンは平塚のインタビューから一〇年後の一九八一年、自宅のガレージで射殺体となって発見された。享年六六。愛銃のワルサーPPKの弾丸を胸に撃ち込んでの自殺と目された。胸に二発の弾丸が残っていたことから警察は他殺の線でも捜査したが、結局、自他殺不明のまま事件は迷宮入りとなった。晩年のキャノンは、常に「命を狙われている」と言って怯《おび》えていたという。

「柴田さん、どうするつもりですか。もし矢板玄が生きていたら……」

助手席のMがのんびりとした口調で聞いた。

「会うよ。それが目的なんだから」

「キャノンのこと、聞くんですか？」

「もちろん」

「下山事件のことも？」

「当然」

「一人で行ってきてくださいよ。ぼくはいやですからね。怖いですよ……」

「了解。最初からそのつもりだ。君は車の中ででも待っててくれればいい」

「失敗したな。ぼくを受取人にして、生命保険に入っておいてもらえばよかった」

雨は宇都宮を過ぎたあたりから、霙《みぞれ》まじりの氷雨《ひさめ》になった。

大叔母の夫・飯島進の新情報

「いったい何を考えてるんだ。それだけはやめろ。お前は矢板玄という男を知らないから、そんなことが言えるんだ」

大叔母の寿恵子から初めて話を聞いた夏から年が明ける頃になると、夫の飯島進も少しずつ態度を軟化させるようになっていた。私が自宅に押し掛け、いつものように寿恵子と事件について話していても、無視するようにただ黙って聞いている。

仕方がない。そのうちあきらめるだろう。そんな態度だった。だが、私が「矢板玄に会いに行くつもりだ」と打ち明けた時、久し振りに飯島が口をはさんできた。

「だいじょうぶですよ。祖父の友人だったんですから」

「お前は、何もわかっていない……」

怒る、というよりも、心配するという口調だった。

ここで改めて、大叔父の飯島進について言及しておく必要がある。

大正四年（一九一五）横浜生まれ。父の飯島亀太郎は外務省の役人で、私の曾祖父の柴田震の同僚だった。戦時中に三菱商船の子会社として「第一装美」を起業。船舶や国鉄客車の内装を手掛け、太平洋戦争の特需で業績を伸ばした。一方で超国家主義者として知られる笹川良一（国粋大衆党総裁、後の日本船舶振興会会長）と深い親交を持ち、海軍の物資調達に貢献。戦後は外地からの引揚げ船の利権を得て、一財を成した。これは後にわかったことだが、事件前日に下山総裁が空白の時間を過ごしたインターナショナル・レイルウェイ・クラブにも頻繁に出入りしていた。

また飯島は、本業以外にも台湾義勇軍事件（戦後、台湾に逃れた蔣介石《しょうかいせき》を旧日本軍の残党が援助し、中国本土奪還を画策した事件。海烈号《かいれつごう》事件としても知られる）、「科学技術者活用協会」(敗戦後の復興に工業技術者を活用することを目的にした。協会の理事長に下山定則、顧問には迫水久常が名を連ねていた。技術者の一部を中華民国政府に派遣する構想があった)を通じ戦後の台湾問題に参画。特に義勇軍事件では海烈号を含む船舶のチャーターに奔走した。亜細亜産業の矢板玄とも親しく、ライカビルに出入りしていたことは本人も認めている。ちなみに飯島が経営する第一装美は、昭和二九年の「造船疑獄事件」(高利貸し業者の森脇将光《まさみつ》の告発を発端に、造船業界と政界を巻き込んだ贈収賄事件。政界にも逮捕者を出したが、最後は犬養《いぬかい》法相の指揮権発動により収拾された)の折にそのあおりを受けて倒産している。

「ひとつ、いいことを教えてやるよ……」

私が相手にせずに寿恵子との話を続けていると、飯島が突然奇妙なことを言い始めた。まるで、私を矢板玄に会わせたくないために、取引をしようと言っているように聞こえた。

「事件のあった朝、三越の地下道で下山さんに会った奴がいるんだよ」

飯島が、下山事件に関して口を開くのはそれが初めてだった。当日、三越周辺には何人もの目撃証人がいるし、警察もそれを確認している。だが、新しい目撃情報は貴重だ。

「どんな人?　叔父さんの知ってる人?」

「ああ、小野寺っていうんだけどね。下山さんのこともよく知ってる奴なんだよ。だから、本人だったことは間違いないんだ」

昭和二四年七月五日、下山総裁は三越周辺で消息を絶った。だがその姿を目撃したとされる証人は、総裁と直接面識のない者ばかりだ。本当の意味で「総裁が三越にいた」ことを証明できる人間は、大西運転手以外には一人も存在していないのである。だが、下山総裁を知る人間が会っていた……。

「その小野寺っていう人、偶然会ったのかな。それとも待ち合わせをしていた？　その時、何か話をしたとか……」

「いや、偶然だったらしい。通りがかりに見かけただけだと言っていた。その時、下山さんは何人かの男たちと立ち話をしていたんで、声を掛けなかったようだ。ところが翌日、下山さんが死体で発見されただろう……」

事件当日、三越周辺で目撃された総裁には二～三人の連れがいた。それは他の目撃証言でも確認されている。

「警察には？」

「何カ月かして、言ったそうだよ。ところがまったく相手にされなかったと言うんだな」

それほど重要な目撃情報を「何カ月かして」警察に通報するというのもおかしな話だ。もし相手にされなかったのなら、捜査一課ということになるのだろう。

その日はそこで、大叔父の話は終わった。だが翌日、メモと資料を照合する作業をしていて、重大なことに気が付いた。

迂闊《うかつ》だった――。

下山事件の資料には、膨大な数の人名が登場する。それをいちいち記憶してはいられない。小野寺――オノデラ――という名前が、とんでもないところに出ていたのだ。

事件当日の七月五日、総裁失踪でごったがえす下山家に奇妙な電話が掛かってきたことは前述した。最初の電話が掛かってきたのは午前一〇時過ぎで、電話口に出た下山夫人に「オノデラ」と名乗り、「総裁はいつものように家を出たか」と問い合わせた。最後にもう一度夫人が名前を確認すると、「アリマです」と名乗った。

二度目の電話は夜の九時過ぎに掛かってきている。同居人の妻が電話に出たが、今度は最初から「アリマ」と名乗り、「今日、総裁は自分のところに立ち寄ったが、元気だから心配はいらない」と言って電話は切れた。

小野寺とは、この電話の主の「オノデラ」、もしくは「アリマ」ではないのか――。

後にアリマ、オノデラは、下山総裁の知人で実在の人物であることが確認された。アリマは本名を有馬登良夫。下山総裁の企画院時代からの友人だった。オノデラは小野寺健治。有馬が下山総裁に紹介した人物で、「東京鉄道局長時代からの総裁の後援者」であることがわかった。さらに有馬と小野寺は、下山総裁が協会理事長を務めた「科学技術者活用協会」の中心メンバーだった。有馬は専務理事、小野寺は活動費を援助するスポンサーだった。つまり怪電話の主は、少なくとも下山、有馬、小野寺の関係を知る近しい人物だったということになる。ちなみに有馬は警察の事情聴取に対し、「電話の件は身に覚えがないこと」と供述している。

私はさっそく、大叔父に電話を掛けた。

「昨日の小野寺っていう人の話。その人の名前、小野寺健治？　科学技術者活用協会の……」

「ああ、そうだよ。よく調べたな。まあ協会の役員っていうよりも、『花月』っていう築地の料亭の親父《おやじ》だけどね。そこで毎月『紫水会』っていう協会の集まりがあってさ。そこで知り合ったんだよ」

「その人、事件の当日に下山さんの家に電話をしたとか言ってなかった？」

「いや、そんなことは聞かなかったな……」

怪電話の主は、小野寺健治ではなかったのか。小野寺が電話の主のはずなのだが……。

「小野寺は矢板玄の知り合いでもあった？」

「ああ、そうだよ。あの頃、亜細亜産業がさかんに出資金を集めてたのを知ってるだろう。小野寺は資産家でね。矢板さんのスポンサーの一人だよ」

小野寺は、下山総裁と矢板玄の共通のスポンサーだった――。

昭和二三年から二四年にかけて、亜細亜産業は個人の資産家から頻繁に出資金を募《つの》って

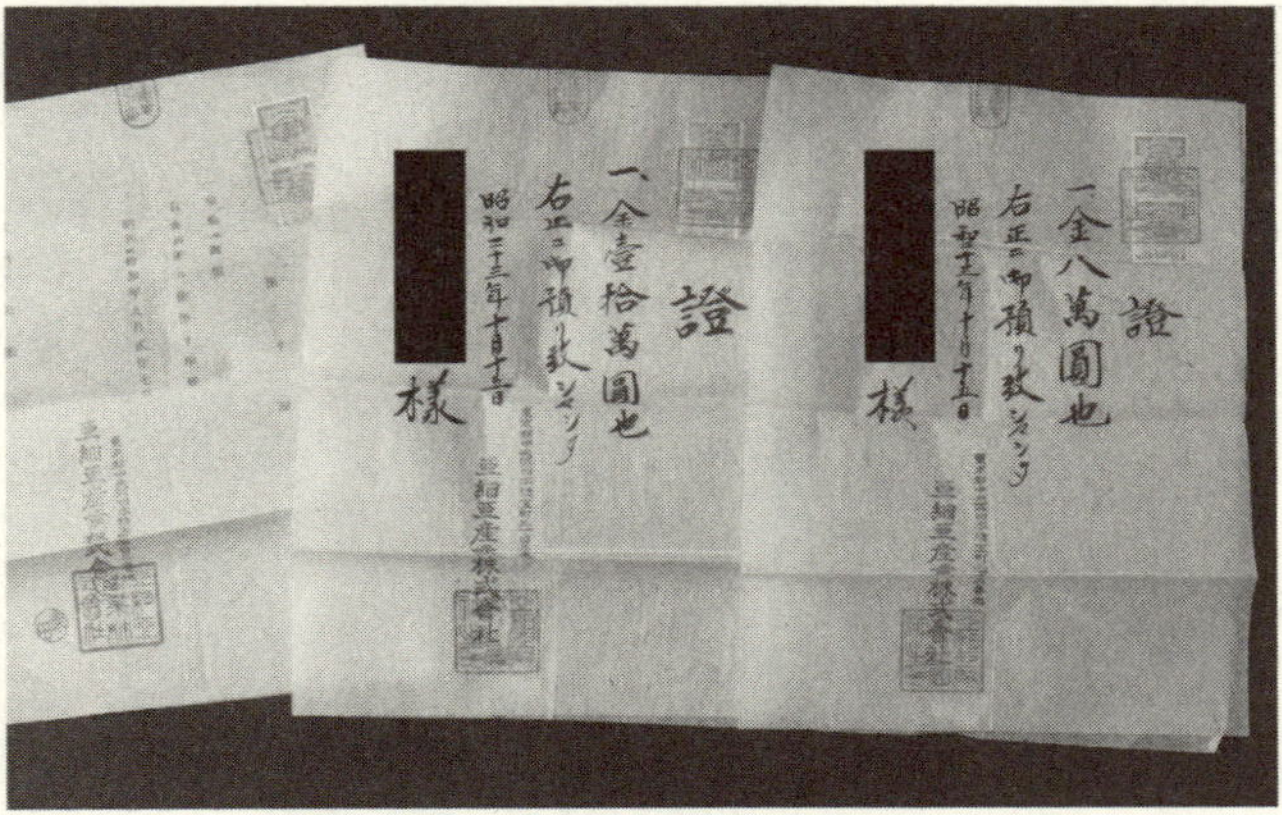

祖父の遺品から出てきた亜細亜産業の出資預り証

いた。私の手元にも、「柴田役員扱」と明記された「出資金預り証」が何枚か残っている。だが、それ以上に気になるのが、下山総裁と矢板玄の関係だ。国鉄や共通のスポンサーを通じ、利害関係の複雑な糸が見え隠れしている。

「その小野寺という人、どうしてるのかな。もし生きているなら……」

「無理だな。死んでるよ、多分ね。事件から二、三年経った頃、突然消えちゃったんだよ。誰も行方を知らない。つまり、下山事件に首を突っ込むということは、そういうことなんだよ」

栃木県矢板市

矢板インターを下りて、県道を北に向かった。霙は、いまにも雪になりそうだった。

道は右手にJR東北本線を見て、豊かな田園地帯を走る。日本の田舎のどこにでもあるような、豊かで、平穏な、それでいて郷愁を誘う風景だ。間もなく道は内川にかかる橋を渡り、市街地に入っていく。

市役所はすぐにわかった。広大な敷地に車を乗り入れると、中庭に銅像があった。

『矢板武・那須や黒磯の開拓事業を行なった、開発の父――』

矢板玄の曾祖父の銅像だった。

「ちょっと待っててくれ。すぐに戻る」

Mに言って、庁舎に向かい、住民課を探した。住民課はすぐに見つかった。カウンターの前で声を掛けると、中年の女性が応対に立った。

「すみません、住民票の閲覧はできますか」

「それはちょっと……。どのようなご用件でしょうか」

当時、すでに個人情報の保護などの問題で、住民票の閲覧は難しくなりはじめていた。仕方がない。私は直接その女性に用件を話してみることにした。

「実は、ある人を捜してるんです。おそらく、矢板市内に住んでると思うんですが」

「お名前は?」

「矢板玄さんという方です」

その瞬間に、女性の顔色が変わった。

「ちょ、ちょっとお待ちください」

そう言うと、女性は慌てた様子で走り去った。住民課の奥に座る上司の所に行き、真剣な顔で相談を始めた。時折、二人が私の方を見る。しばらくすると、上司がデスクの上の受話器を取った。おそらく、内線だろう。今度は電話先の相手と話し込んでいるようだ。

いったい、何があったというのだ。私はただ、矢板玄の所在を訊いただけだ。どうやら矢板市役所では、矢板玄に客が訪ねてくることは大事件であるらしい。

五分ほど待たされただろうか。上司が受話器を置くと、女性が戻ってきた。

「市長がお会いになるそうです」

今度は私が呆気《あっけ》にとられる番だった。市長が会う？　どういうことなのだろう。事情がまったく理解できなかった。

女性がカウンターを出て、私に言った。

「こちらへどうぞ」

女性の後についていった。市役所の奥に向かい、階段を上がり、さらに廊下を歩く。通された先は、本当に市長室だった。

「市長の○○です。矢板先生をお捜しとか……。先生に、どのようなご用件なのでしょうか……」

市長が〝先生〟と呼ぶ男。私は矢板玄の新たな一面に触れたような気がした。だが、市長の口調からすると、少なくとも矢板玄は存命のようだ。私はまず自分の名を名乗り、祖父が昔世話になったこと、挨拶《あいさつ》にうかがいたいことなど訪ねてきた理由を簡単に説明した。

「わかりました。そのようなご事情でしたら……。お待ちください。いま、先生に電話してみます」

市長が受話器を手に取った。誰かを介し、間もなく本人が電話口に出たようだ。

「市長の○○でございます……はい、いつもお世話になっております……実はいま、私どもの方に先生のお客様がお見えになっておりまして……」

市長は、緊張している。はたで聞いていても、声がうわずっている。電話であるにもかかわらず、時折頭を下げる。たとえ市長という地位にある者でも、矢板玄と話すということはそれほどのことなのだろうか。

しばらくすると、市長が私に受話器を差し出した。

「先生が、電話に出るようにと……」

受話器を受け取った。息を整え、話した。

「柴田と申します」

一拍間を置き、太く、低い声が聞こえてきた。

『貴様、何者だ』

「昔、亜細亜産業でお世話になった柴田宏の孫です。祖父を、憶えていらっしゃいませんか」

　また、しばらくの間があった。

『〝本物〟か』

「はい。一言ご挨拶にと思い、うかがいました」

『もし嘘じゃないならいまから来い。家は市役所の目の前だ。そこにいる○○に聞けばわかる』

　そう言って、電話が切れた。

「先生は、何と……」

「いまから自宅に来るようにと。場所を教えていただけますか」

　市長が、大きく息を吐いた。

　一度車に戻り、Mに経過を知らせた。

「矢板さんは生きてたよ。いまから来いというから、行ってくる」

「本当に、一人で？」

「もちろん。ちょっと長くなるかもしれないけど」

「大丈夫。そんなこともあるかと思って、読みかけの本を持ってきましたから」

　そう言って、Mがぶ厚い文庫本を見せて笑った。

　一度行きかけて、もう一度車に戻った。

「もし三時間経っても帰ってこなかったら、何かあったと思ってくれ」

矢板玄——。

かつてその名前に注目したジャーナリストは数多い。だが、インタビューに成功した例はほとんどない。「会えなかった」というよりも、ジャーナリストの方から「会わなかった」と言ったほうが正確かもしれない。事実、日本人として初めてキャノン中佐の単独インタビューに成功した平塚柾緒でさえ、後に「矢板玄にはとても恐ろしくて会えなかった」と告白している。

唯一の前例は、斎藤茂男だろうか。斎藤は三菱化成時代に一度、東京丸の内に矢板玄を訪ねている。だが、

「キャノン中佐の仕事を手伝っていたころのことについては、まだしゃべる時期ではない。われわれ日本人は、対立する世界の中でアメリカ側に立っているのだから、それに不利になるようなことは発表すべきではない」(『夢追い人よ』)

と一蹴《いっしゅう》されている。

私はこれまで、仕事として数百人の相手にインタビューをしてきた。その中で、ひとつの信念のようなものが生まれた。インタビューは、最終的に「一対一」が基本だということだ。複数の人間が押しかけ、ましてカメラなどを突きつければ、相手は口を閉ざして身構える。もし話したとしても脚色され、計算された意図的な会話となる。

確かにリスクはある。だが、まずは相手の懐《ふところ》に飛び込んでいくことだ。こちらが徒手空拳でぶつかっていかなければ、相手も本音をさらけ出してはくれない。要は、当たってくだけろ、だ。

いきなり、日本刀を突きつけられ

矢板家の屋敷は、市役所の斜め向かいにあった。県道と、矢板駅に向かう市道の交差する南西の角地に建っている。周囲を高い板塀が囲み、南側の正面に武家屋敷のような木造の長屋門がある。門には戦国時代の武将、武田信玄との由来など、矢板家にまつわる来歴を記した掲示板が掲《かか》げられていた。

門をくぐる。中庭に、三菱の乗用車が一台。玄関の前に立ち、ベルを鳴らす。しばらく待つと、中年の、上品な女性が現われた。

来意を告げる。

家に上がり、奥へと通された。暗い廊下を歩く。広い家だ。古い日本家屋独特の霊気のようなものが、大気の中に停滞している。しばらくすると、女性は閉じられたままの広い襖《ふすま》の前で立ち止まった。

「こちらでお父様がお待ちでございます」

そう言うと、女性は深く礼をして立ち去った。

「入れ」

中から、低い声が聞こえた。襖を開け、中に入った。一〇畳ほどの薄暗い部屋の奥に、大柄な男が両膝をついて腰を落としている。それが、矢板玄だった――。

「そこに座れ」

「はい……」

私は矢板玄の正面に正座した。ちょうど背後の南側の窓からの光が逆光になり、顔が見えない。輪郭の影の中で、白い双眸《そうぼう》だけが光を放っている。

少しずつ、目が馴れてきた。矢板玄の左手には、鞘《さや》に収められた一振りの日本刀が握られていた。

「貴様、何者だ」

「柴田哲孝です。柴田宏の孫です」

「証明するものはあるか」

「免許証なら……」

「そんなものが役に立つか」

突然、右手で柄《つか》を握ると、矢板玄は横に払うように日本刀を抜いた。さらにそれを頭上から振り下ろし、私の顔の前で止めた。

「もう一度、訊く。貴様、何者だ」

そのまま、矢板玄は動かない。私も、動けなかった。

鋭い眼光が、射るように圧力を掛けてくる。鬼の形相だ。だが私は、目を逸《そ》らさなかった。逸らせば、負けだ。抜き身の日本刀を突きつけられたのは初めてだった。恐ろしくなかったと言えば嘘になる。だが、その時はなぜか、矢板玄が切りつけてくることは「絶対にない」という確信のようなものがあった。

その時、自分でも信じられないような言葉が口を衝《つ》いて出た。

「いい刀ですね……」

しばらくの間があった。すると、今度は急に矢板玄が、大声で笑いだした。

「お前、面白い奴だな。近頃の若い奴にしちゃあ珍しい。ああ、間違いない。お前は確かに柴田さんの孫だ。あの人も豪胆な人だったからな。お前、刀がわかるのか」

「少しは……」

矢板玄は刀を鞘に収めると、それを無造作に私に手渡した。一礼をして、鞘から抜き、儀礼どおりに光にかざした。二尺三寸ほどの、見事な新刀だった。その時、銘を聞いたような記憶があるのだが、私も多少は動転していたのだろう。いまは不覚にも思い出せない。

矢板玄は立ち上がり、刀を持つ私に背を向けたまま悠然と部屋を横切り、南の縁側に設けられたサンルームの椅子に腰を下ろした。どうやら私を試しているようだ。私も床の間の刀掛けに刀を納め、後に続いた。

身長はおそらく一八〇センチ以上はあるだろう。髪は白くなり、薄くなってはいたが、冬場の厚着の上からでも鍛え上げられた筋肉がわかる。

戦国時代の武将——。

それが私の矢板玄に対する第一印象だった。

二、矢板機関とM資金

祖父は特務機関の将校だった

外は、雪になっていた。

サンルームの応接セットをはさんで、思い出話が始まった。

「宏さんは残念だったな。若くして亡くなられて。確か……」

「ええ、六九でした」

「そうか。おれはもう七八だよ。親父（矢板玄蕃）なんか九九まで生きた。娘さんはどうした。お前のお母さんだ」

「菱子ですか。元気にやってます。矢板さんによろしくと……」

「そうだ。菱子ちゃんだ。可愛い子でね。よく遊んでやったよ」

「祖父の妹を覚えてますか。柴田寿恵子というんですが」

「ああ、覚えてるさ。気の強いネーチャンな。おれが尻触ると怒るんだよ。確か、飯島さんと結婚したんだったな」

しばらくはたわいもない近況報告が続いた。矢板玄は、上機嫌だった。とても数分前に、日本刀を抜いた男と同一人物とは思えない。

先ほどの女性を呼び、お茶を運ばせた。私が体格の良さに触れると、「いまでも毎朝、庭で木刀の素振りを欠かさない」と自慢した。どうりで日本刀の扱いに練達しているわけだ。ちなみに、私も居合を嗜《たしな》む。一度でも抜刀を見れば、相手がどれほどの使い手であるかを推《お》し量ることができる。

「うちは、武田信玄の末裔《まつえい》なんだ。矢板玄の玄。親父の玄蕃の玄。これはみんな、信玄の玄なんだよ」

頃合を見計らって、私は自分がジャーナリストであること。祖父の過去と亜細亜産業について興味を持っていることを断わった。さらに、話の内容をメモに取ることについても許しを求めた。だが、矢板玄は、それでも饒舌《じょうぜつ》だった。

「お前、ますますいい度胸してるな。おれの所に来た新聞記者は初めてだ。まあいい。だけどどうせなら柴田さんよりもおれのことを書け。その方が面白いぞ」

そう言って、大声で笑った。

最初は、さしさわりのない話題から入ることにした。

——祖父が亜細亜産業に入社した経緯は？

「柴田さんは元々、満州にいたんだよ。関東軍の、特務機関の将校だった。英語を話せる頭のいい奴がいると聞いてね。それでうちに来てもらうことにした。誰の紹介だったたか……。たしか、今井武夫さん（前述の今井武満の兄・支那派遣軍総参謀副長）じゃなかったかな」

祖父が満州の関東軍にいたことは聞いていた。だが、家族は、砲兵隊の将校だったと認識していた。その祖父が軍隊時代から特務機関員であったことを、この時初めて知った。

——祖父は会社でどのような仕事をしていたのか。インドネシアに行っていたと聞いたが。

「うちはもともと亜細亜パルプという会社でね。陸軍で使う紙はほとんどうちで納めてたんだ。しかし、当時は物資が不足してね。紙を作ろうにも、原料が手に入らない。それでジャワに工場を建てることになった。柴田さんは英語ができたんで、その責任者の一人として行ってもらったんだ。だけど、本当の任務は〝スパイ〟だよ。軍の情報を収集したり、宣伝ビラを作ってばら撒《ま》いたり。まあ、プロパガンダだな。そんなことをやってたんだ」

この話は、私が知る祖父の経歴に一致する。実際に、我が家には当時の亜細亜産業の辞令が現存する。辞令は昭和一八年一二月一〇日付のもので、「命ジャワ工場建設次長兼建設所事務総務」となっている（423ページ三枚目の写真）。

——母と大叔母は亜細亜産業時代の社員の名前を何人か覚えている。林武という人がいたそうだが。

「ああ、いたよ。労働省の役人だった奴な。頭は切れるんだけど、問題の多い奴でね……。もう生きちゃいないだろう」

——工藤孝次郎や岩本興次は？

「岩本は出世したよ。うちをやめてから、磐城興業の社長になった。工藤は、懐かしいな。おれの昭電の頃の同期であり、右腕だった。亜細亜産業の陰の社長、なんて言われてね。おれが遊んでばかりいたからさ。北海道の郷里に帰って、平和にやってるらしい」

——佐久間という男がいたようだが。

「ああ、あれは社員じゃない。ギャングだよ。極道の世界に入ったと聞いている。何人も人を殺してるような奴だし、奴ももう生きちゃいないだろう」

——元来、亜細亜産業はどのような経緯でできた会社なのか。

「おれはもともと、学校（横浜高等工業学校、現横浜国立大学）を出てすぐ昭和電工に入ったんだよ。代議士の迫水（久常）さんの紹介でね。それで、入ってすぐに、森さん（森矗昶《のぶてる》・当時昭和電工社長）に頼んで大陸に行かせてもらった。最初はおとなしく満鉄なんかをやってたんだが、退屈だろう。それで軍属になって、上海に矢板機関を作った。当時、陸軍の最年少の機関長だよ。その時に、ごっそり金を儲けてな。それで日本に帰ってきて、亜細亜産業を作った」

——「矢板機関」は、児玉誉士夫が後見人となって設立したと聞いているが。

「児玉誉士夫？　冗談言うなよ。あの頃、児玉は、親父の仲間じゃ一番下っぱだったんだ。おれの後見人は、三浦義一。知ってるか？　それに東条英機だ。だいたい児玉は、日本人じゃない」

ここでまた矢板玄の人脈に新たな名前が浮上した。東条英機――。陸軍大臣を経て首相。太平洋戦争を主導し、後にA級戦犯容疑で処刑されたあの東条英機である。ちなみに前述の迫水久常は、東条英機内閣時代に初代大蔵省総務局長を務めている。

――矢板機関ではどんな〝仕事〟を？

「平たく言えば陸軍の物資調達だな。まあ、金集めだよ。児玉と組んで仕事をやったこともある。でもあいつには、騙《だま》されてばかりだったな。矢板機関の初仕事は、昭和通商だよ。水田光義という男が、上海ブロードウェイ（上海の日本人居留地）で軍の物資調達会社をやっていた。元々は児玉機関を作った男だよ。おれも児玉と組んで、その会社の物資集めをやった。蔣介石軍の物資を奪ったんだ。ところが児玉と水田が裏切って、その物資を全部海軍の奴らに横取りされちまった」

昭和通商は、当時の大陸で「三菱商事以上に力を持っていた」と言われる軍閥系の商事会社だ。

――その物資はどうなったのか。

「当時は海軍と陸軍は仲が悪かったんだ。おれは陸軍の人間だった。その時の物資も、昭和通商を通じて陸軍に売る手はずだった。仕方がない。おれは部下を何人か連れて、海軍に乗り込み、物資を半分取り戻してきた。東条英機の名前を出したら、海軍の奴ら腰を抜かしてたな」

この話は前述の東光公司の一件と一致する。

——児玉は、何と言ってたか。

「何も言わない。ただヘラヘラ笑ってたよ。その後、児玉は、自分の仲間だった水田を殺してるんだ。これは児玉が自分でそう言ってたんだから間違いない。児玉はそういう奴だ。いざとなれば仲間を裏切る。確かに組んで仕事はしたが、絶対に信用できない奴だった」

関東軍の最大任務は鉄道敷設

それからしばらく大陸時代の武勇伝が続く。上海ブロードウェイに本拠を置き、王侯貴族のような生活をしていたこと。某有名歌手との恋。上海を逃れ、「死体の山を乗り越えて」香港に向かった話。

話の方向を修正することにした。今回、矢板玄との会見で、どうしても確かめておきたいことがあった。そのひとつが、亜細亜産業の実態だった。

——亜細亜産業の社名の由来は？

「あの頃、日本はアジアの盟主になるという目標があった。それで亜細亜産業と付けたんだ。あとは満鉄だな。満鉄に、あじあ号という特急列車があった。それがかっこ良くてさ……」

――亜細亜産業の業務内容はどのようなものだったのか。パルプの他にもいろいろな部門があったと聞いているが。

「一言で言うなら、軍需産業だな。パルプは一部だよ。日本に帰ってから工場を次々に買収して、生産部門を作ったんだ。満鉄の部品だとか大砲の弾、小さなものは軍の記念アルバムやベルト、靴底や帽子まで作っていた」

――工場はどこにあったのか。

「北千住や小菅、パルプは王子の方だ。十条にもあったな。陸軍省の工場（後のGHQ補給廠、現自衛隊駐屯地）の中にあった」

小菅、北千住、王子、十条。これらの地名を線で結ぶと、下山事件に関連する田端機関区から五反野までの鉄道施設が計ったようにその中に納まる。まさに下山事件は、誘拐現場の三越周辺から轢断現場の五反野に至るまで、すべて亜細亜産業の領域内で起きたことになる。

――工場の名前は？

「大きなものは『亜細亜産業生産部』だ。戦後は千葉に旭缶詰なんていうのもあったな。

千葉銀行から取り上げたんだよ。その他の小さな下請け工場なんかはいちいち覚えていない。一時は一〇ヵ所以上に工場を持ってたからな」

旭缶詰とは、矢板玄が元千葉銀行頭取だった古荘四郎彦の戦犯容疑をもみ消した際に、謝礼として譲《ゆず》り受けたとされる「旭缶詰会社」（千葉県勝浦市）を指す。矢板玄の「千葉銀行から取り上げた」という証言は、表現の差こそあるが事実関係に符合する。また亜細亜産業の多くの工場の名称が「亜細亜産業生産部〇〇工場」であったことは、後に大叔母の証言や現存する書類（辞令書等）などから確認されている。

——満州鉄道の話がよく出てくるが、鉄道関連の仕事は多かったのか。

「ああ、多かったね。主軸といってもいい。元々おれは、鉄道の電気技師だからね。昭和電工に入ったのだって、満鉄をやりたかったからなんだ。亜細亜産業時代にも、配電盤のコイルとかパンタグラフとか、いろんなものを作ってた。だいたいうち（矢板家）は鉄道一家なんだよ。曾《ひい》じいさん（一二代目・矢板武）は鉄道会社（日光鉄道会社・日本鉄道株式会社）の社長（役員）だったんだ。それがいまの国鉄の東北本線や日光線の元になった。東武伊勢崎線だって、親父（玄蕃）が作ったみたいなものだ」

——作った、とは「出資した」という意味か。

「もちろん出資もしたさ。親父は東武の大株主の一人だったんだから。だけど〝作った〟というのは、本当に〝線路をひいて作った〟という意味なんだよ。満州事変当時、関東軍の最大の任務は満鉄の敷設と延長だった。つまり、兵隊でありながら、鉄道技師でもあったわけさ。その訓練を国内でやらせた。親父が指揮したんだ。軍隊が訓練で敷いた線路を、東武が買い上げたんだ」

一見、何気ない先祖の自慢話にしかすぎない。だが矢板玄の話には、事件との関連を暗示させるきわどい内容が含まれている。

満鉄、国鉄、東武鉄道——。

下山総裁の轢断現場は、国鉄と東武伊勢崎線の交差地点だった。

だが、矢板玄は亜細亜産業の業務内容について話すことにあまり気乗りがしないようだ。「話せない」のではなく、そんな話は「面白くないだろう」というニュアンスがうかがえる。そこで、話の矛先《ほこさき》を大きく変えてみることにした。

ライカビルにあった「金銀運営会」

——そういえば、大叔母に聞いたのだが、ライカビルの四階の床下に大量の金の延べ棒があったそうですね。百本くらい？

「あったあった。百本どころじゃない。もっとあったさ」

やはり、矢板玄はこの話に乗ってきた。いかにも楽しそうに、腹をかかえて笑った。

——何の金なのか。

「親父と三浦義一が、大蔵省の迫水と組んで金銀運営会というのをやってたんだ。その事務所がライカビルの四階にあった。戦時中に、国が国民から指輪やネックレスなんかの貴金属を供出させたのは知ってるだろう。それを潰して金の延べ棒にして、全部うちに集まってくるわけさ。金だけじゃない。指輪から外したダイヤモンドや宝石もごっそりあった。日本じゅうの金の、半分はうちにあったんじゃないか。その気になれば、東南アジアの小さな国なんか丸ごと二つ三つ買えるくらいの金だよ」

——その金やダイヤモンドを、何に使ったのか。

「戦時中は、物資調達だ。お前のお祖父さんなんか、上着の両側のポケットに一本ずつ延べ棒を突っ込んでさ。では、行ってまいります、とか言ってジャワにすっ飛んでった。あの頃はみんなそうだったんだ。豪胆な奴が多かった。楽しかったな」

——その他の宝石は？

「ダイヤ以外のルビーとかエメラルドとかは、まあ、おれたちの小遣いだよ。だいぶ芸者にも使っちまったけどな。ダイヤはダイヤで、また別にしてとっておいた。あれは粉にして大砲の砲身の中を磨くんで、貴重だったんだよ。ところがいきなり終戦で、親父のところに山ほどダイヤが残っちまった」

——そのダイヤをどうしたのか。

「どうしようかと思っているところに、今度は児玉誉士夫が大陸からごっそりダイヤとプラチナを持って帰ってきた。あいつ、面白いんだよ。そのダイヤを朝日新聞の飛行機で運ばせたと言って、自慢していた。ある日、いきなり自分でトラックを運転してきて、これを隠しといてくれってプラチナを何本かとダイヤをひと袋置いていった。残りはGHQと辻嘉六《つじかろく》に渡すとか言ってたな。それでそのダイヤとうちのとを、混ぜちゃったんだよ。一時は丼鉢に三杯くらいはあったんじゃないか」

――なぜダイヤを混ぜたのか。

「そのほうが都合が良かったんだ。どうせ最後には国に返すか、アメリカに取られるかだろう。だから一度混ぜて、いいのと悪いのを分けて、悪いほうをウィロビーに持っていった。いいのはとっておいて、黒磯（現在は栃木県那須塩原市）の山の中に埋めたんだ。後でそれを、児玉と山分けにした」

ウィロビーとはもちろんGHQのG2（参謀第二部）のチャールズ・ウィロビー少将のことを指す。

――その金とダイヤモンドは、その後どうなったのか。

「金に関しては元々日本のものだし、金銀運営会っていう正式な団体が管理してるんだからGHQも手出しできなかった。政治に使ったんだ。吉田（茂）内閣の政治資金だよ。吉田はうちの金を使って追放（GHQによる公職追放）を逃れて、首相になった。つまり吉田内閣を作ったのは、うちの親父と三浦義一なんだ。その後、岸信介の内閣まで、ほとんどその金が使われたね」

当時の右翼の大物、三浦義一は、異例ともいえるほど吉田内閣に対して強い発言力を持っていたことは歴史が証明している。その謎の一端が明らかになった。三浦義一と矢板玄蕃が支配する金銀運営会が、吉田茂の政治金脈のひとつだったのだ。

――ダイヤモンドは？

「山から掘り出して少しずつ売ったんだけどな。結局、児玉が巣鴨刑務所でGHQの奴らにしゃべっちゃってね。なんだかんだと言って、ウィロビーにもだいぶ持っていかれたよ。残った分は運営会の解散後は日銀に入ったんじゃないか」

――その金やダイヤモンドは、もしかして〝M資金〟？

「そうだ。M資金の一部だよ。まあ、あの話は半分は作り話だけどな。M資金の〝M〟は何のMだか知ってるか」

M資金――。戦後、数々の詐欺《さぎ》事件の裏で再三噂にのぼった謎の巨額資金である。確かに、児玉誉士夫が大陸から持ち帰った財宝がその一部になったとする説は以前からあった。

M資金のMは、一般にはGHQの経済局長マーカット少将のMであるとされている。だが、まったく別の説もある。

――マッカーサーの〝M〟ではないのか。

「ほう……。マーカットと言わなかっただけましだな。だけど本当はマーカットでもマッカーサーでもない。ウィロビーだよ。ウィロビーのWを裏っ返したら、Mになるだろ。M資金は、ウィロビーの裏金という意味だ」

そう言って矢板玄は、また腹をかかえて大声で笑った。

迫水久常と矢板玄蕃

ライカビルの四階の床下に、数百本の金の延べ棒が隠されていた——。最初、大叔母からこの話を聞いた時、私は正直いって半信半疑だった。いくら戦時下とはいえ、都心の小さなビルの、しかも右翼団体の個人事務所に数百本の金の延べ棒というのはあまりにも異常な光景だ。だが、当事者の矢板玄の証言により、大叔母の話が真実であったことが確認された。

矢板玄の先代の矢板玄蕃が、「日本金銀運営会専務理事」という肩書を持っていたことは、地元の郷土史にも記述がある。「日本金銀運営会」は旧大蔵省の外郭団体だった。当時、矢板玄の話にもその名が出た迫水久常は大蔵省総務局長を務めていた。その迫水を総務局長に抜擢《ばってき》したのは、矢板玄の軍務の後見人となるほど矢板家と親密だった首相の東条英機である。以上の証言や記録を総合すると、これまで謎の団体として歴史の闇に埋もれてきた日本金銀運営会のほぼ全貌が明らかになる。

東条英機は昭和二三年一二月二三日未明、A級戦犯の容疑により巣鴨拘置所において絞首刑に処せられた。だが、戦後になっても東条の作った〝金〟が日本の政局を左右したことはあまりにも皮肉だ。ちなみに金銀運営会の金で「内閣を作った」と矢板玄が言う岸信介は、東条の関東軍時代から親交があり、東条内閣の閣僚（商工相）でもあった。

東条英機の処刑も、ある意味で疑問を投げかけざるを得ない。金銀運営会の金は、言うならば「東条英機の金」でもある。後の政局やGHQをまじえ、〝金〟に対する複雑な利権関係がからんだ上での処刑だった可能性もある。

さらに付け加えるならば、矢板玄蓄の元に金銀運営会の話を持ち込んだ迫水久常は、後の吉田内閣の要人であり終戦時には内閣書記官長として「終戦詔書《しょうしょ》」の草案を作った人物でもある。また迫水は下山総裁が理事長を務めた科学技術者活用協会の顧問だったことは前述した。つまり矢板玄と下山総裁は、ここでも一本の線でつながっていたことになる。

M資金に関する証言も興味深い。矢板玄は、「M資金の〝M〟はウィロビーの〝W〟を裏返したもの」だと言っている。おそらくこれは、ひとつのジョークだろう。私の知る限り、矢板玄はウィットとユーモアのセンスに溢れた人物だった。ジョーク？　を通し、「いかにウィロビーがM資金に深く関わっていたか」を言いたかったに違いない。

ここで、M資金についてもう少し詳しく触れておきたい。

M資金がマスコミの話題に上ったのは戦後もかなり経ってからで、例のロッキード事件（一九七六年）が発端だった。当時、ダグラス社のDC10やロッキード社のトライスター機購入を計画し、資金繰《ぐ》りに苦慮していた全日空の大庭哲夫社長の元に、元代議士の鈴木明良という人物から「旧日本軍の秘密資金」をうたう巨額融資話が持ち込まれた。結局この融資話は詐欺であったことが露顕《ろけん》するのだが、その「秘密資金」と言われたのがM資金である。

以後、M資金は、様々な憶測を呼び巨額詐欺事件の裏に幾度となく登場することになる。俳優の田宮二郎を自殺に追いやったのも、M資金がらみの詐欺だと言われている。日本が戦時中に、国内や中国大陸、もしくは南方の占領地域から金、銀、ダイヤなどを略奪同然に掻き集めたことは周知の事実だ。ライカビルの四階にあった金銀運営会の黄金や児玉誉士夫が大陸から持ち帰ったダイヤモンドなどはまさにその好例であり、多くの資料からもその事実関係は明らかになっている。

だが、戦後、これらの資金が「どこに行ってしまったのか」については謎に包まれている。一部は横須賀沖に海軍によって投棄されたり、辻嘉六の手に渡って自由党の政治資金になったという説もあるが、確かなことはわかっていない。

一方、戦後GHQは、これらの旧日本軍の隠匿《いんとく》物資の摘発をさかんに行なった。摘発に成功した額は当時の金額で三〇〇億円以上。現在の貨幣価値に換算すると一〇兆円以上にものぼると言われる。この摘発された資金を管理したのが前述のマーカット少将である。

摘発物資の一部は略奪された近隣諸国に返還されたが、大半は出所もわからない物ばかりだった。残った物資はGHQの管理下の元に「対日占領工作資金」として使われ、占領解除後には当時(一九五二年)の日本政府(吉田茂内閣)に委譲されて国庫に帰属した。だが、いずれにしてもM資金に関しては、推察の域を出ない部分が多い。

M資金の他にも、GHQの秘密資金と言われるものはいくつか噂にのぼっている。東京裁判の首席検察官、東条英機を死刑に追い込んだキーナン検事らが管理したという「LS資金」もそのひとつだ。また前述のウィロビー少将も、「四谷資金」の管理者として何回かその名が挙がったことがある。

いずれにしてもウィロビーは、児玉誉士夫のダイヤモンドなどを元にかなりの「対日工作資金」を運営していたことは事実のようだ。さらに矢板玄は、次のように言っている。

「ウィロビーは、当時の金で数億円分のダイヤをアメリカに持って帰ったはずだ」

三、キャノン機関

戦後の錚々《そうそう》たるリーダーたち

曇る窓の外でいつの間にか雪は霙に変わり、またしばらくすると雪に変わった。

今日は一日、冷たい天気が続くのだろう。だが、部屋は暖かく、会話は熱を帯びていた。

矢板玄は、私との駆け引きを楽しんでいた。私も、楽しんだ。再会した昔馴染みのようにうちとけた雰囲気でありながら、どことなく腹の探り合いのようでもあり、奇妙な、それでいて心地よい緊張感が漂っていた。

おそらく、私の知る限りで、矢板玄ほど人を魅了する術《すべ》に長《た》けた人物はいない。一方的に自慢話をまくし立てているようでいて、常に聞く側を楽しませようと気遣《きづか》っている。言葉の節々に懐の深さを感じた。

矢板玄は途中で人を呼び、茶と、茶請《う》けの菓子を運ばせた。こちらが望むまでもなく、腰を据えて話すつもりのようだ。

――ライカビルの三階に、サロンのような部屋があったそうですね。毎晩、右翼関係者などが集まってきたとか。

「おお、あったあった。うちは都心の一等地にあったし、集まりやすかったんだろう。金の臭いもするしな。元々は三浦義一のところに集まってきたんだ。言ってみればあの頃の日本を作った奴らの、梁山泊《りょうざんぱく》だよ」

私が大叔母の寿恵子から聞いた右翼関係者の名前が次から次へと飛び出してくる。その他にも笹川良一、赤尾敏《びん》といった有名右翼の名前が何人か出てきた。

――伊藤律が来ていたと聞いたが。

「ああ、来てたよ。戦後にな」

矢板玄は、あっさりと伊藤律との関係を認めた。

――彼は共産党員だったはずだが。

「そうだ。アカだよ。林武が連れて来たんだ。林もアカだったんだ。一度脅《おど》かしたら、妙におれに懐《なつ》いちゃってさ。それから共産党の情報を、どんどん持って来るんだよ。共産党で何か決まると、おれたちは次の日には全部知っていた。労組のストの情報なんか、筒抜けさ。だけど奴は仲間じゃない。ただのスパイだ」

矢板玄は、スパイという言葉をよく使う。私はタイミングを見計らって、ひとつの疑問をぶつけてみた。

――そもそも、なぜ元共産党員だった林武が亜細亜産業に入社したのか。

「戦後、GSのケージスなんかが民主主義だとか言って、急に共産党が勢力を伸ばしただろう。しかし、民主主義と共産主義を混同しちゃいけない。民主主義の対極にあるのは社会主義であって、共産主義の逆は資本主義なんだ。それを混同すると、北朝鮮（朝鮮民主主義人民共和国）みたいな国になってしまう。おれたちが目指したのは民主主義であり、資本主義だ。共産分子は排除しなくちゃならない。そのためには、まず情報だ。林武は転向組でね。アカや社会党に顔が利いた。そういう奴を探してたんだ。連れてきたのは、田中清玄だよ。田中さんも、転向組だったからね。だけど、アカは結局最後には裏切るんだよなぁ……」

アカは、裏切る。裏切ったのは伊藤律なのか。それとも、林武なのか。いずれにしても矢板玄は、共産党関連の話になると急に顔が険しくなる。

——政治家もよく来ていたらしいですね。

「来てたよ。よく来てたのは白洲（次郎）に迫水（久常）だろ。あとは社会党の西尾末広。吉田茂や岸信介も来たことがあったな。政治家っていうのは現金な奴らでね。みんなうちの金を目当てに集まってくるんだ」

私は正直、この証言には驚いた。白洲次郎や迫水久常の名が出てくるのはむしろ予想の範囲内だった。白洲は、正確には政治家ではないが。西尾末広も田中清玄や林武の人脈であったとすれば、ライカビルのメンバーであったとしても不思議はない。だが、まさか吉田茂や岸信介の名前まで矢板玄の口から出てこようとは。特に吉田茂は、ライカビルに亜細亜産業があった当時、首相だった。いくら政治資金のためとはいえ、ライカビルの一事務所に出入りしている図をどうしても想像できない。

——本当に吉田茂が来たこともあるのか。

「本当さ。さっきも言っただろう。吉田茂を首相にしたのはうちの親父と三浦義一だって。首相になってからは、こっちから首相官邸に出向いたけどな。おれは、大磯《おおいそ》の自宅に遊びに行ったこともある。よし、証拠を見せてやろう」

そう言うと矢板玄は席を立ち、部屋を出ていった。しばらくすると大きな菓子箱をひとつ抱え、戻ってきた。ふたを開けると、中にぎっしりと古い年賀状や書簡が詰まっていた。

「この中に、吉田茂の年賀状があったはずだ」

箱の中を、探しはじめた。矢板玄は少年のようなところがある。白洲次郎や迫水久常の年賀状を見つけると、「あったあった」と言ってうれしそうに笑う。だが、吉田茂の年賀状はなかなか見つからない。

私もいっしょに探してみた。葉書や封書はほとんどが父親の矢板玄蕃に宛てた古いもので、年代もまちまちだった。確かに、政治家の年賀状は多い。一九九二年当時、現職の自民党議員や大臣だった人物のものもある。その中の何枚かに、私は思わず手を止めた。

一枚は下山事件当時、国鉄の副総裁だった加賀山之雄。もう一枚は、佐藤栄作――。いずれも矢板玄蓄宛に差し出されている。

「だめだ。見つからないな」

そう言って矢板玄が私から年賀状を取り上げ、箱を足元に下ろした。加賀山や佐藤の年賀状は、見られてはまずいということか。

――そういえば大叔母が、佐藤栄作が来たことを憶えていたが。

「ああ、来てたね。佐藤を代議士にしたのも、三浦義一だからな」

佐藤栄作との付き合いを、矢板玄は認めた。

三浦義一と佐藤栄作の深いつながりに関しては、「新雑誌X」の一九八六年三月号にもそれを裏付ける記事が載っている。以下に要約してみよう。


〈(佐藤栄作が)三浦のところに、「ぜひ、三浦先生の力で政治家にしてくれませんか」とたのみにいった時、三浦は「命を捨てる覚悟があるか」と聞きただしたあと、いきなり立ち上がり、手を長押《なげし》にのばすや、飾ってあった長槍をつかんだ。佐藤はその形相に、一瞬たじろぐ。三浦は、おかまいなしに、長槍のサヤを払うと、刃先をサッと座っている佐藤の目前に突き出した。これには佐藤が驚き、腰を抜かした。その佐藤のあわてぶりを眺めながら、三浦はすごい形相を一変、ニヤッと笑うと、「いま、キミが抱いた恐怖心を忘れ

ないように」といいながら、刃先を収めたのである〉

佐藤栄作が衆議院に出馬する前の話なので、おそらく運輸省時代、昭和二三年の秋頃の出来事だろう。私がこの記事に触れたのは、矢板玄との会見後、一〇年近くが経ってからだった。記事を読んでまず思い当たったのが、矢板玄が私と初めて会った時の振る舞いだった。なぜ日本刀を抜いたのか。おそらく、それは、当時の右翼関係者が「人を試す」ための常套《じょうとう》手段だったのだ。ちなみに「新雑誌X」は、矢板玄の愛読誌だった。

A級戦犯の岸信介を助けた男は……

――佐藤栄作は、兄の岸信介の件で来たのではないか。岸信介を巣鴨プリズンから出したのは、矢板さんだと聞いているが。

「そうだ。そんなことがあったな。だけど、岸を助けたのがおれだというのはちょっと大《おお》袈《げ》裟《さ》だ。確かに佐藤が相談に来たことはあるし、ウィロビーに口は利いた。岸は役に立つ男だから、殺すなとね。しかし、本当に岸を助けたのは白洲次郎と矢次《やつぎ》一夫、あとはカーン（ハリー・F・カーン。当時ニューズウィークの記者。アメリカのジャパン・ロビーの中心人物。後述）だよ。アメリカ側だって最初から岸を殺す気はなかったけどな」

昭和三三年に第一次岸内閣が成立した時、その陰で暗躍したのがハリー・カーンだった。これまでの資料によると、岸とカーンが知り合ったのは、岸が巣鴨プリズンを釈放された後のことであると言われている。だが矢板玄の言葉を信ずるならば、二人の間にはそれ以前から何らかの接点が存在したことになる。

矢板玄の会話には、再三G2（参謀第二部）のウィロビー少将の名が登場する。マッカーサーではなく、あくまでもウィロビーだ。だが一方で、避けるようにキャノン中佐の名には触れない。もし矢板玄が岸の釈放をGHQに交渉したとするなら、直接の窓口はキャノンだったはずなのだが。

――児玉誉士夫を釈放させたのは？

「まさか。あんな奴、誰が出すか。元々児玉は、A級戦犯なんかじゃなかったんだ。アメリカ側の策略だよ。児玉はダイヤやプラチナ、ウランまで隠し持ってたからな。それが目的さ。A級戦犯で逮捕しておいて、物資の隠し場所を吐けば命は助ける。つまり、取引さ」

児玉誉士夫が巣鴨プリズンから釈放後、GHQに臭化ラジウムを提出したことは前述した。矢板玄の証言は、GHQの機密文書の内容と矛盾しない。むしろ興味深いのは、矢板玄が児玉誉士夫のA級戦犯容疑を「アメリカ側の策略だった」と言っていることだ。考えてみれば児玉の罪状は、「戦争の主導的立場を担う」というA級戦犯容疑には合致しない。すべては〝財宝〟が目的だったということか。

――釈放後、児玉はCIAの協力者になったというのは本当か。

「それを一言で説明するのは難しい。CIAに協力していたかと言うなら、確かに協力はしていた。奴は、風向きを見るのがうまい。周囲が、やれGHQだG2だと言っている時に、一番最初にCIAにコネクションを作ったのは児玉だった。しかし、もし児玉がCIAだったと言うなら、吉田茂や岸信介だってCIAだということになる」

児玉誉士夫とCIAの関係が明るみに出たのは、例のロッキード事件が発端だった。その関係が釈放の直後にまでさかのぼることは、現在複数の資料によって明らかになっている。

――GHQとCIAは別と考えるべきか。

「別だ。GHQは国防省、CIAは国務省だった。むしろ敵対していた」

――何人かの戦犯容疑を矢板さんの力でもみ消したと聞いているが。

「ああ、ずいぶん助けてやったよ。長光捷治(元上海憲兵隊中佐)はおれが出したんだ。上海時代からいっしょに戦った盟友だからな。親父の親友でもあったし。あとは千葉銀行の古荘四郎彦の件は知ってるだろう。もう他の記事にも出てたな。その礼に旭缶詰をもらったのも事実だ。みんな、おれがウィロビーに直接談判したんだ」

またしてもウィロビーだ。

長光捷治は、キャノン機関の筆頭直属機関だった「柿ノ木坂機関」の総帥である(長光自身は「ウィロビーの直属機関だった」と証言している)。湯島の岩崎別邸にキャノン機関が開設された昭和二三年から二四年春にかけて、キャノン中佐は巣鴨プリズンに連日のように通いつめていた。旧満州や北朝鮮などの極東の情報に精通する〝協力者〟を、巣鴨に残る戦犯者の中からリクルートすることが目的だった。キャノンは「G2の協力者になれば戦犯を解除し、日本人の一般知識人労働者の一〇倍の収入を保障する」ことを条件に、旧日本軍の特務機関員などを中心に交渉を続けた。その中の一人が、元上海憲兵隊中佐の長光だった。長光は中国に対する広い知識と語学力が評価され、G2直属の特務機関長に抜擢されることになる。長光が機関長を務める柿ノ木坂機関は、衣笠丸《きぬがさまる》事件(キャノン機関が関連した密輪事件)の際にも「主犯の塩谷栄三郎を拉致監禁した」実行犯として名前が挙がっている。また、前述の平塚柾緒のインタビューの中で、キャノンは「矢板は日本の特務機関員だったので彼から日本人のエージェントを何人も紹介された」と証言している。状況を考えれば、柿ノ木坂機関の誕生の陰で矢板玄とキャノンの間で密議があったことは充分考えられる。それでも矢板玄は、キャノンの名には触れない。

――G2のウィロビーの名がよく出てくるが、それほど懇意だったのか。

「最初にウィロビーと会ったのは、三浦義一の紹介だった。三浦さんはそれほど英語が得意じゃなくてね。三浦さんがウィロビーに会う時にはよく通訳がわりに連れていかれたんだ。おれは英語もフランス語も話せたからね。お前のお祖父さんが行ったこともある。そのうちこっちがウィロビーに気に入られて、いろいろ相談されるようになった。とにかく三浦義一というのは、とてつもない大物だったんだよ。（日本の）陰の大統領と言ってもいい。ウィロビーも、吉田茂も、財界の大物も、何か問題が持ち上がればまず三浦に挨拶に行った。マッカーサーだってそうだ。三浦義一というのは、そういう人だった」

私はどこでキャノンの名を出すべきかを、見計らっていた。だが、矢板玄は、巧妙に話の矛先をそらしていく。

——矢板さんの経歴の中に、「戦後はＧＨＱの顧問として民生に参画した」とあるが、具体的にはどのようなことなのか。

「民生と言えば聞こえはいいけどな。例えば戦犯問題なんかはそのひとつだよ。あの頃、ＧＨＱがＧＳ（民政局）とＧ２（参謀第二部）に大きく割れてたのは知ってるだろう。うちはＧ２の側だった。それで、反共工作とかね。まあ、アカ狩りだよ」

——反共工作は、誰と組んでやったのか。

「誰と、か……」

そう言うと、矢板玄はしばらく黙ってしまった。腕を組み、こちらの腹を探ろうとするかのように鋭い視線を向ける。

話を突っ込みすぎたかもしれない。そう思った。だが、その時、矢板玄が突然大声で笑い出した。

「お前は本当に面白い奴だな。聞きたいならはっきり言え。キャノンだろう。話してやるよ。そうだ、確かにおれとキャノンは、親友だった」

矢板玄本人の口から、キャノン中佐との関係が語られはじめた。

鹿地亘《かじわたる》事件とキャノン

キャノン機関を有名にしたひとつの事件がある。

昭和二六年一一月二五日夕刻、藤沢市鵠沼《くげぬま》で一人の日本人が数人のGHQ関係者に拉致された。男はそのまま車で東京に移送され、本郷の岩崎別邸に監禁。その後一一月二九日に川崎市丸子の東川クラブ（東京銀行の施設、戦後GHQが接収）に身柄を移され、さらに茅ヶ崎《ちがさき》のC31号館、渋谷区猿楽町《さるがくちょう》のUS660号館などを転々としながらおよそ一年を囚《とら》われの身として過ごすことになる。

男の名は鹿地亘《かじわたる》、当時四八歳。一般にはプロレタリア文学の作家として知られ、戦時中は共産党の思想家として治安維持法違反で服役。その後、上海に渡り内山完造、魯迅《ろじん》などと交流した。また近年はCIC（対敵諜報部隊）の機密文書により、戦時中から大陸でアメリカ当局に協力し、OSS（米戦略情報局）に雇われていたことが明らかになった（春名幹男著『秘密のファイル』）。

いわゆる「鹿地亘事件」である。後に事件は、キャノン中佐の横浜の自宅のハウスボーイだった山田善二郎の証言により明らかになり、政界を巻き込む騒動となった。主謀者はキャノン中佐とビクター・松井准尉を含むキャノン機関のメンバーで、当時ソビエトに太いパイプを持っていた鹿地をダブル・エージェント（二重スパイ）に仕立てることが目的だった。

それまでキャノン中佐は、謎の多い人物だった。CTS（交通監理部門）のシャグノン中佐と名前が似ていることから混同され、「身長一九〇センチの大男」と伝えられたこともある。だが、実際のキャノンはそれほど身長は高くなかった。

本名はジャック・C・キャノン。一九一四年、ドイツ系移民の子としてテキサス州に生まれた。父親は保険の外交員だった。

その後ウェスト・ポイント（陸軍士官学校）に学んだキャノンは、太平洋戦争が始まるとアイケルバーガー中将の元で米第八軍に従軍。東南アジア南方戦線を転戦し、頭角を現わした。

中でもキャノンを有名にしたのが、ガダルカナルだった。大隊を率いる少佐として作戦に参加したキャノンは、日本軍を相手に多大な戦果を挙げ、英雄として故郷に凱旋《がいせん》する。これに目を付けたのがG2のチャールズ・ウィロビー大佐（後に少将）だった。ウィロビーによってG2に引き抜かれたキャノンは間もなく日本に呼ばれ、横浜の一等地のGHQ

将校専用住宅に住み、横浜CICの諜報部長の任務についた。

キャノンが初めて日本の土を踏んだ時期については、確かなことはわかっていない。マッカーサーの護衛として昭和二〇年八月二四日にウィロビーと共に随伴機で飛来したという説もあるが、それ以前に第八軍の先遣《せんけん》部隊として横浜に上陸していたとも言われる。いずれにしてもキャノンは、横浜にCICの支部が置かれた当初からのメンバーであったことは事実のようだ。昭和二一年の春頃にはすでに、横浜の海を一望する家に家族（妻ジョセットと一男一女）と共に住むキャノンの姿が確認されている。

キャノンは、横浜CICの中でも特に目立った存在だった。第八軍時代からの部下のビクター・松井准尉、ヘンリー・大西中尉などのエージェントを配下に置き、ブランチを組織した。同じドイツ系ということで、上司のウィロビーとはウマが合ったようだ。間もなくキャノンは旧ドイツ大使館からゾルゲ関連の機密書類を発見するなどしてその能力を認められ、ウィロビーから〝特権〟を与えられるようになる。

昭和二三年三月、キャノンはG2傘下の特務機関としてキャノン機関を設立し、間もなく中佐に昇進した。本部は東京の本郷にある旧岩崎別邸に置かれた。一八九六年、三菱の創設者岩崎弥太郎が英国人建築家コンドルの設計により建築した豪壮な洋館である。キャノン機関とは前述の山田善二郎などの証言を元にマスコミが付けたもので、正式には「本郷ハウス」、もしくは「本郷ブランチ」などと呼ばれた。

構成員は常時一四～一五名。それ以外に、数十名にも及ぶ情報提供者などの協力者を配下に置いていた。GHQの占領時代、G2のCIC内部には「日本国民に対する逮捕権」を持つ者が何人かいた。その大半は、キャノンをはじめとする本郷ブランチの構成員だった。つまり、前述の鹿地事件などの拉致監禁事件は、キャノンの「権限内の正当な作戦」だったということになる。実際に後に起訴されたのは被害者の鹿地亘のほうで（スパイ容疑・電波法違反。後に無罪）、本国に帰ったキャノンに対してはまったく容疑は追及されていない。本郷ブランチは、「超法規的実行部隊」だった。

本郷ブランチの正式な任務は、「極東地域における反共工作」だった。主に日本国内に情報提供者を確保し、ソ連、中国、北朝鮮との間にダブル・エージェントを作ることを目的としていた。巣鴨プリズンへの日参や、鹿地事件もその一環である。

キャノンは、荒っぽいことでは有名な男だった。

「キャノンは戦闘向きには良い将校だったが、その行動はコントロールできなかった」

当時、キャノンの上司の一人だったDRS（文書調査部）のジョージ・ガーゲットはそう評している。実際にキャノンは銃のマニアで、再三荒っぽい事件に関わりその名が浮上している。横浜で朝鮮人の密輸業者やソ連のスパイと銃撃戦になり、大腿部に銃弾を受けて重傷を負った事件（昭和二五年末）はよく知られている。また昭和五六年五月三一日付の「サンデー毎日」は、旧日本軍特務機関員の中島辰次郎の「キャノンはソ連側スパイを二五〇人殺害した」とする証言を載せている。これはいくらなんでも煽動的だが。

信頼のおける情報としては、「佐々木大佐事件」がある。昭和二五年八月三〇日夜、旧陸軍の佐々木克己大佐がキャノン機関のメンバーによって暴行を受け、拉致された事件だ。佐々木大佐は戦時中に駐ソ武官を務めた人物で、旧陸軍でも有数のソ連通として知られていた。キャノン中佐の目的は、大佐をソ連とのダブル・エージェントに仕立てることだった。だが、佐々木はその後も数回にわたり拉致されたが、キャノンの命令には従わず、一一月一九日に自宅で自殺した。

本郷ハウスの客人たち

キャノンの日本での任務には常に暗いイメージがつきまとうが、反面、私生活と人脈は華やかだった。プール・バーがある自宅や本郷ハウスに仲間を集め、日常的にパーティーが開かれた。そこはまさに別世界だった。まだ酒が配給の時代だった日本で本場のウイスキーや外国タバコを自由に味わうことができた。女優の京マチ子や、李香蘭が呼ばれて歌を歌ったこともあった。当時、こうしたパーティーの常連の中に、国警長官の斎藤昇、内閣調査室長の村井順、安井誠一郎東京都知事、白洲次郎などがいた。また、前述のキャノン邸のハウスキーパーだった山田善二郎も、次のように証言している。

〈「国警長官の斎藤昇、警視総監だった田中栄一、後に初代の内閣調査室長となる村井順たちが家族連れで来た。みんな、私が作った料理を食べてました」〉(『秘密のファイル』)

興味深いのは、山田の証言に田中栄一警視総監の名が登場していることだ。田中は「下山事件」を〝自殺〟で片付けようとした中心人物であり、安井と共に「マッコイ・メモ」に登場する秘密会議のメンバーだった。さらに斎藤昇や村井順を加え、下山事件の捜査の実権を握る日本側の主要人物が——しかも事件と前後して——キャノン邸のホームパーティーで一堂に会していたことになる。

本郷ブランチは配下に旧日本軍人、軍属などが組織する下請け機関を持っていた。矢板玄が総帥を務める「矢板機関」、長光中佐の「柿ノ木坂機関」、その他にも日高富明大佐の「日高機関」、伊藤述史の「伊藤機関」などが知られている。だが、これらの下請け機関の実態は、いままで推察の域を出るものではなかった。本郷ブランチに関する正式な記録はほとんど存在しないに等しい。過去における情報は、下級構成員による断片的な証言に限られていた。キャノン中佐、もしくは各機関長の口から〝組織〟が語られた前例はほとんど存在しない。

キャノン中佐は鹿地亘を拉致した二カ月後の昭和二七年一月末、本郷ブランチを岩崎別邸から撤収させた。サンフランシスコ講和条約の調印と共に本郷ブランチはＣＩＡに吸収され、同時に鹿地の身柄もまたCIAに引き継がれた。最終的なキャノンの階級は大佐だった。その後、同年四月、キャノンは多くの謎を残したままアメリカ本国に帰国し、二度と日本の土を踏むことはなかった。

アメリカに帰ったキャノンはしばらくCIA要員として対中国潜入計画などにたずさわっていたが、これを四カ月で辞めている。諜報の世界から足を洗った理由は、「ウィロビーが退役したこともひとつのきっかけ」だったと本人が語っている。その後はフォートゴードンの憲兵学校に入り、テキサス州のポートフォードの憲兵司令官などを務めていたが、一九六一年に四五歳の若さで軍務を引退した。

引退後は夫人と共に平穏な生活を送っていたが、一九八一年、自宅のガレージで自他殺不明の射殺体で発見されたことは前述のとおりである。六六歳だった。

キャノンの人物像を物語る伝説のひとつに、銃の腕前がある。キャノンの拳銃好きは有名で、横浜の自宅や本郷ハウスに何十丁もの拳銃やライフルが置いてあった。本郷ハウスで銃の練習をするのは日常茶飯事で、庭の木は弾痕で穴だらけになっていた。新しく工作員を紹介されると、いきなりその頭上の壁に一発撃ち込み、相手の度胸を試したという話も残っている。

キャノンの〝友人〟でもあった田中栄一警視総監も、銃にまつわる面白いエピソードを証言している。

〈(キャノンは)間の抜けたお人好しのところもあった。(中略)キャノン御殿(旧岩崎邸)で暮していたある日、彼は庭木にとまっていたカラスを大型ピストルで射った。ところが弾丸はカラスに当たらず御徒町《おかちまち》の繁華街に飛び去った。二日後、私は彼に緊急呼び出し命令を出した。現われたキャノンは、おまえには私を呼び出す権限はない、占領下だぞ、と激怒した。そこで私は「貴官を日本の法律で逮捕する」といってやった。逮捕のわけをいえというので、私はニヤニヤしながらポケットから取り出した大きな弾丸をキャノンの目の前に突き出し、「これが証拠だ」といってやった。さすがのキャノンも返すことばもなく、日本式に最敬礼をしてわびた。以後、彼は二度と邸内でのカラス射ちはしなかった〉(『謀殺 下山事件』)

おそらく田中は、このエピソードを通し、「自分はけっしてキャノンの言いなりにはならなかった」ことを主張したかったのだろう。

「柴田さんはキャノンのお気に入りだった」

キャノン中佐のことを話しはじめた時、矢板玄の顔に一瞬、感慨がかすめた。

「いい奴だったよ。マスコミは鬼みたいに書くけどね。家族思いで、友達思いだった。おれの誕生日は必ず覚えててね。クリスマスには、家族にまでプレゼントをくれた。仲間には、やさしい奴だった。部下も、みんなキャノンのことを慕《した》っていた」

——家族ぐるみの付き合いだった？

「よく横浜の自宅にも遊びに行ったた。月に一度はパーティーをやったんだよ。白洲次郎や斎藤昇といっしょだった。あすこに行くと、ジョニ黒が飲み放題だったからな」

——斎藤昇とは、国警長官の？

「そうだよ。最初は白洲か吉田茂が紹介したんだろう。キャノンは頭がいい奴でね。まず最初にウイスキーと賄賂《わいろ》で警察の親玉を手なずけたんだ。あいつ、007の殺しのライセンスじゃないけれど、日本の警察手帳みたいなのを持っててさ。これさえあればどこででも撃ち合いができると言って、自慢するんだ。おれも悪いことやる時には時々借りたけどな。斎藤からもらったと言っていた」

キャノン機関のメンバーが逮捕権を持っていたことは前述した。矢板玄の言う「警察手帳みたいな……」というのはどのようなものかはわからないが、少なくともキャノン機関が通常のGHQの枠を超えた特権を持っていたことを裏付ける証言だ。

——キャノンは銃の名手だった？

「銃を握って生まれてきたような男だった。街を歩く時には、いつもベルトにコルトのオートマティックをはさんでいた。本郷のオフィスには回転式のを置いていた。象牙《ぞうげ》のグリップの、ほら西部劇に出てくるようなやつだ。よく庭にビールの空ビンを並べて、撃ち合いをやった」

——本郷ハウスで？

「本郷でもやったし、横浜の自宅でもやったよ。酒を飲むと、必ず射撃かポーカーか玉突きが始まったんだ。おれや、斎藤昇と、一本いくらで賭けるんだ。射撃は一度もかなわなかったな。おれも腕には自信があったんだけど。ビールビンを空に投げて、それに抜き撃ちで当てるんだ。西部劇のガンマンだよ。ポーカーと玉突きは下手だったけどな」

——祖父はその場にいたのか。

「柴田さんは、キャノンのお気に入りだった。横浜の家に、ポケットの玉突き台があったんだよ。よく二人でやっていた。だけどあんまり柴田さんがうまくて勝てないんで、最後は賭けようとは言わなくなった」

確かに祖父は、ビリヤードのスリークッションの、全日本のアマチュアチャンピオンだったことがある。ポケットをやったとは聞いたことはないのだが。

その他にも村井順、李香蘭、京マチ子などキャノン邸のメンバーだった人物の名前が次々と出てくる。ごく普通の人間が、青春時代の思い出を語るように。

——ジョン・ウェインのような大男だったと聞いているが。

「いや、そんなに大きくはない。おれよりもちょっと小さかったんじゃないか（一八〇センチ弱)。顔がクシャッとしていて、そうだな、ジェイムス・キャグニー(アメリカの俳優)に似てたな。本人に言うと怒るけど」

——カラスを撃ったことがあった?

「ああ、よく撃ってたね。最初の頃、あいつはおれのことをクロウって呼んでたんだ。玄《クロシ》って発音できなくてさ。本郷ハウスの庭にカラスが飛んでくると、いきなりバン! それで言うんだよ。クロウ(玄)・イズ・デッド。奴独特のユーモアなんだ」

——矢板機関は、キャノン機関の下請け機関だったのか。

「違う。なんでみんなそう言うんだ。うちは基本的に河辺機関(河辺虎四郎中将が率いるG2直属機関)や有末《ありすえ》機関(有末精三中将が率いるCIS=民間諜報局=の直属機関)と同列だ。G2の仕事はやっていたが。キャノンの直属は長光(柿ノ木坂機関)や伊藤(伊藤機関)なんかだ」

——長光捷治を巣鴨から出したのはキャノンではないのか。

「そうだ。キャノンだ。おれが推薦した」

——キャノンと組んで仕事をしたことは?

「ああ、それは年中あったよ。もちろんキャノンの下でやったこともあったし、逆にこっちから〝仕事〟を出したこともあった。おれたちは、対等だった。反共というひとつの目的で結ばれたファミリーだったんだ」

〝ファミリー〟という感覚は興味深い。少なくとも矢板機関は、キャノンの命令のみで動いていたわけではないようだ。だが、「逆にこちらから〝仕事〟を出した」とはどういう意味なのだろうか。単純に金銭的な問題なのか。それとも矢板機関は、G2と「まったく別の命令系統」を持っていたと解釈すべきなのか。

――キャノンとは、具体的にどのような仕事をやったのか。

「最初は人集めだ。日本人のエージェントはほとんどおれが紹介した。長光や、里見甫《はじめ》（戦時中に上海に里見機関を組織）、阪田誠盛（同阪田機関を組織）などもそうだ。あとは伊藤律に鍋山貞親、田中清玄もみんなおれの人脈だよ」

キャノンや矢板玄の人脈で、里見甫の名が出たのは初めてだった。明治二九年（一八九六）、秋田県生まれ。一八歳で満州に渡り、いわゆる〝大陸浪人〟から身を起こし「満州国通信社」を創設した。これは満州事変以降の国策の対外宣伝を専門とする、関東軍のプロパガンダ機関だった。

里見は後に上海に移り、アヘン患者の福祉更生施設「宏済善堂」を設立。戦後これが陸軍特務部の命令で作られたアヘン配給組織であったことが明るみに出て、戦犯容疑で訴追された（後に無罪）。

〈里見がアヘン専売の仕事を請け負った当初は、三井物産がイランで調達したアヘンを海上輸送した。アヘンを積んだシンガポール丸などの貨物船が中国沿岸を通過する際、海軍艦艇が護衛し、上海に到着後、陸軍の特殊な倉庫に保管した〉(『秘密のファイル』)

これが児玉機関、阪田機関と並び「上海の三大機関」のひとつと称された「里見機関」の実態である。アヘン密売によって得られた莫大な利益は、一九四〇年三月に南京に設立された汪兆銘《おうちょうめい》の「国民政府」の建国資金に使われた。

里見甫は、いわばアヘン密売のエキスパートだった。戦後もアヘンにまつわる黒い噂が絶えたことはない。児玉誉士夫と組み、アヘンやペニシリンの密輸に関与したという証言もある。

キャノン中佐と里見甫は、〝アヘン〟というキーワードで見事にリンクする。G2時代のキャノンは、ヘロイン中毒だったことを多くの機関員が証言している。アヘンは、ヘロインの原料だ。キャノンがどこからヘロインを手に入れていたかについては謎だったが、里見甫との関連が明らかになれば推察は容易だ。

もう一人、阪田誠盛の名が出てきたことも興味深い。阪田は戦時中、上海で阪田機関を率い、中国の偽札工作で名を上げた人物だ。児玉誉士夫とも親交があり、矢板玄を含め上海ブロードウェイ時代からの特務機関仲間だった。

この阪田、里見、キャノンの名を重ねると、もうひとつきわめて重大なキーワードが浮かび上がる。昭和二四年八月一七日、下山事件の四三日後に起きた「海烈号事件」である。これについては後述しよう。

密輸、情報収集、スパイ養成……

――人を集めた後で、何をやったのか。

「うち（亜細亜産業）は貿易会社だ。貿易をやったんだよ。もっと手っ取り早く言えば、密輸だ、密輸」

そう言って矢板玄は、いかにも楽しそうに笑った。亜細亜産業がキャノンと組んで密輸をやっていたという〝噂〟はかねてからあった。だが、それが当事者の口から語られるのは初めてだ。

――密輸とは、どういうことなのか。

「ある日、突然キャノンが言ったんだ。おい、玄《クロウ》、船を買おうって。バイキングをやろうっていうわけさ。それで金を出し合って中古の漁船を買った。それを改造したんだ。馬力のあるエンジンに積み換えてさ。船は勝浦の洞窟の中に隠しておいた」

亜細亜産業が工作船を隠していた漁港を、それから何年か後に訪ねてみたことがある。千葉県勝浦市の市街から南に下り、小さなトンネルを抜けて勝浦城跡に向かう途中にある。いわゆる隠れ港で、「海賊の基地」には理想的な地形だ。前述の旭缶詰会社もその場所にあった。矢板玄が古荘四郎彦の戦犯容疑をもみ消した理由も、「工作船の基地の確保」が目的だったと考えれば合理的に説明がつく。

港の周辺で何人かの老人に話を聞くと、みんな当時のことをよく憶えていた。「外人や朝鮮人がよく出入りして、夜中に銃で撃ち合う音が聞こえた。警察が来たこともある。怖くて近寄れなかった」と言う。

——資金集めが目的だった？

「そうだ。あの頃、児玉誉士夫が船を持っていて、けっこう（密輸で）稼いでたんだ。それを見てやりたくなったんだ。キャノンは、金が無かったんだよ。G2から莫大な工作資金が出ていたというが、それは嘘だ。足りない分は自分で何とかしなければならなかった。むしろキャノンが金を稼いで、それをウィロビーに上納していた。マフィアの組織と同じだよ」

——キャノンとの間の取り決めは？

「船の管理はおれがやった。警察と話をつけるのはキャノンの役目だ。利益は完全に折半だよ。うちは、下請けじゃないんだから」

——どのようなものを密輸していたのか。

「本当の目的は情報だ。まず日本から北朝鮮に日用雑貨や古い工作機械なんかを持っていって、そこで情報収集をやるんだ。帰りに中国や東南アジアを回って、生ゴムやペニシリン、油なんかを買ってくる。あとは〝人間〟だな」
——人間？

「人身売買じゃないぞ。朝鮮や中国で、スパイになりそうなのを探して連れてくるんだ。それをキャノンが教育して、また送り返した。みんな殺されちゃったけどな……」

海烈号事件

——密輸と言えば、海烈号事件が有名だが。

「あれはおれじゃない。児玉が三上（三上卓・元海軍中尉。五・一五事件で犬養毅《つよし》首相を射殺）と組んでやったんだ。最初はおれも一枚嚙《か》むはずだったんだが、キャノンが危ないからやめろと言うので、手を引いた」

海烈号事件は、当時の金額で五億円以上といわれる台湾義勇軍資金にからむ巨額密輸事件である。昭和二四年八月一七日、台湾から運ばれた大量のストマイ（ストレプトマイシン）やペニシリンが川崎の日本鋼管岸壁で陸揚げ中に押収され、主犯格の三上卓や阪田誠盛など七名が逮捕された。だが、児玉誉士夫の名は浮上していない。

——キャノンがからんでいたと聞いているが。

「からんでたよ。横浜税関は奴が通すはずだった。しかし内部に密告者がいて、情報が事前に（G2の）他の部署に筒抜けになった。あの頃、G2に、キャノンのことを目の敵《かたき》にしてる男がいたんだよ。そいつに潰された。もし海烈号の件がうまくいけば、いまの中国と台湾の地図は変わっていたかもしれない」

この海烈号事件は、後に下山事件に関連する人物を追っていくと、さらに奇妙な場面で遭遇することになる。

――キャノンとの仕事は、密輪が主だったのか。

「そうじゃない。本当の目的は、反共だよ。おれとキャノンは、反共で意見が一致して〝兄弟〟になったんだ。おれたちの仕事は、簡単に言えばアカ狩りだ」

――具体的には？

「荒っぽいこともやったよ。アカをさらってきて、口の中に拳銃を突っ込んだりな。キャノンはそいつの頭の上に、一発射ち込むんだ。髪の毛が焦げるくらいにさ。それで訊くんだ。弾丸と金とどっちがいい？　たいがいそれで、二重スパイになる。伊藤律なんかそのロだ。中には頑固な奴もいたけどな」

――鹿地亘のような？

「あれでキャノンはすっかり有名になっちゃったな。だけどおれはあの件には関係していない」

――キャノンは人を殺しているか。

「殺したかと言えば、殺しただろう。ＧＨＱとはいえ兵隊なんだから、それも仕事のうちだ。あの頃、朝鮮人を相手に年中射ち合いをやっていた。射ち合いをすれば人は死ぬ。キャノンが撃たれたこともある。だけど、何十人も殺してるとかいうのは嘘だ。キャノンは、殺人鬼じゃない」

——キャノンは、自殺したという噂があるが。

「まさか。あいつは自殺するような人間じゃない。殺されたんだ」

——誰に殺されたのか。

「KGB（ソ連国家保安委員会）だと思う。キャノンは日本でソ連のスパイを何人か殺してるから、その復讐かもしれない。キャノンの昔の部下は、CIAに殺《や》られたと言っていたが……。

だけど、キャノンは本当にいい奴だったんだ。仲間を絶対に裏切らない。おれも、何度か命を助けてもらった」

——どんな時に？

「一度、ライカビルの事務所を朝鮮人に襲われたことがあった。たまたま黒磯からダイヤを掘り出してきて、それを事務所に置いてあるのがばれたんだ。こっちはおれと、林武と、柴田さんがいた。三人だけだ。銃は一丁しかない。相手は七〜八人はいたな。ドアをはさんで睨《にら》み合いになったんだが、身動きが取れない。仕方なく、キャノンに電話したんだ。あいつ、本郷から五分で飛んできたよ。部下を連れて、両手にコルトを構えて階段を駆け上ってきた。確か、昭和二四年の春頃じゃないか。まるで騎兵隊みたいだったね」

矢板玄は、はっきりとは言わない。だが、ライカビルで銃撃戦があったことは確かなようだ。そしてその場所に、私の祖父もいた。

私は母の言葉を思い出していた。下山事件のあった夏、母が学校の夏期行事の小旅行から帰ると、突然、引っ越しをしていた。その理由を訊ねると、祖母は「朝鮮人が襲ってくる」と言ったという。二つの事例は、偶然とは思えないほど時期が近い。

エリザベス・サンダース・ホーム

──キャノンとは、いつ、どこで知り合ったのか。

「正確には覚えてないけど、昭和二二年頃じゃないか。最初は、麹町《こうじまち》の沢田ハウスで会った」

沢田ハウスは、外交官の沢田廉三《れんぞう》・美喜夫妻が所有する洋館で、当時はG2が接収しポール・ラッシュ中佐がCIS（民間諜報局）の本部を置いていた建物だ。

──本郷の岩崎邸ではないのか。

「違う。沢田ハウスだ。キャノンが本郷に行ったのは、もっと後の話だよ。だいたい麹町も本郷も、岩崎のお嬢さん（沢田美喜）が厚意でウィロビーに貸したんだ。あの頃キャノンは、麹町にオフィスを持っていた」

本郷の岩崎別邸にキャノン機関が開設されたのは、昭和二三年の三月である。もし矢板玄がキャノンと会ったのが昭和二二年だとするならば、確かにキャノンは本郷にはいなかった。だが、これまでの定説では、その頃キャノンは横浜のＣＩＣに籍を置いていたことになっている。

もし沢田ハウスにいたとなれば、キャノンはＣＩＳのラッシュの部下だった可能性も出てくる。

――誰の紹介で会ったのか。

「最初は白洲次郎が言ってきたんだ。キャノンていう面白い奴がいるって。だけど、なかなか紹介してくれない。それで、岩崎のお嬢さんに間に入ってもらった。キャノンは美喜さんには頭が上がらなくてね。一度、岩崎邸の部屋で銃を射って、壁の穴を見つかっちゃったんだ。そうしたら美喜さんに怒られて、出て行けと言われてしょぼんとしていた。美喜さんに言わせれば、キャノンなんかただの腕白坊主なんだよ」

私は矢板玄の話を、何気なく、面白おかしく聞いていた。だがその時、私は、「岩崎のお嬢さん」という人物についてほとんど知識を持っていなかった。

沢田美喜――。

矢板玄は、きわめて重大なことを話していたのだ。

神奈川県大磯町に、「エリザベス・サンダース・ホーム」という福祉施設がある。戦後、進駐軍兵士と日本人女性の間に生まれた混血の孤児のために、同町の岩崎別邸に設立された養育施設だ。数々の美談を生んだこのエリザベス・サンダース・ホームに私財を投じた創設者が沢田美喜である。

沢田美喜は三菱財閥本家の岩崎久弥《ひさや》の長女として明治三四年（一九〇一）に生まれた。お茶の水高等女学院を中退後、外交官の沢田廉三と結婚。戦前からニューヨーク総領事夫人としてアメリカに居住し、親日派の人脈を築いた。夫の沢田廉三は近衛《このえ》、平沼、小磯内閣で外務次官を務めた外交のエリートで、戦後は国連大使、日韓会談首席代表などを歴任した。ちなみに私の曾祖父の柴田震とは、外務省時代に北米担当の同僚だった。

沢田廉三は外交エリートとして表舞台で活躍する一方で、まったく別の顔を持っていた。戦後はジャパン・ロビー（ACJ＝アメリカ対日協議会）の中心人物として知られるハリー・F・カーン（ニューズウィーク記者）と親交を持ち、ジャパン・ロビーの日本側の主要人物の一人として財閥復権などに奔走。共産党の非合法化論者を自認していた。

エリザベス・サンダース・ホームの沢田美喜、廉三夫妻に関して、意外な裏話を聞かせてくれたのはジャーナリストの斎藤茂男だった。

「真木という〝殺し屋〟がいたんだ。一時、下山事件の実行犯の一人として名前が上がった男なんだけどね。その真木の身辺を洗っていくと、エリザベス・サンダース・ホームの沢田美喜に行き当たるんだよ……」

真木とは、真木一英。昭和二九年三月一日号の雑誌「真相」を踏まえ、真木について『謀殺 下山事件』には次のように書かれている。

「東京外語卒。中国語、英語が堪能で、支那事変の当時は陸軍諜報部に関係、上海では転向者の塩谷栄三郎氏や上海憲兵隊長だった長光捷治少佐とも知人。M（真木）氏の中国名は憑逸生といい、上海英租界にミルクホールを経営、諜報員としてピストルや毒薬を使って中国要人をつぎつぎと殺した暗殺のベテランだった」

斎藤は言う。

「下山事件から三ヵ月くらいした一〇月だった。ある男から警視庁に手紙が届いたんだ。おれは下山殺しの犯人を知っている、教えてほしかったら金を出せというんだ。それがまた途方もない大金でね。警視庁の小林という刑事が逮捕したんだが、その男はＣＩＣの協力者だとわかった。それが真木一英だった」

真木の要求した情報料は、現在の貨幣価値に換算すると五千万円以上の額だった。だが、警視庁と検察庁が取り調べても、真木は「自分は何も知らない、手紙を出した覚えもない」と繰り返すだけだった。そのうちにＣＩＣが真木の逮捕を嗅ぎつけ、小菅刑務所から〝救出〟してしまった。

真木一英に対する追及は、ここで一応の終止符が打たれる。だがそれから一〇年後、真木は意外な形で、ふたたび沈黙を破ることになる。元CIC協力者の〝M〟という名で「週刊文春」昭和三四年七月六日号にその証言が載った。要約しよう。

――私の逮捕は二世のウィリアム・金光（CIC）の指令で長光捷治（柿ノ木坂機関長）が私を下山事件の犯人に仕立てあげるための計画だった。私はある程度、下山事件の核心をつかんでいるつもりだ。しかしこれは、アメリカと日本が戦争でもしない限り口が裂けても言えない。理由は消されるからだ。下山事件には下山氏の替え玉がいた。江東区深川枝川町に住む李という男だったが、替え玉が露見しそうになったので昭和三〇年秋に消されてしまった。下山、松川の両事件は北海道のガーゲット機関が東京に移ってキャノン機関と合併、その下請け日本人協力機関の謀略作戦によってやられた事件だ。

様々な意味において、実に示唆に富む証言だ。この中で真木は、①自分の逮捕はCICと長光の策略であったこと、②事件には替え玉がいたこと、③ガーゲット機関とキャノン機関、日本人機関の謀略であった（G2の犯行）ことを明言している。にもかかわらず真木は、事件の核心は「アメリカと日本が戦争でもしない限り口が裂けても言えない」とも言っている。

さらに興味深いのは、総裁の替え玉だった李という朝鮮人（前述の李中煥とは別人）が消されたのが昭和三〇年の秋だと言っていることだ。この証言には、明らかな矛盾がある。日米の間でサンフランシスコ条約（対日平和条約・日米安全保障条約）が調印されたのが昭和二六年九月八日。これをもって事実上の〝占領〟は終結し、翌二七年にはGHQの撤退が完了した。つまり昭和三〇年には、真木の言うG2もCICも日本には存在しなかった。

当時、日本で行動していたアメリカの諜報機関は、CIAだけだ。

不思議なのは下山事件に関してそれほど重大な秘密を握っていた真木一英が、なぜ消されずにすんだのかということだ。この疑問に明確なヒントを与えてくれたのも斎藤茂男だった。

「元々真木は、長光の紹介でCICの協力者になったんだ。ウィリアム・金光の情報提供者だった。その金光と長光が共謀して、真木を下山事件の犯人に仕立て上げようとした。真木が、自分は金と銃を渡されて、下山事件で〝動いた〟と言っていた」

「つまり、ケネディ暗殺の……」

「そうだ。リー・ハーベイ・オズワルドの役を演じたことになるね」

「しかし、殺されなかった……」

「エリザベス・サンダース・ホームに逃げ込んだんだよ。真木は、沢田美喜の私設秘書をやっていた。戦時中は三菱商事の社員という肩書も持っていたしね。それでCIA（斎藤はG2でもCICでもなく、〝CIA〟という言葉を使った）も手を出せなかったんだろうな」

つまり沢田美喜はG2に沢田ハウスや本郷ハウスなどの基地を〝提供〟しただけでなく、アメリカの諜報機関にある種の〝権限〟を持っていたということになる。だが、それにしても、またしても「三菱」だ。

斎藤はさらに続けた。

「エリザベス・サンダース・ホームは表向きは慈善施設だけれどね。裏では確かに、何かをやってたんだよな……」

斎藤茂男の一枚のメモ

斎藤が死後、下山事件に関する膨大な取材ノートを残したことは前述した。その中に、真木一英に関する一枚のメモがある。

〈真木——中村（50）
——大西
——田中（中尉）
——矢板（CIA）ライカビル
——中島（40）チョビヒゲ〉

現在、メモに登場する人間は中村以外のほとんどが確認できている。大西は、キャノン機関のヘンリー・大西のことだ。田中は大阪ＣＩＣのジョン・田中中尉で、下山事件に関連して印象的な場面で登場する（後述）。矢板はもちろん亜細亜産業の総帥の矢板玄だ。また中島は、「キャノンはソ連側スパイを二五〇人殺害した」と「サンデー毎日」のインタビューで証言した中島辰次郎である。戦時中は日高富明大佐の部下で陸軍の特務機関員として暗躍。戦後は日高機関と共にキャノン機関の協力者となった。また中島は、後に「松川事件の犯行現場に自分が立ち会った」ことを告白した人物としても知られる。

興味深いのは矢板玄の名前の下に、斎藤が（ＣＩＡ）とわざわざ注釈を入れていることだ。もちろん斎藤が、ＣＩＡとＣＩＣ、もしくはＧ２を混同することはあり得ない。

整理してみよう。

真木一英は長光捷治の紹介でＣＩＣの協力者となった。矢板玄をはじめ、キャノン機関の人間に広い人脈を持っていた。その矢板玄が、長光とキャノンを結びつけた。これらの人脈を結ぶ線は、複雑に綾《あや》を織りなしながら、完全にひとつの円でつながる。そしてその円の中心にいるのが、エリザベス・サンダース・ホームの沢田美喜だ。沢田美喜は〝殺し屋〟の真木一英をその庇護《ひご》下に置き、キャノンと矢板玄を引き合わせるという重要な役割を演じた。その背後には、なぜかＣＩＡの陰が見え隠れしている。

一方で沢田美喜は、G2の中にまったく別の太い人脈を持っていた。麹町の沢田ハウスの支配者、CIS文書編集部長のポール・ラッシュ中佐である。

ラッシュは日本に初めてアメリカンフットボールを紹介した人物で、山梨県の清里《きよさと》を開発した「清里の父」としても知られる。一九二五年に関東大震災救援団のYMCA（キリスト教青年会）の一員として来日。そのまま日本に止《とど》まって立教大学の講師となった。その後、一時帰国するが、戦後間もなくGHQの情報将校として再来日し、G2傘下のCISの責任者として公職追放者や戦犯の情報収集に従事。その実権を握った。

沢田美喜とラッシュ中佐の接点は、夫の沢田廉三がニューヨークの総領事を務めていた一九三五年にまで溯る。戦後も清里の開発やエリザベス・サンダース・ホームの運営をお互いに助け合い、慈善家同士としての良好な交流が続いた。沢田夫妻がラッシュのCISのオフィスとして沢田ハウスを提供したことからも、両者の関係の深さがうかがえる。

春名幹男はその著書『秘密のファイル』の中で、ポール・ラッシュが書いた「吉田（茂）の戦争責任を厳しく追及した追放案の秘密メモ」について触れている。このメモはラッシュからG2情報部長のハリー・クレスウェル大佐に宛てたもので、「吉田茂を公職追放すべし」と強く主張したものだった。

だが、結果的に吉田は「反戦思想者」だったことを主張し公職追放をまぬがれることに成功する。また矢板玄は、吉田内閣発足時に「金銀運営会の金が使われた」と証言している。

昭和二一年四月二二日、野党四党の取りまとめに失敗した幣原喜重郎内閣が総辞職に追い込まれた。その直後の五月三日、次期首相の筆頭候補だった自由党の鳩山一郎がGHQから追放指令を受ける。鳩山は、社会党との連立を軸に組閣に備えていた最中だった。まさに絶妙のタイミングだった。吉田茂はこの機を逃すことなく、五月二二日、自由党と進歩党との保守連立で第一次吉田内閣を発足させている。

吉田内閣成立の裏に蠢《うごめ》く人たち

吉田茂が〝政敵〟の鳩山追放を裏で画策したことは、現在GHQの機密文書など様々な資料で明らかにされている。だが、不思議なのは、吉田とポール・ラッシュとの関係だ。吉田は自分の公職追放を主張したラッシュと、その後友好的な関係を結んでいく。昭和二四年七月、下山事件の直後にポール・ラッシュは退役したが（偶然か）、その退役パーティーに当時首相だった吉田茂が出席するほどその仲は親密だった。いったい二人の間に、何があったのか――。

その謎を解く鍵が、吉田とラッシュに共通する人脈の中にある。吉田の懐《ふところがたな》刀として知られる白洲次郎は、終戦連絡事務局次長を務め、CISのラッシュの情報アドバイザーの一人だった。ラッシュの〝親友〟の沢田廉三は、吉田の外務省時代の後輩に当たる。また、その妻沢田美喜の実家の三菱は、吉田茂の政治資金の後ろ楯だった——。

春名幹男はこう書いている。

〈いったい〝追放劇〟の舞台裏で、吉田とラッシュの間に何があったのか。両者の秘められた関係は、（戦後の）日米関係の裏面史を彩《いろど》る一大事件だった、と言っても過言ではない。（中略）

外務省の後輩、沢田廉三、美喜夫妻のコネを使って、（吉田が）ラッシュの説得に努めた可能性もある。沢田はその後重用され、国連オブザーバー代表部大使などを歴任した〉（『秘密のファイル』）

第一次吉田内閣成立の裏で、沢田廉三、美喜夫妻は重要な役割を演じていたことになる。矢板玄もまた、「吉田内閣を作ったのは親父（玄蕃）と三浦義一」であると証言している。

ポール・ラッシュ—→吉田茂—→沢田夫妻—→矢板玄—→キャノン中佐——。

ここにまた、もうひとつの、さらに大きな人脈の輪が完結する。

四、下山事件に迫る

ソ連のスパイに恐れられた男

いつの間にか、三時間近くが経過していた。

矢板玄は饒舌に話し続ける。その口調は淀《よど》みなく、豪放かつなめらかで、自信に満ちている。

一方で私は、ある種の焦燥《しょうそう》を感じていた。もうあまり時間がない。下山事件に触れるべきなのか。それとも今日のところは、このまま引き下がるべきなのか……。

――キャノン以外に、GHQ関係者で親しかったのは？

「そうだな。G2の上の方はけっこう知ってるよ。ブラットン（ルーファス・ブラットン大佐。G2のナンバー2）や、ラッシュ（ポール・ラッシュ）なんかとも付き合いはあった」

――ガーゲットという人がいましたね。DRS（文書調査部）の……。

「ああ、知っている。北海道にいた奴だろう。キャノンのボスだよ。ソ連のスパイが〝ガルシェ〟と呼んで恐れていた。キャノンが殺《や》った、と言われている（ソ連側スパイの）半分以上は奴の仕業だろう」

矢板玄は、あっさりとガーゲットと面識があることを認めた。しかもガーゲットとガルシェが同一人物だったと言う。

——〝仕事〟をしたことは？

「ああ、一度か二度はあったかもしれない。どんな内容だったかまでは憶えてないけどな」

ジョージ・ガーゲット——。

元ＣＩＡのキャリア要員。一般には日本郵船ビルにオフィスを置くＤＲＳのボスとして知られている。前述の真木一英が、「下山、松川の両事件は北海道のガーゲット機関が東京に移ってキャノン機関と合併し——」と証言したあのガーゲットだ。さらに「下山事件は姫路ＣＩＣの二世グループの犯行——」と証言した宮下英二郎は、北海道ＣＩＣ時代のガーゲットの部下だった。矢板玄はそのガーゲットを「知っている」と言い、「仕事をしたことがある」と明言した。

ジョージ・ガーゲットに関しては、朝日新聞社の諸永裕司記者が二〇〇〇年にワシントン州の自宅に訪ねている。下山、松川の両事件については決定的な証言は得られなかったが、それまで謎とされてきた「ガーゲット機関」について貴重な情報を引き出すことに成功している。『葬られた夏』によると、ガーゲットは一九四六年一月に来日。ＣＩＣの米軍第四四一部隊の北海道地区に情報将校として赴任し、札幌にガーゲット機関を開設した。当時、CICは、北海道、東北、関東甲信越、近畿北陸中部、中国四国、九州の全六ブロックに分かれ、各都道府県にその支部を置いていた。通常、各支部には二〇人前後の支局員を配置。だがガーゲット機関は約一〇〇人の部下をその支配下に置き、北海道全域を管轄した。ひとつの支局としては、最大級のブランチだった。

ガーゲット機関の正式な任務は、「表立って軍内外の諜報・宣伝活動をすること」だった。具体的には「スクリーニング」と呼ばれるもので、極東からの引き揚げ者の思想調査、密航者の逮捕と身分照会などを目的とした。もちろんこのような引き揚げ者や密航者をダブル・エージェントに仕立て上げ、ソ連や北朝鮮の情報収集にも活用した。

さらにガーゲット機関は、国鉄関連の破壊工作にも関与していた疑いがある。ジャーナリストの斎藤茂男は、前述の宮下英二郎からそれを裏付ける証言を得ている。

昭和二三年の一〇月頃、宮下はガーゲット機関の直属の上司である二世の土山義雄中尉に呼ばれ、国鉄労組を分裂させることを目的とするある破壊工作を持ちかけられた。国鉄函館本線の朝里《あさり》トンネルを爆破し、プロパガンダを駆使して「共産党の仕業と見せかける」という計画だった。実際に犯行声明のビラや共産党の指令書を捏造《ねつぞう》して準備が進められたが、計画は未遂に終わった。

後に斎藤が調べてみると、ガーゲット機関に土山善雄軍曹という人物は確かに実在していた。この土山が亜細亜産業の集合写真に写っていることは前述した。興味深いのはこの朝里トンネルの計画が、驚くほど下山、三鷹、松川の国鉄三大事件の構図と似かよっていることだ。だが、もちろんガーゲットは、こうした破壊工作への関与を一切否定している。諸永記者に対し、「われわれ（ＣＩＣ）は工作部隊ではなかった。仮に共産党の活動を妨害しようとしても、軍から禁止されていた」と答えている。

ＣＩＣは、ＧＨＱの一部門だ。ガーゲットが言うように、確かに破壊工作は許されていなかった。だが斎藤茂男は、ガーゲットの部下だった藤浪正輿中尉と宮下英二郎の証言として次のように書いている。

〈藤浪氏によると、二十三年の夏ごろから北海道の米軍情報部は続々上京した。同年末東京転出となった土山軍曹を追うように、宮下氏も翌年春上京している。宮下氏は自分が上京したことについて、「そのころ、ＣＩＣのなかでひそかにＣＩＡ（米政府中央情報局）要員が編成され、自分もその末端で働くことになったためだ。しかし新たな組織の動きはＣＩＣの同僚にも秘匿《ひとく》して行なわれた」〉（『夢追い人よ』）

この証言は、前述の真木一英の「下山、松川の両事件は北海道の――」という証言に寸分の狂いもなく重なる。さらにもうひとつ、きわめて重大な事実を示唆している。ＣＩＡ

が公式的に日本で活動を開始したのは昭和二七年（一九五二）だった。だが、それ以前に、「GHQ（CIC）に籍を置きながら、CIAの命令系統で行動するCIC要員が数多く存在した」ことになる。下山事件は、その真っ只中に起きた事件だった——。

諸永は、ガーゲット本人に上京した時期を確認している。『葬られた夏』によるとガーゲットが北海道の任務を終えて上京したのが昭和二四年の七月二日。七月四日まで東京に滞在し、一度帰米している。つまりガーゲットは、下山事件の三日前から前日まで東京にいたことになる。

ガーゲットがDRSの局長として郵船ビルにオフィスを置いたのは、再来日した後のことだ。さらにガーゲットは、昭和二七年に正式にCIAのキャリア要員となり、その二年後の二九年に退職した。ちなみに矢板玄の言う〝ガルシェ〟という名は、キャノン機関の解散後、「鹿地亘の身柄を引き継いだ謎の人物」として浮上している。

昭電疑獄事件の舞台裏

緊張感がただよう。

ウィロビー、キャノン、ガーゲットと名前が続いたことで、矢板玄はかすかに警戒心を持ちはじめたようだ。だが、それでも話し続ける。憑《つ》かれたように。なぜなのか——。

——GSの連中は？　例えば、ホイットニーとかは……。

「来たことはあるよ。ケージス（チャールズ・ケージス大佐。GS次長）には会った。しかしあいつらはアカの味方だった。ケージスと鳥尾夫人のことは知ってるか。あれを仕組んだのはおれたちだ」

矢板玄の言う「鳥尾夫人のこと」とは、ケージスと鳥尾子爵夫人の鶴代との不倫が発覚、後にこれがケージスの失脚と昭電疑獄事件の発端となった事件だ。それを、矢板玄は、自分たちが仕組んだと言っている。

――それは、昭和電工の事件のことですか？

「おお、そうだ。あれは、三者の利害関係が完全に一致したんだ。吉田は芦田内閣を潰したかった。ウィロビー（G2）はケージスを追放したかった。おれたちは昭電の森さんに恩があった。最初に計画を練ったのはウィロビーと吉田と、白洲次郎だよ。それでおれや斎藤昇（国警長官）が動いた」

昭電疑獄事件の経緯は、昭和史のひとつの大きな謎とされてきた。その図式を、冗談でも語るように矢板玄は明らかにしていく。

――キャノンは？

「いや、キャノンは直接はからんでいない。全部知っていたけどね。あいつは荒っぽいことが専門だった。頭を使うことはあまり得意じゃないんだ」

――祖父が関係していたと聞いたことがあるんですが……。

「ああ、そうだ。柴田さんがやったんだよ。おれたちは完全に証拠を摑んでたんだが、それを発表できない。ケージスが新聞社や警察に圧力をかけてきたんだ。それでハリー・カーンのつてを使って、アメリカの新聞社に情報を流した。それをやったのが柴田さんだった。あの頃、柴田さんは顔が割れていなかったし、英語がうまかったろう。あの頃、英語といえば白洲次郎か柴田さんだった。発音なんか、イギリス人と変わらない。アメリカ人よりうまいくらいだった。それにおれと違って、いかにも紳士だからな。外人記者は、みんな柴田さんのことを信用していた」

しばらく昭電疑獄事件の話が続いた。その会話の中で、事件と迫水久常、西尾末広との関連も明らかになった。

だが、ケージスの名前から話が逸れてしまった。もう時間がない……。

——CTSにシャグノンという人がいましたね。国鉄担当の……。

その名前を聞いた時、矢板玄の表情から笑いが消えた。

「知ってはいる。でもあいつは好きじゃないな。金でどっちにでもころぶ奴だ」

声のトーンが低くなった。目が鋭い。何かを考えているのがわかる。

——国鉄をマイ・レイルロードとか言っていたらしいですね。

「らしいな。加賀山（国鉄副総裁）に言ったんだろう。自分が本気で国鉄の〝社長〟になるつもりでいた。ウィロビーの腰巾着《こしぎんちゃく》だよ」

社長？　それはいったいどういう意味なのだろう。

それでも矢板玄は話をやめようとはしない。

〝今〟しかない。そう思った。

その時、何かが変わった

……。

——そういえばあの頃、国鉄に関連していくつか事件がありましたね。下山事件とか
自分でも不思議なほど、ごく自然にその言葉が出た。その時、何かが変わった。

「ああ、あったな……」

矢板玄が、低い声でそう言った。

形相が、見る間に変わっていく。顔が、紅潮する。双眸《そうぼう》を見開き、口元が笑ったように固まって動かない。生きる仁王像を見るような気がした。これがかつて日本の闇に暗躍した男、矢板玄の真の顔なのか。

だが、私も追い込まれていた。すでに退路はふさがれていた。

それまでメモを取っていたノートを閉じた。

——下山さんに面識はあったんですか？

矢板玄は冷たいお茶を口に含み、そして言った。

「会ったことくらいはある」

なぜだ。なぜ話に乗ってくるのか。こちらがどこまで知っているか、確かめるつもりなのか。

――矢板さんなら、事件について何か知ってるんじゃありませんか。

「もちろん、知ってるさ……」

――なぜ下山さんは、殺されたんでしょうね。

私はあえて、「殺された」という言葉を使った。

「あの頃の社会情勢を考えれば、わかるだろう」

――例の国鉄の大量解雇ですか。下山さんは、労組左派に恨まれていたという話はありますね……。

「馬鹿なことを言うな。アカの腰抜けどもに何ができる。あんなに大それたことがやれるわけがない」

予想外の展開だった。矢板玄は、口数が少なくなった。だが、その中で、重大な事実をいくつか認めている。下山総裁と面識があったこと。事件が自殺ではなく〝殺人〟であったこと。しかも、共産党勢力の犯行ではなかったこと――。

――しかし、労組左派の犯行説を政府もGHQも宣伝しましたよね。その結果、共産党は求心力を失い、国鉄の大量解雇は一気に加速された。

「表面だけを見ればそうなる。しかしそれは〝結果論〟だ。もっと視野を広げてみろ。どこかの新聞記者の書いた戯言《ざれごと》を信じるな。あの頃の世界情勢はどうだったのか。その中で日本はどのような立場に立たされていたのか。それさえわかれば、下山がなぜ殺されたのかもわかるだろう」

下山総裁の死が大量解雇に利用されたことは、「結果論」だった？　いったい矢板玄は、何を言わんとしているのか——。

——それならやはり、アメリカの謀略ですか？

「そうは言っていない。ウィロビーは事件を利用しただけだ。ドッジ・ラインとは何だったのか。ハリー・カーンは何をやろうとしていたのか。それを考えるんだ。アメリカは日本の同盟国だ。東西が対立する世界情勢の中で、日本は常にアメリカと同じ側に立っている。過去も、現在も、これからもだ。もしアメリカじゃなくてソビエトに占領されていたら、どうなっていたと思う。日本は東ドイツや北朝鮮のようになっていたかもしれないんだぞ。それをくい止めたのが、マッカーサーやおれたちなんだ。日米安保条約は何のためにある。アメリカの不利になるようなことは言うべきではない」

矢板玄は一気に持論をまくし立てた。マッカーサー、ドッジ、カーン、日米安保条約。自分の知識で理論武装することによって、こちらをねじ伏せようというのか——。

いや、違う。なぜだかはわからない。だが、矢板玄は、確かに真実を話そうとしている。

——アメリカじゃないとしたら、誰の犯行なんですか。キャノン機関が単独でやったという噂もありますね。

しばらくの間があった。矢板玄は、あいかわらず仁王のような形相を崩さない。そしておもむろに、口を開いた。

「キャノンがやったと言うなら、そうなんだろう。おれは否定しない」

まさか……。

確かに、曖昧《あいまい》な言い回しだ。だが、矢板玄は、キャノンの犯行であったことをほのめかしている……。

——キャノンが、やったんですか？

その質問に、意表を衝くような言葉が返ってきた。

「お前は、どう思う」

口元が、かすかに笑った。

私はその時、矢板玄という人間の一端に触れたような気がした。これは、ゲームなのだ。命のやりとりにも似た、遊びなのだ。矢板玄は、真剣勝負を楽しんでいる。ならばこちらも、その誘いに乗るのが礼儀というものだ。

——祖父が、日記を残していたんです。

日記と聞いて、湯呑みに伸ばしかけた手が止まった。私を見る目に、一瞬、驚きがかすめた。紅潮した顔から、逆に色が引いていく。いま自分が耳にした言葉が何を意味するのか。それを懸命に分析しようとしているかのように見えた。

「日記？　何の日記だ……」

——祖父は英語が得意でした。その英語で、日記をつけていたんですよ。亜細亜産業にいた昭和一八年から二四年の夏まで。ノートは全部で六冊ありました。

祖父は亜細亜産業時代のことを、克明に日記に書き残していた。それは事実だ。私は書斎のデスクの引き出しにあった六冊の日記帳を、何度もこの目で見ている。だが、その日記帳は、祖父の死後に間もなく祖母の命令で焼却された。

「お前、その日記を読んだのか……」

私はただ黙って小さく頷いた。

そうだ。確かに私はその日記を読んだことがある。まだ、小学生の頃だった。祖父の前で日記帳を開き、一行か二行、教わったばかりのアルファベットを頼りに単語を追った。意味は理解できなかった。だが、その時の祖父の言葉は覚えている。「この日記はお前にやる。大人になって、英語がわかるようになったら、読んでみろ」と——。

矢板玄が、崩れていく。双眸から、滾《たぎ》るような炎が消えていく。私から目を逸らし、視線が宙を漂う。それは、隠すことのできない狼狽《ろうばい》だった。ほんの一瞬で、一〇年の老いを重ねたようにも見えた。だが、それでも矢板玄は威厳を保ち続ける。最後の力を振り絞るように。

そして突然、大声で笑いだした。

「困ったもんだな、柴田さんは。そんなものを残してたのか。まさかお前、その日記のことを書くつもりじゃないだろうな」

——まずいですか？

「まずいな。今はまずい。まだ関係者も生きてるんだ。あと一〇年、いや、おれが生きているうちはだめだ。約束しろ」

いつの間にか矢板玄の目は、生気を取り戻していた。その気迫に、気圧《けお》されたわけではない。その時の私は、むしろその気迫に安堵《あんど》していた。それほどに、矢板玄という男に魅了されていたのかもしれない。これ以上、矢板玄のプライドを傷つけることは本意ではなかった。気が付くと私は、その言葉に素直に同意していた。

——わかりました。約束します。矢板さんが生きているうちは、ぼくは書かない……。

私は納得していた。目的は、真実を知るということだ。祖父の日記の存在を知った時の、矢板玄の反応がすべてだった。書くか書かないかは、二の次だ。

もうひとつ、確かなことがある。祖父もまた、矢板玄を狼狽させるだけの、真相を知りうる立場にいたということだ。

黄昏《たそがれ》の街は、雪に白く染まりはじめていた。今夜は、積もりそうだ。

矢板玄は、私を長屋門まで送った。手は握らなかった。ただ、私の肩にその大きな手を置き、一瞬力を込めた。自らの力を誇るように。そして言った。

「また遊びに来い。今日は、楽しかった」

その顔は、かつての祖父のように穏やかだった。そしてそれが、私の見る矢板玄の最後の姿となった。

第四章　検　証

一、轢断現場

長島フクの夫は特高上がりだった

五反野の駅を降りると、季節はいつの間にか春になっていた。商店街を歩き、古い店を見つけては暖簾《のれん》をくぐる。末広旅館の場所を訊《たず》ねるが、誰も正確には記憶していない。

「このあたりには、当時のことを憶えてる人はもうほとんど残ってないよ。うちの親父も二年前に亡くなったしなあ……」

どこでも、同じような答えが返ってくる。事件から、すでに半世紀以上。時の流れの大きさを感じた。

たまたま町で声を掛けた老人が、運良く町会長を務める人物だった。

「末広旅館なら、この先の信号を左に曲がった所だよ。いまは不動産屋になってる。あんたもどうせ〝下山事件〟だろ。隣に高橋初之助さんていう人が住んでるから、話を聞いてごらん。よく知ってるから」

　そう言って、老人が笑った。

　教えられた場所に行くと、コインパーキングの隣にグレーのタイル貼りの四階建てのビルが建っていた。一階の不動産屋に、初老の女性の姿が見えた。ドアを開け、声を掛けると、末広旅館の主人長島勝三郎の後妻だとわかった。

「私は何も知らないよ。主人は死ぬまで、そのことについては何も言わなかったからね」

　本当に、何も知らないという様子だった。仕方なく、ビルの左隣に回り、高橋初之助を訪ねてみた。ベルを押すと、しばらくして、胡麻塩《ごましお》頭の老人が顔を出した。

「ああ、末広旅館ね。毎年春から夏になると、あんたみたいのが必ず一人か二人は来るんだよな」

　老人は、庭に出てゆったりとした動作でタバコに火をつけると、訥々《とつとつ》と話し始めた。

　当時、末広旅館の前には川が流れていた。その川沿いの細い道に、連日のように報道関係者が押し寄せた。高橋も、警察や新聞記者に何度も話を聞かれたという。

「でもね、誰も下山さんのことを見ていないんだよ。ここから自殺した所までは一本道だから、そんなわけはないんだが……」

確かに、高橋の言う通りだ。昭和二四年（一九四九）七月五日、末広旅館を出た下山総裁は、その後東武線のトンネル入口まで誰にも姿を見られていない。その間、約一キロ。しかも当時は川沿いの細い一本道に、人家や神社が並んでいた。人気《ひとけ》のあまりない轢断《れきだん》現場付近で二〇人以上の目撃者があったことと比較すると、あまりにも不自然だ。

下山総裁は、ヘビースモーカーだった。だが、三時間近くも休息した末広旅館で一本もタバコを吸っていない。

「末広旅館ていうのは、汚い連れ込み宿でね。そんなところに下山さんみたいな偉い人が来るもんかってさ。みんなでそう噂してたんだよ」

東京地検は女将《おかみ》の長島フクの証言に、最初から疑いの目を向けていた。いくら客だとはいえ、それほど克明に服装を記憶できるものなのか。試しに前日訪れた検察官の服装を訊《き》いてみると、長島フクはまったく答えられなかった。やはり、末広旅館には、最初から下山総裁など存在しなかったとしか思えない。

「主人の勝三郎は、どんな人だったんですか」

「ああ、特高上がりだよ。軍の警察のようなものさ。元々、この辺の人間じゃない。戦後、どこからか流れてきたんじゃなかったのかな」

「実は、祖父が長島夫妻の知り合いだったらしいんです」

私は祖父の元に長島フクから年賀状が届いていたこと。事件があった当時に末広旅館に何回か泊まったことがあることなどを簡単に説明した。その言葉に、気を許したのかもしれない。高橋が、突然奇妙なことを言いはじめた。

「これはあまり人に言ったことはないんだけどね。当時、長島さんは、末広旅館の持ち主じゃなかったんだよ。地元の宇野さんていう人から借りて営業してたんだ。ところが事件の後、急に羽振りが良くなって、あの旅館を買い取ったんだよ」

「何かで、大金が入ったということなんですか」

「まあ……そうなんだろうねえ……」

高橋初之助の家を辞して、小菅駅方面へと向かった。道はしばらくして西之宮《にしのみや》神社の前を通り、東武線のガードをくぐる。地図を片手に、線路沿いの土手下の道に入っていく。

轢断現場の特徴

もし下山総裁が末広旅館で休んだとしたら、昭和二四年七月五日の夕刻にこの道を歩いたはずだ。もしくは、顔のない替え玉と呼ばれた男が。おそらく当時は、暗く寂しい道だった。人家は疎《まば》らで、周囲には畑が広がっていた。だが、いまは違う。新しい家や、マンションが建ち並んでいる。道の脇には小川が流れ、遊歩道が延びている。近くの公園では春風の中で、家族連れが遊んでいた。明るく、平和な風景だ。

下山総裁の碑は、常磐線のガード下にひっそりとあった。いまでもここを訪れる者がいるのだろうか。碑の前には缶コーヒーが置かれ、枯れかけた草花が飾られていた。

碑に、手を合わせた。私は下山総裁の顔を写真でしか見たことがない。淋しげに微笑《ほほえ》むその顔が、脳裡《のうり》に浮かんでは春風の中に消えた。

轢断現場はこの辺りだろうか。道からは、高架になっている常磐線の線路は見えない。近くのマンションの管理人に断わり、階上に上がらせてもらった。

エレベーターを五階で降りると、目の前に殺伐とした風景が広がった。七月六日未明、下山総裁の轢死体が九〇メートルにわたって散乱していた、まさにその場所だった。左手の北千住の方向に目を向けると、東武線のガードが見えた。その先で、線路が大きく左にカーブしている。機関車の速度を落とす必要はないが、先は見えない。ましてヘッドランプが故障していたD51では、線路上に横たわる下山総裁を発見することは不可能だったろう。謀略には、計算しつくされた理想的な〝場所〟だ。

どこかで見たことがある。最初にこの風景を見た時に、そう思った。いや、正確には風景というよりも、現場の見取り図と言うべきだろう。実は、下山事件よりも二〇年以上も前に、これときわめて似かよった状況で起きた事件があった。昭和三年六月四日、満州鉄道で起きた張作霖《ちようさくりん》爆殺事件である。満州を支配する軍閥張作霖が北京から奉天《ほうてん》（現瀋陽《しんよう》）への帰途、日本の関東軍により爆殺された。主謀の河本大作大佐らはこれを国民軍の仕業《しわざ》に見せかけ武力行使を図ろうとした。この事件が、田中義一首相の辞職につながった。

張作霖爆殺事件が起きた奉天近郊の現場（毎日新聞）

下山総裁の轢断現場（共同通信）

現場はやはり、満州鉄道と京奉線との交差地点で起きている。偶然なのか。それとも、謀略者のセオリーなのか。

奇妙なことに、下山事件の周辺には常に満州——満州鉄道——というキーワードが影のように付きまとっている。亜細亜産業総帥の矢板玄、玄蕃の親子。さらに亜細亜パルプ専務の林武一はすべて満鉄の関係者だった。社員の中でも祖父の柴田宏をはじめ数人が関東軍の特務機関員として戦時中は満州で暗躍していた。下山総裁を轢断した八六九貨物列車の運転士、山本健機関士もまた満鉄からの帰省者だった。それ以外にも、下山事件の周辺には下山総裁本人を含め、偶然とは思えないほど〝満州〟の経歴を持つ者が多い。

戦時中、満州を中心に歌手、女優として活躍した山口淑子は、自伝『李香蘭』の中に意味深な一言を書いている。

「満州鉄道の関係者は裏切者を処刑する時に、列車に轢かせてバラバラにした」

つまり、下山総裁は何らかの意味で「裏切者」だったということか——。

「機関士というのは、一生に必ず二人や三人は殺しているものなんです。その時の気持ちが、わかりますか。私もあそこ（轢断現場）は何度も通ったことがある。北千住から行くと、ちょうど線路が右にカーブしながらガード下に向かって下っている。しかもその先が、陰になっている。あそこに人がいても、絶対に止まれない」

以前、轢断列車の機関助士の荻谷定一と水戸機関区で同僚だったというYはそう言っ昭和三〇年代にYは機関助士を務め、機関士の荻谷と一年以上もの間、組んでいたことがある。荻谷はYに、よく下山事件のことを話していた。

「警察に呼び出されて、何回も訊かれたそうですよ。下山さんは立っていたのか、寝ていたのか。他にあの辺りで人影を見なかったか。機関車は、なぜ遅れたのか」

事件当日、機関士を務めた山本健は、荻谷に「発車が遅れた理由を絶対に警察には話すな」という謎の言葉を残した。そして事件から七ヵ月後、山本機関士は謎の死を遂げた。

「下山事件のことは話しても、山本さんのことになると何も言わなかった。まだ話せないことがいっぱいあるんだって、そう言ってましたよ。私には、訊けない。おそらく荻谷さんは、一生自分の中に仕舞っておくつもりなんでしょう」

眼下を、貨物列車が通りすぎていく。連結された数十輛の貨車が車輪をレールの継ぎ目にぶつけ合い、けたたましい音を立てる。その音が、いつまでも耳の中で鳴り響いていた。

迷走する「血の道」

かつてこの轢断現場で、「血の道」を発見した男がいる。朝日新聞社の記者、矢田喜美雄だ。

矢田が現場の血痕のことを東大の桑島博士から聞いたのは、七月一八日の午後だった。

CIL（GHQ犯罪捜査研究室）のフォスターという軍曹が、博士に「現場の北千住寄りに血痕を見つけた」と教えたという。北千住寄りということは、進行方向とは逆方向になる。もし自殺ならば、轢断地点の手前に血痕が残っているわけがない。

矢田は、さっそく独自の調査を開始した。薬局で売れ残りのルミノール反応液を手に入れ、終電が終わった真夜中の轢断現場に出かけた。

ルミノール反応液は、三〇万倍に薄めた血液にも反応する血痕鑑定試薬である。矢田はそれを噴霧器に入れ、CILの捜査官が血痕を見つけたという線路上に撒いた。すると漆《しっ》黒《こく》の闇の中に、血液の残存を示す螢光が見事に浮かび上がった（358～359ページ図）。

矢田の発見した血痕は轢断地点手前の北千住方面にかけて約二〇〇メートル、計四六カ所にも及んだ。血痕は上下の線路上、枕木、バラスや土手の上などに点々と続き、線路下の古いロープ小屋の柱や壁からも発見された。その中には血痕が集中する四カ所の血痕群があった。

血痕の血液型は、もちろん下山総裁と同じAMQ型だった。

この「血の道」は事件が〝他殺〟であったことを証明する決定的な「物証」であるだけでなく、「下山総裁がどのように現場に運ばれたのか」を推理する上で重要な情報となった。矢田記者は轢断列車の前に現場を通過した他の列車からの投下説など様々な可能性を示した後に、以下のように推理している。

〈死体を荒川土手のほうから畑道を通ってまずロープ小屋まで運びこむ。総裁の死体はすでになんらかの理由によって傷をうけていて、運搬者が不注意にもそれを知らず血をロープ小屋内部の扉や柱になすりつけてしまう。休憩した後、こんどは死体を最短距離のシグナルのみえる土手の上に運びあげる。そして、いったん死体をシグナル近くの第四血痕群（図―④）のところに置く。あとは下り線を零時十九分に通過する田端発八六九列車に轢《ひ》かせるだけだが、シグナルのある位置は五反野の土手のうちでもいちばん高く、どうも人目につきやすいことがわかる。これはまずいと急いで予定を変更、死体を抱えてこんどはいったん登った土手をロープ小屋の方に降りる。あとは小屋にそった桑畑のなかの道を常磐線土手ぞいにガードのほうに進む。再びこんどは土手に登り、そこで死体の持ちかえなどをして第三血痕群（図―③）を作る。ついで上り線をガードに近づくとき、下り線にコースを変えたためここで第二血痕群（図―②）を残す。あとは下り線路のなかをガード下に進むうち、例のＣＩＬが削りとった第一血痕群（図―①）をつくり轢断点に近づく〉
（『謀殺　下山事件』）

　私はこの部分を、何度も読み返した。だが、回を重ねるごとに疑問が強くなった。まず矢田は、轢断地点が選ばれた理由を「急いで予定を変更」した末の〝偶然〟で片付けてい

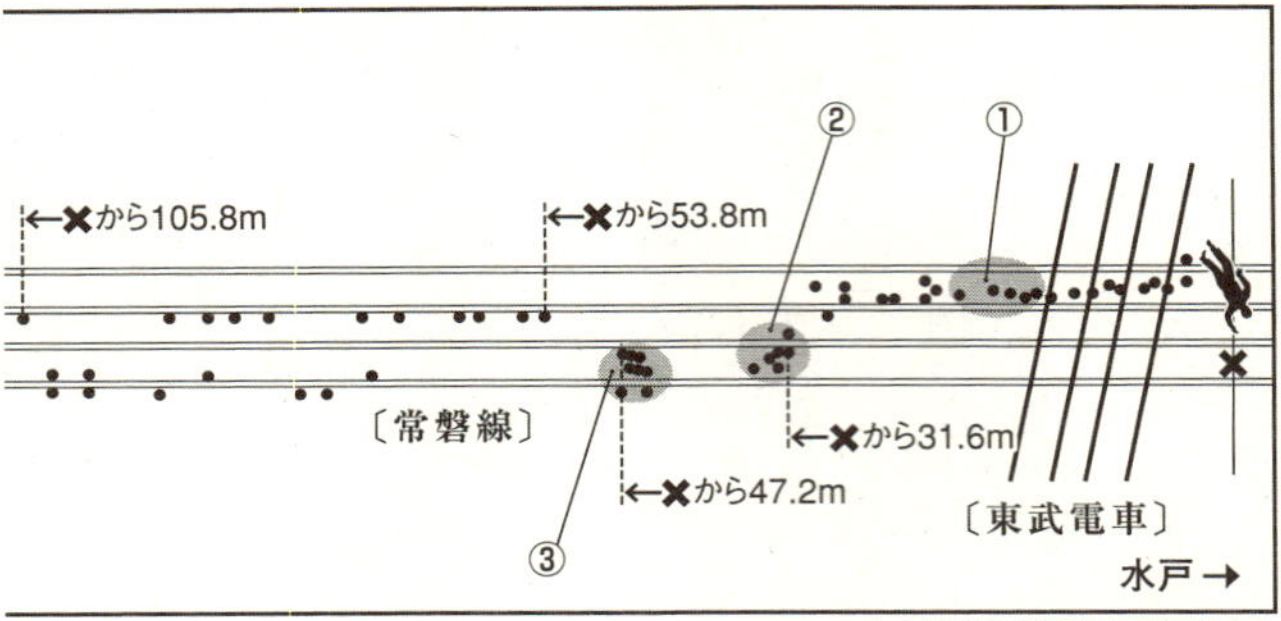

矢田喜美雄『謀殺 下山事件』より

る。だが、そんなことがあり得るだろうか。元国鉄水戸機関区の機関士Yは、「もしあそこ（轢断現場）に人が立っていても、絶対に止まれない」と断言した。ここ一〇年以上もの間、私は毎年のように五反野の轢断現場に出掛けている。荒川の土手に登り、現在は常磐線と千代田線の二本の鉄橋が並ぶ中央に立ち、轢断現場の方向を眺めてみるとよくわかる。線路はYの指摘するように、右に大きく弧を描いて下りながら、東武線のガード下へと消えていく。ここを選んだのは〝偶然〟ではあり得ない。実際に昭和二四年当時、この轢断地点はすでに三〇人の自殺者が記録された自殺の名所だった。まさに、轢断現場としては理想的な場所である。さらに推論を加えるならば、この場所を轢断現場に選んだのは国鉄の機関士——おそらく田端機関区か水戸機関区の誰か——ではなかったのか。素人には絶対にこの場所を想定できない。

第二に、「血の道」だ。この図を何度も見ているうち

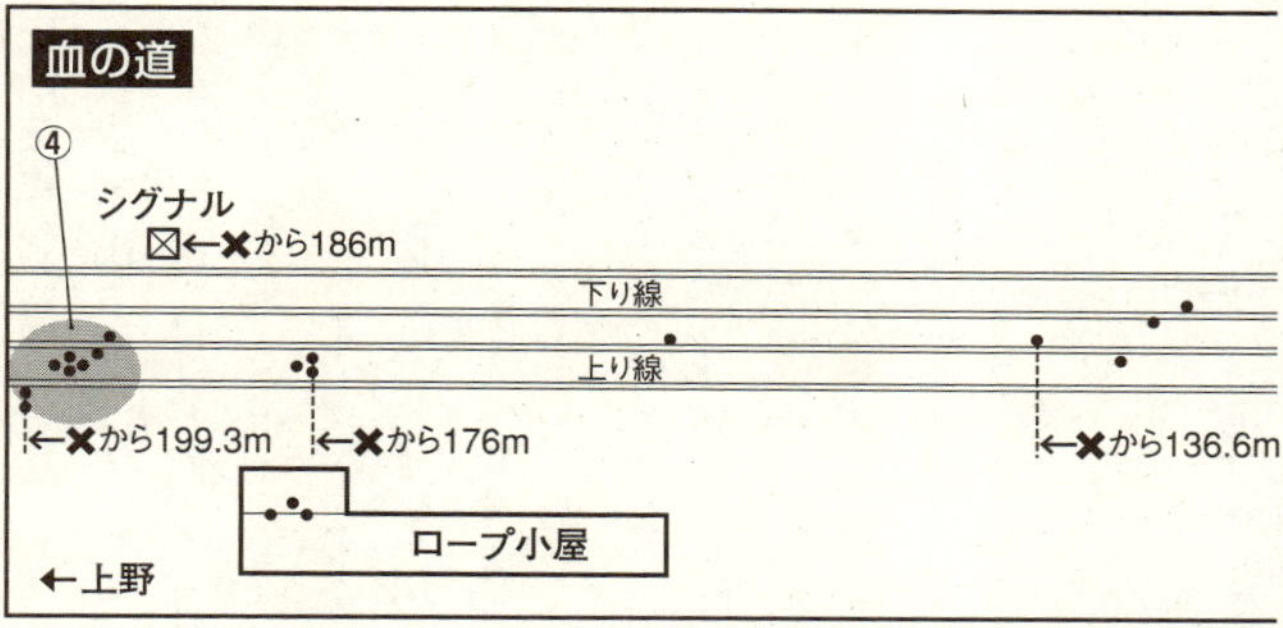

に、私は奇妙なことに気が付いた。問題は、図の轢断地点から七〇メートルの辺りから、一二〇メートルの辺りにかけてだ。この部分には、線路の上下線の両側に血痕が残っている。もし矢田が言うとおり、犯人が総裁の死体を荒川土手から轢断現場に運んだとするなら、線路のどちらかに血痕が残っているはずだ。上下線の両方に残ることはあり得ない。しかも東武線ガード下の下り線路上には、不自然なほど大量の血痕が残っている——。

この矛盾を客観的に説明する方法はひとつしかない。犯人グループは、何らかの理由により、下山総裁の死体を「轢断地点とロープ小屋の間で往復させた」ということだ。

だが、矢田記者は、後に自説を裏付ける重大な証言に出会っている。事件の当日、実際に「下山総裁を轢断現場に運んだ」と言うSという人物が現われたのだ。

死体を運んだ男の証言

『謀殺 下山事件』によると、SがNという人物から「盗品の荷運び」を持ちかけられたのは事件の二〇日ほど前、六月半ば頃のことだった。ちなみにSは、前科のあるタタキ(強盗屋)だった。Sはギャラの五千円を受け取り、七月五日の午前一〇時に銀座の「メトロ」という喫茶店にNとF、さらにボスなど八人の仲間が集まった。

ボスの命令は、「夜に荒川放水路北側の土手に行って、車から降ろす荷物を受け取れ」というものだった。約束どおり小菅刑務所横の土手に行くと、午前〇時近くになって黒い乗用車(車種は不明)がやってきた。トランクから降ろされた荷物は盗品ではなく、「柔らかくて生暖かい」人間の死体だった。

Sは、その〝死体〟を仲間のNとFと共に抱え、車道から桑畑の中を横切り、土手を登り、途中で何度か小休止をとりながら線路上を現場へと運んでいく。矢田が想定した搬入ルートとまったく同じコースだ。

ここから先のSの証言はかなり生々しい。三人で、どのように死体を抱えたのか。ズボンに油がついてつるつると滑り、運びにくかったこと。草むらに死体を投げ出し、その横に寝ころんで休んだこと。レールの上に死体を置いたこと。自分の白シャツや手首などに血が付いていたこと。所要時間は一三～一四分くらいだったことを矢田に語っている。

さらにSは、注目すべき証言をしている。死体を運んだ三人は、自分を含め、すべて身長一七〇センチ以上の長身であったということだ。

ロープ小屋の扉に血痕が残っていたことは前述した。これは三本の指に付着した血を扉でぬぐったような血痕で、床から一・七メートルの高さに残っていた。これは実験してみればわかると思うが、人間は壁面に指をなすりつけようとすると、無意識のうちにほぼ自分の目線の高さになる。つまり、一・七メートルの高さに血痕が残っていたということは、死体を運んだ犯人の中に身長一八〇センチを超す長身の者がいたことになる。

昭和二四年当時、そのような長身の日本人はきわめて稀《まれ》だった。後に、このロープ小屋の血痕が、「現場に外国人がいた」とする説のひとつの根拠とされたこともある。しかし、三人の運び屋が全員一七〇センチ以上であったとすれば、少なくともこの状況に矛盾してはいない。ちなみにSは、「自分はロープ小屋に立ち入っていない」と証言している。

矢田の推論を肯定する完璧な証言だ。だが、完璧すぎる。この証言を読んで不自然だと思うのは、私だけだろうか――。

まず矢田は、Sという人物の本名も出会った経緯も明らかにしていない。その理由を矢田は「Sにも市民権があり、法もまたSを守る立場にあるからだ」と説明している。だが矢田がSを知ったのは事件の一四年後、またしても時効の一年前だ。

さらにSは〝タタキ〟であり、事件当時は強盗屋仲間が溜まり場とする安宿に「ころがり込んでいた」ような人間だった。そのような身寄りのない人間を死体運びに使い、犯人グループが金だけ払って自由にしておくだろうか。ごく自然に考えれば、「消されていて」も不思議はない。いや、それ以前に、単に死体を運ぶという単純な作業のために犯人グループが人を雇ったことのほうが不自然だ。人を雇えば、それだけ証人を余計に作ることになる。つまり、リスクが増す。犯人グループが不用意にそのような危険を冒《おか》すとは思えないのだが――。

実はこのSの証言は、捜査二課の大原茂男によって矢田にもたらされたものだった。

〈「俺はデカ（刑事）だからブツ（証拠品）がなけりゃ信用しないんだ。でも、オヤジ（矢田さんのこと）が、これに（S証言に）惚れてんだよな――」〉（新風舎文庫『謀殺 下山事件』解説・和多田進）

やはり、ガセネタだったということか。そうなると可能性としてあり得るのは、前述の鎗水情報と同じように、矢田記者の結論を攪乱《かくらん》させるために時効直前に仕組まれたプロパガンダではなかったかということだ。

疑惑の進駐軍専用列車

一方、死体の搬入方法について、矢田記者とは対照的な見解を主張しているのが作家の松本清張である。松本は『日本の黒い霧』の中で、死体は「国鉄の進駐軍専用列車で運ばれた」とする推論を展開している。

ここで七月五日、事件当日夜の常磐線下り列車の現場通過時刻を確認しておきたい。

◎列車名　　　　　　　　　　　　　　　　現場通過時刻
○二九五貨物列車——————一〇時五三分
○二二〇七M電車——————一〇時五九分
○一二〇一列車（GHQ）————一一時一八分
○二三〇三M電車——————一一時四五分
○八六九貨物列車（轢断列車）——〇時一九分
○二四〇一M電車（死体発見）——〇時二五分

この中で松本清張の言う「進駐軍専用列車」とは、午後一一時一八分——轢断列車の約一時間前——に現場を通過した一二〇一列車を指す。

当時、国鉄やその他の私鉄では、GHQ（連合国軍総司令部）の要請により頻繁《ひんぱん》に進駐軍専用列車を走らせていた。問題の一二〇一列車もこうした臨時列車で、前日のアメリカ独立記念日のパレードに参加した米第七師団が仙台に帰るための将兵用列車だった。通称「殿様列車」と呼ばれる白線入りの一等車で、当日は客車三輛、寝台車三輛、荷物車二輛の八輛編成で運行され、計一〇人の国鉄職員が乗務していた。

この一二〇一進駐軍専用列車について、興味深い供述をした者がいる。事件前に「総裁は血を抜かれて殺されることになっている」と証言した李中煥だ。李は地検の取り調べに対し、「現場を一一時半頃に通過する列車に総裁の死体を轢かせる手はずになっていた」と供述した。多少の時間のズレはあるが、該当する列車は進駐軍列車しか存在しない。だが検察官が李に「総裁は〇時一九分に通過した列車に轢断された」ことを教えると、李は「そんなはずはない」と言って頑《がん》として譲らなかったという。

李の言うとおり犯人は本当に進駐軍列車に下山総裁の死体を轢かせるつもりだったのか。それとも李が、死体を「運ぶ」を「轢かせる」と勘違いしていたのか。いまとなっては真相はわからない。だが、いずれにしても、その裏には何らかの意図が存在したと考えるべきだ。

常磐線の列車による死体の搬入、投下の可能性に関しては、もちろん警察も調べている。まず疑われたのは、一〇時五三分に現場を通過した二九五貨物列車である。この列車は田端機関区を出発した後、北千住駅に四〇分近くも停車している。地検では北千住で死体を積み込んだ可能性を考え有蓋《ゆうがい》貨車などの検査を行なったが、血痕などの証拠は発見できなかった。その結果、「本列車に死体を載せて現場付近で降ろしたという推定は事実捜査の結果認められない」という結論に達した。

こうなると、最も嫌疑をかけられるべきなのは一二〇一進駐軍列車であることがわかってくる。機関士の荒川九二八をはじめ三人の乗務員は、「上野駅で乗務した後、列車はノンストップで仙台に向かった」と証言している。ところが警察は、一二〇一列車に関してはそれ以上の追及はしていない。

「同列車は進駐軍関係列車にて、一般人の同乗は勿論、時間其他についても制約されているので容疑の点は認められない」(『下山白書』)

松本清張はこの一二〇一列車が上野発車の後、一度田端機関区に引き込まれ、ここで下山総裁の死体を載せた貨車と連結されたと推理している。

〈田端機関庫に近い米軍施設の「工場」を考えると、誰でもそこには当時、厖大《ぼうだい》な地域を有した或る施設を頭に浮べるだろう。その施設の位置は、引込線が本線に入って一本になると、王子、田端、日暮里と直線になる筈である。

日暮里と云えば、すぐ想い出されるのは、同駅の便所に書かれた例の「5・19下山缶」の落書である〉(『日本の黒い霧』)

松本の言う「米軍施設の工場」とは、現在の自衛隊の十条駐屯地を指す。ここは戦時中に陸軍の造兵廠《しょう》があった場所で、戦後はGHQが接収。昭和二四年当時には米軍の補給基地になっていた。ちなみに矢板玄が、「その中に亜細亜産業生産部の工場があった」と私に語った場所だ。

「一二〇一列車が一度田端機関区に引き込まれた」とする松本の推理は、多少強引なようにも思える。確かに『鉄道終戦処理史』のダイヤには、一二〇一列車が田端に停車したとは記載されていない。松本はこれを、「謀略は通常のダイヤを見てはいえない」と弁明する。

だが、当日の田端機関区の動きには明らかに不審な点がある。轢断列車の八六九列車が不測の事態により、八分発車が遅れたことは前述した。五日午後七時半頃、東鉄労組支部に「総裁が自動車事故で死んだ」という電話がかかってきた。その電話は鉄道専用電話で、田端機関庫内詰所からかかってきたものだった。さらに警察が田端機関区の夜勤者を調べようとすると、七月一日から五日にかけての宿直簿が破り取られていた。すべてが田端機関区を中心に謀略が進行していたことがわかる。

考えてみると、先行する二九五貨物列車が「北千住駅に四〇分近くも停車していた」ことも不自然だ。その後、二九五列車は、金町で停車中に一二〇一列車に追い越させている。

なぜ、待っていたのか。何らかの理由により——例えば予定外に田端機関区に寄るような理由で——遅れた進駐軍列車を待つために、「時間調整をしていた」と推理することは無理ではない。

松本清張は以上の状況をふまえ、「いかなる方法を推定しても、この軍用列車以外に合理的な推測は考えられない」とした上で、次のような推論を展開する。

〈血痕の順序に従えば、最初に血痕のあった枕木の所（図のシグナルの付近）で死体が列車から降ろされ、誰かによって運ばれる途中、血液が線路に落ちた。そして現場付近からロープ小屋に運ばれて、一旦そこに死体は隠された。この時運んだ人間が大男であったために、扉に付いた血痕はかなり高い所にも恰《あたか》も手に付いた血痕を拭うような形で付いていた……〉（『日本の黒い霧』）

確かに松本清張の推論は合理的だ。当日、現場周辺には頻繁に列車が運行していた。一般乗客列車のため死体運搬容疑からは除外されたが、轢断から三四分前の一一時四五分にも上野発取手行の電車が現場を通過している。さらに上り列車を加えると、現場には最短で四分、最長でも二三分間隔で（東武線を含めるとさらにこの間隔は短くなる）何らかの列車が運行していたことになる。

いかなる搬入方法を用いるにしても、犯人グループは現場を通過する列車のダイヤを事前に調べ、緻密《ちみつ》な時間計算を行なっていたはずだ。土手下から三人の男に運ばせるか。それとも列車から投下するか。他の通過列車に発見されるリスクを考えれば、列車からの投下を選択する方が自然だ。

土手下からの人力による搬入は、警察でもその可能性を検証している。捜査一課では実際に砂袋を詰めた重さ約二〇貫（約七五キロ）の人体模型を作り、二ないし三人での運搬の実験を行なった。その結果、「不可能ではないが極めて困難」という結論に達した。当時の地図や地形、人家の配置を検証してみると、確かに捜査一課の結論を否定する材料は見つからない。物理的に可能かどうかは別として、誰にも目撃されずに死体を搬入するのはほぼ不可能だ。

錯綜する〝証言〟の意図するものは？

ところが後年、人力による搬入説を裏付けるような有力な証言が出現した。轢断現場近くで、「誘拐車を目撃した」という人物が現われたのである。この証言を得たのは、またしても朝日新聞社記者の矢田喜美雄だった。『謀殺 下山事件』から要約しよう。

――証言者は石塚義一という現場近くの朝日石綿工場の工員で、当時社内の中立労組の運動員だった。石塚が最初に車を見たのは残業を終えて工場を出た時で、九時五分過ぎ頃だった。その車は黒、もしくはブルーの大型の外国製新車で、トランクがふくれ上がっていた。中には五～六人の男が乗っていた。その中の一人、大柄の年輩の男がしきりに手を振り、通行人に何かを呼びかけようとしていた。他の男たちはこれを押さえているようだった。道は細く、デコボコで、めったに車は入ってこない。まして外国車が入ってくるような道ではないので、よく憶えていると言う。

石塚が二度目にその車を見たのは、約一時間半後、一〇時半を過ぎた頃だった。それまで石塚は、荒川の土手の上で同僚の金井四佐子という女性（民同青年同盟のオルグと呼ばれている女性だった）と「組合のことで」話し合っていた。話が終わり、女性を家に送っていこうとすると、途中の小菅神社の入口の辺りに先程の車が停まっていた。街灯の下に、三人の男が立っていた。

この証言は、前述の「車のトランクから降ろされた荷物（死体）を運んだ」とするSの証言に一致する。さらに矢田は、石塚の証言が事実であることを金井四佐子にも確認している。

だが、何かが臭う。あえて言うなら、またしても完璧すぎるのだ。目撃者の二人が国鉄とは直接関係ないとはいえ、労組の運動家であったことも引っ掛かる。さらに、この証言が出た時期も微妙だ。松本清張が『日本の黒い霧』で進駐軍列車による搬入説を発表したのが事件から一一年後の昭和三五年。その三年後、時効直前の昭和三八年に矢田はSの存在を知り、さらに翌年に石塚義一から「車を見た」という証言を得ている。

下山事件に関する一連の証言には、他の事件にはない特異性がある。状況描写が正確で、具体性に富み、時間から服装、車の色や形状に至るまで、フィルムで撮影でもしていたかのように緻密だ。人間の記憶力とは、はたしてそれほど優れているものなのだろうか。

好例が、末広旅館の長島フクをはじめとする五反野周辺の目撃証言だ。だが、『下山白書』に載るこれらの供述に、警視庁捜査一課の思惑が反映されていることはすでに検証してきた。

気になるのは、「不自然なほど具体的な証言」が、なぜか矢田喜美雄の周辺に集中して目立つということだ。「姫路CIC（対敵諜報部隊）の二世メンバーが三越から総裁を誘拐した」とする元CIA（米中央情報局）の宮下英二郎の証言がそうだった。「日記を残して自殺した」というH・Oという人物の鎗水情報もそうだった。そして今度は、「死体を運んだ」とするSの証言、さらに「車を見た」という石塚証言へと続く。しかもこれらの〝重要証言〟は、事件の直後に出たものではなく、まるで申し合わせたように時効の昭和三九年前後に集中しているのだ。

偶然なのか。

それとも……。

納豆売りの少年

この道を歩くのは、何度目のことになるだろう。私は今年も五反野の轢断現場へと出掛けた。

かつてSが「死体を受け取った」と言う荒川の土手下の道は、現在片側二車線の大きな道になっている。その上には、屋根のように首都高速の中央環状線が走る。

風景に、当時の面影《おもかげ》はない。だが、荒川の土手の高さはいまも変わらない。

下の道路から線路の高さまでは、目測で一〇メートル以上はあるだろうか。私は土手に登る。昭和二四年七月五日の深夜、Sという男が下山総裁の死体を抱えて登ったという土手だ。角度はおよそ三〇度。この土手を三人で、しかも七五キロのぬるぬるとする死体を運び上げるのは、容易ではない。

土手の上から荒川鉄橋を眺める。目の前を、常磐線の普通列車が通り過ぎていく。目を閉じると、昭和二四年夏の風景が瞼の裏に浮かび上がった。

梅雨の湿気が肌に絡み付くような朝だった。

午前四時――。

まだ夜は明けていない。

バラックや古い工場が建ち並ぶ暗い路を、一人の納豆売りの少年が歯のすり減った下駄を鳴らしながら急いでいた。

少年の名は、清水貞夫と言う。昭和二四年七月当時は中学二年生、まだ一四歳になったばかりだった。坊主頭の、小柄な少年だった。

少年は、その日に売る納豆を仕入れるために北千住の家から小菅へと向かっていた。一個一二円で仕入れ、小菅刑務所の官舎を回って二〇円で売る。一個につき八円の儲けは、それほど裕福ではない少年の家計のささやかな助けになっていた。

やがて路は人家も疎らになり、周囲には畑が多くなる。家を出てからおよそ三〇分。荒川の土手に差し掛かった頃に、やっと東の空が白みはじめた。少年はまだ暗い足元に気を配りながら、土手のコンクリートの階段を上がった。その時、土手の上から男の声が聞こえた。

「おっ、坊や。こんな朝早くにどこに行くんだい」

少年はそれまで近くに人がいることに気が付かなかった。声に驚いて見上げると、土手の上に四人の男の影が立っていた。土手の中段に三人。少し離れた所に一人。離れた所にいる一人は、北千住の方に顔を向けて常磐線の荒川鉄橋を眺めていたことをはっきりと憶えている。

「これから小菅まで納豆売りに行くんだけど……」

少年が答えた。四人共、身なりのいい男達だった。全員が当時はあまり見かけなかった背広姿で、申し合わせたようにつばの広い中折れ帽を被っていた。しかも目の前にいる三人の内の一人と離れた場所に立つ男は、当時はまだ珍しかったレインコートを着ていた。少年には、男達が何かを調べているように見えた。

「納豆売りに行くといっても、何も持っていないじゃないか」

男の一人が言った。

「小菅の村上君の家に仕入れに行くんだけど……」

「ふうん……」

一分も掛からないほどの言葉のやり取りだった。だがその僅かな時間の中で、少年は自分の風体をすべて観察されていたように感じた。

急に恐ろしくなり、少年は一刻も早くその場を離れたい衝動に駆られた。三人の男の前を通り過ぎ、階段を登った。土手の上で振り返ると、男達はまだ無言で少年を見つめていた。少年は、急ぎ足で荒川鉄橋を渡った。

四月に納豆売りのアルバイトを始めて以来、まだ夜も明けぬ荒川の土手で人に出会ったのは初めてだった。その日が七月の六日だったのか。翌七日だったのか。それとも前日の五日だったのか。少年の記憶ははっきりとしない。だがその二日後か三日後、いつも渡る荒川鉄橋から三〇〇メートルしか離れていない国鉄常磐線の線路上で〝事件〟が起きていたことを知った。それが「下山事件」だった。

私が少年――清水貞夫――に初めて会ったのは、『下山事件　最後の証言』を出版した二ヵ月後のことである。私の本を読み、清水が昭和二四年当時の奇妙な経験をしたためた手紙を送ってくれたことがきっかけだった。

後日、直接会って話を聞くことができた。清水はその日を「下山事件の前後」と記憶しているが、「正確には断言できない」と言う。だが清水は、「雨は降っていなかったが、曇っていて、蒸し暑い朝だった」ことははっきりと憶えていた。

この証言を元に当時の事件前後の気象記録を調べてみると、意外なことがわかった。下山総裁の轢断屍体が発見された七月六日は、未明から早朝にかけてかなりの大雨が降っていた。しかも清水は荒川鉄橋を徒歩で渡ったにもかかわらず、当然行なわれていたはずの現場検証を見ていない。つまりこの二つの理由から、清水が四人の男達と出会ったのは「七月六日ではなかった」ことがわかる。

さらに翌日の七月七日を調べてみると、梅雨の中休みで晴れていたことがわかった。この日も除外してよさそうだ。そうなると可能性として残るのは、轢断屍体が発見される前日、下山総裁が三越から失踪した七月五日の事件当日の朝ということになる。『下山白書』によると、七月五日の天候は「曇り、無風。蒸し暑い朝だった」となっている。清水の記憶と完全に一致する。つまり清水が男達と出会ったのが七月五日から七日までの三日間のいずれかであるとするならば、該当する日は七月五日しかあり得ないということになる。

清水は言う。

「出会った四人の男達は、刑事だったと思うのですが……」

だが、その可能性は考えられない。まず出会った日時が下山総裁の轢断屍体が発見される前日の五日早朝ならば、刑事が現場近くにいるはずがない。しかも、四人の男達は当時の刑事としては身なりが良すぎる。清水の言う「つばの広い中折れ帽」とはソフト帽、もしくはパナマ帽であることが確認できたが、いずれも当時はかなり高価な帽子だった。私の祖父もステットソンというメーカーのソフト帽を愛用していたが、その価格は「当時の公務員の月給に匹敵した」と言う。とても刑事に手の出るような代物ではない。

このソフト帽、もしくはパナマ帽は、亜細亜産業の社員や〝サロン〟の常連の多くが愛用していた。下山事件のひとつのキーワードとしても、その周辺の目撃証言などに頻繁に登場する。七月一五日の『読売新聞』朝刊にも関連する記事が載っている。


〈(柏発) 下山氏轢断直前の六日午前零時過ぎ現場にたたずむパナマ帽の不審な男を見た者がいると会社技師関口関五郎(40)氏が一四日夜柏町署に届出た。

同氏の証言によると、同氏の部下で同会社のボイラー係助手諸橋仁(26)が友人窃盗前科一犯石川某ら三名に集団窃盗を誘われてそれを断った際、下山氏怪死事件の直前石川らは現場付近で窃盗を働いて轢断現場に来かかると、白いパナマ帽をかぶった男がたたずんでいたので、てっきり刑事と思い一味は真上の東武線ガードに這い上がりしばらくひそんでいたが、間もなく下山氏を轢断した八六九貨物列車が通過、その音にまぎれてそのまま逃亡した〉

轢断現場で、犯人は目撃されていた――。

石川某らが見た白いパナマ帽の男は、少なくとも刑事ではない。六日午前零時過ぎには、まだ五反野の現場で下山総裁の轢断屍体は発見されていない。事実、石川某らは、その直後に「下山氏を轢断した八六九貨物列車が通過」したのを見ている。

ひとつの証言を元に、推理は尽きない。下山総裁失踪当日の七月五日早朝、納豆売りの少年が荒川土手で出会った四人の男達は、三越に現れた「古ぼけたソフト、黒背広の男」、さらに轢断現場にたたずんでいた「パナマ帽の不審な男」と何らかの関連があるのだろうか。もしくは、同一人物だったのだろうか。

もし四人の男達が実行犯グループであったとすれば、いったい何をやっていたのか。清水はその男達が「何かを調べているようだった」と証言する。つまり、犯行現場の下見をしていたということなのだろうか。考えてみれば、あれだけの事件を計画した実行犯が、事前に下見をしなかったわけがない――。

死体の搬入方法

土手を下り、車道を渡る。ここでストップウォッチを押して、常磐線の線路沿いの細い道を轢断現場に向かって歩き始める。現在、荒川の土手から東武線のガード下へと続く常磐線の線路は、コンクリートの土台で支えられている。だが、下っていく角度は当時とほとんど変わらない。線路は次第に低くなり、古いロープ小屋のあった辺りを通り過ぎる。道は東武線のガードの手前で行き止まりになり、右に折れている。轢断現場までは行くことはできない。目測で距離を測りながら右の道をしばらく歩き、そこでストップウォッチを止めた。

身長一七七センチの私が、手ぶらでごく普通に歩いておよそ九分。土手を登る時間と車道を渡る時間を加えれば、一〇分前後といったところだろう。

事件の夜、Sは仲間二人と土手下で〃荷物〃を受け取り、七五キロの死体を土手上に運び上げた。さらにそれを抱えて足場の悪い線路上を、三〇〇メートル近くも運んだ。しかも、途中で何度か休みながらだ。そのすべてをSは、「一三～一四分でやった」と言っている。

不可能だ――。

轢断現場への死体の搬入方法を特定することは、下山事件においてきわめて重要な意味を持っている。下山総裁は三越で誘拐され、五反野の常磐線の線路上で発見された。だが、現在まで殺害現場だけが特定されていない。その謎を解く唯一の鍵が、死体の搬入経路なのだ。

松本清張の言うように、一二〇一進駐軍列車が使用されたのだろうか。確かに常磐線の下り列車を想定するならば、最も合理的な解釈だ。

だが、松本の推論にも穴がある。上下両線に残された血痕だ。シグナルの位置に死体を投下し、一度ロープ小屋に隠してからガード下に運んだとしても、血痕は片側にだけ残っていなくてはならない。

死体の運搬には車が使われたのか。それとも進駐軍列車か。いや、もうひとつ方法があったはずだ。なぜいままで誰もこの可能性を深く追及しなかったのだろう。東武伊勢崎線から投下したとしたら――。

轢断現場は、東武線のガード下から三・二メートルの所だった。それは、偶然なのか。矢板玄は「東武伊勢崎線は親父が作った」と言った。株を所有し、絶大な権力を行使できる立場にあった。亜細亜産業なら自由に利用できたはずだ――。

実際に轢断現場の現場検証で、東武線のガード上に「砂利が三ヵ所踏みにじられた跡」が発見されている。捜査一課はこれを「総裁が上から飛び降り、ショック死した後に轢断された」と推理しているのだが。

犯人は、東武線のガードの上から死体を投下した。もしくは進駐軍列車か他の国鉄の列車が使われた可能性も完全には否定できない。いずれにしても投下地点は、シグナルの付近ではなく、ガード下だったはずだ。

そこで待っていた犯人グループの運び屋たちは、一一時四五分に現場を通過する上野発取手行の電車をやりすごすために一度死体をロープ小屋に隠す。その後もう一度、死体を轢断現場に運んだ。つまり、往復した。そう考えればガード下の線路上（図—①）に血痕が集中していることも、上下両線路上に血痕が残っていることにも説明がつく。

いや、何かがおかしい。私だけではない。松本清張も、矢田喜美雄も、間違いを犯している。〝血の道〟に惑わされて、現実には起こり得ないことを無理に想定しているのではないか。

犯人グループは、プロだった。そのプロが、いくら深夜だとはいえ、裸のままの死体を抱えて何百メートルも線路上を歩くわけがない。

黒いゴム袋

ヒントを与えてくれた男がいる。事件の前に「総裁が列車に轢かれて殺される」ことを予言し、後に「ソ連大使館の人間によって血を抜かれて死んだ」と証言した李中煥である。李は、小倉刑務所で行なわれた取り調べにおいて、検事の布施健に次のように供述した。

「列車に轢断された方の腕に何かの注射をして完全に呼吸を止め、その上でやはり同じ腕の血管を切断して血を抜き、〝ゴムの袋に入れて〟裏の方の官舎の一室に置いておいた」

ジャーナリストの斎藤茂男はこの供述に関連し、後に布施から直接話を聞いている。

〈〝決定的〟だったと布施さんがいうのは、本人が「殺害して運び出される前にとった」という下山氏の写真。（李の）自宅を家宅捜査すると、黒いゴムの袋につめられ頭だけ出した下山氏の写真が発見された。「それを調べると李の知人でワタナベとかいう人物が李にたのまれてつくった合成写真とわかった（後略）」と布施さんは語るのだ〉（『夢追い人よ』）

李中煥は、情報屋だった。当時、下山事件の情報を金にしようと必死に動き回っていた。合成写真は、情報の価値と信憑性《しんぴょうせい》を高めるための小道具として作ったのだろう。だが、逆に考えれば、李は「下山総裁の死体がゴム袋に入れられた」事実を知っていた、とも推察できる。

七月五日の轢断現場の状況が少しずつ見えてきた。合理的に考えるなら、死体は線路上に設置される直前まで黒いゴム袋に入れられていたはずだ。

死体は常磐線の列車か東武鉄道のいずれかによって運ばれ、図—①のガード下の地点に投下された。その方法が最も簡単で、リスクも少ない。もし運搬に進駐軍列車が使われたとするなら、二七分後に現場を通過する上野発取手行の電車が通りすぎるまでどこかに死体を隠しておく必要がある。だが、ロープ小屋まで往復三五〇メートル以上も移動させる必要はなかった。それは、当時の事件現場の写真を見れば一目瞭然《いちもくりようぜん》だ。常磐線の線路は、小高い丘の上にある。しかも東武線のガードがあり、周囲には夏草が伸びていた。暗闇の中で黒いゴム袋を隠しておく場所はいくらでもある。

犯人グループは轢断列車が来る直前に死体をゴム袋から出し、線路上に横たえた。少しでも時間をかせぐために、八六九貨物列車の発車を遅らせる工作をしておいたことは言うまでもない。だが、遅れを取り戻すために懸命に速度を上げたために、轢断列車が早く来てしまった。おそらく犯人グループは、慌てたことだろう。そう考えれば、図—①の周辺に血痕が集中していたことにも説明がつく。

ならば、その他の〝血の道〟はどのようにして付いたのか。

犯人グループは現場で轢断の瞬間を見守っていたはずだ。その場所は血痕群が集中する図—②〜③の土手下だった。さらに最終の二四〇一M電車（死体発見列車）が通過するのを見届け、「線路上を歩いて」荒川土手の方に戻っていった。彼らの手や服には、下山総裁の血が付いていたはずだ。さらに、内側に血の溜まったゴム袋を持っている者もいた。約二〇〇メートルにわたり点々と残る血痕は、そうした手やゴム袋から垂れたものだ。下り線路上を歩いた者もいるし、上り線路上を歩いた者もいた。中にはロープ小屋で休み、手に血が付いていることに気が付いてそれを扉になすりつけた者もいるだろう。もしかしたら荒川の土手下、小菅神社の前には、石塚が見たという大型の外国製新車が待っていたのかもしれない。

進駐軍列車が使われたのか、それとも東武鉄道だったのかは断定できない。もし進駐軍列車ならば、死体はやはり田端機関区で積み込まれた可能性が高い。東武鉄道ならば、北千住か五反野、もしくは小菅ということになるだろう。特に小菅は、轢断現場から一〇〇メートルしか離れていない。いずれにしても、その周辺には亜細亜産業生産部の工場が点在していた。

黒いゴム袋は、最初は単なる私の思いつきだった。だが、事件直後の昭和二四年七月一一日の読売新聞に、まさに私の推論を裏付けるような記事が載っていた——。

〈下山総裁の死体を包んで運んだと思われる天幕とネルの白布が十日、下山総裁らしい人が休んだ末広町の末広旅館前のドブ川にあがり、捜査陣は俄然色めきたった。

同日午前十時ごろ綾瀬川にそそぐドブ川にかかっている五反野駅傍《かたわ》ら普賢寺橋の橋下に六尺四方ゴム引の天幕と腰巻ようのネルの白布がひっかかっているのを付近の者が発見、西新井署に届出ようとしているうち何者かによって持ち去られてしまったが、その天幕はところどころゴム引がはがれているが相当新しいもので、ネル白布はヒモの部分がつけ根二、三寸を残して引きちぎられており中央に大きな汚点（＊注・血痕か）があった。いずれも真新しいもので捨てたものとは認められず、当局では五日深夜怪自動車が引き返した音を聞いたといわれている中之橋付近のドブ川に何者かが投げ込んだものが上げ潮にのって流れついたものと見て、持ち去った男の捜査を開始した〉（佐藤一著『下山事件全研究』）

捜査の結果について、佐藤は次のように書いている。

〈昨日の新聞で問題になっていた、末広旅館前のドブ川から出たという天幕などの一件については、バタ屋さんを探したところ、千住東町六九の立川文蔵さん（四八歳）が浮かんできた。さっそく調べてみると、たしかに立川さんで、拾ったものは、ゴム引シートに白ネルの腰巻がつつんであったという。（中略）またロイド眼鏡はこわれていてドブ川に流れていったという。現場を見ても事件との関係は考えられず、これで捜査は打ち切りとなった〉（同）

理解に苦しむ。ゴム引のシートの中には、こわれたロイド眼鏡があったことになる。轢断現場からは下山総裁の眼鏡は発見されなかった。もしドブ川にあったロイド眼鏡が総裁のものであれば、他殺の決定的な証拠になったはずだ。にもかかわらず捜査一課は、「事件との関係は考えられず」として捜査を打ち切ってしまった――。

ともかく、ゴム引のシートは存在した。ネルの布で包み、それをさらにシートで厳重に包めば、血は外部に流れ出ない。『下山白書』によると、午後一〇時五三分に現場を通過した二九五貨物列車による運搬容疑が否定されたのは、有蓋貨車から「血痕などの証拠」が発見できなかったからだ。もしゴム引のシートが使われていたとすれば、二九五貨物列車を容疑から外す根拠も存在しないことになる。

二、情報の真偽の狭間《はざま》

一九九四年、春

　矢板玄と会ってから、私はある種の呪縛《じゅばく》から解放されたような気がしていた。それまで断片的だった情報に矢板玄の核心を衝《つ》く証言が重なり、下山事件の全体像がおぼろ気ながら見え始めていた。

　だが、一方で、まったく別の焦燥《しょうそう》に囚《とら》われていたことも事実だった。大叔母の寿恵子や母からは、すでに話を聞きつくしている。最重要証人である矢板玄にも、すでに話を聞いてしまった。その矢板玄の証言も、けっして完全なものであったわけではない。当時の私の下山事件に関する知識は、あまりにも稚拙《ちせつ》だった。例えば真木一英。例えば宮下英二郎。さらにキャノン機関のビクター・松井など、事件の重要証人となるべき人物の名前を知ったのはさらに後のことだ。矢板玄に会った時点では、その関連さえ訊ねることができなかった。

　後から考えれば、突っ込む材料が少なすぎた。矢板玄はまた遊びに来いとは言ったが、次は最初から警戒するだろう。

映像作家を名乗る森達也と初めて会ったのは、一九九四年の春頃だった。

森を私に引き合わせたのは、映画監督の井筒和幸である。当時私は、何誌かの月刊誌に連載を持つ傍《かたわ》ら、映画の脚本を書く仕事にもかかわっていた。井筒とは打ち合わせなどで同席する機会も多かった。

ある日、私はそれとなく井筒に「下山事件」について話してみた。下山事件については、発表する段階ではない。だが、フィクションとして映画を撮るならば、恰好の素材だと思えた。

井筒は思ったとおり興味を示した。だが、その提案は予想外のものだった。

「この前の下山事件の話、ドキュメンタリーでやった方がいいんやないか。実は会ってやってほしい男がいるんや。テレビの制作会社のディレクターなんやけど、信頼できる男やから……」

それが、森達也だった。

森達也と会ったことでもし何らかの収穫があったとすれば、ジャーナリストの斎藤茂男と引き合わせてくれたことだろう。斎藤はすでに何度もこの本に登場している。松川事件や下山事件を追った『夢追い人よ』の著者である。

一九二八年、東京生まれ。慶応大学を卒業後、共同通信社の記者として活躍。五八年に「菅生《すごう》事件」の報道で「日本ジャーナリスト会議賞」を受賞するなど、偉大なる先達者である。下山事件に関しても朝日新聞社の矢田喜美雄の盟友として行動を共にし、矢田の亡き後はその第一人者として知られていた。

初めて斎藤と会ったのは一九九四年の秋頃、森達也が所属する赤坂のグッド・カンパニーの関連施設の一室だったと記憶している。

「柴田さんは、おそらくぼくのことを警戒しているでしょう。同じ物書きですから。しかし私はもう下山事件について書くつもりはない。真実を知りたいだけなんです」

開口一番、斎藤は私にそう言った。確かに私は、警戒していた。だが、斎藤の態度は誠実だった。

「亜細亜産業」というキーワード

私は、斎藤に訊いた。

「なぜ私に会ってみる気になったんですか。下山事件の情報なんて、いくらでもあるでしょう」

斎藤は小さく頷《うなず》き、そして言った。

「亜細亜産業、と聞いたからですよ。これは〝本物〟だと思った。本来ならこんなことを同業者の方にお願いするのは筋が違っている。しかし、そこをまげて話してもらえませんか。ぼくは本当に、真実を知りたいだけなんです」

斎藤は、松川事件を追っていくうちに亜細亜産業に至った経緯を訥々と語った。

『夢追い人よ』の冒頭に、次のような一文がある。

〈恋いこがれ、恋いこがれて、その人があきらめきれず、いつまでもその面影を抱いて、影を追っていく。（中略）恋い慕った相手にはついにめぐり逢えなかった。幻のようなその相手が私の前にくっきり姿を現わし、しっかとこの手でつかまえるその瞬間を夢みて、なんと膨大な時間を費してしまったことか〉


斎藤が恋いこがれ、恋い慕った存在。幻のようなその相手こそ、「下山事件」だった。

私は斎藤茂男を尊敬していた。その斎藤が頭を下げた。辛《つら》かった。それに、すでに斎藤は、森の口から亜細亜産業のことを聞いてしまっている。話さないわけにはいかなかった。

その夜、私は、少し話しすぎたのかもしれない。

だが私はすべてを話したわけではない。話したのは大叔母と母、さらに矢板玄の証言のごく一部だけだ。それでも斎藤は、その表情に驚きを隠さなかった。

当時、私は、いかなる相手にも絶対に話すまいと心に誓っていた部分がある。その中にGHQ関連――特にキャノン機関とその人脈について――の証言がある。下山事件はGH

Qの謀議であり、その実行部隊がキャノン機関と矢板機関であるという図式を信じていたからだ。だが斎藤は、ずばりと核心を衝いてきた。

「矢板玄はキャノンについて何も言っていませんでしたか。付き合いがあったとか……」

私は、話をはぐらかした。

「さあ、どうだったかな。GHQ関連の人間は何人か名前が出てきましたけどね。取材ノートを見てみないとわからないな……」

話をするうちに、斎藤はすでに下山事件の全体像を自らの理論で構築していることがわかった。だが、もちろん斎藤はそれを語らない。ジャーナリストとしては当然のことだ。私が斎藤を警戒しているのと同じように、斎藤もまた私を警戒していた。

斎藤がほしがっている情報は、自分の想い描く事件の全体像から抜け落ちたピースの部分だった。私の一連の話の中で、特に興味を示したのが母の菱子の二つの証言だった。ひとつは末広旅館の女将、長島フクを祖父が知っていたということ。もうひとつは友達と共に江ノ島に行く時に乗った亜細亜産業の車、ビュイックである。

「お母さんは確かにビュイックだと言ったのかな……」

斎藤はもちろん、李中煥という朝鮮人が「総裁はビュイックで誘拐された」と証言したことを知っている。

「確かにビュイックだとは言っていましたね。しかし、絶対的な自信があるわけではないようです。後で、古いアメリカ車の写真集を探してきて母に確認してみたことがあるんです。そうしたらダッジを指して、この車だったかもしれないとも言っていた。あの頃のアメリカ車はどれも似ていましたからね」

「もしかしてその車、ナッシュだった可能性はないのかな……」

斎藤が言わんとしていることはすぐにわかった。

ナッシュ四七型——。

もし母が乗った車がナッシュだとしたら、下山事件と亜細亜産業を結びつける決定的な情況証拠になる。

鎗水記者とナッシュ四七型

ナッシュ四七型については現在ほとんど写真すら入手できない。日本には昭和二三年、日本総代理店だった山羊自動車により少数が輸入された。ナッシュ600とナッシュ・アンバサダーの二種類があり、いずれも六人乗り4ドアの大型車だった（401ページの写真）。ナッシュのデザインは、それまでの箱型のアメリカ車とは大きく異なる特徴を有していた。幅が広く、背の低い流線型で、ひと目で「世代の違う車」という印象を受ける。サイドウィンドウは三角窓を含めて片側に四枚、計八枚あり、そのすべてが開閉するようになっていた。目を引くのは特に後部のデザインで、スペアタイアを内蔵するトランクが丸く大きくふくらんでいた。

もうおわかりだろう。そうだ。ナッシュ四七型こそは、七月五日の夜、石塚という工員が轢断現場近くの「小菅神社の前で見た」という「外国製大型新型車」そのものなのだ。ナッシュ四七型の情報をもたらしたのはH・Oの日記の一件で登場した読売新聞記者の鎗水徹だった。

矢田喜美雄の『謀殺 下山事件』によると、鎗水徹が長いシベリアの抑留生活を終えて舞鶴に復員したのは昭和二四年七月二四日。下山事件の一九日後のことである。その後、鎗水は、日本郵船ビル五階にオフィスがあったDRS（文書調査部）に呼び出され、〝仕事〟のオファーを受けた。

「お前はシベリアの捕虜収容所でロシアの役人にいやがらせをしたことがわかっている。帰国して職がないのなら仕事を世話してやる」

その日、鎗水は、出張旅費の名目で三千円という大金を渡されて帰された。

鎗水を呼び出したDRSとは、真木一英が「下山、松川両事件は北海道のガーゲット機関が――」と証言した例の「ガーゲット機関」である。つまり、CIA（米中央情報局）の出張機関である。亜細亜産業の矢板玄もまた、「ガーゲットとも仕事をしたことがある」と証言している。当時ガーゲット機関の任務は、「引揚げ者の思想調査」と「対ソビエトの情報活動」であったことは前述した。具体的に言えば、引揚げ者をダブル・エージェントに仕立てて情報収集に利用するというやり方だ。鎗水もその候補の一人だったことは明らかで、CIAの「ガーゲット機関のエージェント」であった可能性は否定できない。鎗水自身は「仕事は断わった」と証言しているが。

その後、間もなく鎗水は内外タイムスの記者となって横浜に住み、昭和二七年に読売新聞の横浜支局に転職している。

鎗水が初めてナッシュ四七型のことを知ったのは、昭和二六年春、まだ内外タイムスの記者をしていた頃だった。ある日、鎗水が横浜のCICに呼び出しを受けて出頭すると、フジイという将校から奇妙な話を聞かされた。

「君は下山事件に興味はないか。下山を誘拐したのはナッシュ四七型の黒いセダンで、米軍キャンプのものだ」

理解に苦しむような話だ。もし下山事件がGHQの犯行だとするならば、なぜ同じCICの将校が誘拐車の車種——しかもその車は米軍キャンプのものだ——を特定するような重大情報を新聞記者に教えたりするのだろうか。

その後、鎗水はナッシュについて調査している。GHQの輸入車リストを調べてみると（なぜそんな重要書類を一介の新聞記者が見ることができたのかも謎だ）、問題の車は第八軍情報部所属のスタントンという人物が所有者であることがわかった。第八軍情報部といえば、キャノン中佐が横浜CICに転身する前に所属していた部隊だ。だが、鎗水がナッシュを調べていた昭和二七年当時、すでにスタントンはアメリカに帰国していた。

　さらに鎗水がナッシュを追うと、興味深い事実が判明した。ナッシュ四七型は下山事件後間もなく神奈川県庁に払い下げられ、昭和二六年に廃車となり、スクラップにされていた。当時アメリカ車の新車といえば、都内にちょっとした家が二軒は建つほど高価なものだった。それがわずか三年で鉄屑になることなど、常識ではあり得ないことだ。

　その後、鎗水は、もう一度CICのフジイに呼び出されている。

「ナッシュは何の目的で調べているのか。そういうことをしていいかどうか、考えたことはあるのか」

　つまり、「ナッシュを調べるのはやめろ」という〝脅迫〟だった。同じフジイという将校がナッシュの存在を明かして調べさせ、今度は「やめろ」と脅《おど》す。このあたりの微妙な駆け引きに、事件の真相が見え隠れしている。結局、鎗水はフジイの脅迫に屈し、その後のナッシュの追跡調査を断念したという。

事件当日、目撃された車の経路

　ナッシュ四七型の目撃情報を軸にすると、七月五日の事件当日、下山総裁誘拐の経緯がものの見事に浮かび上がってくる。
①H・Oを含む北海道の国鉄労組の四人組が総裁の拉致に関与し、日本橋室町三丁目（亜

細亜産業と目と鼻の先だ）で総裁を車に乗せた。その後二台の車に分乗し、三宅坂の米軍ドライブインに立ち寄った。H・Oは日記で車種については言及していないが、二台の内の一台がナッシュであった可能性は否定できない。

②五日午前一一時二五分頃、議事堂前から平河町に向かう車に乗る「下山総裁らしい人」を佐藤栄作の秘書の大津正が目撃している。このコースは、H・Oの「室町三丁目から三宅坂の米軍ドライブインに立ち寄った」コースと一致する。大津は「普段とは別の車に下山さんが乗っているのでおかしいと思った」と証言している。つまりその車はひと目で「ビュイックとは別の車種」であることがわかったということだ。大津もまた車種についてくわしく言及していないが、矢田はそれがナッシュであった可能性を示唆している。

③工員の石塚義一が、七月五日夜九時五分過ぎから一一時三〇分過ぎにかけて、轢断現場周辺で二度にわたり「大型の外国製新車」を目撃。中に乗る「下山総裁らしき」男を確認している。「トランクが丸くふくれ上がり」という車の特徴からすると、ナッシュであったと考えて無理はない。

さらに、これらの証言に加え、後年きわめて貴重な目撃者が「週刊朝日」の連載（一九九九年八月）を見て名乗り出た。この情報を受けたのは、朝日新聞社の諸永記者である。

〈「あの日……、じつは私、車に乗せられた下山総裁を見たのです」

六十八歳になるという男性は栃木県在住の歯科医と名乗ったあとで、ゆっくりと話しはじめた。

「当時、(死体が発見された現場に近い)足立区西新井のタバコ屋の二階に下宿していました。大学から戻ると道端へ出て、まだ赤ん坊だった大家さんの孫をあやしている時でした。突然、(東武線の西新井)駅のほうから黒塗りの外車が来て、下宿前に止まったんです(後略)」

車の後部座席には三人の男が座っていた。真ん中の男はメガネをかけた顔を動かさず、まっすぐ前を見据えているようだった〉(『葬られた夏』)

この男性は車を見た時刻を「大学から戻ってきてすぐでしたから、午後そう遅くないころ」だと証言している。午前一一時すぎに誘拐車が平河町あたりを通り、途中で米軍ドライブインに立ち寄ったとしても、時間的には矛盾しない。

整理してみよう。

下山総裁は三越前の室町三丁目で五日午前一〇時頃にナッシュ四七型で拉致され、都内を走り回った後で三宅坂の米軍ドライブインに連れ込まれた。その姿は一一時過ぎに、平河町の近くで大津正によって目撃されている。その後、下山を乗せたナッシュは午後遅くない頃に足立区西新井周辺に移動。おそらく総裁は近隣の工場などに監禁された。ナッシュは午後九時五分過ぎにふたたび小菅周辺に姿を現わした。この時点ではまだ下山総裁は生きていた——医学的な死亡推定時刻は「五日二一時三〇分を中心とする前後二時間のうち」だった。さらにナッシュは一一時三〇分過ぎにも小菅神社前で工員に目撃され、その直後には荒川土手下で「三人の運び屋」に下山総裁の死体を引き渡した。

時間の経過とナッシュの移動経路が完全に読める。だが、何かがおかしい。殺害現場が見えてこないのだ……。

この情報をすべて信用するとするならば、下山総裁は都心と五反野周辺の最低二ヵ所で監禁されたことになる。さらに午後九時過ぎになぜか監禁場所から外に連れ出されている。その後一一時半までの二時間三〇分の間に総裁は「別の場所」で色素とヌカ油にまみれ、血を抜かれて死んだことになる——。

不可能だ。時間的に無理がある。もし可能であったとしても、殺害現場は小菅周辺——しかもきわめて近隣——でなくてはならない。まるで殺害現場を特定してくださいと言っているようなものだ。犯人グループが、わざわざ車を使いながら、それほど単純なミスを犯すわけがない。

六日未明、日暮里駅の便所で「5・19下山缶」という落書きが発見されたことは前述した。この情報に作為的な影は認められない。だとすれば、下山総裁は五日午後七時の時点で——生死は別として——いずれかの場所で缶の中に横たわり油にまみれていたことになる。ナッシュの経路と矛盾する——。

ナッシュ四七型の情報には、謀略の臭いがする。この情報を入手したのは、やはり鎗水徹である。鎗水がフジイというCICの将校から話を聞き、鎗水自身が米第八軍のスタントンの持ち物であることを確かめた。H・Oの日記と同じだ。つまり鎗水以外に、誰もその存在を確認していない。しかもその情報は、例のごとく朝日新聞社の矢田喜美雄に、「時効直前の」昭和三八年に話されている。

もし鎗水の言葉を信じるにしても、CICの関係者からこの情報が漏れたことは不可解だ。それに、大津正だ。平河町でナッシュらしき車を目撃した大津は、鎗水とは友人関係だった。その大津の目撃証言に対し、「もっと注目すべき」という英文の怪文書が出回ったことは前述した。どうも誰かが、ナッシュ四七型に誘導しようとしているとしか思えない。

客観的な解釈はひとつしかない。五反野に現われた〝替え玉〟と同じだ。

ナッシュ四七型は、〝囮《おとり》〟だった——。

だが、斎藤茂男はナッシュに固執していた。「お母さんに会わせていただけませんか。長島フクの件と車の件、自分で確かめてみたいんですが……」

斎藤は、さすがに筋金入りのプロだった。どんな貴重な情報でも、自分で確認するまでは信じない。人の言ったことや、人が書いたことに振り回されていたのでは、いつまで経っても恋いこがれた相手に巡り合えないことを知っている。

私は、斎藤の申し出を受け入れた。

母は否定した……

当時、母は、中野の鍋屋横丁でラハイナというパブレストランを経営していた。営業が始まるのは午後七時。その直前を見計らって、私は斎藤と森を連れて店に出向いた。

母は、斎藤と森を警戒していた。すでに当時の母は、「下山事件」が我々血族に対してどのような意味を持つのかを理解していた。できれば、他人には話したくはない。その思いが、明らかに表情に現われていた。

だが、斎藤の誠実な態度に少しずつ口を開きはじめた。斎藤に訊かれるままに、長島フクという名前に記憶があること。昭和三四年までは確かに年賀状が来ていたこと。一時は父親の愛人ではないかと疑念をいだいていたことなどを淡々と話した。

やがて斎藤が、〝車〟に触れた。

「そう言えば亜細亜産業の車で江ノ島に行ったことがあるそうですね。お友達と……」

「ええ、行ったことがあります。黒くて大きな外車でした」

「車種は憶えていますか？」

「ビュイックだと思います。写真を見たら他にも似てる車はあったので、絶対にとは言えませんけど……」

「その車、ナッシュと言いませんでしたか」

斎藤は、誘導を試みている。それは事前の打ち合わせどおりだった。私は、母が何と答えるかを固唾《かたず》を呑んで見守った。

「ナッシュ？　何ですか、それは。私はそんな車、聞いたこともありませんけど」

私は紙とペンを取り、そこにナッシュの絵を描き始めた。若い頃、イラストレーターを職業にしていたことがある。車のイラストは、得意分野だった。ナッシュ四七型の写真はほとんど見たことはないが、特徴を掴んだイラストくらいは描くことはできる。それを、母に見せた。

「母さん、こんな車じゃなかった？」

母は、しばらくイラストに見入っていた。そして、言った。

「違うわね。全然違う。もっと、古い感じの車よ。やっぱり、ビュイックだと思う」

駅までの帰り道を歩きながら、斎藤とこんな会話を交わしたことを憶えている。

「そうか、ビュイックだったのか……。もしナッシュだったら、面白いと思ったんだけどね……」

確かに、そうだ。もし母がナッシュだと認めれば、鎗水以外に初めての、「ナッシュの存在を確認した」証人だということになる。しかもそのナッシュが亜細亜産業と結び付けば、事件の全貌が一気に明らかになる。

「しかし、あらためてビュイックだったと確認できただけでも収穫だったじゃないですか。李中煥は、(下山総裁の誘拐車は)ビュイックだったと言っていた。事件の前日に、五反野の周辺でビュイックの三七年型が目撃されている。また一歩、事件の真相に近付いたのかもしれない」

「そうだね。確かに柴田さんの言う通りだ。そうか……ナッシュじゃなかったのか……」

偽情報が生まれる図式

森達也は、我々と並んで歩きながらその会話を黙って聞いていた。だが数年後、森達也は、ナッシュに関してとんでもないことをしでかすことになる。二〇〇四年二月二〇日に新潮社から発刊された『下山事件《シモヤマ・ケース》』に、次のような一文がある。


〈あらかじめ用意しておいた写真を僕は鞄からとりだした。四一年型のビュイック。しばらく写真を眺めてから、「ちょっと違うような気がするなあ」と彼女はつぶやいた。

「ええ、違うの?」

率直な落胆を声に滲《にじ》ませながら、『彼』がテーブルの上に身を乗りだした。

下山総裁の乗っていたのと、ほぼ同型の1940ビュイック・スペシャル（シリーズ40）

ナッシュ47型と同じデザインの1946ナッシュ600

（ともに「浅井貞彦写真集 60年代街角で見た車たち」三樹書房刊より）

「全体はよく似てるけど、後ろの方がもっと翼のように広がっていたのよね。鳥の羽みたいに。珍しい形だったから、それだけははっきりと印象に残っているのよ」〉

これはもちろん私と斎藤、さらに森達也が母の店を訪ねた夜の話だ。〝僕〟とは森達也自身、〝彼女〟は私の母、『彼』は私である。ニュアンスが微妙に違う。森が四一年型のビュイックの写真を持っていた事実はない。「鳥の羽みたいに」という表現があるが、ナッシュの後部はそのような形状になっていない。二十数ページ後に、さらに次のように続く。


〈捜しだしたナッシュの三点の写真をテーブルの上に置き、三人（＊注・斎藤、森と私）はしばらく黙り込んだ。正面から撮ったナッシュは、ビュイックによく似ている。しかし大きな違いは後部だ。まるで鳥の羽のように広がっている。

「お袋が見たという亜細亜産業の社用車はこれか……」

『彼』が低くつぶやく。（中略）

「ナッシュはこの時期、日本に何台くらい輸入されていたのだろう？」

「公用車の代名詞だったビュイックよりは全然少ないんじゃないかな。数台だと思うよ」

「この写真、お母さんに見せて確認してくれ」

斎藤が言う。「念には念を入れよう。しかし……なるほどそういうことか」
翌日『彼』から連絡があった。ナッシュ四七型の写真を見た母親は、「この車よ。間違いない」と即答したという〉
私は最初にこの一文を読んだ時、開いた口がふさがらなかった。明らかな証拠の、証言の捏造ではないか。
下山事件には、偽情報があまりにも多い。事件の解明は、偽情報との戦いでもある。なぜこれほどまでに偽情報が氾濫《はんらん》するのか。私は森達也の中に、偽情報が生まれる図式の一端を垣間見たような気がした。

母の従兄弟からの電話

『下山事件　最後の証言』を出版してから半年後、祖父の末弟の柴田旬《じゅん》の次男、柴田昇から電話を受けた。昇は母の従兄弟《いとこ》にあたるが、年齢はむしろ私に近い。大叔父の旬が亡くなった後も、友人同士のような関係が続いている。

電話での会話は、いつものように何気ない挨拶で始まった。だがその直後、昇は意を決したように切り出した。

「下山事件の本、読んだぜ。あれ、何なんだよ……」

正直、まずいな、と思った。『下山事件　最後の証言』は祖父の問題とはいえ、一族にとってはある意味、暴露本に他ならない。私はそれまで本の出版を親戚には伏せていた。いずれ知られることはわかりきっていたのだが。

だが言葉に窮する私に、昇の意外な反応が返ってきた。

「あれ、面白いじゃないか。おれも飯島（進・寿恵子の夫）にある程度は聞いていたよ」

しばらくは、本の感想などに関するやり取りが続いた。その後で、昇が唐突に奇妙なことを言いだした。

「実はうちの親父もあの〝事件〟に一枚噛んでいたらしい……」

「どういうことだ？」

私は訊いた。

「詳しくはわからない。あの本を読んで、ピンときたのさ。実はあるんだよ。うちに、ナッシュ四七年型の写真がさ」

どうも要領が摑めない。私はさらに訊いた。

「同型の車の写真があるということか？」

「違う。亜細亜産業の車さ。犯行に実際に使われた車の写真が残ってるんだ。ナンバーまで写っている」

昇の言葉を聞くうちに、私は体が震えてきた。

二〇〇六年三月、私はナッシュ四七型の写真を確認するために茅ヶ崎に向かった。

茅ヶ崎の海を見るのは何年振りだろう。子供の頃から学生時代にかけて、毎年のように遊びに来た思い出がある。昇には透という兄と、信彦という弟がいる。私の弟の正州を含め、五人でひと夏を過ごしたこともあった。

早春の海を眺めていると、真っ黒に陽焼けして波と戯れる少年達の姿が見えるような錯覚があった。そこにはいつも、私達を優し気な目差しで見守る大叔父の柴田旬の姿があった。一八〇センチを超える長身で、彫りが深い顔立ちをし、ダンディーな人だった。祖父に似て頑固だったが、穏《おだ》やかな人でもあった。

「この辺りも変わっちゃったな」

海風に吹かれながら、昇がのんびりと言った。確かに、変わった。いま目の前に広がる茅ヶ崎の風景はどこか郷愁を誘うようでもあり、またまったく未知の土地に連れられてきたようでもある。だが昇の生家の近くまで来ると、その周辺はまるで時空に取り残されたように昔のままの風景を留《とど》めていた。

古い県営住宅に、妻の㐂久枝《きくえ》と三男の信彦が待っていた。仏壇の大叔父の遺影に手を合わせ、何気ない昔話が始まった。この時点で、大叔母も信彦も私が『下山事件　最後の証言』を出版したことを知らない。

㐂久枝は大正一〇年（一九二一）生まれ。戦後はジャズ歌手としてGHQの慰問派遣団で歌っていた。柴田旬と知り合ったのは昭和二三年の初頭で、この年の六月に結婚した。

「私はその頃、花柳啓之《はなやぎひろゆき》の所にいたのよ。松竹少女歌劇団の振り付けをやっていた人で、美空ひばりの日舞の先生でもあった。そこに最初にNHKをやめた慶《けい》（祖父の弟で四男）さんが入ってきて、その紹介で旬さんと知り合ったの」

大叔父の仕事は表向きは通訳だった。英語が堪能で、GHQのショーの司会も英語でこなしていたと言う。

「あの頃は、ニューモアナというバンドと一緒に北海道以外はすべて回ったわね。九州、大阪、神戸、日光、下田、仙台。すべてGHQの保養地や何かで、川奈《かわな》のゴルフ場のあるホテルに行ったこともあったわ」

慰問団には、歌手の灰田勝彦《はいだかつひこ》やコメディアンの坊屋三郎《ぼうやさぶろう》などもいた。地方への移動は、すべて進駐軍専用列車を使った。客車一輌を慰問団が専有し、そこに歌手やバンドのメンバー、ダンサーなどが乗っていた。一般列車に乗る日本人乗客が、うらやましそうに見ていたのを覚えている。

「旬さんは、仕事じゃない時にも進駐軍専用列車に乗ってたわね。あの人、背が高かったでしょう。顔も外人みたいだったし。サングラスを掛けて、切符も買わないで改札を通っちゃうのよ。駅員にハーイ、とか言って。英語で話しながら。いつもいい背広を着てたし、誰も日本人だとは思わなかったでしょう。金回りも良くて、いま考えるとなんであんなにお金を持っていたのか不思議だけど……」

この証言は興味深い事実を示唆している。つまり、GHQの関係者ではなくても、一部の日本人は自由に進駐軍列車を利用していたということだ。

結婚からしばらくして、大田区の洗足池《せんぞくいけ》に引っ越した。昭和二四年の四月頃だ。ちょうどその頃、長男の透が生まれている。柴田昇は、その家が「下山総裁の家に近かった」ことを指摘する。

洗足池に引っ越してからその年の夏まで――正確には昭和二四年の四月から七月にかけて――大叔父の旬は黒い大型のアメリカ製のセダンに乗っていた。それが問題の、ナッシュ四七型ではないかと思われる車だ。

「あんな車、親父はどうしたんだろう」

昇が訊く。

「自分のだったんじゃないのかしら。あの頃は金回りも良かったし……」

嘉久枝は、首を傾ける。

「まさか。いくら金回りが良かったからって、あんな高級車、親父に買えるわけがない。家が何軒も建つような値段だぜ」

「それじゃあ借りていたのかな。あの頃、旬さんは他の会社でも通訳や運転手のようなことをやっていたから……」

——他の会社。その会社とは、問題の『亜細亜産業』ではなかったのか——。

「亜細亜産業……。聞いたことはあるわ。進さんが関わっていた会社のことでしょう。確かに旬さんも戦後間もなくその会社にいたと聞いたことがあるし、昭和二四年頃にも何か仕事をしていたようには言っていた。でも私は、それ以上は知らない。旬さんは、（亜細亜産業の）仕事のことについては何も話してくれなかったから……」

奇妙な話だ。旬はむろん饒舌な人間で、花柳事務所にいた時のこともその後の仕事のことも、妻の壵久枝には何も隠していない。ところが亜細亜産業の仕事に関しては何も話さなかった。なぜなのか——。

「あの車の写真、あったよね」

昇が言った。

「ええ、アルバムにあるはずよ。ちょっと待ってて」

大叔母が席を立ち、押し入れから青い表紙の古い大きなアルバムを取り出してきた（口絵4ページの写真）。息を呑むように、私は昇と共に問題のページを開く。

車の写真はあった。右側に、斜め後方から撮られた黒い外国車の写真が二枚。その前に旬と慶、旬と寿恵子、それぞれ兄弟が二人ずつ写っている。だが、左側のページには何もない。問題の写真は、消えていた——。

「おかしい。ここにあったんだ。これと同じ車を、正面から撮った写真が。確かに、ナンバーまで写ってたんだ……」

その車の写真は、生前の大叔父のお気に入りだった。他の二枚は手札サイズだが、その一枚だけはキャビネ版に引き伸ばされていたと言う。もちろん宅久枝も信彦もそれを覚えている。

その場で長男の透にも電話してみた。だが透も「あの写真がないわけがない」と言うだけで行方を知らない。昇は信彦と共に家じゅうを探したが、やはり見つからなかった。

昇が、大叔母に聞こえないように小さな声で言った。

「親父だ。親父が死ぬ前に処分したんだ。それしか考えられない……」

写真を処分した？　だが、何のために。

私は宅久枝に訊いた。

「矢板玄という名前を耳にしたことないかな。亜細亜産業の社長だったんだけど……」

「聞いたことはあるわ。旬さんと宏兄さん（私の祖父）が英語で話している時に、何度かその名前が出てきた」

不思議な兄弟だった。家族にも知られたくない話がある時には、誰からともなく英語を使う。妻たちは、「どうせ女の話でもしているのだろう」と気にもしていなかったが。

「この写真の車、亜細亜産業の車じゃなかったの？」

「知らないわよ。何も聞いていないし」

大叔母の様子がおかしい。何か、言いたくないことがあるようだった。だが、さり気なく、さらに聞いた。

「あの頃、いろんな事件がありましたよね。下山事件とか……」

その一言で、大叔母の態度が変わった。

「やめて。うちはあの事件には関係ないわ」

私と昇は、その一言に顔を見合わせた。

帰りの渋滞する国道一号線で、昇が呟くように言った。

「これはもう、決定的だな……」

私は昇の意見を聞いてみたかった。

「どうしてそう思う?」

「まず車の写真さ。あの写真は、ナンバーまではっきりと写っていた。それで、まずかったんだろう。親父が死ぬ前に処分したんだよ。やぶって捨てたのか。それとも、焼いたのか……」

確かに、おかしい。なぜナンバーの写っていた写真だけが消えてしまったのか。残された家族は誰も行方を知らない。考えられるのは大叔父の旬だけだ。だが、なぜあの車の写真を処分しなくてはならなかったのか。思い当たる理由は〝下山事件〟だけだ。

我々はこの日、残る二枚の車の写真をアルバムごと借り出してきた。後にその写真を専門家に鑑定してもらうと、きわめて興味深い事実が判明した。写真の車は、素人には見分けがつかないほどナッシュ四七型に酷似していた。だが、ナッシュではなかったのだ。一九四六〜七年に作られた、クライスラーの「プリムス・デラックス・4ドアセダン」だった。

となると、鎗水情報の「ナッシュ四七型」とはいったい何だったのか。ナッシュとプリムスが酷似していることははたして偶然なのか。もし偶然ではないとすれば、「ナッシュ」は、「プリムス」の目撃証言を闇に葬るための〝囮《おとり》〟ではなかったのか——。

さらに昇は続けた。

「それに〝下山事件〟と聞いた時のお袋の反応だ。なぜ否定する必要があるんだ。こっちは世間話程度に口に出しただけなのに。あれじゃあ〝うちがやりました〟と言ってるみたいなものだ。お袋は〝何か〟を知ってるんだよ」

私は昇の言葉を黙って聞いていた。あの時の大叔母の反応は確かに異常だった。事件への関与を否定しなければならない理由は、何もない。

昇は話し続ける。

「あの車だ。あの写真の車が下山事件に使われたんだ。それで親父は死ぬ前に、ナンバーの写ってる写真だけを処分したんだ。洗足の家が、下山総裁の家に近かったことも偶然じゃない。それだけじゃない。七月五日の事件当日、親父があの車で下山総裁を尾行していたんだ。どこかに下山総裁が外人みたいな男に囲まれてたという記事があったろう。その〝外人みたいな男〟は、親父だよ」

昇の話は、すべて状況証拠の積み重ねから導き出された推論にすぎない。だが、それを否定する材料も何もない。

夕闇の中に並ぶ赤いテールライトの群を眺めながら、私はぼんやりと考えていた。あのやさしかった旬大叔父が、あのような事件に関わるなどということがあり得るのだろうか。

だがこの時、私は、また重大な事実を見落としていた。

謎の検察文書

私の手元に、いま興味深い資料がある。いわゆる『下山白書』が掲載された雑誌『改造』(改造社)の昭和二五年二月号、三月号などの一連の出版物群の他に、手書きのガリ版刷りの印刷物群が計一二点。文書は二〇〇五年の一月に福岡県の某古書店を通じ、『足立区立郷土博物館』が下山事件関連の所蔵資料としてインターネット・オークションで落札したものだ。当初目録に載っていたのは一連の出版物のみで、担当の多田文夫学芸員も「出版物を買った」という認識だったと言う。ところが品物が届き、驚いた。梱包を解くと中から出版物といっしょに、前述のガリ版刷りの〝謎の文書〟が出てきたのだ。

　多田は言う。

「古書店でもこの文書の価値を理解していなかったのでしょう。当館の購入価格は出版物本体の相場として適正でした。後に追跡調査したところ、個人情報保護の意味で名前は明かせませんが、文書の出所は京都府在住のある検察関係者の遺族だったことまではわかったのですが……」

　検察関係者から流出したこと。さらに書式や文面から文書は下山事件に関する検察の捜査資料であることがわかる。文書の中には前所有者の手書きで「25（年）3（月）12日布施君より」とメモが入っている。「布施君」とは事件を担当した東京地検の布施健検事のことで、この資料を前所有者が「布施検事より入手した」という意味に受け取れる。

　この検察文書に、七月五日朝、大西運転手が下山邸に着くまでの足取りが詳しく記述されている。

(1)大西の下山邸へ赴いたコース
大西宅（午前7時45分発）→三原橋交叉点→昭和通→新橋電停→品川→八山通→五反田→洗足行大通→洗足バス終点→池上陸橋―〔大西宅より25分〕→下山邸（午前8時15分着）

なんということだ……。

茅ヶ崎を訪ねた後、あらためてこの資料を読み返した時、私はあまりの事例の一致に愕《がく》然《ぜん》とした。問題は、洗足行大通→洗足バス終点の部分だ。柴田昇が言う「下山さんの家に近かった……」どころではない。昭和二四年七月五日当時、大叔父の柴田旬は正にその中間地点に住んでいたのだ。つまり、大西運転手は毎朝、大叔父の家の前を通って下山邸に通っていたことになる。こんなことが〝偶然〟の一言で片付けられるだろうか――。

目を閉じると、見えるような気がした。当時の洗足周辺は、まだ信号も少なく、車の通行も疎らだった。八時を過ぎた頃に、大西の運転するビュイックが洗足行大通りを通過する。一拍置き、路地から黒塗りのプリムス・デラックスが滑り出し、その後を追尾していく――。

考えてみれば、七月五日の下山総裁の言動はあまりにも不自然だった。まず三越に寄り、まだ開店していないことを知ると、車を国鉄本庁に向かわせた。だが農林中央金庫の前を通過し常盤橋のガード下に差しかかると、ここで突然、次のように言っている。

「神田駅へ回ってくれ」

大西は慌ててガード下を右折し、車を神田駅の西側通路に回した。前述の検察文書には、〈此の間総裁は駅をのぞいて居た〉という記述がある。だが大西運転手が「お寄りになりますか」と訊くと、下山総裁は「いや」と言って首を振った。

このあたりの言動は微妙だ。下山総裁は神田駅に用があったわけではないことが伺える。むしろ目的は、常盤橋のガード下を急に右折することにあったのではないか——。

さらに印象的な言動が続く。

神田駅に寄らなかったことを国鉄本庁に戻る意思表示だと受け取った大西は、駅の東側ガード下から都電通りにビュイックを回した。すると突然また下山総裁が命じた。

「右へ回ってくれ」

言われたとおりに大西は本石町交差点を右折している。しばらくして交通公社の前まで来ると、またしても下山総裁が言う。

「三菱（銀行）本店へ行ってくれ」

下山総裁の大西運転手への指示は、一見して気紛れだ。これを捜査一課は一方的に「情緒不安定」と決めつけ、後に自殺説の根拠のひとつとされた。だが、その裏に一定の目的意識が見え隠れしている。私は当初、それを次のように分析した。

「大西運転手に行き先を次々と命じながら、時間調整をさせていた様子がうかがえる」

だが、いまはまったく異なる解釈も可能だ。単なる時間調整ならば、どこかに車を停車させて待っていればよい。他の目的があったのではないか。決定的なのが、『下山白書』と『検察文書』に記載される次の一言だ。車が再び国鉄本庁前を通ると、下山総裁は苛立つような口調でこう言っている。

「もう少し早く行け」

一連のビュイックの動きを整理してみよう。

①「白木屋でもよい……」（左折せずに直進）

②「神田駅へ回ってくれ」（大西はあわてて常盤橋のガード下を右折）

③「右へ回ってくれ」（本石町交差点を急に右折）

④「三菱本店へ行ってくれ」（国鉄本庁を通過）

⑤「もう少し早く行け」（加速）

それぞれの指示が、分岐点の直前などに出されていることに注目すべきだ。単なる時間調整で片付けるには、あまりにも不自然だ。

下山総裁は他の車の尾行に気付いていて、それを確認――もしくは巻こうと――していたのではないか――。

もちろん尾行車がプリムス・デラックスであったとは断定できない。尾行車に乗っていた人物も現段階では特定は不可能だ。だが一連の動きを合理的に解釈するには、尾行車があったと考えた方が納得がいく。大西運転手は「尾行車に気付かなかった」と証言しているが――。

三、亜細亜産業の遺物

たった一度だけの祖母の怒声

一九九五年八月一九日、祖母の文子が亡くなった。享年八九。数年前に一度倒れ、長い間床に臥《ふ》した後の消え行くような静かな死であった。

耐えることしか知らぬ穏やかな人だった。私は祖母に、下山事件のことを一度も訊いたことはない。だが、祖母は知っていたのではないかと思う。もし知らなければ、祖父の日記を焼かせるわけはなかった。

祖母は、常に控えめだった。良くも悪くも古風な女性だった。けっして祖父の前を歩くことなく、軒下に咲く小さな花のように、ただひたすらに寡黙《かもく》に生きることを潔《いさぎよ》しとした。その祖母が、たった一度だけ祖父に怒りを露《あらわ》にしたのを見たことがある。

あれは、いつだったたか……。

まだ私が年端のいかぬ少年だったので、昭和四〇年頃ではなかったろうか。祖父はその時、私と弟を相手に悪ふざけに興じていた。

祖父は、変装が得意だった。その時も頬に含み綿を入れ、目には見馴れない眼鏡を掛けて、まったく別人のような振りをして私たち兄弟を追い掛け回していた。私にはそれが祖父であることがわかってはいても、一方では「知らないおじさん」にも見えて、妙に怖かったことを憶えている。

私と弟の叫声を聞きつけて、祖母が部屋に入ってきた。その時の祖母の行動は、あまりにも意外だった。突然、怒声をはり上げ、祖父に摑み掛かった。その顔から、眼鏡をむしり取った。そして、泣き伏した……。

私には、何が起こったのかわからなかった。弟と二人で、ただ茫然《ぼうぜん》とその場に立ちつくしていた。

その時の祖母の言葉を、私は憶えていない。祖父の言い訳の言葉も、憶えてはいない。私が記憶しているのは、祖母の手に握られていたあの眼鏡だけだ。

そうだ、あの眼鏡だ。レンズの丸い眼鏡。濃い茶色の、プラスチックのフレームの眼鏡。ロイド眼鏡だ……。

李中煥は、〝替え玉〟は「総裁より少し背の低い中村という四九歳の男」だと証言した。真木一英は「江東区に住む李という男だったが、替え玉が露見しそうになったので昭和三〇年秋に消されてしまった」と証言している。

祖父は、事件当時四九歳だった。身長は約一七五センチ。下山総裁とほぼ同じだ。含み綿を入れ、ロイド眼鏡を掛けた顔もどことなく下山総裁に似ている。それに末広旅館の女将、長島フクは知人だった——。

矢板玄の死

祖母の死がひとつの節目となったかのように、私をとり巻く「下山事件」の環境に変化が起こり始めた。まず異変があったのは、矢板玄だった。

矢板玄と初めて会ってから一年ほど経った後、私は電話で連絡をとってみた。「また遊びに来い」という言葉が頭から離れなかったからだ。

この一年の間に、私はさらに膨大な量の下山関連の文献を読み漁《あさ》っていた。いまならば、材料がある。あの時には訊けなかったことを、さらに深く追及することができる。矢板玄が話してくれるかどうかは別として、もう一度会っておきたかった。

だが、電話には誰も出ない。ひと月ほどして、また電話を掛けてみた。やはり誰も出ない。あの広い家の中で、むなしくベルが鳴り続けているだけだ。そんなことが、一年以上にもわたって続いた。

変化があったのは、九五年の夏だった。私は祖母の死を伝えるために、再び電話をとった。何度も掛け続けるうちに、やっと電話がつながった。

「はい……矢板でございます」

女性の声だった。あの時の女性だろうか。

「柴田と申します。矢板玄さんは御在宅でしょうか」

だが、意外な答えが返ってきた。

「父は、体調を崩しております。いまはこちらには住んでいないんです」

その口調は、矢板玄の病状が深刻であることを物語っていた。あの頑健だった矢板玄が、戦国の武将のようなあの男が、病に臥せっている。俄《にわか》には信じられなかった。だが、それが老いという現実なのだ。胸の中に冷たい風が吹き抜けたような淋しさを覚えた。私は電話口の女性に見舞いの言葉を述べ、柴田文子が亡くなったことを伝えてほしいと伝言し、電話を切った。

後で知ったことだが、矢板玄は私と会った直後に脳梗塞で倒れていた。

一九九八年五月、矢板玄はその壮絶なまでの人生の幕を閉じた。享年八三だった。

金庫から出てきた五個のルビー

祖母が亡くなってひと月ほど経ったある日、私は母と共に遺品の整理を行なった。

遺品といっても、たいしたものがあるわけではない。古い桐箪笥《だんす》の中に何枚かの着物と、普段着程度の洋服。あとは押し入れの奥から花瓶や掛け軸などの数点の骨董《こっとう》品と古いアルバムが出てきた程度だった。

「何だろう、これ。こんなものあったかしら……」

押し入れの奥を探していた母が、奇妙な物を持ち出してきた。古い手提げ金庫だった。

「へえ……。見たことないね。中に現金が詰まってたりして」

「まさか。開けてみようよ」

だが、鍵が掛かっていた。私は簞笥の中に、鍵の束が入っていたことを思い出した。一本ずつ、金庫の穴に差し込んでいく。何本目かの鍵が、数十年のタイムカプセルを解き放った。

それはまさに、パンドラの箱だった。上蓋《うわぶた》を取ると、中にぎっしりと書類が詰まっていた。家の権利書、土地の登記簿、生命保険の契約書。どれも現在では法的な効力を失った過去のものばかりだ。だが、それらを取りのぞいていくと、一番底からひと際大きく、ぶ厚い封筒が出てきた。上に、見馴れた文字が浮かび上がった。

『亜細亜産業』――。

息を呑んだ。その文字を見た瞬間に、母の表情から血の気が引いていくのがわかった。

私は無言で封筒を取り出すと、その中身を床の上に広げた。

中からは、意外なものが出てきた。昭和一八年から二四年にかけての亜細亜産業の「辞令」などが七枚。その中に、下山事件に関連するものはない。だが、祖父が亜細亜産業で「どのような仕事をやっていたか」が明らかになった。その他に、某著名画家名義の出資証明書の控えが数枚。給与明細書など……。

書類の他に、小さな紙箱がひとつ入っていた。開けると、中から数個の宝石が出てきた。

母に訊く。

「これは?」

「知らない……」

蒼白になり、母が首を振る。

箱には小さな紙切れのメモが入っていた。竹の実3、ルビー5、アレキサンダー3、パール1、ダイヤモンド3、ゴールドフレーム2——。だが、入っているのは竹の実3個と5個のルビー、パール1個だけだ。ダイヤやアレキサンダーは、売ってしまったということなのだろうか。一番大きなルビーは、直径が二〇ミリほどもある。私には、その価値がわからない。

私は矢板玄の言葉を思い出していた。「ダイヤ以外のルビーとかエメラルドとかは、まあ、おれたちの小遣いだよ」——。

さらに、封筒の中を探る。数枚の紙の束が出てきた。広げてみる。上海の「華俄道勝銀行」と「英商香港上海匯豊銀行」が発行したドル札だった。この銀行券が戦時中に流通していたのは、上海と香港の周辺だ。

「ジイ君は上海に行っていた? もしくは香港に」

祖母の死後、見つかった宝石類、矢板玄の言葉を裏付けることに

祖父の上海での活動を示す紙幣

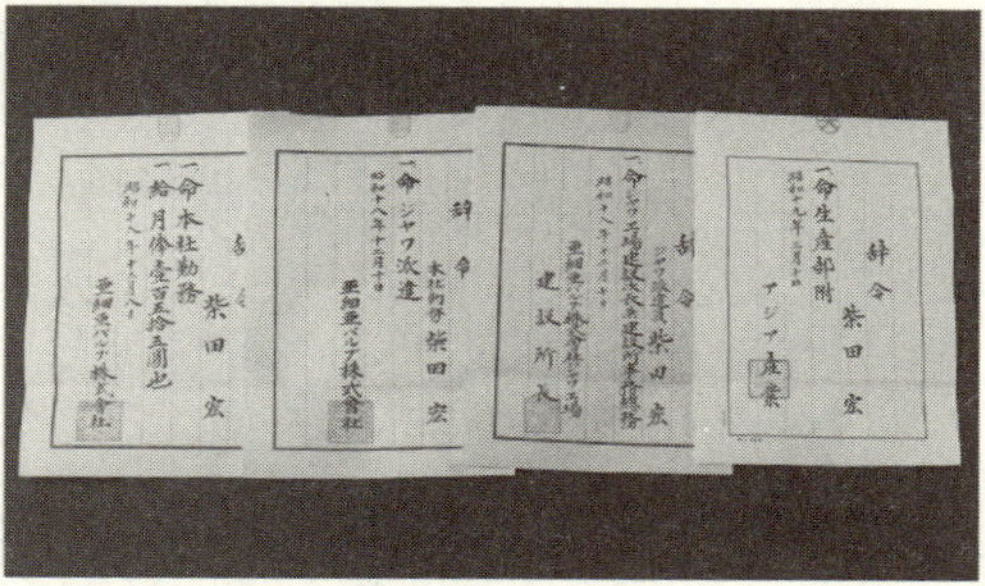

戦時中、祖父にジャワ行きを命じた亜細亜産業の辞令

「知らないよ。そんなこと、聞いたこともない……」

母が不安そうに答える。私は祖父の古いアルバムを取り出し、広げた。祖父が満州に出征していた昭和一五年から、亜細亜産業に入社した昭和一八年のあたりのページを開く。やはり、そうだ。祖父のアルバムには昭和一七年から一八年の一二月にかけて、一年半以上にもわたり長い空白がある。

戦時中、矢板玄は上海にいた。「死人の山を乗り越えて」香港まで進軍したと自慢していた。それだけではない。児玉誉士夫もそうだ。長光捷治（柿ノ木坂機関長）もそうだった。その他にも里見甫、真木一英、村井恵、田中清玄、三浦義一、関山義人など、下山事件の陰で不穏な動きを見せる男たちは、ことごとく戦時中に〝上海〟の経歴を持っている。

「どうしたの……」

母が心配そうに私の顔を覗《のぞ》き込む。

「いや、何でもない。なぜジイ君が上海に行ってたんだろうって、それを考えてたんだ」

上海を調べてみる必要がある。私は埼玉県の大宮市（現在は、さいたま市）に向かった。

ジャズピアニスト・柴田喬

「久し振りだなあ。何年振りだ、二〇年以上になるかなあ……」

大宮駅東口の小さな喫茶店の窓際の席に座り、大叔父の柴田喬《たかし》は私の顔を眺めながら目を細めた。

亜細亜産業で三年間事務員をしていた柴田八重子の元夫であり、祖父の弟でもある。明治四四年（一九一一）生まれ。すでに八〇代もなかばに差しかかろうというのに、まるで少年のような笑顔を見せる。実際に、若く見える。淡いブルーのカーディガンを着こなし、プレスの効《き》いたズボンに包まれた長い脚を組むさまは、ジャズピアニストとして鳴らした頃の喬を彷彿《ほうふつ》させる。

柴田喬は、伝説の男だ。戦時中は「上海バンスキング」と異名をとるジャズドラマーのジミー・原田らとバンドを組み、上海租界《そかい》を中心に活動。歌手の李香蘭をはじめ多くのミュージシャンが「日本最高のジャズピアニスト」と評価した。その後は歌手の藤山一郎と共にインドネシアの慰問団に参加。その行動範囲は、不思議と祖父と重なる。

親戚の中で、喬は「いろいろとあった」ようだ。我が家とも、すっかり疎遠になっていた。だが私にすれば、喬は祖父の兄弟の中でも「最も粋《いき》な大叔父」にすぎない。

「それで、話って何だい。兄貴のことが聞きたいって？」

「ええ、上海時代のことを。祖父は、戦時中に上海に行ってたんですか」

「ああ、兄貴は上海にいたよ」

大叔父の喬は、上海時代のことを特に隠すでもなく話し始めた。祖父が上海にいたのは、昭和一七年頃――喬や二番目の兄の潔《きよし》と上海租界の同じ部屋に住んでいたこともあったという。いわゆる〝大陸浪人〟である。その頃から祖父は、矢板玄と親交があり、いっしょに〝仕事〟をしていたようだ。喬も上海で矢板玄と知り合い、その後、妻の八重子が亜細亜産業に勤めるきっかけとなった。

「祖父は矢板さんとどんな仕事をしていたんだろう……」

「ああ、三菱商事の仕事だよ。軍事物資の調達、ってやつだね」

「昭和通商じゃなくて？」

「違う。三菱商事だよ。昭和も少しはやってたと思うけど、ほとんど三菱だったはずだよ」

三菱商事――。ここでまた、ひとつの横の線がつながった。矢板玄は亜細亜産業を整理した後、三菱化成の重役顧問を務めている。三菱の創設者岩崎弥太郎の孫娘、エリザベス・サンダース・ホームの沢田美喜とは深い親交があった。三菱と矢板玄の絆《きずな》は、上海時代にまで溯《さかのぼ》る。いや、もしくは、それ以前からか――。

上海――三菱――。この線上に重なる男がもう一人いる。「下山、松川の両事件は、北海道のガーゲット機関が東京に移ってキャノン機関と合併、その下請け日本人協力機関と

祖父宏の晩年に撮影した兄弟たちの写真。
左から、五男旬、長女和子、長男宏、次女寿恵子、次男潔、三男喬

の謀略作戦だった」と証言した真木一英だ。

「上海に、当時真木一英という男がいませんでしたか。喫茶店か何かをやっていたかもしれないけど……」

「ああ、知ってるよ。殺し屋だろ。喫茶店ていうのは知らないけどね。あいつも、三菱の人間だよ。兄貴や矢板玄の仲間だった」

やはり、真木一英は矢板玄と親交があった。

祖父は、上海にいたことを家族にも話さなかった。隠さなければならない理由があったのだろうか。だが喬は、「わからない」と言う。

「叔父さんは戦後、亜細亜産業に行ったことはあるんですか？」

「ああ、何度かはあるよ。八重子があそこにいたしさ。おれも勤めないかって誘われたこともある。でも、断わったけどね」

「なぜですか？」

「あんなおっかない会社にいられないよ。兄貴もよくいたと思うよ。真木みたいなのが何人もごろごろしてて、年中誰を殺すの誰が殺されたのって話してるんだぜ。それに、密輸だろう……」

「密輸のことは矢板さんも言ってましたよ。生ゴムや油を密輸してたって」

「生ゴム？　よせやい。そんなものが金になるかよ。あいつらが密輸してたのは、麻薬だよ」

その言葉を耳にした時、背筋に冷たいものが疾《はし》ったような気がした。キャノン中佐はヘロイン中毒だった。矢板玄は、仲間にアヘンのエキスパートの里見甫を引き入れた。海烈号の積み荷も、ほとんどが薬物だった。考えるまでもないことだった……。

大叔父の喬は、矢板玄について話す時、口調が険しくなる。妻の八重子を失った背景に亜細亜産業が関わっていたことが原因だろう。私はその事情を大叔母の寿恵子に聞いて知っていた。だが、ここで書くべきことではない。

「キャノン中佐は知ってますか」

「知ってるさ。湯島（岩崎別邸）の王子様だろ。兄貴と矢板の仲間だよ。おれもお城に行ったことはある」

「何をしに？」

「ピアノだよ。兄貴に頼まれてさ。李香蘭が歌ったこともあったな」

喬の話には、よく女優の李香蘭が登場する。本名、山口淑子。大正九年（一九二〇）、旧満州奉天の生まれ。満州国と満州鉄道が共同出資した「満州映画協会」の看板スターだった。ＣＩＣのファイルには、李香蘭が旧日本軍のスパイ訓練を受け、軍部の思想宣伝活動の象徴として利用される一方、「中国共産党のレポ（情報連絡員）」だった可能性が記載されている（『秘密のファイル』）。その後、山口は一時渡米した後に帰国し、自民党の参議院議員となった。

矢板玄も、李香蘭との親交を認めていた。興味深いのは日本から香港、上海と溯っていくと、いずれも最終的には満州鉄道に行きつくことだ。

「叔父さん、下山事件について何か知らない？」

私は何気なくそう訊ねてみた。その言葉になぜか喬は笑顔を見せた。

「聞いてはいるよ。亜細亜産業が仕組んだんだろう。ライカビルに連れ込んだらしいじゃないか」

喬は世間話でもするようにあっさりとそう言った。その上で喬は、殺害の実行犯として二人の名を挙げた。一人は日本人、もう一人はキャノン機関の日系二世の将校だった。

やはり、そうだったのか。二人ともすでに何度も文中に登場している人物だった。

ビクター・松井犯行説

キャノン機関の下山事件への関与について、興味深い情報がある。機関のメンバーだった韓道峰の証言だ。韓は村井恵という日本名を持つ韓国人で、戦時中は村井機関を組織して大陸で暗躍。亜細亜産業にも出入りしていたことは前述した。畠山清行の『何も知らなかった日本人』の中から、韓の証言を以下に要約する。

——その夜、韓道峰は、本郷ハウスの自室で遅くまで調べ物をしていた。すると、電話のベルが鳴った。「こんな夜更けに誰だろう」と思って電話に出ると、ベック・松井である。

松井は「万事かたづいた」とキャノンに伝えてほしいと言った。キャノンは、その夜は留守だった。韓は、キャノンが横浜の自宅に帰ったものと思っていたから「明日になれば戻るのに、自分で言ったらよさそうなものを」と思ったので、「どこかへ行くのか」と聞くと、「神戸までドライブだ。少々腐ったことがあってね。じゃあ頼むよ」と電話を切ったのである。

韓はキャノンに信用があったから、めったに怒られたことがない。その明け方、キャノンは帰ってきていたのだが、翌朝起きてから松井の伝言を伝えると、「そんな大事なことを、なぜ急いで伝えなかったか」と、ひどく叱られた。

松井の伝言を聞くと、キャノンはひどくあわてて、すぐ方々に電話をかけていた。「しまった。まずいことをやってくれた」などと言っているのを韓は聞いている。

〝その夜〟とは、もちろん『下山事件』のあった昭和二四年七月五日の夜のことだ。ベック・松井とはキャノン機関の副官として知られるビクター・松井准尉を指す。キャノン機関の撤収後（公式的には一九五二年四月）にＣＩＡに入り、マダガスカルやザイールのＣ

ＩＡ支局長を歴任した。カンボジアのシアヌーク殿下の暗殺未遂に関与し、現地の新聞でその事実を暴露されたことはあまりにも有名だ。しかもビクター・松井は、一国の国家元首の暗殺未遂犯であるにもかかわらず、その後ＣＩＡ内部で各国の支局長を務めるまでに出世している。この事実は、すなわち、ＣＩＡという組織の本質を物語っている。

韓道峰の証言は、下山事件の微妙な背景を示唆している。この証言を信じるならば明らかにキャノン機関は事件に関与していた。実行犯の一人はビクター・松井だった可能性がある。

松井の「これから神戸までドライブだ」という言葉にも引っ掛かる。なぜ、神戸なのか。元ＣＩＡの協力者宮下英二郎は、「四人の姫路ＣＩＣの二世メンバーが誘拐に関わった」と証言している。姫路は、神戸の先だ。これは推察だ。松井は、そのメンバーを、工作の終了後に神戸まで送り届けたのではなかったのか――。

だが、工作には明らかな「手違い」があった。その後のキャノン中佐の狼狽《ろうばい》ぶりがそれを物語っている。少なくともキャノンは、下山総裁が「殺される」ことを知らなかった。

事実、韓道峰は、次のように続けている。

〈下山（事件）がキャノン機関直接の工作でないことだけは、はっきり言える。と言って、まったく関係がないとも言えない。機関の一部の人間が動き、機関の施設を使ったことは事実だ。（中略）その施設とはライカビルであり、もう一つは千葉県勝浦にある亜細亜細亜産業の罐詰工場（旭缶詰）である〉（『何も知らなかった日本人』）

矢板玄は言っていた。亜細亜産業はキャノン機関の下請け機関ではなかった。「逆にこちらから〝仕事〟を出したこともあった」と。

ビクター・松井には、朝日新聞社の諸永記者が貴重なインタビューに成功したことは前述した。その中で諸永は、韓道峰の証言を直接ビクター・松井にぶつけている。松井は韓道峰を「よく覚えている」ことは認めた。

〈ビクターは、その韓がすでに死んでいることを僕に確かめたうえで、彼の証言を否定してみせたのだ。だが、僕らが次の言葉を伝えると、ビクターは絶句したまま黙り込んだ。

「じつは韓氏の証言は、録音されているんですよ」

「エッ……」

実際の間は数秒だったかもしれない。でも、僕にはずいぶんと長く感じられた。

「それは……録音したのはいつですか。知らなかった。……それは、いつなんですか」

それまで微妙なことについては「覚えていない」とはぐらかしつつも顔色を変えることもなく丁寧に答えていたのに、明らかに狼狽《ろうばい》を隠せないようだった〉（『葬られた夏』）

韓道峰の録音テープは現存していない。だが、いずれにしても、あの時と同じだ。

私は、「祖父の日記」の存在を告げた時の、矢板玄の表情を思い出した。あれほど自信と威厳に満ちていた矢板玄が、私の一言で見事に崩れ始めた。明らかに、狼狽していた。

謀略の世界に生きる男たちには、共通の弱点がある。日記、録音テープ、写真……。

彼らが恐れるのは、客観的な「物証」だけだ。

四、斎藤茂男との対話

〝クリスチャン〟というキーワード

大叔母の飯島寿恵子が倒れたのは、一九九八年の年末だった。突然、「胸が苦しい」と言い出し、自発呼吸不全に陥《おちい》った。病院に担ぎ込まれたが、すでに手の施《ほどこ》しようがなかった。人工呼吸に切り替えられたが、間もなく意識を失い、植物状態に至った。

寿恵子と最後に話したのは、倒れるひと月ほど前だった。その頃から大叔母は、「風邪が治らない……」とこぼしていた。好きだったタバコを、すでにやめていた。

深刻な病状だとは知らない私は、寿恵子に韓道峰の証言の部分を読ませてみた。以前から、畠山清行の『何も知らなかった日本人』の情報は「信用度が低い」という噂があったからだ。確かにこの本は、煽動的な表現が目立つ。事実誤認も多い。だがその反面、下山事件に関する部分だけが妙に緻密でリアルなのだ。さらに、私がそれまでに入手した証言、情報とまったく矛盾していない。

『何も知らなかった日本人』には、竹谷有一郎という人物の証言として次のような記述もある。要約してみよう。

――キャノンが殺しを考えていなかったことは、おそらく本当だろう。というのは、その少し前に、僕は矢板から、こんな相談をうけた。「君は妙な連中の知合いが多いだろうと思って相談するのだが、掏摸《スリ》の腕達者を知らないか」と言う。なんに使うのだ。と聞くと、「ある人物が重要書類を持っているので、それを手に入れたいんだ」という。

それから二、三日たってライカビルに行くと、「お茶を飲みに行こう」と矢板に誘われた。途中で銃砲店の倅《せがれ》の鈴木にも会ったから、三人でエビアンという喫茶店に行くと、「君は上海で殺し屋の仲間に入っていたから、いろんな殺しを見ているだろう。どんな方法が一番足がつかないか」

と訊くから、

「それは信用されている者がやれば一番いい」

と話した。すると矢板は、

「なるほど、信用している者ね。信用ある者か……」

としきりに考えていた。その一両日中に起こったのが下山事件だから、おそらく誘拐にあたっても、最初に総裁と接触した人間は、彼に信頼されていた人物に違いない。「掏摸を必要としていたのはこれだったのか」と、僕も初めて納得がいった。三越の南口駐車場は、キャノン機関の松井や大西も、亜細亜産業へ来た時などによく使っていた。だから、下山もあそこから車に乗せられたと思うのだが……。

竹谷有一郎もまた上海を本拠にした大陸浪人の一人だ。児玉誉士夫と親交する一方で中国の伝統的秘密結社「紅幇」のメンバーとして、暗躍した。戦後、矢板機関の協力者であったことは、寿恵子の証言や写真などで確認されている（口絵2〜3ページの写真）。

私が寿恵子に確認したかったのは、証言の真偽だ。寿恵子は、キャノン中佐を知らない。だが、証言をした韓道峰と竹谷有一郎は知っている。寿恵子が読めば、私にはわからない〝何か〟に気が付くかもしれないと思ったのだ。私は韓道峰が、寿恵子のよく知る村井恵と同一人物であることを説明した。

「私はキャノンもベック・松井も知らないからね。ここに書いてあることが本当なのかどうかはわからないな。でも、村井さんがそう言ったんでしょ。あの人は敬虔《けいけん》なクリスチャンだからね。嘘はつかない人だよ。兄さんも信用できる人だって言ってたし……」

クリスチャン――。

その言葉も、下山事件の裏ではひとつのキーワードになっている。韓道峰は祖父と同じ、キリスト教系の明治学院の出身だ。それだけではない。エリザベス・サンダース・ホームの沢田美喜と真木一英、謎の情報屋李中煥、もちろんキャノン中佐やウィロビーなどのGHQ関係者もそうだった。中でもウィロビー、ダグラス・マッカーサー、韓道峰は、

「フリーメーソン」(一八世紀にイギリスの石工職人の組合から発生した世界最大のキリスト教原理主義者を中心とする秘密結社）の主要メンバーだった——。

　次に私は、竹谷有一郎の証言を読ませてみた。

「竹谷さんて、上海の殺し屋だろう。私は竹谷賢一郎だと思うけど。面白い人だったけどね。ここに出てくるエビアンていう喫茶店はよく知ってるよ。矢板さんも、兄さんもよく行ってたから。銃砲店の鈴木というのも知ってる。矢板さんは銃砲が好きだったから。あとは、三越南口の駐車場か。それは昔から私も気になってたのよ。下山さんが、車を降りた場所でしょう。亜細亜産業の車も、よくあそこに停めてたわね……」

　やはり、そうだ。当時亜細亜産業の社員だった寿恵子に読ませても、二人の証言に矛盾は発見できない。

　気に掛かるのは、三越南口の駐車場だ。時効直前に出た鐺水情報——H・Oの日記——には、「日本橋室町三丁目の大林組のビル工事をしていた大通り」で下山総裁を車に乗せたと書いてあった。さらに工事現場近くには、「暁テル子の公演ポスターが貼《は》ってあった」として証言の信憑性を高めようとしている。

　情景描写があまりにも細かすぎる。当時の事件現場の写真を見ながら作られた〝創作〟の臭いがする。鐺水徹は読売新聞の記者だった。参考になるような現場写真は社内でいくらでも手に入る。

もしH・Oの日記がプロパガンダだったとすれば、犯人グループは時効の直前まで「総裁を車に乗せた場所」を隠す必要があったということになる。それが、三越南口の駐車場だったのか――。

そこまで考えを巡らした時、私は思わず声を上げそうになった。そうだ。大西運転手だ――。

七月五日、事件当日、大西運転手は午前九時三五分頃に三越南口で下山総裁を車から降ろした。その後、午後五時のNHKラジオニュースを聞くまで、その場に車を停めたまま総裁の帰りを待ち続けていた。

その間、七時間二五分。大西はその理由を警視庁の取り調べに対し、「総裁が車を待たすのはいつものことだったので不思議に思わなかった」と供述している。だが、そんな馬鹿なことはあり得ない。事実、NHKが最初に事件を報じたのは、午後三時三〇分のラジオの臨時ニュースだった。その中でNHKは、「ビュイック四一年型で家を出た下山総裁は、大西運転手と共に姿を消して六時間以上になる」ことを明言している。車の中で待つ大西が、このニュースを聞いていなかったのも不自然だ。しかも大西は「三越の中をブラブラしたり、外を一時間ぐらい歩いてみたりして……」待っていたと証言している。もし大西がいつ戻るかわからない下山総裁を待ち続けていたなら、一時間も車を空けるわけがない――。

犯行グループは、事件を〝自殺〟に見せかけるために、もしくは誘拐経路をカムフラージュするために、〝替え玉〟を用意するなど綿密な工作を準備していた。だが、もし大西運転手が午前中に異変に気付き、警察に通報していたとしたら、犯行グループの苦労はすべて水の泡になっていた。つまり、犯行グループには大西運転手が「五時まで待ち続ける」確証があったことになる。

もし下山総裁が三越南口駐車場で車に連れ込まれたとしたら、その近くにいた大西運転手は〝何か〟を見ていても不思議ではない。そして犯行グループに、「五時までここを動くな」と脅された。そう考えないと、辻褄《つじつま》が合わなくなる。

大叔父飯島進と斎藤茂男

大叔母の寿恵子が倒れて間もなく、私は恵比寿の駅で斎藤茂男と待ち合わせた。

午後七時。年末の雑踏を抜けて改札を出ると、コートの襟《えり》を立てて斎藤がすでに待っていた。間もなく、大叔父の飯島進が姿を現わす。私はその場で簡単に飯島を斎藤に紹介し、駅前の居酒屋に入った。

店は混んでいた。どこかの会社の忘年会なのだろうか、隣の座敷から賑《にぎ》やかな声が流れてくる。

飯島に一度会わせてほしいと言ったのは、斎藤だった。当時、飯島は、恵比寿の厚生病院に入院中の寿恵子を毎日見舞っていた。どうせ家に帰っても、待っている者は誰もいない。病院の帰りに一杯飲もうという私の誘いに、飯島は気軽に応じてくれた。

飯島には下山事件のことは伏せておいた。斎藤は単にジャーナリストの仕事仲間だと紹介しておいた。だが、飯島は私たちの目的を察していたのではないかと思う。後にわかったことだが、飯島は斎藤の著書をすでに読んでいた。

斎藤は酒を飲まない。ウーロン茶で私たちに付き合いながら、淡々と昔話を進める。飯島は、いわば戦後の日本財界の生き証人だ。特に昭和二九年の「造船疑獄事件」では、間接的にとはいえ当事者でもあった。私が気を遣《つか》うまでもなく、二人の会話は淀《よど》みなく流れていく。

頃合を見計らうように、斎藤が〝事件〟に触れた。

「そういえばあの頃、下山事件なんてありましたね。飯島さんは、何かご存知ないですか」

「ああ、下山ね……」そう言って飯島は、一瞬私に視線を向けた。「いろいろ噂はありましたね。まあ、下山さんはよく知ってましたよ。紫水会（科学技術者活用協会）の頃からの付き合いでね。台湾義勇軍の件でもごいっしょしましたからね。いい人でしたよ。良くも悪くも正義漢というかね……」

私はこの時、大叔父が台湾義勇軍の一件でも下山総裁と関わりがあったことを初めて知った。だが、斎藤に驚く様子はない。

「台湾義勇軍」とは、前述の「海烈号事件」に関連する一件である。戦後、中国共産党軍に敗れた蔣介石が台湾に逃れ、一九四八年に国民党政府を樹立した。その蔣介石軍を旧日本陸軍の残党が援助。義勇軍を組織して中国本土を奪還しようとする計画があった。いわば、傭兵《ようへい》部隊である。日本側は武器、船舶、兵員を準備し、資金はすべて台湾側が負担。一時は揚子江河口の舟山列島に前線基地を確保し、実際に野崎公雄隊など多くの義勇軍が台湾に渡った。GHQの情報部——中でもキャノン機関——もこの計画を裏で支援していた。だが国際世論の反発を受けて日米両政府が計画を黙殺。多くの犠牲者を出して義勇軍は歴史の闇に葬られた。ちなみに、大叔父の飯島進は、義勇軍の使う船舶の一部の調達を担当していた。

興味深いのはこの台湾義勇軍計画もまた、上海から満州へと溯る旧関東軍——もしくは大陸浪人——の人脈によって画策されたものであったということだ。ちなみに主謀者の一人、三上卓は、本来の目的は「日本の再軍備計画にあった」と証言している。

下山総裁が台湾義勇軍に関わっていたという噂はかねてからあった。矢田喜美雄の『謀殺 下山事件』に次のような一文がある。

〈義勇軍募兵計画が決まって決行を六ヵ月後に控えた一九四八年十月のことだが、当時、運輸次官に就任していた下山氏のところに武器係の某氏が現われ、その時がきたら海上保安庁の後援を頼むといって帰ったという話があった。下山氏にこんな話が持ち込まれたのは、戦争前、大本営の依頼で北支、中支、南支、ベトナム、タイなど東アジアの輸送作戦に対する現地調査の旅をしたとき知り合った特務機関や中国浪人たちがあり、某氏もその一人だったという（＊注・飯島は後に、某氏は矢板玄蕃ではないかと指摘した）。元日本共産党員で転向者の塩谷栄三郎氏（キャノン機関に協力、北朝鮮密輸事件で検挙された衣笠丸の責任者）によると、下山氏は武器集めに関係したことがあったようだといっていた〉

下山総裁は、一般には技術畑出身の政治的背景のない人物であると認識されている。だが、台湾義勇軍に参画するような意外な一面もあったということなのか――。

斎藤が話を続けた。

「実は私、下山病患者でしてね。これに効く薬は、下山事件の情報しかないんですよ。あの頃、いろいろ噂がありましたね。自殺だとか、他殺だとか……」

「自殺でしょう」

飯島は、いとも当然であるかのようにそう言った。

「自殺、ですか……」

「ええ。私の友人に、小野寺さんというのがおったんですよ。その人が、事件のあった朝に、三越の地下鉄の乗り場で下山さんに会ったと言ってるんです。そのまま五反野に向かったんでしょうね。あれは、自殺ですよ」

私が、以前に聞いた話だ。だが、その時とはかなりニュアンスが違う。「三越の地下道」が、いつの間にか「地下鉄の乗り場」にすり替わっている。

飯島は、明らかに話をはぐらかしている。斎藤にもそれがわかったようだ。近年、下山事件を〝自殺〟だと断定する者は少ない。元捜査一課の人間か。それとも事件の当事者か。いずれにしても〝自殺〟という言葉は、真相を知る者が証言を拒否する意志を表示するために使われる。

以後、斎藤がいくら下山事件に話を向けても、飯島はまったくそれに乗らなかった。淡々と酒を口に運び、酔った振りをしながら、延々と意味もない話を続けた。

私と斎藤の、完敗だった。

「もう時間がない」と斎藤茂男

飯島との話が終わり、私と斎藤は近くの喫茶店に席を移した。酒を飲めない斎藤は、待ちかねていたように紅茶を注文し、それを一口すると溜め息をついた。

「みんな、そうなんだよね……。下山事件について知る人は、たくさんいたんだ。でも、みんな墓場まで持っていこうとする」

「飯島は、何かを知っていると思うんです」

「うん、知ってるんだろうね。〝自殺〟だというのを聞いて、わかった。でも叔父さんは何も言わないよ。墓場まで持っていく人だよ……」

私は苦《にが》いコーヒーを口に含み、言った。

「さっき、飯島が小野寺という人物の話を出したのを覚えていますか。事件当日に地下鉄の乗り場で下山総裁に会ったという……」

斎藤は怪訝《けげん》そうな顔をした。

「小野寺……それが？」

「例の小野寺ですよ。事件当日、下山家に謎の電話が掛かってきた。電話の主はオノデラ、アリマと名乗った。その小野寺健治ですよ。最初に大叔父に聞いた時は、小野寺は三越の地下道で下山総裁に会ったと言っていた。しかも、三、四人の連れがあったと……」

「あ、そうか……」そう言って斎藤は、しばらく考え込んだ。そして続けた。「しかし飯島さんは、下山事件について詳しい様子だった。きっと、矢田さんの本くらいは読んでるんでしょう。その気になれば、話を作ることもできる……」

確かに、そうだ。飯島の書斎に、矢田喜美雄の『謀殺 下山事件』があったことは私も知っている。頭のいい人だ。私を矢板玄に会わせたくないがための作り話だった可能性はある。

斎藤は、しばらく考え込むように黙っていた。腕を組み、紅茶を口に運ぶ。そして意を決したように言った。

「どうでしょう、柴田さん。そろそろ私たちも、腹を割って話しませんか。柴田さんはまだ、重要なことを私に話していない」

私はある程度、その言葉を予見していた。話があると言って喫茶店に誘ったのは斎藤だった。考えてみれば、確かに私と斎藤は、出会ってから四年以上にもなるのに一度も腹を割って話し合ったことはない。むしろお互いに警戒し、牽制《けんせい》し合いながら、無意味な腹の探り合いを続けてきたような気がする。

答えに窮《きゅう》する私に、斎藤が続けた。

「柴田さんはキャノンについて何も話していない。矢板玄に会ったなら、その話が出ないわけはないんだ。本当に、真実が知りたいだけなんですよ。私には、もう時間がないんです……」

もう時間がない。斎藤はその時、確かにそう言った。おそらく斎藤は、自分の体が癌に蝕《むしば》まれ、余命いくばくもないことを知っていたのだと思う。だが、その時の私には、言葉の真意がわからなかった。

「確かにぼくは斎藤さんに話していないことはいくらでもあります。キャノンのことも。

でも、それは斎藤さんも同じです。これまで斎藤さんが話してくれたことは、すでに本に書いてあることばかりだ」

斎藤は、その言葉に静かに頷いた。

「そうだね……確かにそうだ。私も柴田さんのことを警戒してたのかもしれないな」

斎藤はカップに残った紅茶を飲み干し、伝票を手にした。斎藤は、私から話を聞くことを諦《あきら》めた。それでいい。だが、気が付くと私は、席を立とうとする斎藤を引き止めていた。

「わかりました。ただし、ここだけの話です。メモを取るのも、なしにしてください」

CIAが他国に進出する手口とは

おそらく私が斎藤と打ち解けて話したのは、その夜が初めてだったと思う。約二時間、私は知りうる限りのことを斎藤に話した。矢板玄の証言——特にキャノン中佐について。伊藤律が亜細亜産業に出入りしていたこと。矢板玄が事件を〝他殺〟であると認めたこと。祖父の日記の存在を知った時の反応。金銀運営会の金が、吉田内閣成立に使われたこと。佐藤栄作と岸信介。さらにウィロビー、ガーゲット、児玉誉士夫との関連。下山総裁の死がGHQにより国鉄の大量解雇に利用されたのは、「結果論だ」という矢板玄の見解——。

斎藤は、そのひとつひとつを噛みしめるように聞いていた。だが、その一方で、いつもよりも饒舌《じょうぜつ》だった。私の言葉に対し、積極的に自分の知識や意見を返してくる。

「柴田さんの情報を総合すると、下山事件はGHQとは無関係だったということになるね……」

「無関係だったとは言いません。確かにCICの一部の人間が関わっていた形跡はあります。しかし、GHQの命令系統によって行なわれた工作だと仮定すると、どうしても説明できない矛盾が生じてしまう」

「確かに、おかしいんだ。キャノンにしても、ガーゲットにしても、姫路のCICにしても……。あの事件で関与が噂された米国関係者は後でほとんどCIAに異動している。CIAと言えば沢田美喜もね……」

「沢田美喜？」

すでに私は、矢板玄をキャノンに紹介した人間が白洲次郎と沢田美喜であることを話していた。

「そう。エリザベス・サンダース・ホームはCIAの支部だったんだよ……」

斎藤によると、当時のCIAは他国に進出する時に、まず最初に大使館や教会施設を基地に使ったという。韓国では統一教会もそのひとつだった。ちなみに、統一教会の設立に大きく関わった日本人に、児玉誉士夫と岸信介がいる。いずれも、亜細亜産業の人脈だ。

ジャーナリストのジョン・G・ロバーツは、次のように言っている。

〈岸（信介）の指導の下で、右翼が大きく復帰し、MRA（道徳再武装運動）や文鮮明《ムンソンミョン》の統一教会（世界基督教統一神霊協会）といった疑似宗教団体が栄え、CIAの資金が自民党の金庫に流れた〉（ジョン・G・ロバーツ＋グレン・デイビス著、森山尚美訳『軍隊なき占領』講談社＋α文庫）

もちろん、矢板玄もまた、統一教会の後援者だった。「キリスト教」というキーワードが、完全に一本の線でつながる。

下山総裁は第二の張作霖

「下山事件の人脈には、いくつかのキーワードがあると思うんです。ひとつがキリスト教。もうひとつが旧日本陸軍の大陸の人脈。この人脈を溯っていくと、旧満州鉄道に行きつく。真木一英は矢板玄の上海時代からの仲間でした……」

「大陸の関東軍や憲兵隊の人脈か……」

「気になることがひとつあるんです。これは偶然かもしれない。満州事変の前に起きた張作霖爆殺事件。あの爆殺現場は、下山事件の轢断現場にあまりにもよく似ている……」

その言葉に、斎藤は一瞬首を傾《かし》げた。

「もし、偶然じゃないとすれば……？」

「犯人グループは、どうしてもあの五反野の轢断現場で下山総裁をバラバラにしたかったということでしょうね」

「つまり、下山総裁は第二の張作霖だったということか……」

「そうです。矢板玄は言っていた。下山総裁の死が大量解雇を加速させたのは、結果論だったと。確かにGHQは、総裁の身に何が起こるかを事前に知っていた。シャグノンが七月四日までに第一次解雇を終わらせろとピストルまで持ち出した理由も見えてきます。彼は、七月五日に総裁が暗殺されることを知っていたとしか思えない。G2（参謀第二部）のウィロビーは事件を見守り、それを利用したんでしょう。つまり、下山総裁は張作霖と同じように、まったく別の理由で〝処刑〟されたということになる。理由は、関東軍に対する〝裏切り〟です」

張作霖は一九一六年に奉天督軍《とくぐん》となり、一九年には満州全土をその支配下に収める一大軍閥に成長した。原敬《はらたかし》内閣は一九二一年の満蒙《まんもう》権益拡大に向けて張作霖を援助。だが後に日本政府の意志に反し、北京へと進出。国民政府軍の北伐に敗退して奉天へと戻る途中、関東軍参謀の河本大作大佐らによって一九二八年六月四日に奉天駅の一キロ手前で爆殺された。張作霖は、当時の日本陸軍にとって〝裏切り者〟だった。

ちなみに、事件直前の日本の奉天総領事は、吉田茂である。さらに吉田は事件の一ヵ月後の同年七月、田中義一内閣の外務事務次官に特進している。

キャノンはスケープゴートか？

北京進出により関東軍の怒りを買い、張作霖は処刑された。ならば、下山総裁はいかなる理由により、彼らの怒りを買ったのか――。

「柴田さんの考え方は面白いね。目から鱗《うろこ》だな。いままで、下山事件と張作霖を結びつけた人なんていないよ。でも、全部辻褄は合ってるんだよね。まいったな……」

「だいたいGHQに、あの犯行は不可能なんです。もちろんキャノン機関にも。彼らには東京の土地鑑《かん》がない。鉄道に対する知識もない。確かに亜細亜産業や民同を使えば、犯行そのものは実行できたかもしれない。しかし、それ以前の問題で、GHQには下山事件の発想すら浮かばなかったはずなんです。CICにできるとすれば、もっと単純な工作、三鷹事件や松川事件くらいのものでしょう」

私の説明に、斎藤は考え込んだ。注文した二杯目の紅茶を、ゆっくりと口に含む。

「すると、キャノンはやっていない。そうなるね」

「主謀者ということはあり得ないと思いますね。何らかの形で、犯行グループに協力した可能性はあると思います。例えば横浜CICのナッシュ四七型を貸し出すとか。もしくはそれに、部下を一人付けるとか……」

私はその理由を斎藤に説明した。当時、キャノン機関は、日本政府や警察機構に絶大な権力と人脈を持っていた。これは後にわかったことだが、逮捕権まで持っていたのだ。もし工作の途中で犯行が露顕しても、キャノン機関が関わっていれば現場の警察官は手出しできない。鹿地事件とまったく同じ構図だ。下山総裁の拉致は、キャノン機関の権限内の行動ということになる。つまり、犯行グループにとっての〝保険〟だ。勝浦の生ゴム密輸が発覚した際に、キャノン機関のヘンリー・大西が現場に駆けつけて事件をもみ消した手腕を見ても、〝保険〟の効力が絶対的なものであったことは明らかだ。

考えてみればキャノンの事件への関与が注目されたきっかけは、昭和三四年の七月六日、「週刊文春」に載った真木一英の証言だった。事件からちょうど一〇年目、しかも真木は亜細亜産業の人脈であり、斎藤の言葉によればCIAの協力者であったことも否定できない。さらにその四カ月後、同じCIAの協力者だった宮下英二郎は、姫路CICのメンバーにより車で誘拐された下山総裁が「着いたのは本郷ハウスだった」と証言している。つまり、「キャノン主犯説」を主張しているのは他ならぬ〝CIA〟なのだ。

いずれにしてもキャノン機関の名が出はじめたのは、鹿地亘事件で有名になった後のことだ。その後、あらゆる下山報道にキャノンの名が取り沙汰され、その主謀説は既成事実と化していくことになる。

「つまり、キャノンはスケープゴートに利用されたわけか……」

「おそらく、キャノンは知らなかったんでしょうね。下山総裁が殺されることを」

「思い当たる節はあるんだ。前に三菱化成に矢板玄に会いに行った時、向こうからキャノンの名前を出してきたんだ。松川、下山の事件はいかにもキャノンがやったと言わんばかりにね」

「私の時も、そうです。矢板玄は、キャノンがやったと言うなら否定はしない。そう言っていた」

GHQを陥れるCIAの工作？

「キャノンに罪を被《かぶ》せれば、すべて丸く収まる。そういうことだね……。言われてみれば、G2は事件の当初から他殺の線で捜査していたんだ。捜査一課が自殺で決着させようとするのに、圧力をかけてまで中止させた。しかもその姿勢は、大量解雇の後も終始一貫してたしね。もし自分たちの犯行だったら、そんなことをするわけがない……」

「最初から、GHQにすべて被せる計画だったのかもしれない。李中煥は、総裁を一一時半頃の列車に轢断させる計画だったと言っていた。その前後に現場を通過する列車は、一一時一八分の進駐軍特別列車だけでした」

「そう言えば、思い当たる節はあるね。事件から三年くらい経って、新聞社や通信社に英文の怪文書が流れたことがあった。下山事件や松川事件、帝銀事件もそうなんだけど、全部ＧＨＱの謀略だというんだ。しかも松川事件には、一二、三人の米兵がレールを外しているのを見た斎藤金作という目撃者がいた。彼はその後ＣＩＣに追及されて、横浜で殺されたと言うんだね……」

調べてみると、斎藤金作という男は現場近くに実在していた。福島県安達郡に住む元共産党員で、旧満州の関東軍兵士だった。シベリアの抑留から復員した後、福島ＣＩＣから情報提供を求められていたことも事実だった。斎藤金作は下山事件の翌年に横浜に移り、輪タク屋をやっていたが、四〇日後に水死体で発見されている。

「いかにも臭いですね。斎藤金作が殺されたのは事実だとしても、なぜ英文の怪文書なのか……」

「そこなんだよ。怪文書は、英文のタイプライターで打たれたものだったんだ。もちろん、筆跡はわからない……」

私は、祖父の顔を思い出していた。祖父は、タイプライターが得意だった……。

「英文を使えば、いかにもＧＨＱ関係者の内部告発のように見える……」

「当時のＧＨＱには、二世の兵隊がいくらでもいた。日本語で書くくらいはできたはずなんだ。信憑性を持たせるためにわざわざ英文を使ったとしか思えない」

「そう言えば、大津正や鎗水の証言にもっと注目すべし、と書いた怪文書も英文だった」

「いずれにしても怪文書が出回った頃には、もう日本の占領は終わっていた。GHQは日本にいなかった。残っていたのは……」

「CIAですよね。なぜか背後に、CIAの影がちらつく……」

「そうなんだ。私も以前から、それは気になっていた。確かにCIAは、事件の裏で奇妙な動きをしているんだよ。しかし、CIAが関与していたとしたら、目的は何だったのか。それがわからない……。さっき、下山総裁の死が大量解雇を加速させたのは結果論だったと、そう言ったよね」

「確かに、矢板玄はそう言ってましたね。しかし、その理由はぼくにもわからない……」

「想像、でいいんだけどね。何か思い当たることはないかな……」

「そうですね……。あえて言うなら、国鉄の民営化でしょうか」

国鉄民営化――「三菱」というキーワード

私はあくまでも想像であることを断わった上で、斎藤に持論を話した。下山事件の裏には、もうひとつ、「三菱」というキーワードが存在する。矢板玄は戦時中の上海時代から三菱商事と組んで軍需物資の調達に奔走し、亜細亜産業を解散した後は三菱化成の重役に収まった。その矢板玄にキャノン中佐を引き合わせたのは、三菱の創設者岩崎弥太郎の孫の沢田美喜である。また沢田は、キャノン機関に岩崎別邸を〝提供〟していた。さらに地検から重要証人としてマークされた真木一英は、沢田美喜の私設秘書を務め、戦時中は上海で三菱商事の社員という肩書を持っていた。

もしその三菱が国鉄の民営化を計画し、大量解雇が民営化を前提とした合理化であったとすれば――。

岩崎弥太郎が三菱の前身となる九十九《つくも》商会を土佐藩と共同で設立したのが一八七〇年。その後は藩の海運事業を独占し、長崎造船所などを民営化（一八八七年）しながら一大財閥へと発展していく。国の赤字事業を三菱が有利な条件で民営化するという手法は、日本経済のひとつの典型的な図式だった。しかも三菱は、海運事業から発展した財閥である。同じ運輸事業の、鉄道に目を向けないわけがない。

戦後の財閥解体で、確かに三菱は力を失った。だが、一九四七年からのアメリカでのジャパン・ロビー（ＡＪＣ・アメリカ対日協議会）の台頭により、財閥復権の機運は急激に高まっていた。さらに、付け加えるならば、下山事件の起きた一九四九年当時の首相は、〝三菱〟と同じ〝土佐藩〟出身の吉田茂だった――。

もし三菱による民営化の計画があったとすれば、機は熟していたことになる。

「柴田さんは……凄いことを考えてるね。確かになぜ三菱が鉄道を持たなかったのかは、近代日本史の謎の部分なんだよね。満鉄にはだいぶ投資してたみたいだけど、結局戦争に負けてしまった。三菱は、陸送の基盤を失ったことになる……」

「もし大量解雇が一企業の民営化のための合理化だとしたら、それを共産勢力が知ればどうなったでしょう」

「とんでもないことが起こってたろうね。ストで電車が止まるだけじゃすまされない。暴動が起こっていたかもしれない。少なくとも大量解雇は成功しなかった……」

「まあ、それが三菱であったかどうかは別として、下山総裁が民営化の動きを知ったとしたら……。さっき、大叔父が言ってましたよね。下山さんは、良くも悪くも正義漢だったと……」

「許さなかったろうね。下山さんは、元来あまり首切りには積極的じゃなかった。政府やGHQの労組左派を中心に切れという命令にも背《そむ》いていた。当然、政府との駆け引きの道具に使う、か……」

確かに下山総裁は、七月四日の第一次大量解雇の当日まで奇妙な行動をとっていた。四日一六時一〇分、下山総裁は首相官邸にまで治安閣僚会議を直前に控えた吉田茂首相を訪ねている。だが後に吉田は、「下山総裁に会った」ことを否定した。

「そうなると、下山総裁が必死に集めていた〝情報〟の中身も見えてきますよね。単に解雇名簿を作ることが目的なら、独自の情報網を持つ必要はなかったし、あれほど頻繁に情報屋と会うこともなかった」

「下山さんは、民営化の情報を集めていたということか……」

「総裁が〝拷問〟を受けた理由も見えてきますよね」

下山総裁は事件当日に拷問を受けたと考えられる。総裁の体には、性器の先端や両手足、内臓の皮下出血など、生活反応のある傷がいくつか残っていた。これは、生きている時に暴行を受けた痕跡だ。そのほとんどすべてが、「服を着れば隠れる位置」に集中している。逆に顔などの目立つ位置には、瞼《まぶた》の裏に小さな皮下出血の痕《あと》が残っているだけだった。

もし殺害を前提とした暴行ならば、人間は本能的に相手の顔か頭を狙う。つまり、この事実は、下山総裁が暴行を受けた後も、社会復帰する可能性を残していたことを示唆している。

総裁は、血液を抜かれて殺された。ただ殺害し、自殺に見せかけるだけならば、このような手のこんだ手段を用いる必然性は存在しない。「血を抜く」という手法は、古くは中国で、最近ではベトナム戦争時の解放軍によっても敵将を自白させるための拷問として用いられてきた。中世のヨーロッパのキリスト教社会では、魔女狩りの自白にも使われている。特に魔女狩りでは、悪い血を抜くことにより、「肉体から悪魔を追い出す」という意味も含まれていた。

いずれにしても血を抜くという手法は、殺害方法としてはきわめて稀だ。その目的は〝拷問〟であり、〝自白〟である。

松川事件との符合

「まずいな、また辻褄が合っちゃったな」そう言って斎藤が笑った。「実はね、いま柴田さんが言った民営化の図式、そっくりそのまま松川事件にもあてはまっちゃうんだ……」

「松川事件、ですか……」

そう聞いても、私には何のことなのかさっぱりわからなかった。

「あの事件の後、東芝松川工場の工員が逮捕されたことは知ってるだろう」

「ええ、それは知ってます……」

警察本部は松川事件を国鉄と東芝松川工場の組合員の共同謀議によるものと断定し、国鉄側九名、東芝側一一名の計二〇名を逮捕した。検察はこのうち一〇名に死刑、三名に無期懲役などを求刑したが、一四年後の一九六三年九月一二日に最高裁は検察の上告を棄却。全員無罪が確定した。

「松川事件を国鉄の大量解雇に結びつけると、矛盾が生じちゃうんだ。事件が起きたのは八月一七日。国鉄はその一ヵ月以上も前の七月一三日に第二次解雇者の六万二千人をすでに発表して、その時点で事実上大量解雇は終わっていたんだ……」

「すると、本来の目的は……」

「東芝を、調べてみたんだ。そうしたら、出てきた。当時の社長の石坂泰三が、アメリカ資本の導入を計画していたんだよ。バックにいたのはディロン・リードという投資銀行でね。その融資を受けるために、東芝は合理化を急いでいた」

実はこの東芝と下山総裁は、事件の直前に頻繁に接触していた。『下山白書』にも、東芝の重役だった内古閑寅太郎、大迫定雄らの要請を受け、下山総裁が東芝の鶴見工場を視察した経緯が記述されている。ちなみにこの鶴見工場は、国鉄の電化計画に伴う発電プラントを開発する工場だった。『下山白書』には視察の目的をぼかして書かれているが、国鉄からの受注と東芝の人員整理の関係についての陳情であったと受け取れる。

さらに当時の東芝社長、石坂泰三も、事件の一〇年後にきわめて興味深い見解を述べている。〈ぼくも下山氏の次にねらわれるリストに上っていたということだ〉と自分も狙われる側であったことを主張した上で、次のように証言した。

〈実はぼくの整理断行の決意をさらに勇気づけてくれたのが、ほかならぬ下山事件だった。あの事件に接したとき、ぼくはこれは組合にとって大きなマイナスだ。これならうちの整理も断行できると感じて、大いに勇気を起した。ぼくの東芝再建には下山氏の死に負うところが大きい。ぼくは今でも、同氏の犠牲は当時の混乱したいろいろの争議に大いに役立ったと思っている。同氏の死は犬死ではないと思った〉（朝日新聞・昭和三四年一〇月一一日）

まるで下山総裁の死を、肯定しているようにも受け取れる。石坂の言葉の真意は、どこにあるのか。

確かにドッジ・ラインに後押しされたとはいえ、当時の東芝のやり口は異常だった。全四三工場のうち六割以上の二八工場を閉鎖。最終的には四千六〇〇人もの解雇者を出した。

「つまり、松川事件の場合、目的は国鉄じゃなくて、最初から東芝だった……？」

「まあ、可能性としてだけどね。矢板玄の言葉を借りるなら、国鉄の方は結果論だった、ということになるのかな……」

その松川事件で名前が挙がっていたのが、三幸建設社長の田中清玄とDRSのガーゲットの部下の土山義雄だった。田中は亜細亜産業の〝サロン〟のメンバーであり、土山もまた亜細亜産業に出入りしていたことが写真で確認されている。

「難しいですね……」

「本当に、ね。下山、松川の両事件は、本当に奥が深いよ……」

その夜、我々は、他にもいろいろなことを話した。斎藤が、私の推論をそのまま受け入れたとは思えない。彼には、ジャーナリストとしての膨大な蓄積がある。その蓄積に裏付けされた確固たる信念は、簡単にはゆるがない。だが、ひとつだけ言えることは、その夜の斎藤はいかにも楽しそうだったということだ。

喫茶店の閉店時間に追われるように、私たちは北風の吹く雑踏に出た。斎藤がコートの襟を立てた。

「それじゃあ、また」

気負いのない、何気ない別れの言葉だった。斎藤がタクシーを止め、乗り込む。その背中が、いつになく小さく見えた。そしてそれが、私の見る斎藤の最後の姿となった。

一九九九年五月七日、大叔母の飯島寿恵子は、最後まで意識が戻ることなく静かに息を引き取った。享年七四だった。さらに三週間後の五月二八日、斎藤茂男もまた癌により七一歳で人生を閉じた。

一人、また一人と、私の前から下山事件の証人が去っていった。

五、旧七三一部隊員の証言

下山事件にのめり込んでいくと、次から次へと浮上する人名に途方に暮れることがある。

いったい何人の人間が関わっていたのだろう――。

徹底した役割分担?

事件を計画した者、誘拐者、殺害犯、替え玉、連絡員、運転手、死体を運んだ者、捏造された証人、機関車に細工をした者からたった一本の電話をかけた者に至るまで、おそらく荷担していた者は数十人にのぼるだろう。いや、無意識のうちに事件に関わっていた者まで含めれば、その数は百人を軽く超すにちがいない。

なぜ、それほどまでに多くの人間が事件に関わりながら、六〇年近くにもわたりその秘密が保たれたのか。理由のひとつは、徹底した役割分担にあった。例えば、〝情報〟を持って事件当日の朝に三越で下山総裁に会う役目の者がいたとしよう。その人間は、下山総裁が誘拐され、殺されることなど知るよしもない。自分が共犯者にされたことに気付くのは、事件の後になってからだ。だが、自分の役割がわかっても、事件の全体像は摑めない。もちろんその人間の間には、何人ものクッションが入っている。もしその人間が何らかの証言をし、警察やマスコミがその細い糸を手繰《たぐ》ったとしても、いずれはどこかで途切れてしまう。もしくは、証人そのものが消されてしまう。

轢断列車の機関士だった山本健は、事件から七カ月後に変死した。まだ四六歳の若さだった。金某という謎の男は、替え玉が露見しそうになったために消されてしまった。だが金某に関しては、その存在さえも確認されていない。松川事件の当日に「米兵を見た」とされる斎藤金作は、後に横浜で水死体となって発見された。

国鉄民同の活動家、森田高利もその一人だった。斎藤茂男によると、森田は事件当時二四歳。田端機関区の機関助士だった。

森田は事件当日の夜八時頃、亀有《かめあり》駅から上野行の常磐線に乗り込むところを何人かの知人に目撃されている。一人目は、亀有駅の駅員だった。ここで森田は駅員に「仕事が終わったので田端機関区まで風呂に入りに行く」と告げている。しかしその日、森田は風呂には行っていない。後にわかったことだが、森田は事件当日の七月五日と前日四日の両日、仕事を欠勤していた。

二人目の目撃者は車内で森田を見たという顔見知りの老婦人である。「森田の隣に下山総裁によく似た人物が座っていた」のを覚えている。二人は田端の一つ手前（当時は西日暮里駅はなかった）の日暮里駅で降りていった。

興味深いのは森田と下山総裁らしき人物が車内で目撃された時間が、夜の八時頃であるということだ。一時、この森田といっしょにいた人物が、下山総裁の替え玉ではないかと噂されたことがある。だが、五反野の替え玉は、午後一一時三〇分頃までは轢断現場近くで目撃されていた。つまり、車内の人物と五反野の替え玉は別人だということになる。替え玉が、二人いたということか――。

話が複雑になるのはここからだ。森田は事件から二三日後、突然パラチフスを発症して入院する。しかもその病因は通常のチフス菌ではなく、人工的な培養菌であり、七月七日から九日の間に感染したことがわかった。

退院後、警察は森田を取り調べている。森田は「風呂をやめて愛人のいる浅草の店に遊びに行った」と供述した。だが警察が調べると、森田の愛人がいた店は浅草ではなく有楽町の食堂だった。しかも森田は、その愛人に事件当日の夜、一〇万円近い大金を渡していた。だが森田は、最後まで下山総裁に似た人物といっしょだったことは否定した。

斎藤はその後、森田を追った。だが、森田の足取りは摑めなかった。

気になるのは、チフスの培養菌だ。森田は、暗殺されかかった可能性がある。実は、これに似かよった事例が三鷹事件にも存在する。片島紀男の著書『三鷹事件』の中に、腸チフスで入院中のXが病院長に語った証言として、次のような記述がある。

〈警察に呼ばれていったとき、ほかの仲間と一緒に広い部屋へ連れていかれた。暑いので水がほしいというと、警官がバケツに水を入れてもってきてくれた。ところが水の中にゴミが浮いていて飲めた代物《しろもの》ではなかった。しかし、なにしろ暑いので我慢して飲んだ。それが原因らしい〉

森田と同じ〝チフス〟だ。しかもXという人物は、警察で感染したと言っている――。ちなみにXという人物は三鷹事件の容疑者の一人であり、重要参考人だった。さらにXは一年後にも発病し、七カ月後に脊髄癆《せきずいろう》で病死している。

下山、三鷹、松川の国鉄がらみの三大事件の裏で、国鉄労組――特に民同（右派）――が関与していたことは否定できない。中でも下山事件に関しては事件当日の田端機関区の工作、轢断現場の設定、国鉄内部の連絡網など、労組の関与なくしては実現できなかった部分があまりにも多い。

だが、事件に関与していた国鉄労組のメンバーは、「使い捨て」だった可能性がある。機関士の山本健、機関助士の森田高利、松川事件の斎藤金作、三鷹事件のX――。すべて労組の関係者だ。知り過ぎた者は消される運命だったということか――。

誰が彼らを殺したのか。殺そうとしたのか。少なくとも二人に用いられた手段は〝チフス〟だった。しかも、森田高利には、人工的な培養菌が用いられたことが確認されている。思い当たるのは、七三一部隊だ——。

七三一部隊との接点

七三一部隊は石井四郎中将が率いた旧日本陸軍の細菌部隊として知られている。その実態は近年森村誠一が『悪魔の飽食』『続・悪魔の飽食』(角川文庫)によって「トンプソン・レポート」(戦後、七三一部隊の幹部を取り調べた供述書。米公文書として米国防総省に保管)を公表するなどして、ほぼ全貌が明らかになった。一九三三年、旧満州のハルビンに誕生した七三一部隊は、人体実験を基盤として細菌兵器の開発に従事。その陰で犠牲になったマルタ(丸太・人体実験用サンプル)は数千人とも言われる。研究、開発された細菌兵器はペスト菌、チフス菌など、多岐に及ぶ。森村誠一は、『続・悪魔の飽食』の中で次のように言っている。

〈第七三一部隊は百キログラムを超すペスト菌をはじめ、大量のチフス、コレラ、赤痢《せきり》、脾脱疽《ひだつそ》など各細菌の貯蔵《ストック》を有して一九四五年の夏を迎えたのである〉

大量のチフス、さらに、またしても満州だ——。

残念ながら現在のところ、亜細亜産業と七三一部隊を関連づける確証は存在しない。大叔母の寿恵子は「元七三一部隊の人間も出入りしていた——その中の一人は吉田といったと思う」と証言した。だが、根拠としてはあまりにも希薄だ。本来ならば、矢板玄に七三一部隊のことを訊ねておくべきだった。悔いが残る。

だが、七三一部隊と亜細亜産業の間には、奇妙な符合がある。戦後、GHQは、日本国内に潜伏する石井隊長以下の七三一部隊の残党の行方を執拗に追及し、その身柄を確保。供述により得られた情報は「米国の細菌戦研究計画にとって大きな価値を持つもの」(米国務省一九四七年九月八日付極秘文書a・『続・悪魔の飽食』参照)として秘匿《ひとく》され、石井隊長以下の戦犯容疑は酌量された。

七三一部隊の研究者として知られるジョン・パウエルは、その経緯について次のように証言する。

〈石井四郎の戦争犯罪を免罪にした背後には、ウィロビー少将の進言が一役買っている。ウィロビーは、マッカーサー司令官に、『ソ連軍は石井四郎らの逮捕訊問を要求しているが、われわれは全力で妨害すべきである』と言ったのです〉(『続・悪魔の飽食』)

やはり、ウィロビーだ。しかもその手口は、児玉誉士夫を巣鴨プリズンから〝救出〟した経緯と共通している。さらにG2の線を追っていくと、七三一部隊に関連する興味深い事実が浮上する。ウィロビーは戦後間もなくから一九四七年にかけて、「終戦連絡事務局」を通じ配下の日本人特務機関を使い、石井隊長以下の捜査網を敷いた。終戦連絡事務局の事務局次長は白洲次郎であり、亜細亜産業はG2傘下の主要特務機関のひとつだった。また七三一部隊捜査網の情報収集の責任者は、沢田美喜の〝親友〟であり沢田ハウスの提供を受けていたCIS（民間諜報局）の責任者、ポール・ラッシュだった。ラッシュと親交があったことは、矢板玄自身の口から確認している。人脈の輪は、完全につながる。

もうひとつ、奇妙な符合がある。七三一部隊の主要な備品の中に、人体実験を克明に記録するためのライカの三五ミリカメラがあった。戦時中のライカの価格は一台およそ七百円。アメリカ製のトラック二台分に当たる世界最高級カメラだった。当時、ライカの輸入は、日本橋のシュミット商会が独占していた。事務所のあった場所は、日本橋室町三丁目の通称「ライカビル」だった——。

旧七三一部隊員に聞く

一九九九年の九月、私はある人物と会った。仮に、A氏としておこう。A氏に関しては名前も、イニシャルも、戦後の経歴についても明かすことはできない。ここに書くことができるのはA氏が当時八二歳と高齢であったことと、戦時中に七三一部隊の第一部（細菌研究部）に所属していたという事実だけだ。

A氏は、関西の某都市の近郊に住んでいた。古い造りの、瀟洒《しょうしゃ》な邸宅だった。訪ねると、A氏本人が出迎えた。

「遠くまでおこしいただき、申し訳ありません。この歳になりますと、外出が億劫《おっくう》になるものですから……」

上品な人だ。〝悪魔の部隊〟と言われた七三一部隊とはイメージが重ならない。だが、毅然とした様子に、かつての軍人の面影を偲《しの》ばせる。

落ち着いた応接室に通された。夫人が茶を運び、こちらの意を汲むように引き下がる。残暑をやわらげる爽《さわ》やかな風が窓から吹き抜けていく。

タバコに火をつけ、A氏が言った。

「悪癖ですが、やめられんのですよ。それで、下山事件でしたかな……」

A氏に会うまでには、紆余曲折《うよきょくせつ》があった。ある財界人に紹介され、連絡を取った。だが、予想していたとおり、「七三一部隊に関しては一切お話しできない」という返事が返ってきた。しばらくして、今度は手紙を書いてみた。『自分は七三一部隊について知りたいわけではない。下山事件についていくつか訊きたいことがあるだけ』だと。

すると、今度はA氏から意外な返信が戻ってきた。

『下山事件に関してなら、むしろこちらからお話ししたいことがあります――』

私は下山事件の経緯について、その要点を説明した。A氏は、静かにそれを聞いてい

名も「一度も耳にしたことはない」と言う。私はそのA氏に、国鉄民同の森田高利、三鷹事件の重要参考人Xについて話してみた。事件の裏で、二人の人間がチフスの培養菌によって抹殺されようとした可能性がある——。

「そのチフス菌は、間違いなく培養菌だったのですか？」

「間違いないと思います。斎藤茂男という信頼のおけるジャーナリストが調べています」

「チフスというと、田部班か……。それは、やはり、七三一部隊ですね。一〇〇パーセント、そうですよ」

A氏の言う田部という人物は、確かに七三一部隊の名簿にその名が存在する。また一九四七年一二月一二日付の米機密文書「細菌戦調査に関する概要報告」の中にも、腸チフスについて訊問を受けた者として「タベイ・カナウ」の記載がある。

「なぜ一〇〇パーセントだと思われるんですか？」

「簡単なことです。七三一部隊は終戦後、大量のチフス培養菌を日本に持ち帰ったんです。私自身もこの手でその木箱を運んだのだから、それは間違いない。それに、下山事件が起きたのは昭和二四年でしたか。あの頃、チフスの培養菌というものは、世界じゅうに七三一部隊が作ったものの他には存在しなかったのですよ。作ることもできなかったし、もしあったとしても使うこともできなかったでしょう。細菌兵器というのは、銃や刃物とは違うんです。誰にでも使えるわけじゃない。一歩間違えたら、自分が感染して死ぬんですからね。訓練を受けた者にしか扱えない。だから、一〇〇パーセントだと申し上げたんです」

A氏からは感情を読み取れない。ただ淡々と話し続ける。

「戦後、七三一部隊の出身者はどうなったんですか？」

「いろいろですよ。大学の研究室に入った者、製薬会社に入った者、医師になった者、自殺した者、中には金に目がくらんでアメリカの手先になった者も……。私の仲間にも、そういうのがおりましたよ……」

窓辺で、風鈴が鳴った。A氏が、涼し気に視線を向ける。

A氏は下山事件を知らない。だがその言葉は、常に真相を衝いている。

「ところで、下山事件についてお話しになりたいこととは……」

「ああ、あれですか。別に大したことじゃないんですがね。下山さんは、確か血を抜かれてお亡くなりになったとか。それで、ぴんときたんですよ。ああこれは、七三一部隊の仕業だって……」

私は、息を呑んだ。

「どういうことでしょう。血を抜くのと、七三一部隊が何か関係があるんですか？」

「ええ、まあ……。これは森村誠一の本にも書いていなかったから、一般の方はご存じないと思うんですがね。七三一部隊では細菌兵器の研究の他にもいろいろな人体実験をやったんですよ。例えば断水。人間は何日水を飲まなかったら死ぬかとかね。他には断食。耐寒。これは零下一〇度の戸外に裸で放置したら何時間で死ぬかとか。感電実験とか高温実験とか、よくあれだけ残酷なことを考えついたものです。その中に、抜血《ばっけつ》という実験があったんですよ……」

おぞましい話だ。耳の中で、風鈴が鳴り続けている……。

「なぜ、そんなことを？」

「私は担当者じゃなかったから詳しくは知りませんけど、人間は体重の何パーセントの血を抜いたら体温がどのくらい下がるとか、意識を失うとか、死んでしまうとか……。そういうデータを取るわけですよ。拷問とかには、一番効果的だとは聞いています。なにしろ自分の命の時間が見えるわけですから、死ぬ覚悟がなければ話してしまいますね」

人間の体内には体重の約六・五〜七パーセント（1／13）の血液が流れている。通常はその約五〇％の失血で死に至る。体重約七五キロの下山総裁の場合、循環血液量は約五・八リットル。その半分の約二・九リットルで死亡することになる。

やはり、拷問だったのだ——。

下山総裁の両手首の外側には、ロープで縛られたような皮下出血の跡が環状に点々と残っていた。裸同然で緊縛され、油にまみれながら、生きたまま血を抜かれる下山総裁の姿が目に浮かんだ。

私は返す言葉が見つからなかった。A氏が続けた。

「しかし、下山さんの件ではもうひとつ目的があったと思いますよ。人間は、三分の一ほど血を抜くと意識を失うんです。そうしておいて、犯人は汽車に轢かせようとしたんじゃないですかね。薬で眠らせるのと違って、バラバラになってしまえば証拠は残りませんから。ところが何か手違いがあって、血を抜きすぎてしまった……」

そうだったのか。犯人グループは、自他殺不明にしようとしていたのではなかった。最初から綿密に、〝自殺〟の工作を施していたのだ……。

「下山さんの殺害現場に、七三一部隊の人間がいたとお考えですか?」

「そうなんでしょうな。悲しいことですが。私は、いつか、誰かに、このことを話そうと思ってたんですよ。人間とは、なかなかこういうことを墓場までは持っていけないものです。おかげ様で、気分が少し楽になりました……」

静かな午後だった。そよぐ風と、時折鳴る風鈴以外には音は聞こえない。

長い沈黙の後で、A氏が呟くように言った。

「私にも、もうじきお迎えが来るんでしょう。でも……私は、この歳になってもまだ死ぬのが怖いんですよ。きっと、地獄に堕《お》ちるんでしょうな」

そう言って、A氏はかすかに微笑んだ。

だが、遠くを見つめる両目には、いつの間にか涙があふれていた。

第五章　下山総裁はなぜ殺されたのか

一、攪　乱

秘密工作船

祖父の書斎は、秘密のアジトだった。

少年時代の私にとって、神秘的な空間だった。私と祖父は、タイプライターと本や書類に囲まれながら、多くの秘密を共有した。母に禁じられていたコーヒーを飲んだり、ウイスキーを舐《な》めてみたり、人に話したら「悪魔に舌を抜かれる」男同士の話をしたりして過ごした。

ある日、祖父が私に言った。

「大人になったら、船乗りになれよ。海の男だ。楽しいぞ」

私は訊《き》いた。

「どうして？」

「おれも昔は、船に乗ってたんだ。スクーナーという帆の付いた船だ。その船で、中国や、朝鮮や、いろんな国に行った。海が穏やかな日には、エンジンを止めて風に身をまかす。するとね、海の話し声が聞こえてくる。お前も男だったら、海の声を聞いてみろ……」

我が家は宇和海の海賊の家系だ。男たちはみんな海が好きだ。私も例外ではない。二〇代の頃に、ロイドバッケという名の古い貨物船に乗って、東洋航路を旅したことがある。だが、私が船に乗った本当の理由は、子供の頃の祖父の言葉だった。私も祖父と同じように、海の声を聞いてみたかったのだと思う。

祖父が亡くなってからだいぶ経って、私は母や祖母に訊いてみたことがある。祖父が船に乗っていたのは、いつ頃だったのかと。すると、意外な答えが返ってきた。母も、祖母も、祖父が船乗りだったことを知らなかったのだ。

戦前に、祖父は、アメリカ製のモーターボートを所有していた。戦時中には中国やインドネシアを輸送船で行き来していたこともある。おそらく祖父の海の声の話は、それらの経験を元に脚色された作り話ではなかったのか。長いこと私は、そう考えて納得していた。

だが、いまは違う。祖父はやはり、船に乗っていたと信じている。おそらくその船は亜細亜産業の船、キャノン機関の秘密工作船ではなかったのか——。

下山事件は、それを単独で考えてしまうと謎を解くことはできない。三鷹事件や松川事件など、関連する多くの事件、事例を線でつないでいかないと、全体像が見えてこないのだ。その関連する事件のひとつに、「海烈号事件」がある。

海烈号事件が台湾義勇軍に関連する密輸事件であったことは前述した。主犯は五・一五事件の主謀者の一人として知られる元海軍中尉の三上卓をはじめ、阪田、船山、板垣など計七名。下山事件から四三日後の昭和二四年八月一七日、台湾国民政府招商局所属の海烈号から川崎の日本鋼管岸壁に陸揚げされたストマイ（ストレプトマイシン）、ペニシリンなど五億円分の積荷が押収された事件である。物資はすべて台湾から運ばれてきたもので、売却された金は台湾義勇軍の募兵と武器調達に使われる計画だった。

興味深いのはこの海烈号事件が、海と陸、密輸と暗殺の違いこそあるものの、事件の図式など多くの面で下山事件と共通点があることだ。まず、海烈号事件の裏にもキャノン機関の名が浮上している。大量の物資を通関させる際に、キャノン中佐がＣＩＣ（対敵諜報部隊）発行のインボイス（輸入証明）を発行する手はずになっていた。ところが手違いがあって書類が届かなかったために、物資は密輸品として押収されることになった。

キャノン中佐はＧＨＱのＧ２（参謀第二部）に所属している。つまり、キャノン機関が事件にからんでいたとすれば、G2は台湾義勇軍を支援していたということになる。だが、海烈号事件の裏はそれほど単純ではないようだ。なぜなら物資を押収したのは同じG2傘下のCICであり、三上卓など主犯七人を逮捕したのもCICのフジイという二世の将校だったからだ。

この矛盾は何を意味するのか。考えてみれば、旧日本軍の残党が蔣介石と組んで中国本土を攻めようなどという無謀な作戦を、GHQが表立って支援するはずがない。残る可能性はひとつだけだ。下山事件の図式をあてはめてみればいい。キャノン機関がGHQ――G2の正式な命令系統で動いた可能性はあり得ない。矢板玄は、「逆にこっちから（キャノンに）〝仕事〟を出したこともあった」と証言している。つまりキャノンは、日本の右翼組織からのオファーにより、〝仕事〟を単独で引き受けていただけではなかったのか――。

そう考えれば、辻褄が合う。矢板玄はさらに「海烈号の裏に児玉誉士夫がからんでいた」と証言し、自らも計画を知っていたことを示唆している。海烈号事件の主犯の一人、阪田誠盛（キャノン機関の協力者）も、矢板玄がキャノンに「紹介した」と言っている。ちなみに、輸入証明の準備は、阪田の役目だった。

主犯の三上卓は、後に矢田喜美雄にこう証言している。

〈「仲間の阪田誠盛君の不用意であんなことになったが、私としてはアメリカの謀略機関の下請けをして失敗したわけではけっしてない。ほんとうのところは、彼らを利用して日本の再軍備計画を進めようとしたまでのことだ」〉(『謀殺 下山事件』)

三上が利用した「彼ら」とは、もちろんキャノン機関のことだ。この証言を、今度は逆に下山事件にあてはめてみると、その本質が浮かび上がってくる。田中警視総監も、「キャノンはお人よしのところがあった」と証言している。やはりキャノンは、利用されていたのかもしれない。

なぜ三上は古畑教授を訪ねたのか

二〇〇五年一一月、この三上卓について興味深い情報が入ってきた。情報の主は下山総裁の遺体解剖を担当した東大の古畑種基主任教授の四男、古畑和孝(帝京大学文学部教授・東京大学名誉教授)である。古畑は「自分は医学の専門家ではない」と断わった上で、次のように言った。

「父は、こう言っていました。下山事件は学問的(解剖学的)には実に簡単な問題だと。死後轢断は動かし難い歴然とした事実であると」

だが古畑種基は、事件後しばらくして国会にまで持ち越された自他殺論争においても、慶応大学の中館教授（自殺論）に対して積極的に反論していない印象がある。なぜなのか。

「実は『下山事件　最後の証言』を読んで、何十年振りかで思い出したことがあるんです。あの本に、三上卓が出てきますね。その三上が、あの当時、下山事件の前後に父を訪ねて来ていた。最低でも二度は来ているし、私も会っている」

いったいこれは何を意味するのか。東大教授の古畑種基と右翼の活動家三上卓の間には、まったくと言っていいほど接点が存在しない。

「事件当時、私どもの家族は下落合に住んでいました。その近所に浅田さんという外交官がいらして、その方の紹介で来たと聞いています。父が、（三上は）さすがにしっかりした人だと言っていたことを憶えている」

海烈号事件の首謀、しかもキャノン機関や亜細亜産業と密接な関係があった三上卓が古畑種基と会っていた。その目的は何だったのか。古畑和孝は、「三上が父を訪ねてきた理由はまったく思い当たらない」と言う。だが、あくまでも推論として、東大の死後轢断という解剖所見に対し議論が交わされたことは十分に考えられる。

キャノンを目の敵《かたき》にしていた男

海烈号事件にはもうひとつ下山事件とリンクするキーワードが隠されている。三上卓以下の主犯七人を逮捕したCICのフジイという将校だ。

フジイの本名は藤井正造。陸軍中野学校を卒業後、戦後はG2の公安課に所属し、事件当時は日本の右翼の調査を担当していた。逮捕された三上卓とも「顔見知り」だった。さらに付け加えるならば、「下山総裁は姫路CICのメンバーによって本郷ハウスに連れ込まれた――」とする情報を宮下英二郎に流した貝谷（仮名）という人物も、フジイと同じ陸軍中野学校の出身だった。

フジイの名は、下山事件でも印象的な場面で登場している。そうだ。読売新聞社の記者、鎗水徹に、「下山総裁を乗せた車はナッシュ四七型の黒いセダンで、米軍キャンプのものだ」と教えたあのフジイである。さらにフジイは、事件直後にも奇妙な行動を起こしている。佐藤栄作の秘書、大津正が事件当日の一一時頃に平河町の近くで「自動車に乗せられている下山さんを見た」と証言し、読売新聞に記事が載ったことは前述した。大津によると、その直後にフジイから電話が掛かってきて、「何を見たのか」と厳しく追及されたという――。

矢田喜美雄はフジイに対し、「彼は事件の真相を知っていた人物というより、むしろ事件を計画した側に立った人物だったのではないか」と言っている。だが私は、まったく別の見解を持っている。

矢板玄は海烈号事件に関して、こう証言している。

「あの頃、G2に、キャノンのことを目の敵《かたき》にしている男がいたんだよ。そいつに潰された――」

事件の前後の流れを見れば、この「目の敵にしている男」こそがフジイではなかったのか。つまりフジイは、日本の右翼組織とキャノン機関の共謀を本気で暴《あば》こうとしていたと見た方が妥当だ。事件後、しばらくして、「大津証言と鎗水情報にもっと注目すべき」とした英文の怪文書が出回ったことは前述した。これはあくまでも推察だが、怪文書の裏にもフジイがからんでいた可能性は否定できない。

後にフジイはナッシュの情報を流した鎗水徹に対し、今度は逆に「ナッシュを調べるのをやめろ」と圧力をかけている。昭和二七年の暮れから二八年の春にかけてのことだ。この時期は、奇妙なことに、日本国内でGHQとCIA（米中央情報局）の引き継ぎの時期と一致する。

総裁は、政財界人の汚職の真相を握っていた？

フジイの行動の謎を解く鍵となるのが、同じCIC同僚のジャッキー・芳沢という人物である。海烈号事件の後、横浜特別拘置所に収監されていた三上卓らの元に、ある日、「共犯者」だという男が入ってきた。それがジャッキー・芳沢だった。だが、三上以下の海烈号の主謀者は誰も芳沢には面識がない。三上は「おかしなこともあるものだ」と思ったと言う。

確かに、おかしな話だ。ジャッキー・芳沢はCICの諜報部員である。もし日本国内で犯罪に荷担したとしても、一般拘置所に日本人といっしょに収監されることはあり得ない。むしろ三上卓らから情報を得るためにフジイによって送り込まれたスパイであると見るべきだ。

ジャッキー・芳沢が関連していたのは、海烈号事件だけではない。CIC内部では、下山事件の担当者でもあった——。

さらに芳沢は、作家の大野達三に、下山事件の真相をえぐる決定的とも言える証言を残している。

〈私が下山事件にタッチしたのは、静岡から東京に転任してからのことだが、興味をおぼえたので熱心にやったが途中でほかの事件に廻されたので、最後まで追えなかった。あなたは占領軍の謀略ではないかと疑っているようだが、下山はG2とも（関係が）よかった。アメリカ人がやったというのなら、CICやCIDが熱心にくわしく調べをするはずがない。

君らはCIAだ、キャノンだというが、事件のころのCIAはまだ創設直後で力もなく、ほんとうはマッカーサーからもきらわれていたのが事実だ。CIAにくらべるとG2

は権力を握っていた。G2と仲のよい下山をウィロビーが殺すはずがないだろう。下山を殺したのは日本人の右翼的グループだというのが私の結論だった。東京品川の旧軍人邸が殺しの現場だというので、そこも調べたことがあった。事件直後のことで、油や色素のことは情報としてまだ私らの耳にははいっていなかったころだ。

下山については、彼は政財界有力者の汚職を握っていたから殺されたのだ、というインフォメーションがあったので、われわれもすこし調べたことがあった。日本では政界や業者の汚職は常識だ。それを握られた大臣か業者が殺し屋を雇って大騒ぎに乗じてやってしまったのだろう。

真犯人のうち二人くらいを追いつめた警官がいたのを知っている。警視庁捜査二課の小林刑事だ。小林ははじめCICに協力的だったが、あとではCIAと組んでわれわれの協力者（Mのこと）を逮捕した。私はボスに話して彼を調べたことがある。そのときわかったことだが、小林は実に深いところを洗っていた。CICは絶対に事件にはからんでいない。君が秘密を知りたければ小林に会えばよい〉（『謀殺　下山事件』）

これまでの情報を元に、証言を整理してみよう。ジャッキー・芳沢は下山事件が、①GHQの謀略ではないと主張し、②日本人の右翼的グループ――例えば亜細亜産業のような――の犯行だと結論付けている。殺された理由は下山総裁が、③政財界有力者の汚職の真相を握っていたからであり、④捜査二課の小林刑事が容疑者二人を逮捕した事実を明らかにしている。芳沢が「ほかの事件に廻された」というのは、もちろん海烈号事件のことを指す。

ちなみに逮捕された二人の容疑者のうちの一人、Mとは、エリザベス・サンダース・ホームで沢田美喜の私設秘書を務めていた上海帰りの殺し屋、真木一英だ。さらに、これは偶然かもしれないのだが、芳沢は下山総裁の殺人現場として、「東京品川の旧軍人邸」を調べたと言っている。まだ母が幼少の頃、祖父が品川区の御殿山に旧華族の邸宅を所有していたことは前述した。この家は戦前に祖父と親交があった森ビルの創業者、森泰吉郎によって買い取られている。大叔母の記憶によると、この家は戦後、亜細亜産業に借り受けられ、倉庫として使われていたそうだ。ちなみに現在その家があった場所は、森ビルの駐車場になっている。芳沢の言う旧軍人邸が祖父の所有していた御殿山の家である確証はないが、あまりの符合に息を呑んだ――。

CIAの目的は何だったか

このジャッキー・芳沢の証言は、私がこれまでに入手した証言や情報とまったく矛盾しない。唯一の疑問は、小林刑事がCIAと組んで真木を逮捕したと言っていることだ。いったいこの言葉は、何を意味するのか――。

証言のその他の部分の確度から推察すると、この部分だけが芳沢の嘘であるとは考えにくい。何か、重要な意味が含まれているはずだ。小林は、捜査二課の刑事だった。一課の〝自殺〟の線に対して、二課はあくまでも〝他殺〟で事件を追っていた。その二課とCIAが組んでいたとジャッキー・芳沢は言っている……。

素直に考えれば、CIAは下山事件を〝他殺〟と判断し、二課と協力して真犯人を突き止めようとしていた。そういうことになる。

いや、違う。真相はそれほど単純ではないはずだ——。

逮捕された真木一英は、後にこう言っている。

「私の逮捕は二世のウィリアム・金光の指令で長光捷治（柿ノ木坂機関長）が私を下山事件の犯人に仕立て上げようという計画だったと思う——」

斎藤茂男はかつて真木をケネディ暗殺のリー・ハーベイ・オズワルドに例え、CIAの協力者であったことを示唆した。この事実をふまえると、図式が見えてくる。CIAは他殺説を主張する捜査二課を利用し、犯人をでっち上げようとしていたのではなかったか。つまり、CIAは、他に真犯人を知っていて、それを守ろうとしていたと推察できる——。

下山事件の情報、証言には、作為的なものが多い。その中でも芳沢証言は、基本的に矛盾が存在しない。信用にたる証言のひとつだ。

だが、なぜか芳沢証言は、あまり重要視されなかった。むしろこれまで下山事件の研究者やジャーナリストから、黙殺されてきたと言ってもいい。理由は、明解だ。作家の松本清張が昭和三五年に『日本の黒い霧』を発表して以来、下山総裁謀殺論はGHQ――G2――謀略説が主流となり、現在に至っている。特に事件の時効が成立する昭和三〇年代の後半からはCIC、キャノン機関説を裏付ける怪情報が大量に出回り、誰もがそれに振り回され、覆《くつがえ》そうとする努力を怠った。結果として、犯行グループの思惑どおり、GHQ主謀説を既成事実として定着させることに寄与してしまった。ジャッキー・芳沢の証言は、GHQ主謀説を主張する者にとって、「最も都合の悪い証言」だったのだ。

だが、朝日新聞社の矢田喜美雄は、CIC主謀説を主張しながらあえて芳沢証言を自著に取り上げた。その上で、次のように書いている。

〈ジャッキー・芳沢氏の話には、ウソは感じられない。そしてこの人は「小林は真犯人二人を追いつめた」といった。私は小林氏に会う機会があったのでそのことをきいてみたのだが、彼は「そうだ。思い出すのは北区のある工場をマークしたことがあったなあ……」としかいわなかった。芳沢氏のいう「犯人二人」の話は、小林氏の口からはしゃべれない秘密がいまもあるように見受けられたのである。私の印象では、小林氏は犯人を逮捕はしたものの、何らかの理由でその犯人は釈放しなければならなかったのだと思う。それはまさに歴史のナゾである〉（『謀殺 下山事件』）

小林が逮捕した犯人のうち、一人は真木一英だった。だが、もう一人の名はいまも明らかにされていない。小林が言う「北区のある工場」とは何だったのか。亜細亜産業は北区に亜細亜産業生産部などの工場を持っていた。また、亜細亜産業が取引していた鈴木金属の工場は北区の赤羽にあった。その工場と、関連はあるのだろうか。

矢田の言うように、それは確かに歴史の謎なのかもしれない。

暗躍する亜細亜産業の人脈

下山事件には偽情報が多い。おそらく証人、証言の九割は何らかの作為によって捏造《ねつぞう》されたものだ。

例えば下山総裁が三越から車で拉致《らち》される経緯についても、まったく異なるいくつもの証言が存在する。元CIAの宮下英二郎は、貝谷という人物の証言として、八洲《やしま》ホテルにいた姫路CICのメンバーが拉致し、総裁は本郷ハウス（キャノン機関）に連れ込まれたと語った。ところがH・Oの日記を元にした鎗水情報では、拉致には北海道労組左派の人間が利用され、米軍ドライブインに立ち寄ったことになっている。さらに李中煥は下山事件はソ連の謀略であり、誘拐にはシボレーとビュイックが使われ、ソ連大使館で暴行を受けたと証言している。

これがすべて〝本物〟だとしたら、総裁は最低でも三人はいたということになる。もちろんそんなことはあり得ない。つまりこの中の最低でも二つは確実に——もしかしたら三つとも——偽情報だということになる。

こうした偽情報には、いくつかの共通の特徴がある。まずいずれの情報も必要以上にリアルであるということだ。しかも李中煥が当局の発表前に総裁が血を抜かれて殺されたことなど、一定の〝事実〟の中に、巧妙に〝嘘〟をまぎれ込ませている。

さらにこうした偽情報は、すべて亜細亜産業の人脈を通じて流出していることにも注目すべきだ。宮下英二郎は元ガーゲット機関の協力者であり、亜細亜産業に頻繁に出入りしていたことは多くの証言から確認されている。また、宮下に事件当日の経緯を告白した貝谷という人物は、元関東軍特務機関の将校だった。

H・Oの日記の情報を流した鎗水徹は、亜細亜産業と取引のあった鈴木金属の社長、村山祐太郎と同郷であり、佐藤栄作の秘書大津正とも親交があった。いずれの人脈を辿《たど》っても、亜細亜産業に結びつく。

李中煥に関してはいまのところ「李という情報屋が亜細亜産業に出入りしていた」という不確実な証言しか存在しない。だが、李がCICとソ連のダブルエージェントだったことを考慮すれば、亜細亜産業と関連があった可能性は否定できない。

にもかかわらず、これらの情報は一切、亜細亜産業の存在には触れていない。巧妙にまったく別の犯人像を仕立て上げている。マスコミの目を「亜細亜産業から逸《そ》らそうとしている」かのようだ。

典型的な例がある。

下山事件からしばらくして、事件はソ連側の謀略であり、チェコのヤンセンという殺し屋が主犯であるという情報が流れたことがあった。事件の前後に、日比谷公園などで「ヤンセンを見た」という二人の目撃者が別個に捜査二課に名乗り出たことがきっかけだった。

このヤンセンという殺し屋に関して、矢板家と親交のあった国鉄副総裁の加賀山之雄は雑誌「日本」に次のように書いている。要約してみよう。

——某氏は私に次のような話をしてくれた。

「むかしチェコで下山事件とまったく同じような手段で、ある大佐が殺されたことがある。その事件を指揮したロシア人か何かの大立物と自分は前から顔見知りだったが、事件のころ偶然に数寄屋橋で会ったことがある。下山事件ははっきりした赤色テロだ」と。

このヤンセンを見たという人物のうちの一人、加賀山の言う「某氏」とは、ライカビルにあったサロンの常連の一人であり矢板玄と太い絆《きずな》を持つ右翼の田中清玄である。松川事件においても、当時田中が所有していた神中組《じんなか》（三幸建設）という土建会社の現場が近くにあったことで、関与が噂された人物だ。また、加賀山自らが田中清玄と親交があったことを認めていることも興味深い。

もう一人は、水野成夫である。この水野の背後を調べてみると、さらに面白い事実が浮上した。水野は田中清玄と同じ元共産党からの転向組で、当時「国策パルプ」というパルプ会社の副社長をしていた。亜細亜産業の母体も、「亜細亜パルプ」だった。しかも、水野は、亜細亜産業に金銀運営会を世話した迫水久常の人脈でもあった——。

さらに田中清玄と水野成夫の二人には、決定的な共通点がある。キーワードは吉田茂の側近〝白洲次郎〟だ。

下山事件から四ヵ月後の昭和二四年一一月二四日、後の日本の電力事業を左右する第一回「電気事業再編成審議会」が開催された。この審議会の実権を握っていたのが終戦連絡事務局次長だった白洲次郎である。白洲は会長の松永安左ェ門（名古屋の東邦電力創設者）をはじめ、四人の審議会委員の選出を担当した。その委員の一人として白洲が推薦したのが、国策パルプ副社長の水野成夫だった。しかも水野は当時、国鉄の電化を推進する『鉄道電化期成同盟』の委員長を務めていた。

一方、審議会の設置により、「日発」を解体。それまでの電力会社九社が民営化される再編成令が昭和二五年一一月に公布された。これを機に電力業界には莫大な見返り資金が流れ込み、各地でダムの建設ラッシュとなった。その中で、特に東北電力のダム建設において、巨額の利権を得たのが田中清玄の三幸建設である。

下山事件に関連し、「ヤンセンという殺し屋を見た」と証言した田中と水野の二人が、同じように白洲次郎を通じその後電力業界から利益と恩恵を受けたことははたして偶然だろうか。もちろん「電気事業再編成審議会」の実権を握っていたのは当時の首相、吉田茂である。ちなみに白洲次郎は、再編成の人事で昭和二六年五月に東北電力の会長という地位についている。

共産党主謀説からGHQ主謀説へ

下山事件の偽情報には一定の法則がある。事件後の数年間に流出したもの——李中煥や田中清玄の証言——は、すべて共産党主謀説に統一されている。だが松本清張が昭和三五年に『日本の黒い霧』でGHQ説を発表した前後から時効の昭和三九年前後までに大量に出回った新情報は、あからさまにCIC、キャノン主謀説に方向修整されている。

だが、こうした偽情報を、「論ずるに足らないもの」として切り捨てることはむしろ危険だ。証言に客観性を持たせるために少なからず真実が含まれているであろうことは否定できない。また情報の痕跡《こんせき》を辿っていくと意外な背景に行き当たる場合がある。

元CIAの宮下英二郎は、その中でも最も興味深い人物の一人だ。元関東軍将校の貝谷の証言の代弁者となっただけでなく、松川事件においても重要な情報を流出させている。
下山、松川両事件から一〇年後の一九五九年八月、「松川事件対策本部」宛に一通の葉書が届いた。その差出人が宮下英二郎だった。

〈冠省　松川事件の仙台差戻しを心から喜び申し上げます。私昭和二十八年九月迄ＣＩＡ日本要員として種々諜報謀略に関係致した者です。或る根拠の下に、私は松川の被告の方々の無罪を確信しています。心配でしたら御通《ママ》らせ致します。御健勝と御健斗を祈ってやみません。不一〉（原文のまま）

当時、下山、松川の両事件で行動を共にすることが多かった斎藤茂男と矢田喜美雄が差出人の住所を調べてみると、「意外なことに」宮下英二郎は実在した。以後、斎藤と矢田は宮下と親交を深め、数多くの情報を得ることに成功する。
宮下英二郎は、戦後は北海道の札幌に在住し、ＣＩＣガーゲット機関の下部組織「一五〇機関」のチーフを務めていた。ＣＩＣの工作で共産党札幌地方委員会を襲撃して書類を強奪した後、昭和二三年夏頃に上京。その理由を次のように説明している。

〈「そのころ、ＣＩＣのなかでひそかにＣＩＡ（米中央情報局）要員が編成され、自分もその末端で働くことになったためだ。しかし新たな組織の動きはCICの同僚にも秘匿《ひとく》して行なわれた」〉（『夢追い人よ』）

この証言は当時のGHQ（CIC）とCIAの関係を、きわめて正確かつ端的に説明している。

CIAは第二次世界大戦中の一九四一年、ルーズベルト大統領の命により「大統領直属の情報機関」として設置されたOSS（戦略情報局）を母体に発足した。日本上陸は一九四七年。初代東京支局長はCIAの前身、OSS出身のポール・チャールズ・ブルーム（一八九八年横浜生まれ）だった。ブルームは外交官という肩書で来日し、GHQの外交局が置かれた三井本館の三一六号室にオフィスを開設した。だがその活動は、必ずしもGHQと利害関係が一致するものではなかった。ジャーナリストの春名幹男は言う。

〈ダグラス・マッカーサー元帥や参謀第二部（G2）のチャールズ・ウィロビー少将は有名なCIA嫌いで、GHQの管轄領域内でのCIAの活動を認めなかったはずだ〉（『秘密のファイル』）

GHQ（CIC）とCIAの確執

話を戻そう。宮下英二郎の言う「ひそかに編成されたCIA要員」とは、占領解除後に正式にCIA要員となったキャノン機関やガーゲット機関、日本側では矢板機関などの特務機関を指す。こうした準CIA要員とCICの確執が深刻だったことは、「CICの中にキャノンの敵がいた」という矢板玄の証言でも明らかだ。宮下英二郎もまた、それを裏付ける証言をしている。

〈「私のCIAへの転属を裏切り行為をしたと誤解したCICの一部が、弟を私と間違えて殺そうとしたのだ」〉（『夢追い人よ』）

事件が発生したのは昭和二五年の七月八日だった。宮下の弟、宮下英三郎（農林省勤務）が朝、顔を洗っている時、突然CICを名乗る男が三人現われ、車に連れ込まれた。その後、ハンマーのような物で頭を殴られ、車外に放り出された。

事件の翌日、札幌CICの協力者大竹雄二という男が逮捕された。だが事件はその後札幌地検により「中止処分」として処理され、容疑者の大竹も釈放されている。

あえて凡庸《ぼんよう》な表現をすれば、CICとCIAは「殺し合いをするほど仲が悪かった」ということになる。この関係を理解しておかないと、下山事件の謎を解くことはできない。

なぜCICのフジイが、キャノンが関わった海烈号事件を潰したのか。なぜナッシュの情報を鎗水徹を使って流出させたのかも理解できるようになる。

実は私が下山事件を「GHQの謀略ではなかった」と考える理由もここにある。昭和二四年当時、CICとCIAが共同で工作を行なう可能性はあり得ないのだ。

キーマンの一人に、児玉誉士夫がいる。加賀山副総裁に「事件を計画した本部は、三越の近くにあった」と証言した児玉直三という民同の運動家がいたことは前述した。その児玉直三を「ピストルで脅された」として警察に通報したのが児玉誉士夫だった。児玉直三の逮捕の裏で警視総監の田中栄一――例の桜田会の人脈だ――が直接動いたことは元捜査二課の大原茂夫が証言している。児玉直三の逮捕、勾留の理由は、口封じにあったと推察できる。

児玉誉士夫がCIAの協力者であったことは、後のロッキード事件の経緯や矢板玄の証言によっても明らかになっている。だが、逆に、巣鴨プリズンから釈放後の児玉誉士夫がGHQ――G2の協力者だった形跡はない。一九五〇年三月三一日付のJSOB（合同特殊工作委員会。G2、CIAなどの代表で構成された調整組織）の機密文書、「児玉ファイル」には次のような記述が残されている。

〈フランク大佐を通じて、彼は空軍と関係を持ち、国務省の情報エージェントとも知り合

った。しかし、具体的な活動にはまだ従事していない。Ｇ２とはまだ接触がない〉
〈(児玉は）Ｇ２の方面ではむしろ誤解されている〉
〈米軍の間で、お互いに出し抜こうとする争いがその原因〉（以上、『秘密のファイル』）

このメモの「国務省の情報エージェント」はＣＩＡであり、「お互いに出し抜こうとする争い」とはＧ２とＣＩＡの確執を指す。児玉誉士夫は巣鴨プリズンからの釈放にからんでのダイヤモンドの一件以来、Ｇ２のウィロビーに対して強い不信感を抱いていた形跡がある。むしろＧ２を敵対視していたと言ってもよい。その児玉誉士夫が、もし下山事件がＧ２の謀略だとすれば、いかなる形であれ関与するとは考えにくい。

宮下英二郎は、次のように証言している。

〈昭和二十四年二月、当時、札幌市に本部を設置して、対ソ諜報謀略活動を実施していたジョージ・ガーゲットの下にあった私たちの百五十機関は、アメリカ本国ワシントンからの急な招電により、ジム・正・野村を急拠ワシントンの米国務省に参考人として派遣した。四月にジム・野村は帰日したが、アメリカ国務省中央情報局（ＣＩＡ）東京支部がその後結成され、そして同時にジョージ・ガーゲット、ジャック・キャノンの二機関が、日本国内に設置されることになったわけである〉（「週刊文春」昭和三四年一一月九日号）

つまり下山事件が起きた昭和二四年七月五日当時、ガーゲットとキャノンはすでに「CIAだった」わけだ。

もし下山事件が米諜報機関の謀略であったと仮定し、たとえキャノン機関が実行犯だとしても、その命令系統はG2ではなく、むしろCIAだということになる。

G2とCIAでは、根本的に組織形態が異なる。G2が米国防省の管轄であるのに対し、CIAは米国務省の管轄だ。言い換えれば当時のCIAは、「トルーマン大統領の直轄機関」だった、ということになる――。

CIAの法的根拠となるものに、一九四八年夏に設立されたOPC（政策調整部）という秘密工作機関がある。初代部長はフランク・ウィズナーという人物で、後のCIA長官アレン・ダレスのOSS時代の同僚だった。このOPCの設立に対し、春名幹男は次のように書いている。

〈OPC設置の基礎となったのは、同年六月十八日、トルーマン大統領が署名した国家安全保障会議（NSC）10／2号文書だ。

まさに、この文書にアメリカ政府が冷戦時代に展開した秘密工作の根拠が明記されている。（中略）CIAの秘密工作は、CIA内部のはね上がり分子が勝手に実行したのでは決してない。

「世界平和とアメリカの国家安全保障の利益のために、米政府の公然の外交活動は、秘密工作によって補強されなければならない」

とNSC10／2文書は明記している〉（『秘密のファイル』）

NSC10／2文書には、「秘密工作」について具体的にその項目が明記されている。プロパガンダ、経済戦争、破壊工作などだ。つまり、下山事件から一年も前に、CIAによる破壊工作はアメリカで合法化され、その根拠となるNSC10／2文書にトルーマン大統領本人が署名していたということになる。

だが下山事件がCIAの命令系統により実行されたという客観的な証拠は存在しない。むしろCIAは、事件後、真相を闇に葬るためのプロパガンダに関与したと見るべきだろう。その代表的なものが、元CIA協力者の宮下英二郎の証言だった。宮下は貝谷の証言の代弁者として、下山総裁が「本郷ハウス」に連れ込まれた——つまりキャノン機関の犯行——であることを示唆した。おそらく宮下は、松川事件の葉書などで朝日新聞社の矢田喜美雄や共同通信社の斎藤茂男に信用があったことから、単なるメッセンジャーの役割を与えられたにすぎない。もしくは松川事件の葉書そのものが、自分を「信用させるための餌《えさ》」だった可能性もある。いずれにしてもCIAは、すでに鹿地事件で名前を知られ、使い道のなくなったキャノン機関に罪を被《かぶ》せてまで〝何か〟を守ろうとしたことになる。

キャノン機関に所属する二世の将校、バリー・サイキは次のように証言する。

〈キャノン機関には鉄道工作の専門知識を持った者は全くいなかった。キャノン機関は怪事件の責任を負わせるのに便利なスケープゴートになった〉（『秘密のファイル』）

JSOB（合同特殊工作委員会）は、後に下山事件に関連する機密書類をすべて破棄している。そこまでしてアメリカが守ろうとしたものは何だったのか。それは単に、実行犯といった即物的なものではない。アメリカと日本にとって、もっと政治的に大きな意味を持つものだ。

下山事件の本質もまた、そこに存在する。

「総裁は左派の味方」という認識

下山事件には膨大な情報がある。

私自身、この十数年の間に数えきれないほどの資料や証人に接してきた。

中には明らかに捏造とわかる情報や、苦労して捜し出した証人が黙して語らないということもあった。そのすべてを一冊の本に納める余裕はない。

だが、時には断片的な——もしくは間接的であったとしても——下山事件に対して新たな解釈を示唆する可能性を秘めた情報もあった。その中からいくつかを選び、ここに取り上げてみたい。

○国鉄労組福島支部・元左派労組員の話

たまたま福島県の白河市で知り合った人物（元国鉄職員）から、面白い話を聞いた。「国鉄の同僚で、松川事件に詳しい人を知っている」と言う。さっそく紹介してもらい、二〇〇〇年四月に福島市の自宅を訪ねた。元福島機関区の運転士だったA氏（八一歳）は、気を利《き》かせて元同機関区のB氏（会津若松市・八二歳）を家に呼んでくれていた。

「（下山総裁失踪の）ニュースを聞いた時、大変なことになったと思った。下山さんは左派の味方だったので、すぐに殺されたのだろうという噂が立った。これで首切りは左派を中心にやられるだろうと覚悟した」（福島市A氏）

「殺《や》ったのは民同だろうと話し合っていた。ところがしばらくして、左派の犯行説が出て驚いたのを覚えている。そんなはずはない。下山さんが死ねば、左派に対して不利益になることは誰だって知っていた」（会津若松市B氏）

「そういえば、松川事件の時に、誰かが一二、三人の米兵の姿を見たという噂が流れた。ところがその噂を辿っていっても、実際に見た人間はいない。不思議だった」（A氏）

「噂を流したのは民同だよ。それを探っていた人が、殺されたという話を聞いた（横浜で

殺された斎藤金作のこと）」（B氏）

奇妙な話だ。事件当時の福島機関区の労組員は、「下山総裁は左派の味方」だと認識していたことになる。

下山事件についてよく言われるのが、「日米反動勢力（右派）が左派の犯行に見せかけ、人員整理を加速させるための破壊工作だった」とする説である。だが矢板玄は、「それは結果論だ」と言った。

確かに矢板玄の言葉に基づいて事件の周辺を洗いなおしてみると、いくつかの疑問点が浮上する。まず第一に、下山総裁が「本当に右派だったのか」という素朴な疑問だ。国鉄の技術畑出身の下山総裁は本来〝敵側〟であるはずの労組左派に太い人脈を持っていた。その人脈を日常的に情報網として使っていたことは、後に加賀山副総裁らの証言によって明らかになっている。さらにその情報を元に総裁は独自の解雇者リストを作り、「左派に片寄らない人員整理」を目指していた。

下山総裁が「右派」の象徴であるからこそ「労組左派」に動機が生まれ、その動機を逆《さか》手《て》に取ったとする「日米反動勢力」の破壊工作説が成立する。だが、もし下山総裁が少なくとも労組内において「左派の味方」だと認識されていたとすれば、これまでの定説は根底からゆらぐことになる。

三越店内にアジト？

○元大阪CIC新谷波夫の証言

事件から一〇年が過ぎた頃に、新谷波夫という人物が「週刊文春」、矢田喜美雄などのインタビューに次のように証言している。

——自分は当時大阪のCIC要員で、事件直前の七月三日頃にチーフのジョン・田中（注・斎藤茂男のメモに残っていた人物）という中尉と共に東京に来たことがある。任務の内容は知らされていなかった。

東京駅のRTO（鉄道輸送事務所）で田中と落ち合い、ジープで都内を廻った。途中でGHQのクラブになっている旧軍人会館に立ち寄り、さらに神保町から須田町に向かった。

小川町の交差点まで来ると、ジープを停めるように命じられた。そこでしばらく待つと、間もなく三菱銀行の横から黒塗りのビュイック（下山総裁の公用車）が出てきた。「あの車を追え」と田中中尉が命じた。ビュイックは松住町から万世橋のガードを通り、天神下から御徒町に抜けて神田駅に向かった。途中で相手の車に近付きすぎ、前に行かされ、次の信号で待ってまた後ろに廻った。

神田駅の周辺でビュイックは同じ場所を何回か廻った。私もそれを追って二度ほど廻ったが、田中中尉は「もういい。国鉄本庁へ行け」と命じた。田中が国鉄に入り、五分ほどで戻ってくると、今度は「三越南口の駐車場に向かえ」と言う。

午後二時頃に駐車場に着いた。中尉は「しばらく待て」と言って三越に入っていった。店内をよく知っている様子だった。

三〇分ほどで田中中尉が戻ってきて、私に大きなハトロン紙の封筒を渡した。「これを持って大阪に戻れ。おれはまだ用があるから、待たずに先に行け」そう命じると田中中尉はまた三越の店内に姿を消した。私は命じられたとおりジープをRTOに返し、夜行列車で大阪に戻った。封筒の中身は「国鉄の人員整理名簿」だった。

大阪に帰ってしばらくして、下山事件のことを知った。さらに四日ほどして戻ってきたジョン・田中中尉に呼び出され、「東京でのことは絶対に口外するな。もし人に話したら命の保証はない」と脅された。自分が下山事件に少しでも関係しているとは夢にも思わなかった。（複数の資料より要約）

この証言は、実に様々な事件の〝謎〟に対して明確な解答を示唆している。下山事件に関西のCICがからんでいたという〝噂〟に対する具体的な証言であり、同時に犯人グループのアジトが三越店内にあったこと、総裁が殺害された理由の一端が人員整理名簿にあったことなどを整然と印象づけている。だが同時に、この手の証言にありがちな疑問点も多い。第一になぜ大阪ＣＩＣの中尉が人員整理名簿を――しかも謎めいた行動をしてまで――手に入れる必要があったのか。新谷波夫が都内をジープで廻った七月三日は、第一次解雇の前日だ。すでにＧＨＱはＧ２のウィロビーやＣＴＳ（交通監理部門）のシャグノンが正式ルートを通じ、国鉄から名簿を入手していたはずだ。ＣＩＣが動かなければならない必要性が存在しない。

当事者の二人、ジョン・田中中尉と新谷波夫の背後を調べてみると、さらに興味深い事実が浮かび上がってくる。

ジョン・田中という二世の中尉は、確かに大阪ＣＩＣに実在した。亜細亜産業の集合写真にもそれらしき人物が写っている（口絵2〜3ページの写真）。いわゆる「共産係」の班のチーフを務め、その配下に旧日本陸軍の憲兵軍曹や元特高などを置いていた。大陸の旧関東軍や警察の桜田会に共通する人脈である。新谷はその下部構成員だった。

新谷波夫は当時の日本の右翼関係者の間ではよく知られた人物だった。その人脈の中には、海烈号事件の主犯の三上卓や阪田誠盛がいた。特に阪田とは親しく、よく自宅にも出入りしていたようだ。その阪田誠盛もまた、亜細亜産業の常連の一人であり、キャノン機関の協力者でもあった。

新谷の証言の真偽はともかくとして、下山事件の背後でＣＩＣが情報収集に奔走していたことは事実だ。当時のＧＨＱにとって、国鉄の大量解雇は占領政策の成否を分ける急務だった。さらに大量解雇の命運を握る下山総裁の周辺に不穏な動きを察知していたとすれば、CICが動かないほうがむしろ不自然だ。

だが、GHQは、下山総裁に「何かが起こる」ことを予測していた。

CTSのシャグノン中佐は事件の前日、七月四日未明に銃を持って下山総裁の自宅に押し掛けた。第一次人員整理の発表を七月五日ではなく、四日までに終わらせることを強要した。総裁がそれを受諾すると、今度は上機嫌で帰っていった。この謎の行動が何を物語るのかはもはや明白だ。シャグノン中佐は、「下山総裁は七月五日に人員整理を発表できない」ことを知っていたと考えられる。CIAの宮下英二郎の証言を信用するならば、事件当日、下山総裁を呼び出した貝谷という人物に姫路CICのメンバーを紹介したのもシャグノン中佐だった。

警視庁捜査二課と東京地検の〝他殺捜査〟に圧力をかけたGS（民政局）のマック・松方は、事件翌日の七月六日の早朝、上司のネピア少佐に早くも「シモヤマ・ケース」と題した報告書を提出している。現在もバージニア州ノーフォークのマッカーサー記念館に残るその機密文書には、次のように書かれている。

〈……殺人がどのような状況下で行なわれたかを調査するため今朝（日本側が）現場検証をすることになっている〉（「週刊ポスト」昭和五二年一月七日号）

六日早朝といえば、まだ捜査一課が五反野の轢断現場に到着したばかりの頃だ。その時点でGSのマック・松方は、報告書に〝殺人〟という言葉を用いている——。

GHQは、やはり下山総裁に何かが起こることを知っていた。だが、あえてそれを黙殺し、政治的に利用したのである。

「日本政府を通じての間接的支配」こそが、トルーマン大統領の対日方針の原則だった。

二、鉄道と国家

総裁が殺された本当の理由

「たまには飲みに来いよ……」

二〇〇〇年の年が明けて間もなく、大叔父の飯島進から連絡があった。大叔母の寿恵子が亡くなってから、すでに半年が過ぎていた。二人には、子供はいない。飯島は世田谷区駒沢《こまざわ》の広い邸宅で一人で暮らしていた。

その頃の私は、飯島と顔を合わせるのが辛《つら》かった。多忙を理由に誘いを断わろうとする私に、だが、飯島がぽつりと言った。

「お前の知りたいこと、何でも教えてやるよ……」

久し振りに会う飯島は見る影もないほどに憔悴《しょうすい》していた。リビングボードの上にはまだ大叔母の骨壺《こつつぼ》が置かれ、その前にメンソールのタバコとウイスキーが供《そな》えてある。私が手を合わせると、飯島は骨壺を開け、その中から骨片を手に取った。

「寿恵子は、淋しがり屋だったからな。真っ暗な墓の中に一人で埋めちゃったら、可哀そうじゃないか。もうすぐ、おれが行くまで、ここに置いといてやるさ……」

出来合いの惣菜をテーブルに並べ、出前の寿司を取り、ビールの栓を抜いた。私が口を開くまでもなく、飯島が下山事件の話題を持ち出した。

「去年、週刊朝日の連載を読んだよ。あれはひどいな。Y氏っていうのは、矢板玄のことだろう。そりゃ亜細亜産業が事件にからんでたのは確かだし、場所や人手を貸したということはあったのかもしれないけどね……」

飯島は事件当時、三菱商事関連の第一装美という会社を経営していた。いわゆる利権会社である。船舶の内装を主な業務にしていたが、一方で引揚げ船や台湾義勇軍の輸送船の手配も手掛け、戦後は客車の内装などを通じて国鉄の仕事も請け負っていた。下山総裁とは「科学技術者活用協会」を通じて交流を持ち、インターナショナル・レイルウェイ・クラブにも出入りしていた。つまり飯島は、事件当時、国鉄利権の内部にいたことになる。

「当時の国鉄利権は、汚職の温床だと聞いたことがあるけど……」

「いきなり核心ときたか。まあ、贈収賄が日常茶飯事だったことは確かだね。だけどそれは国鉄に限ったことじゃないだろう。船の業界もそうだったし、いまだって国家利権はすべてそうだ。贈収賄がなければ、仕事は動かない。おれだって国鉄に入り込むために、かなり金を使ったよ。だいたい紫水会（科学技術者活用協会）だって、談合の会みたいなものなんだから……」

飯島は、当時の国鉄利権のからくりについてこう説明した。

まず、国鉄は、適正価格の二倍から三倍の価格で下請け業者に〝仕事〟を発注する。もちろんこの価格は、事前に国鉄と複数の業者の間で談合によって決められている。談合に参加したのはすべて戦時中の満州鉄道や旧日本陸海軍と軍需物資の取引があった団体や企業だった。国鉄利権で暴利を得た下請け業者は、受注金額の三～五パーセント前後を運輸省の上級役人や国鉄幹部にペイ・バックする。

裏金は、最終的に政界に流れた。飯島は、収賄側として、三人の政治家の実名を挙げた。すべて、これまでに下山事件に関連して名前が浮上した人物だ。

私は訊いた。

「下山総裁もその収賄側の一人だった？」

「いや、そうじゃない。だから話がややこしくなるんだ。前に言っただろう。下山さんは、良くも悪くも正義漢だったって。融通《ゆうづう》が利かないというか……。同じ運輸省でも加賀山なんかは話がわかるんだが……」

下山総裁は、汚職にはからんでいなかったということか――。

「それならなぜ、あの時期に下山さんが総裁を引き受けたんだろう……」

「おれは下山さんが総裁になってからは一度も会っていない。最後に会ったのは事件の何カ月か前かな。その時も、特に国鉄について込み入った話はしなかった。だけどあの頃、猪俣功という奴が面白いことを言ってたね。下山さんは、殺されるかもしれないと……」

猪俣は、後の「造船疑獄事件」（昭和二九年）の発端になった人物だ。金融業界の森脇将光、山下汽船、日本海運、日本通運などが猪俣に高額の貸し付けを行ない、それが焦《こ》げついたことから表面化した巨額贈収賄事件である。前年の八月に成立した利子補給法により、政府は翌年の第九次造船までに計二千億円（うち一千億円が国金）を造船業界に投入。そのうちの二〜三パーセントがリベートとして政界に流れる仕組みが、森脇将光による告発により発覚した。第九次計画造船までの贈賄の総額は約五〇億円。当時自由党幹事長だった佐藤栄作も船主協会から一千万円を受け取り、池田勇人らと共に捜査の手が伸びた。ちなみに飯島が経営していた第一装美も、この造船疑獄事件のあおりを受けて倒産している。

さらに猪俣功は、国鉄にも有力な人脈を持って取り入っていた。国鉄の旅客列車の特二等の椅子の特許を持っていた人物として知られ、三井財閥の人脈を使ってＣＴＳのシャグノン中佐とも密接に交友。飯島と同じ国鉄客車の内装を担当する外部受注業者の一人として暴利を得ていた。

その猪俣功が、総裁就任以前に下山総裁の〝暗殺〟を予告していた——。

「どういうことなんだろう？　なぜ猪俣は、下山総裁が殺されると思ったのか……」

「当時、運輸次官だった下山さんに、取引を切られたそうだよ。猪俣は、国鉄の客車の椅子を作ってたんだ。下山さんは、こう言ったそうだ。同じ椅子は、他の会社ならば半額で作れる。国鉄の設備投資の予算を半分に抑えることができれば、残りを人件費に廻せる。人員整理も、半分の五万人ですむ……」

下山事件の真相が見えてきた。

ＣＩＣで事件を担当していたジャッキー・芳沢は、「彼は政財界有力者の汚職を握っていたから殺されたのだ」と言っていた。〝汚職〟とは、つまり、国鉄利権にからむ贈収賄だ。当時の国鉄が外部に発注する予算は年間数十億円にのぼる。その三〜五パーセントがリベートに使われたとすれば、途方もない金額が政界に流れたことになる。下山総裁はその実態を握り、人員整理を最小限に食い止めるための切り札に使おうとした――。

確かに当時の国鉄は、贈収賄汚職の温床だった。最初に汚職が問題となったのは事件の前年の昭和二三年。この時、当時の運輸次官だった伊能繁次郎が引責辞任して事態が収拾されている。日本政府は鉄道総局長官だった加賀山之雄の昇格を主張したが、ＧＨＱはこれに難色を示した。その結果、ＣＴＳ（交通監理部門）の命により東鉄局長から運輸次官に大抜擢されたのが下山定則だった。この経緯を見ても、下山総裁が「汚職の番人」としてＧＨＱから送り込まれたことは容易に想像できる。その下山を、ＧＨＱが殺すわけがない。さらに付け加えるならば、下山が運輸次官に就任した時期は、亜細亜産業の経営状態が悪化し各方面から出資を募《つの》った時期と奇妙なほど一致する。

『下山事件　最後の証言』を発表した二〇〇五年七月当時は確証が得られなかったために

書けなかったのだが、この時に飯島は猪俣が「下山総裁が殺されると思った理由」をこう説明していた。

「あの頃、国鉄の東北本線の電化の話が持ち上がっていた。そのための大きな変電所の建設計画があって、その受注を日立と東芝が争っていた。ところが下山さんのひと声で、それが紫水会の関係の日立に落ちた。それで東芝側の利権に絡んでいた〝×某〟という男を怒らしてしまった。〝×某〟は猪俣の前で、下山を殺してバラバラにしてやると言ったらしい」

〝×某〟——。

亜細亜産業のサロンの主要なメンバーの一人である。その名前はすでにこの本の中にも何度か登場している。

「それは、いつ頃の話？」

「おそらく昭和二四年の四月かそこらじゃなかったかな。その数ケ月後に本当に下山さんがバラバラにされて殺されたんで、猪俣は慌てていた」

この飯島の証言を裏付けるような記述が『この自由党！』（板垣進助著・理論社）の中にある。下山総裁の殺害理由について、次のように書かれている。

〈下山国鉄総裁が国鉄信濃川発電所の建設工事請負について、東芝と日立が張り合い、そ

の一方の日立から三百万円を贈賄されたといわれていたこと〈結局日立側が落札した〉〉

「三百万円を贈賄された」という記述に関しては確証はない。下山総裁の当時の評価を考えるとむしろ懐疑的と言わざるをえないが、さらに変電所と信濃川発電所の違いはあるが、飯島の証言と『この自由党！』の記述は大きくは矛盾しない。

「それが、下山総裁が殺された理由だと思う？」

「そうだろうね。他には理由がないじゃないか。解雇をうまくやるために殺したなんて、学者が作った屁理屈だよ。共産党を黙らせるためなら、松川事件と三鷹事件で充分だ。わざわざ国鉄総裁を殺す危険を冒《おか》す奴なんているもんかい」

確かに、そうだ。下山事件が起きたのは、第一次解雇者発表の翌日だった。しかも、数日前から、下山総裁が人員整理にからんで命を狙われているという風説が流布されていた。あのタイミングで事件が起きれば、誰でも人員整理と関連付けて考えてしまう。

下山総裁は、事件の直前まで謎の行動を取っていた。前日の七月四日——第一次解雇者発表の当日——の一五時過ぎ、下山総裁は警視庁に田中栄一警視総監を訪ねている。だが、総監に来客があることを知り、次は一五時三〇分に法務庁に向かった。そこで「別に交友関係のない」柳川法務長官を「まったく突然に訪問」している。この行動が、何を意味するのか——。

捜査一課が流出させた『下山白書』は、その理由を柳川法務長官の言葉を引用し「普通でないと感じた」の一言で片付けている。だが、そうは思えない。下山総裁が立ち寄ったのは、警視庁であり、法務庁だ。いずれも汚職の捜査に関連のある場所だ。人員整理において政府との交渉に決裂し、第一次解雇者名簿を発表せざるを得なくなった下山総裁が、やむなく汚職の事実——もしくは自分が命を狙われる危険性——を打ち明ける機会を窺《うかが》っていたと考えた方が自然だ。

『下山白書』によると、警視庁と法務庁を突然訪れた総裁は、雑談だけで帰ったことになっている。その後、一六時一〇分に下山総裁は首相官邸に吉田茂を訪ねている。総裁は国鉄幹部に「首相に会った」と言っているが、吉田首相が否定したことは前述した。さらにその一七時間後、下山総裁は三越南口から失踪した——。

気になるのは飯島に下山総裁が殺されることを予告した猪俣功である。もちろん猪俣が、事件に直接関与したとは思えない。だが猪俣は、CTSのシャグノン中佐と親密な関係だった。そのシャグノンもまた、事件以前に下山総裁に〝何か〟が起こることを知っていた可能性がある。偶然なのか——。

飯島は淡々と酒を口に運ぶ。いつの間にか、ビールから焼酎に変わった。水割り、というよりロックに近い。私には肴《さかな》や寿司をすすめるが、自分ではほとんど箸《はし》をつけない。

対ソ戦時下の国鉄輸送……

国鉄利権——。

その言葉は、もうひとつ大きな疑問を含んでいる。

「戦後、国鉄の民営化という話を耳にしたことなかったかな……」

「まあ、そういう議論はいつの世にもあったよ。造船業界や亜細亜産業でもよくそんなことを話してた。田中清玄とか四元義隆《よつもとよしたか》なんかは民営化論者だったね……」

四元義隆——。三浦義一、児玉誉士夫と並ぶ戦後の政界のフィクサーの一人だ。

明治四一年（一九〇八）、鹿児島県生まれ。東大法学部卒。学生右翼組織「七生社」を経て「金鶏学院」に入り、昭和七年二月九日の「血盟団事件」（井上準之助前蔵相や三井財閥の団琢磨《だんたくま》らが暗殺された事件・主犯は小沼正）に参画した。ちなみに同年五月一五日には、海烈号事件の三上卓らが犬養首相を暗殺した「五・一五事件」が起きている。吉田茂から細川護熙《もりひろ》に至る戦後歴代の首相、政権に絶大な影響力を誇った人物だ。

四元が寵愛した政治家の一人に、中曾根康弘元首相がいる。ロッキード事件で中曾根の関与が取り沙汰された時、稲葉修法相に圧力をかけてもみ消したことを自ら認めている。国鉄が民営化されてJRに生まれ変わったのは、その中曾根康弘が首相を務めた昭和六二年のことだった。

飯島が名前を出した四元義隆と田中清玄とは、奇妙な因縁《いんねん》で結ばれている。田中が昭和二〇年一月に設立した「神中組」（後の三幸建設）などの土建、建設事業のすべてを、昭和三〇年に四元に無償で譲り渡した（田中清玄は昭和二三年と主張）ことは前述した。田中はその理由を、「四元君には玄峰老師を紹介してもらった恩義があった」（田中清玄著『田中清玄自伝』文藝春秋）と説明している。玄峰老師は静岡県三島の龍沢寺を再興した名僧で、政財界の多くの大物が教えを請うために出入りしていた。その中には吉田茂や、迫水久常がいた。

「もし国鉄の民営化をやるとすれば……」

「戦後間もない頃は三菱財閥でやるんじゃないかという話はあったよ。もともと三菱は、運輸で伸びてきた財閥だからね。だけど、あくまでも噂だよ。もし実際にやろうとしても国鉄があれほど赤字体質だと実現は不可能だったろう。そのうちGHQが財閥解体をやって（昭和二〇年一一月）、三菱もそれどころじゃなくなった。君が何を言いたいのかはわかるけど、事件とは関係ないと思うよ」

だが、「民営化」という〝噂〟はあった。『日本の国鉄』（原田勝正著・岩波新書）に次のような一文がある。

〈一九四五年九月、三菱経済研究所その他民間から民間払下げ論が提起されたが、政府はこれに応じなかった〉

国鉄は、戦時中までは「鉄道省」という独立した〝省〟に位置付けられていた。これが戦後間もなく運輸省の一部に組み込まれ、「運輸省鉄道総局」に変わった。さらに昭和二四年六月に独立し、「日本国有鉄道」という公社が誕生する。その初代総裁が下山定則だった。

この経緯は、近年民営化を目指す日本道路公団の手法と共通する。つまり国鉄は、段階を経て少しずつ国政から切り離されてきたことになる。これまで国鉄の独立の経緯に関しては、単に「人員整理・合理化のため」と説明されてきたが、説得力に乏しい。実際に国鉄は、鉄道総局の時代の昭和二一年の夏にも七万五千人の大量解雇（九・一五闘争）を打ち出している。当時の鉄道総局長官は佐藤栄作だった。結果的にこの大量解雇は労組の抵抗を受けて失敗に終わったが、少なくとも「運輸省鉄道総局」のままでも人員整理・合理化が法的に何ら問題がなかったことを証明している。

ならば、なぜわざわざ「日本国有鉄道」として独立させる必要があったのか。むしろ水面下で「民営化」の構想があったと考える方が自然だ。他には理由が思い当たらない。

考え込む私に飯島が言った。

「これは民営化とは関係ないけど、事件の一年前くらいから変な話はあったな……。矢板さんがよく言ってたけど、このままだとアメリカが資本を入れて、国鉄がGHQに接収されちまうとか……」

GHQが国鉄を接収する。確かに戦後、そのような噂はあった。だが、〝資本〟という言葉が引っ掛かる。

「資本というのは、例の対日見返り資金？」

対日見返り資金とは、戦後復興のためにアメリカが日本の企業に向けた特別融資枠のことだ。

「見返り資金は民間企業が対象だろう。国鉄は対象外だな。もっとも、民営化されれば別だけど。資金は民間の銀行だよ。ディロン・リードが動いているという話はあった。あとは、例の〝M〟資金だな……」

ディロン・リード――。

どこかで聞いたような気がした。確かに私は、一年前にまったく別の場所でその名前を耳にしていたのだ。だが、その時は気が付かなかった――。

GHQによる国鉄接収については、その後調べてみると興味深い事実が判明した。確かに、それを示唆する史実が起きていた。『日本宰相列伝22　佐藤栄作』（衛藤瀋吉著、時事通信社）に、戦後間もない昭和二〇年秋の出来事として次のような記述がある。

〈この間、大阪鉄道局は進駐軍輸送という未曽有《みぞう》の政治的変動に対処しなければならなかった。ところが栄作は、大綱を把握するのみで、細目は部下にまかしている。そのため大病中であったにもかかわらず、輸送は順調に、進駐軍の希望を十分に満たすような形で行われ、なんらトラブルがなかった。当時、関東における進駐軍輸送に大失態があり、そのために米占領軍は鉄道大隊を東京に上陸させ、いざとなれば国鉄を接収して、占領軍自身で運営する覚悟を決めていたという。その矢先の関西への上陸であった〉

この時、大阪鉄道局長を務めていたのが佐藤栄作である。

日本の鉄道行政は、戦前、戦中、戦後を通して外部圧力にさらされてきた。戦時中は陸軍による干渉との闘いであり、戦後は一貫してGHQの統制下に置かれた。その間、常に圧力の矢面《やおもて》に立ち、国鉄側の代表として折衝《せっしょう》の席についていたのが佐藤栄作だった。下山事件が起きた昭和二四年七月当時にも、佐藤がGHQと国鉄の橋渡し役を担《にな》っていたことは多くの資料や証言が証明している。

さらに、日本の国鉄を「マイ・レイルロード」と公言したシャグノンがいる——。

CTS（交通監理部門）の鉄道課長D・シャグノン大佐は、イリノイ・セントラルという地方鉄道の元貨物助役にすぎなかった人物である。なぜそのような人間に国鉄の全権が与えられたのかについては、いまも占領史の謎のひとつに数えられている。さらに背後を探ると、興味深い事実が浮かび上がってくる。シャグノンの任務は、「国鉄の管理統制」

という単純な性質のものではなかった。本来の任務は、「対ソビエト（朝鮮・中国）戦時下における日本の鉄道輸送計画」の責任者だった。

昭和二四年当時、アメリカはすでに来たるべき対ソ連、中国、朝鮮戦争を想定していた。これは当時のGHQが、日本を前線基地と位置付け、国鉄を自国の軍事施設と考えていたことを物語っている。大量解雇における合理化は、軍事構想のための一手段にすぎなかった。その意味で、合理化そのものが最終目的であった国鉄当局とは、根本的に目的意識が異なる。当然そこに、歪《ひず》みが生じる。その歪みの接点にいたのが下山総裁だった——。

矢板玄は言っていた。「シャグノンは、国鉄の社長になるつもりでいた」と——。

下山総裁を拉致した男の名

飯島は酒を飲み続ける。まるで毒でもあおるように顔をしかめながら。そしてまた、グラスに酒を注ぐ。

だが、私にそれを止めることはできない。私は知っている。いま、飯島が、自ら命を絶とうとしていることを。一日でも早く、大叔母の元に行くために。その強い意志に対し、私にできることは、ただ見守ることだけだ。

それでも、私は、訊かねばならない……。

「前に叔父さん、言ってたよね。事件当日に、小野寺っていう人が下山さんに会ったって。あれ、本当なの？」

「本当さ。本人に聞いたんだから、間違いない……」

だが、疑問がある。

「その小野寺が、後で消されたかもしれないって、そう言ったよね。どうしてそう思ったの？」

その問いに、大叔父は小さく一度頷いた。酒を口に含み、そして言った。

「あの日、小野寺は、見ちゃあいけないものを見ちゃったんだよ。それを、警察に話した……」

「見ちゃいけないもの？」

「そうさ。その時、下山さんには三人の連れがいたんだ。その一人が、小野寺の知ってる男だった。亜細亜産業の、林武だよ……」

それは、私にとってひとつの衝撃だった。なぜいままで気付かなかったのだろう。三越の六階には、「労働調査協議会」の事務所があった。

転向組で、しかも労働省上がりだった林武との接点があったのではなかったか――。

確かに事件当日の朝、三越の店内や地下道で下山総裁に何人かの連れがあったことは、目撃者によって証言されていた。中でも小川貞子という証人は、そのうちの一人の人相を克明に記憶していた。

五〇すぎのやせ形、五尺ちょっとの低い背。浅黒い三角顔をして、金縁の眼鏡をかけ、学校の校長先生という感じの男――。

祖父のアルバムの中に、林武の写真が残っている。小川貞子の見た男と林武の人相、特徴は、完全に一致する――。

実はこの証言には疑わしい部分もある。事件当初から三越で下山総裁と会っていた人物として、当日に下山邸に電話をかけてきたオノデラ、もしくはアリマという謎の人物が捜査線上に浮かんでいた。後にこの〝オノデラ〟が小野寺健治ではないかと警察に内偵され、マスコミの間でも噂になっていた。つまり小野寺は、自分が実行犯の一人として疑われる立場にあったことになる。

その小野寺が、林武を名指しした。考えようによっては、「自分の無実を主張するための偽情報」であった可能性もある。その後、小野寺は、東京の店と家を引きはらって関西に逃亡した。

それからも飯島は、下山事件について話し続けた。時には懐かしそうに。時には苦悶に顔をゆがめながら。その中で飯島は、殺害現場にいた二人の実名を挙げた。いずれも以前に祖父の弟の柴田喬から聞いた人物と同一だった。キャノン機関のMという二世の将校と、一人の日本人だ。

「替え玉に関しては、何か聞いてない？」

「ああ、知ってるよ。噂、だけどね……」

そう言って飯島は一人の人物の名前を挙げた。やはり、そうだったのか。その人物もまた、再三文中に登場している。

最後にひとつ、これだけは訊いておかなければならないことがあった。

「ジイ君は、関わってたのかな……」

飯島は、しばらくその問いに答えなかった。だが、やがて言葉を選ぶように、静かに言った。

「兄貴とは、一度も事件について話したことはなかった。だけど、わかるだろう。兄貴は、人を殺せるような人間じゃないよ。矢板さんもね。二人は、利用されたんだと思うよ」

飯島は、グラスに手を添えたまま目を閉じた。グラスの中で、氷が小さな音をたてた。

私は言葉を忘れ、心を閉ざす。視界が、次第に焦点を失っていく。

「みんな逝《い》っちまった……。もう、残っているのはおれだけだ」

飯島が、小さな声で呟いた。

鉄道弘済会

一九九九年夏に「週刊朝日」の編集部に片岡久という人物が訪ねてきた。どうしても下山事件について、伝えておきたいことがあるという。

片岡の父、片岡謌郎は明治二七年（一八九四）生まれ。鉄道省時代の国鉄幹部の一人で、佐藤栄作や堀木鎌三（一八九八年生まれ。鉄道省——参議院議員）らと共に福祉事業団「鉄道弘済会」の設立に寄与した人物として知られる。片岡の伝えたいこととは、その父謌郎にまつわる話だった。

応対に当たった朝日新聞社の諸永裕司は、次のように書いている。

〈東京オリンピックをひかえた一九六四（昭和三十九）年の夏、片岡の父、謌郎は、入院中の病院に見舞いに訪れた息子に向かってこう言ったという。

「好きなことを、やれるうちにやれ。ただし政治にだけは興味をもつな」

唐突な物言いに戸惑う片岡が真意をただすと、病床の謌郎は、無二の親友だった堀木鎌三からある重大な告白を受けたと打ち明けたという。（中略）

「俺は、あんた（片岡謌郎）に言っておかなければならないことがある。俺は、あんたと一緒につくった弘済会を汚してしまった。佐藤（栄作）に頼まれて、下山事件の下手人を逃すために弘済会を使わせたんだ。俺達が若いころ、理想に燃えてやってきたことを台無しにした。これだけは、あんたに詫びておかないと俺は死にきれない……」

堀木は、のちに宰相となる佐藤栄作の指示を受けて下山事件の「処理」にかかわった、と言ったというのだ。ちょうど下山事件が時効を迎えたばかりのころだった〉（『葬られた夏』）

「鉄道弘済会」――。

その名前は、以前にも出てきている。例の、H・Oの日記に関連する鎗水情報だ。H・Oを含む四人の北海道労組員がCICに利用され、下山総裁の三越からの拉致に関与した。その後、四人は消息を絶ち、H・Oは放浪の身となり、残りの三人は台湾に送られて米軍の監視下に置かれた。だが四人の残された家族には、それから毎月かなりの金額が送金されてきた。その金の出所について、鎗水徹は、「こともあろうにそれは日本国有鉄道公社の関連企業である『鉄道弘済会』がスポンサーだったのである」（『謀殺　下山事件』）と証言している。

片岡久の証言は、鎗水情報の内容と完全に一致する。むしろ、裏付けていると言ってもいい。鎗水情報が、事実だったということか。

いや、それはおかしい。H・Oの日記は鎗水以外に一人もその存在を確認していない。鎗水は日記を昭和三二年頃にCICの前で焼いたと言っているが、その頃はすでにGHQ

は日本に駐留していなかった。さらに、H・Oという人物が実在していたのかどうかすら疑問だ。後に斎藤茂男と矢田喜美雄は北海道まで出向き、鎗水情報の周辺を洗いなおしてみたという。だが、H・Oを含む当事者のみならず、弘済会から「金を受け取った」とする家族に至るまで、該当する人物の痕跡すら見付けることはできなかった。

鎗水情報が時効を直前にしたプロパガンダの疑いがあることは前述した。だが、たったひとつ理解できなかったことがある。なぜ鎗水は、「鉄道弘済会」という佐藤栄作に直結する重要な情報を口に出したのか――。

片岡久の証言がその謎を解く鍵になった。片岡が弘済会にまつわる話を父親に聞いたのは昭和三九年。ちょうど下山事件の時効の頃だ。鎗水情報も、ほぼ同時期に矢田喜美雄を通じて流布されている。これは偶然ではない。もちろん片岡謌郎に作為が存在する理由はない。

弘済会が事件に関与していたことは、すでに堀木鎌三によって国鉄幹部の間で暗黙の事実になっていた。やがてマスコミもそれを嗅ぎつける。事件の主謀者は、弘済会からの金の流れによって実行犯グループが特定されることを恐れたのではなかったのか。そう考えていけば、鎗水情報の真の目的も明らかになってくる。

決定的な真実の中に、嘘をまぎれ込ませる。プロパガンダの典型的な手法だ。鎗水情報における〝真実〟とは「鉄道弘済会」であり、〝嘘〟は「H・Oの日記」だ。当日の朝に三越で総裁を誘拐した人物を闇に葬ることが目的だった——。

片岡久の証言は、さらに下山事件の重大な側面を浮き彫りにしている。もしこれまでによく言われてきたように、事件がG２——ＣＩＣの謀略だとすれば、その工作資金は当然ＧＨＱ内部において処理されなくてはならない。鉄道弘済会の金が工作資金に使われることはあり得ないのだ。

国鉄と佐藤栄作

佐藤栄作の事件への関わりとは何だったのか——。

明治三四年（一九〇一）三月二七日、佐藤は山口県熊毛郡田布施《たぶせ》村の旧家の三男に生まれた。東京帝大法学部を卒業後、大正一三年に国鉄の前身である鉄道省に入省。この入省に力を添えたのが、当時満州鉄道の副総裁（後に総裁）を務めていた親族の松岡洋右《ようすけ》である。

以後、佐藤栄作は、昭和二四年に衆議院に初当選するまで一貫して国鉄畑を歩み続ける。昭和一三年には大陸に渡り、上海で「華中鉄路公司」（上海鉄道）の創設にも関わった。

元来佐藤栄作の一族は、満州と鉄道には深い縁を持っていた。満鉄の総裁を務めた松岡洋右をはじめ、岸家に養子に行った岸信介もその一人だ。商工省の役人だった岸信介は昭和一三年当時満州において、「満州国総務庁次長」を務めていた。

岸信介の指南役であり、運命共同体とも言える人物に韓国ロビーのフィクサーとして知られる矢次《やつぎ》一夫がいる。ライカビルに室町将軍として君臨した三浦義一のかつての盟友である。この矢次について、田中清玄はこう証言している。


〈矢次は陸軍特務機関の手先。児玉と一緒です。児玉より陸軍に食い込んでいた。A級戦犯で絞首刑となった武藤章、板垣征四郎、それから張作霖爆殺事件の首謀者、河本大作が彼のバックにはいた。戦後、GHQに岸がつかまり、巣鴨に入っていたときに、矢次は岸が戦犯を逃れるために、GHQとの間を仲立ちしてやった〉(『田中清玄自伝』)

不思議なことに、どの人脈を辿っても、陸軍特務機関、上海、満州鉄道を経て、最後には張作霖爆殺事件へと行き着く。

佐藤栄作と岸信介の国鉄利権に関連する興味深いエピソードが残されている。戦時中の昭和一四年、鉄道省は車輛製造事業の独占を計画。その権限を鉄道省に一本化する法案作成の準備に入った。これに反発したのが軍閥と商工省だった。元来、鉄道車輛の製造は、行政上は商工省の管轄だった。この動きは後に、鉄道省と商工省の利権争いへと発展していく。

折衝の席で鉄道省の代表に立ったのは、当時鉄道課長を務めた佐藤栄作だった。さらに商工省の側の代表が、皮肉なことに当時商工次官の兄、岸信介だった。だがこの折衝は兄信介の「車輌行政権限を絶対に商工省は手放さない」という言葉に押し切られ、鉄道省と商工省の覚書の交換により、「共同管理」で決着された。衛藤瀋吉はこの鉄道省と商工省の争いについて、「栄作と兄信介との骨肉の愛情が公務に反映した最初のケースではあるまいか」と論じている。

考えてみれば佐藤栄作は、常に自ら国鉄の外部圧力の矢面に立ってきた。戦時中は軍部の介入を食い止めることに奔走し、戦後はGHQの圧力と闘い続けた。国鉄が、国鉄を守るための、最後の砦《とりで》と言ってもいい。そこに、下山事件における佐藤栄作の立場が見えてくる。

かつて朝日新聞社の矢田喜美雄は、下山事件への関与を疑い、佐藤栄作本人に取材を申し込んだことがあった。佐藤は逃げることなくその取材を受け入れた。だが、矢田の質問に対し、ただひたすらに黙したまま一言も語らなかったという。

佐藤栄作は下山事件について、多くの部分を知っていたとは思う。そう考えたほうが自然だ。確かに事件は下山総裁の「佐藤さんの所に寄るのだった」という謎の言葉に始まり、佐藤栄作が関与した鉄道弘済会で幕が引かれている。

だが、あえて言うならば、佐藤栄作を事件の黒幕とする安易な考えは否定しておきたい。昭和二四年当時、佐藤は衆議院に初当選したばかりであり、民主自由党の政調会長を務めていた。その佐藤に、いかなる理由があれ、吉田内閣とGHQの合意の上に就任した下山総裁を抹殺する権限はない。むしろ、「佐藤栄作を操れたのは誰か」を考えるべきだろう。

佐藤栄作もまた、時代の激流に運命を翻弄《ほんろう》された一人ではなかったのだろうか。

吉田茂主謀説

近年、古い資料を再確認しているうちに、衝撃的な記述が出てきた。昭和五二年一月七日号の「週刊ポスト」の「世紀のスクープ第2弾」と題する記事に、元朝日新聞社の矢田喜美雄がとんでもない証言をしている。

〈下山氏の前に七人の大物が国鉄総裁の候補としてあげられたが、それらの名前はすべて吉田政府によって拒否された。そういう人物は殺してしまうには惜《お》しいということで、最後に下山氏が殺されるために国鉄総裁に選ばれたのだ。（中略）結論をいえば、やはりG2＝CICが吉田と話し合ってやったということだろう〉

文中の「吉田」とは、もちろん当時の首相の吉田茂を指す。ちなみに矢田喜美雄は「下山事件＝G2主謀説」の信奉者の一人であり、その動機を「大量解雇を加速させるための左派弾圧」にあると主張してきた。こうした矢田喜美雄の私見をさしひいても、この証言はいくつかの重大な観点を示している。ひとつは下山総裁の暗殺が、「総裁就任以前から計画されていた」こと。もうひとつは「黒幕は吉田茂」であったと名指ししていることだ。

さらに同記事は事件二日後の七月八日付の米機密文書、ESS（GHQ経済科学局）のC・ヘプラー労働課長からマーカット同局長にあてたメモ――「下山総裁の不運な事件があったにもかかわらず、労働関係（＊注・労組関係）はここ数ヶ月に比べて平穏化してきている」――に着目。謀殺はマーカット少将の指令とする推論を展開する。だが、この推論は残念ながら根拠が希薄だ。むしろGHQが下山事件に関し、左派弾圧に効果を及ぼすことに気が付いたのが「事件の二日後」であるという事実に注目すべきだ。矢板玄が言った「下山事件が大量解雇を加速させたのは結果論だ」という証言を、暗に裏付けている。

興味深いのは、〝M〟資金の管理者として知られるマーカット少将の名が下山事件に関連しても浮上していることだ。もちろん〝M〟資金が実在したのかすら定かではないが、大叔父の飯島進はGHQによる国鉄接収の裏に〝M〟資金の噂があったことをほのめかしていた。

〝M〟資金に関しては、矢板玄も意味深長な証言をしている。Mはマーカットの〝M〟ではなく、ウィロビーの〝W〟の裏金を意味すると言う。おそらくこれは矢板玄のユーモアだろう。だが、いかに矢板玄をしても、「〝M〟資金については話しづらい」という空気は感じさせた。いずれにしてもマーカット少将が、占領下の日本経済の裏面史において、何らかの重要な役割をはたしたことは否定できない。

話を戻そう。論点は、吉田茂だ。矢田喜美雄が事件の黒幕は吉田茂と名指しする根拠はどこにあるのだろうか——。

張作霖爆殺事件と吉田茂

吉田茂は明治一一年（一八七八）、土佐自由党の幹部竹内綱の五男として東京に生まれた。奇しくもこの年、参議兼内務卿として政権の中枢にあった大久保利通が暗殺されている。明治一四年、三歳の時に父竹内の友人であり横浜の貿易商の吉田健三の養子となり、その後東京帝国大学政治学科を卒業。明治三九年、南満州鉄道株式会社が設立されたこの年に外務省に入省した。

以後の吉田茂は日本の外交の表舞台を歩み続ける。翌明治四〇年には満鉄の開設で激動する奉天在勤を命じられ、次年は外交の最重要拠点であるロンドン在勤を経験。明治四二年三月には大久保利通の孫（次男牧野伸顕の長女）の雪子と結婚し、後の政界への進出の足掛かりを作ることにも成功した。さらに吉田は天津総領事（大正一一年）、奉天総領事（大正一四年）、外務事務次官（昭和三年）、イタリア大使（昭和五年）、イギリス大使（昭和一一年）を歴任し、外務省内の地位を盤石《ばんじゃく》なものにしていく。

吉田茂の軍人嫌いは自他共に認めるところで、戦時中の軍部との確執はよく知られていた。終戦直前の昭和二〇年四月、吉田は近衛上奏文の存在を憲兵隊に察知され、四〇日間の勾留を受けたこともある。吉田はさらにその三年前の昭和一七年二月から木戸幸一内務大臣に米英との和平工作を打診していた経緯があった。結局吉田はこの二つの事例を元に反戦主義者であったことを主張し、GHQによる追放令を逃れ切ったことは前述した。さらに吉田は戦後も一貫して米国（特にG2）の再軍備要求に抵抗。憲法第九条を重視して経済発展を最優先させた独自の政策は、「吉田ドクトリン」として知られている。

確かに吉田は、軍人、軍隊を嫌っていた。だが吉田は決してハト派の政治家ではなかったし、軍隊の存在そのものを否定していたわけでもない。むしろ、「軍人が政治や外交に介入することを嫌った」と見るべきだろう。外務省時代の吉田は、逆に軍事行動を政治的に利用することには積極的だった節がある。一例に、吉田が奉天領事から帰省の直後に起案した長文の覚書（一九二八年四月二七日付）を挙げることができる。岡崎久彦の『吉田茂とその時代』（PHP研究所）よりその覚書の部分を引用してみたい。

〈まず序文で、「明治大帝の時代には……」と、当時の日本人が誰も反対できない重みをつけたうえで、経済と政治が行きづまるたびに日清、日露の戦いがあって景気も回復し政争も熄《や》んだ、と指摘し、それには偶然もあろうが、といいつつも、第一次大戦後の不況以来景気回復がはかばかしくない日本の現状において、積極策をとることの意義を強調している。

そして、「シナは世界の富源といわれるにかかわらず、袖手《しゆうしゆ》してこれをその軍閥政治家の暴政に委ね……明治大帝のとくに叡慮《えいりよ》の存せりといわれる満蒙の経営についても、いたずらに張作霖輩の鼻息を窺って、……彼の一顰一笑《いつぴんいつしよう》で……多年扶植に苦心せるわが勢力の基盤が動いてもなお、われわれは右顧左眄《うこさべん》している……」と対支対満蒙政策の一新を主張している。

その後、張作霖爆殺、満州事変など、出先の軍の独走事件が相次ぐこととなるが、そうした行動の理論武装のために引用されても少しもおかしくない文章である。書き出しもよく読んでみれば、そのためには戦争になってもそれはそれで内政経済の行きづまり打開のためにはよいではないか、と読める〉

またしても満州鉄道――そして張作霖爆殺事件である。

確かに岡崎久彦が張作霖爆殺、満州事変の「理論武装」と言うように、この覚書は二つの事件をあえて肯定している。予言と言ってもいい。そして吉田茂がこの覚書を発表したまさに三七日後の昭和三年(一九二八)六月四日、その直前まで吉田が総領事を務めていた奉天において張作霖は日本の軍部（主犯河本大作大佐）によって爆殺されるのである。

後に当時の田中義一首相はこの爆殺事件を「満州某重大事件」として処置。軍法会議を取り止めて河本大佐以下を単なる行政処分に処して決着させた。だがこれを上奏すると昭和天皇の逆鱗《げきりん》に触れ、天皇勅旨《ちょくし》の不信任案により内閣総辞職に追い込まれた。だが張作霖爆殺事件はさらに軍部、右翼による満州占領を強行しようとする気運を高め、三年後（一九三一年九月一八日）の満州事変、日中戦争へと拡大していく。ちなみに満州事変の発端となった柳条湖《りゅうじょうこ》事件（柳条湖で独立守備歩兵第二大隊が満鉄を爆破）の主謀者は関東軍参謀本部の石原莞爾《かんじ》中佐（のち中将）と板垣征四郎大佐（のち大将）であったことはもはや定説となっている。なかでも石原は児玉誉士夫が政治的思想の師と仰ぎ、後に児玉機関を設立するきっかけを与えた人物としても知られている。

戦後、GHQの内部で吉田茂追放の議論がなされていたことは、CIS（民間諜報局）の作成したメモからも明らかになっている。罪状は、春名幹男著『秘密のファイル』によると「連合国最高司令官（SCAP）指令（公職追放令）の付表G項3節に相当する」というものだ。G項3節とは「日本の侵略計画において、政府で積極的かつ主要な役割を演じた者、あるいは演説、著述、行動により自らが軍事的国家主義および侵略の積極的な主唱者となった者」を指す。

CISでは具体的に、一九二七年の「東方会議」において、当時奉天総領事だった吉田茂が森恪や植原悦二郎と共に外務省側の代表を務めたことを挙げている。東方会議とは外務省、陸軍、関東軍による対中国政策を決定する代表者会議で、ＣＩＳのメモは「東方会議で日本のアジア膨脹主義計画が始まった」（『秘密のファイル』）と断じている。その翌年に吉田茂は前述の覚書を発表し、間を置かずに張作霖爆殺事件が勃発。さらにその直後に吉田は外務政務次官の森恪（政友会）により、外務事務次官に異例の大抜擢をされた。つまり、ＣＩＳは吉田茂を、張作霖爆殺事件から日中戦争に至る流れの中で、「外務省側の主謀者の一人」に位置付けていたことになる。

だが、公職追放を逃れた吉田茂は昭和二一年五月二二日、第一次吉田内閣を組閣。以後マッカーサーやＧ２のチャールズ・ウィロビーと急速に接近していく。中でもウィロビーとの仲は蜜月だった。当時ウィロビーは帝国ホテルの三部屋を使い、そこを宿舎兼事務所にしていた。帝国ホテル社長の犬丸徹三は、当時のことを次のように証言している。

〈ウィロビーはたいへんな吉田びいきだったねえ。帝国ホテルのウィロビーの部屋へ、吉田さんは裏庭から忍ぶようにやって来たりしたよ。（中略）そこで吉田さんとヒソヒソ……。あのころは、みんな政治家連中は米大使館（マッカーサーの宿舎）に行かず、ウィロビーのとこで総理大臣になったり、あそこで組閣したりだ〉（『知られざる日本占領——ウィロビー回顧録』番町書房）

吉田茂と佐藤栄作の仲も深い。二・一スト（昭和二二年）の頃に、まだ鉄道総局長官だった佐藤を松野鶴平が吉田首相に次期運輸大臣に推薦した。結局この話は兄岸信介に戦犯容疑がかけられていたために実現しなかったのだが、これを機に吉田と佐藤の関係が生まれる。だが、それ以前に、佐藤の従兄弟《いとこ》の吉田寛は、吉田茂の外務省の後輩であり、さらに茂の娘桜子と結婚するという奇妙な因縁があった。つまり吉田茂と佐藤栄作もまた、親類だったということになる。

結局二・一ストの内閣改造では増田甲子七（後の官房長官）が暫定的な運輸大臣に就任し、佐藤は吉田の一声で運輸次官に抜擢された。佐藤はこの恩を生涯忘れることなく、以後は吉田学校の忠実な生徒として吉田政権に尽くすことになる。昭和二九年の造船疑獄事件の折に、佐藤が身を挺して吉田内閣を守った話（当時党幹事長だった佐藤に造船業界から一千万円が渡ったことが発覚。検事総長により逮捕許諾《きょだく》請求が提出されるが、佐藤は自分の背後の金の流れを一切明かさなかった。事件は四月二一日、犬養法相の指揮権発動により収束された）はよく知られている。

昭和二二年六月一日、社会党の片山哲内閣が成立した。この時も佐藤栄作は、当時の内閣官房長官の西尾末広から官房副長官の召致を受けている。だが、佐藤は吉田茂への義理を通し、この誘いを断わった。

興味深いのは吉田茂、西尾末広、佐藤栄作の三人が、いずれも亜細亜産業と深い関わりを持っていたことだ。言い換えれば、右翼の三浦義一の派閥である。それにしてもなぜ自由党の吉田も、社会党の西尾も、鉄道省の一役人にすぎない佐藤の召致にこれほど固執したのか。このあたりの事情に下山事件の謎を解く鍵が隠されているのかもしれない。表面的に見れば、来たるべき国鉄の合理化に備え、「九・一五闘争」(昭和二一年)の経験者である佐藤を確保しておきたかったとも受け取れるのだが……。

その後、佐藤栄作は昭和二三年三月に自由党に入党。兄岸信介の秘書だった大津正を秘書とし、第二次吉田内閣では官房長官を務め、翌昭和二四年一月二三日の総選挙で衆議院初当選をはたす。さらに吉田は新人議員の佐藤に自由党幹事長という要職を与え、腹心の部下へと育て上げていく。下山事件は、その半年後に起こった事件だった。

「引揚者血盟団」の暗殺予告

矢田喜美雄が指摘するように、確かに事件前後の吉田茂の周辺には不穏な動きや言動が目立つ。まず事件の一週間ほど前に、吉田首相宛に「引揚者血盟団」を名乗る団体から一通の封書が届いた。手紙の内容は吉田首相、増田官房長官、佐藤幹事長などの政府首脳、ならびに下山総裁と加賀山副総裁に対する殺害予告だった。この手紙について、米機密文書に残るマック・松方のメモは次のように報告している。

〈国警本部は、二週間以内に国会を開くよう要求した無署名の手紙を保管しているが、この手紙は多くの大臣の名前をあげ、暗殺すると脅迫している。消印は前橋で、差出人は引揚者血盟団となっており、貴族院の用紙が使用されている〉（「週刊ポスト」昭和五二年一月七日号）

当時の国警長官は、キャノン機関や亜細亜産業と親交のあった斎藤昇である。さらにこの血盟団について、同機密文書の「ブラッティ・メモ」はこう書いている。

〈共産主義者の支配下にある地域からの引揚者の第一陣が、この夏、『夏期闘争』のさなかに帰国してきた。最も行動力のある煽動家タイプの引揚者たちが舞鶴に入港したのは、共産主義者に指導された東京、横浜での国鉄スト、下山事件、三鷹事件、平事件など一連の事件の直後であった。そしてこれらの引揚者の中には一連の事件に関わりのある者がいると信じられている……〉（同）

いずれのメモも、その文面から日本政府による情報により作成、報告されたことが読み取れる。どうやら日本政府は、GSに対し、「下山事件の主謀は引揚者血盟団」であると主張したかったようだ。だが、血盟団という実体は存在しない。引揚者の第一陣が「事件の直後」に帰国したという事実も矛盾している。ちなみに引揚者血盟団は、事件の一年後に朝日新聞社の矢田喜美雄にも脅迫状を送っている。その手紙にも同じ貴族院の用紙が使われていた。

吉田茂に対する殺害予告はさらに続く。下山事件前日の七月四日の午前一一時頃、鉄道弘済会本部の宮崎清隆に、「今日か明日、吉田か下山のどちらかを殺してやる」という脅迫電話があったことは前述した。鉄道弘済会は、吉田茂の腹心の部下である佐藤栄作が実権を握る団体である。事件の裏で、実行犯に援助を行なったという有力な証言もある。さらに電話を受けた宮崎清隆は戦時中大陸で憲兵をしていた右翼運動家で、キャノン機関や亜細亜産業の人脈であることが確認された。

この脅迫状と脅迫電話の間には、情報の流出経路だけでなく、もうひとつ決定的な共通点がある。どちらも下山総裁だけでなく、吉田茂もまた、「狙われる側」であるという既成事実を作ることを目的としていることだ——。

吉田茂は後年、事件当時の社会情勢について興味深い発言をしている。

〈当時の組合は内部の過激派分子に動かされている形跡が著しく、行政整理への反対を多分に政治的目的に利用している傾向があったので、政府としては、組合の主張に応じ、い

わゆる民主的な話し合いをすることは、その術策に陥《おちい》る結果になる恐れが十分であった〉
（吉田茂著『回想十年』）

相手が労組と中国政府の差こそあれ、強硬論を擁護するという意味において、張作霖爆殺事件の直前に書かれた覚書とその論法に大きな共通点がある。

吉田茂の軍隊嫌いは一貫していた。実際に吉田は『回想十年』に、「私は再軍備などを考えること自体が愚《ぐ》の骨頂《こっちょう》であり、世界の情勢を知らざる痴人の夢であると言いたい」と書いている。だが一方で吉田は強硬な共産党弾圧論者であり、諜報活動の推進論者でもあった。G2のウィロビーと蜜月の仲を保つと同時に、一方でその政敵である初代CIA東京支局長のポール・ブルームとも積極的に親交を結んだ。吉田は他の政治家と違い、安易にGHQの言いなりになるようなやわな人間ではなかった。むしろ国際派の白洲次郎をその配下に擁し、米の二大諜報機関の長を手玉にとっていた感もある。

日本の諜報機関の父

昭和二四年六月、初代国鉄総裁に下山定則が就任したのとほぼ同時期に、吉田茂はウィロビーの協力を得て法務庁の特別審査局内に新たな情報機関を発足させた。目的は、「対共産主義の情報活動」である。三年後の昭和二七年七月、この情報機関は現在の「公安調査庁」として正式に再発足。同時に第二の治安維持法とも言われる「破壊活動防止法」が公布された。さらに吉田は昭和二七年四月、CIAの応援を得て、「内閣調査室」を設置。その初代調査室長こそ元警察官僚であり、キャノン中佐が平塚柾緒のインタビューの際に「ムライはどうしてる」と訊ねた村井順である。村井は、宮下英二郎の「貝谷証言」の裏でもその名が浮上している。

吉田茂は、「日本の諜報機関の父」とも言われる。吉田が作った公安調査庁と内閣調査室は、現在もなおCIAときわめて親密な協力態勢を保持している。

自民党とCIAの仲は深い。その関係は単なる情報協力の枠を越え、政治的な結束にまで及ぶ。一九九四年一〇月九日付のニューヨーク・タイムズ紙に、衝撃的な記事が載った。記事は機密解除された米公文書に基づくもので、「一九五〇年代から六〇年代にかけて、CIAが右派勢力（＊注・自民党政権）に数百万ドルを援助」と題するものだ。

〈一九五五年から五八年までCIAの極東工作責任者だったアルフレッド・C・アルマー（Ulmer）二世は、「われわれは自民党に資金を援助した。自民党には情報提供を頼っていた」と『ニューヨーク・タイムズ』に語った。複数の元情報局員、元外交官の証言に基づく同紙の報道によれば、援助の目的は、日本を反共の砦として左翼勢力の弱体化を図ることであり、さらには自民党政権に親米路線の保障を求める狙いがあった〉（ジョン・G・

ロバーツ＋グレン・デイビス著『軍隊なき占領』）

この時期はちょうど、岸信介の政権と一致する。岸の戦犯を解除したのは、実質的にはG2のウィロビーだ。CIAからの政治資金提供があった一九六〇年六月二一日、岸信介が自らの政治生命と引き換えに「日米新安全保障条約（六〇年安保）」を強硬に批准《ひじゅん》したことは歴史的事実である。その裏で反対派の弾圧に動いたのが児玉誉士夫であり、表向きは学生側を支援していたのが田中清玄である。

自民党はCIAから政治資金を得て政権を樹立した。この事実は何を意味するのか。つまり、当時の自民党内閣はアメリカの——正確にはCIAの——傀儡《かいらい》政権であったことを示唆している。

それが日本という国の現実だ。さらにCIAは、一九五八年から社会党（当時）の西尾末広にも政治資金を供与していた。その西尾は一九六〇年に民主社会党を結成（一月二四日）し、間接的に六〇年安保の批准に荷担する。

下山事件の後、時効が成立する昭和三九年（一九六四）にかけて、CIAは事件の陰で不穏な動きを見せた。特に偽情報が大量に出回った一〇年目は、六〇年安保の直前に重なる。CIAはプロパガンダを駆使し、下山事件を闇に葬ることによって何を守ろうとしたのか——。唯一考えられるのは、アメリカが莫大な投資をして育て上げてきた「自民党政権」だ。もし当時の自民党政権が下山事件のスキャンダルにより失脚すれば、「六〇年安保」の批准は実現できなかったことだろう。

戦後の自民党政権とCIAの関係を築いたのは、名実共に吉田茂である。その吉田は一九五一年四月二三日、トルーマン大統領の対日講和条約の特使として来日したダレス国務長官に、冒頭で次のような発言をしている。

「日本政府は一九四九年夏に発生した国鉄総裁暗殺事件は、一人の朝鮮人による犯行と断定した。だが犯人はすでに朝鮮に逃亡しており、逮捕することはできなかった――」

これは、公式記録に残る発言である。吉田はなぜトルーマン大統領にこのようなメッセージを送ったのか。下山事件を「対日講和条約の駆け引きに使った」と受け取られかねない発言だ。

ここでは事実だけを述べるに止《とど》めておきたい。CIAは国務省の管轄であり、トルーマン大統領直属の諜報工作部隊である。さらにダレス国務長官の弟のアレン・ダレスは、吉田が親交するブルームCIA東京支局長の上司であり、初代CIA長官だった――。

二一世紀になった現在も、CIAは吉田茂の過去を守ろうとしている。春名幹男は言う。

〈米国立公文書館の吉田ファイルには、CIAがなお公開を拒否している秘密文書が十三ページもある〉(『秘密のファイル』)

三、冷戦下の占領政策

転換された〝占領政策〟の指針

「下山事件」――。

確かに謎の多い事件だ。

だが私はいま、細かいディテールの部分は別として、ほぼその全容を解明できたと確信している。

事件の背後には、大きな三つの流れがあった。莫大な国鉄利権を守ろうとする者。事件を反共に利用しようとする者。大局を見つめ、すべてを操《あやつ》ろうとする者。三者の利害関係が一致した。たまたま三つの流れの合流点に、下山定則という男が存在した。すべては、運命だった。そういうことだ。

だが、たったひとつだけ、最後まで理解に苦しむ謎が残った。矢板玄が生前に言った、あの一言だ。

「ドッジ・ラインとは何だったのか。ハリー・カーンは何をやろうとしていたのか――」

ハリー・F・カーン（一九一一～九六年）。元「ニューズ・ウィーク」の外信部長。日本ではACJ（ジャパン・ロビー）の主宰者、もしくはグラマン疑獄の黒幕として認知されているにすぎない。だが矢板玄は岸信介の戦犯解除、さらに昭電疑獄事件の裏でもハリー・カーンが動いたことを示唆している。

ハリー・カーンとは何者だったのか。それを知るためにはまず、「ジャパン・ロビー」を正確に理解しておく必要がある。

第二次世界大戦が終戦を迎えた直後の一九四五年九月二二日、当時のトルーマン大統領はマッカーサーに対し占領政策の指針を示した。具体的には「日本の巨大な産業機構と金融複合体の完全な解体計画」であり、「日本経済の民主化」である。これに対してマッカーサーは、「日本人の意識を民主主義とキリスト教によって革命的に変化させる」決意で臨むことになる。

トルーマン大統領の占領政策を具現化した機密文書に、FEC（極東委員会。GHQの最高機関）が文書化した「FEC230」がある。作成したのは米国内でも左派に属し、資本家に敵愾心《てきがいしん》を持つニュー・ディーラーと呼ばれるインテリ層だった。FEC230は財閥解体、農地解放、公職追放を明記し、日本の産業経済機構を完全に崩壊させることを目的とした。それを忠実に実践したのがマッカーサーであり、ホイットニーやケージスなどのニューディール派が実権を握るGS（民政局）だった。以後の日本経済はFEC230の名の下に完膚《かんぷ》なきまでに骨抜きにされ、政局は共産勢力の台頭により混乱を深めていった。

それは一言で言えば〝実験〟だった。アメリカのニュー・ディーラーたちが、本国ではけっして不可能な――欧州占領諸国でもリスクが大きすぎた――机上の政策をアジアの占領国日本を舞台に〝生体実験〟を行なったのである。

だが、このニュー・ディーラーたちの動きに次第に批判の声が高まる。日本国内ではまず極右勢力によって組織される同じGHQ内のG2（ウィロビー少将）が反発した。やがてこの動きはGHQ内におけるGSとG2の抗争にまで発展していくことになる。

アメリカ国内ではいわゆるジャパン・クラウド（親日派）と呼ばれる人々が立ち上がった。戦前に駐日大使を務めたジョセフ・C・グルー（一八八〇～一九六五年）やJ・F・ダレスなど国務省内の保守層を中心とするグループである。中でもグルーは戦前から日本の政財界に太い人脈を持ち、「反共の防壁になりうる」として日本の満州制圧を擁護。戦後は国務省のリーダーとして天皇制の存続を提唱した。

このジャパン・クラウド――グルー派――の代弁者となり、米国内の世論の火付け役となったのがニューヨーク・タイムズ、シカゴ・トリビューン、ニューズ・ウィークなどの保守的な報道機関だった。その中で最右翼に位置していたのが戦前から公然とファシズムを支持していた「ニューズ・ウィーク」である。戦後の東京支局長はコンプトン・パケンハム（一八九三～一九五七年）という右派を自認する人物で、同じ右派の同誌外信部長のハリー・F・カーンと結託し、占領下の日本におけるニューディール派の凶状を攻撃する一大キャンペーンを張った。カーンはその第一弾として一九四七年一月二七日号の「ニューズ・ウィーク」に「日本人パージの陰に――アメリカ軍部内の対立」と題する次のような記事を書いている。

〈公職追放された財界人達は、日本で最も活動的かつ有能で、教養ある国際人グループだった。(中略)このような迫害は、日本の極左グループと、つねに目を光らせているロシア人、つまりは過酷なパージの擁護者を助けるだけだ。(中略)パージは軍政府(＊注・GS)がマッカーサーに強要したもので、「アメリカ資本主義の原則」を損なうものだ〉

(『軍隊なき占領』)

当時のジャパン・クラウドの一人に、アメリカの資本家の代弁者として知られる弁護士のジェムズ・L・カウフマン(一八八六〜一九六八年)がいる。カウフマンは一九四七年八月に来日した折、FEC230文書の存在を知り、そのあまりの内容に驚愕した。

〈今日まで占領の目的は被占領国を非軍国化し、秩序を回復し、平和条約が締結されるまで財産を防衛保護することであった。非軍国化は征服された国が実質的に武装解除された時完遂されるものと考えられていた。しかしながら日本の場合は非軍国化は国民の観念を完全に改革すること（The complete reformation of the nation's ideology）を含むことが決定された。これが達成の一方法は（略）世界の如何なる国にも類例をみない一つの経済学説を設けることであった。それは共産主義的なものではないが、この国（米国）で許されているものよりも遥かに左翼的なものである〉（「パシフィック・ニューズ・ウィーク」一九四七年一二月一日号）

元来ニューズ・ウィークは、アメリカの資本家層が支配する報道機関である。カウフマンの論調にも戦前から日本に投資していた資本家の利益追求という真意が見え隠れしている。つまり、占領国として日本の非軍国化を完遂した後は、「経済まで弱体化させるべきではない」という考え方だ。このカウフマンの報告をニューズ・ウィークの巻頭に掲載し、「FEC230」の内容を暴露したのもハリー・カーンである。

こうしたニューズ・ウィークによる世論操作は、やがてアメリカ国内においても反ニューディール派の奔流《ほんりゅう》を生む。その流れの中でグルー派は一九四八年六月、ハリー・カーンを中心に「AJC」（The American Council on Japan）をニューヨークに設立。後に「日本の政治と経済を作った」とまで言われる「ジャパン・ロビー」が正式に産声《うぶごえ》を上げた。その有力な後援者の中には、初代CIA長官のアレン・ダレスもいた。

ＡＪＣという後ろ楯を得て、ハリー・カーンの活動はますます活発化していく。公式的なカーンの戦後初の訪日は、「二・一ゼネスト」がマッカーサーの弾圧により中止され、日本初の社会党政権となった片山哲内閣による連立政権が成立した一九四七年（昭和二二年）五月であると言われている。その後もカーンは頻繁に来日を繰り返し、吉田茂、岸信介、池田勇人、白洲次郎、沢田廉三などと親交を結び、日本側のジャパン・ロビーへの賛同者を拡大していく。さらにカーンはマッカーサーとＧＳを糾弾《きゆうだん》。経済と軍事という目的の差こそあれ、反共、対ＧＳで利害関係が一致するＧ２のウィロビー少将と急速に接近することになる。

昭電疑獄の吉田とカーン

日本におけるＧＳ（ニューディール派）とＧ２（保守層）の勢力地図が逆転する起点となった事件がある。前述の「昭電疑獄事件」である。

事件が発覚したのは昭和二三年の八月。きっかけはＧＳ次長のチャールズ・ケージス大佐と鳥尾夫人の不倫だった。「進駐軍物資を日本の婦人の許《もと》に運ぶ将校がいる」という投書に基づいて内務省調査局長の久山秀雄が警察を使って二人を内偵。その過程で「復興金融金庫」（昭和二一年に設立された政府資金）にからむ大型贈収賄事件が表面化した。その結果、当時の昭和電工社長の日野原節三をはじめ民主党総裁の芦田均総理、社会党の西尾末広副総理など計六四名が逮捕され、芦田内閣は内閣総辞職に追い込まれた。
当時の国家警察長官だった斎藤昇は、『随想十年』の中に次のように書いている。

〈つまりGHQ民政局の某大佐は、当時局内でも飛ぶ鳥を落すような権力を持ち、日本の占領政策立案の中心的存在だったが、その政策は非常に左翼的だというので或は共産主義者ではないかという批評があり、GHQのG2に友人を多く持っている吉田内閣の某要人S氏がG2と一緒になって、この大佐を日本から去らしめようとする策略が計画され、そのために大佐の非行や日本を去らしめる材料の事実を摑む必要があるというので、久山氏がS氏から頼まれて警視庁に調査をさせていたのだ。当時、大佐は日本の某夫人（＊注・鳥尾夫人）と昵懇《じっこん》の間柄であるという風評が伝わっていた〉

文中の「某大佐」はGSのケージス、「吉田内閣の某要人S氏」とはジャパン・ロビーの日本の中心人物の一人であり斎藤昇と共にキャノンハウスの常連でもあった白洲次郎である。それにしても興味深いのは、「けっしてGHQの言いなりにはならない」と言う吉田茂の強《したた》かさだ。
問題は、事件の報道だった。当時は一般紙における記事の掲載にもGSの検閲を必要とした。その状態で、GSのケージスが関わる事件の報道などできるわけがない。そこで考えられたのがまず反ニューディール派の日本駐在記者がI・N・S、AP、UPなどの通信社を使って本国に打電し、ニューヨーク・タイムズやシカゴ・トリビューンなどのジャパン・ロビー派の新聞で事件を報道する。その外電を逆に日本が受けて記事を掲載するという方法だった。

矢板玄は、このG2——吉田内閣による工作の裏で、ハリー・カーンが動いたことを示唆している。確かにカーンは一九四八年当時、隠密裏に本国と日本の間を行き来していた。カーンの来日の目的の一端が「昭電疑獄事件にあった」と考えても無理はない。その第一報をあえてニューズ・ウィークに頼らず、ニューヨーク・タイムズやシカゴ・トリビューンを使ったこともいかにもカーンらしいやり方だ。後年のカーンは、グラマン疑獄での関与にも現われているように、けっして表舞台に立とうとはしなかった。

実際にカーンが昭電疑獄事件の内情に詳しかったことは、彼自身の証言が証明している。

〈「吉田はケーディスの女性関係を調べさせ、証拠写真を撮らせた」〉（春名幹男著『秘密のファイル』）

つまり警察によるケージスの内偵は白洲次郎の意志ではなく、G2のウィロビーの指示によるものでもなかった。カーンは次期政権を担う吉田茂本人の命令だったと言っているのだ──。

昭電疑獄事件の発覚を契機にGSはGHQ内における求心力を急激に失い、占領政策もまた左派容認から経済主体へと大きく方向を転換する。翌一九四九年一月には第三次吉田内閣が成立。その中でケージス大佐は吉田茂の思惑どおり失脚し、下山事件の二ヵ月前の五月三日に軍を退官し本国に帰還している。以後、占領政策の実権を握ったのは、GHQ内の極右勢力であるG2のウィロビー少将だった。

松本清張は『日本の黒い霧』の中で、このGSとG2の抗争を下山事件の要因のひとつに挙げている。だが、事件当時はすでに両者の抗争の決着はついていた。GSの実質的な支配者であるケージスはすでに日本にいなかったのだ。ケージス無き後のGSに、ウィロビーに口を出せる者はいなかった──。

「一ドル＝三六〇円」の真意

昭和二四年春、占領下の日本における経済政策に劇的とも言える転機が訪れた。まず二月にデトロイトの銀行家ジョセフ・ドッジが公使としてケネス・ロイヤル陸軍長官と共に来日。四月一五日にはすみやかに「インフレ抑止の劇薬」とも言われる究極の経済政策「ドッジ・ライン」を発表した。

ドッジ・ラインの軸となる経済九原則のひとつに、「一ドル＝三六〇円」の「単一為替レート」がある。ドッジはこれを、日本側の主張を無視して強引に設定した。だが、これまでよく誤解されてきたように、ドッジ・ラインはFEC230に代表されるニューディール派の経済政策を踏襲するものではない。ドッジのバックにいたのはグルー派のジャパン・ロビーであり、ハリー・カーンだった。

そう考えると、ドッジ・ラインの本当の目的も見えてくる。なぜ、一ドル＝三六〇円だったのか。戦前から戦時中にかけては日本円に外国為替相場は存在しなかったが、浜口雄幸内閣時代（一九二九年）の金解禁時には一ドル＝約二円。第二次世界大戦直前の一九四〇年には一ドル＝約五円と類推できる。つまり単純計算で、実に戦前の一八〇倍から七二倍という極端な円安レートである。

ジャパン・ロビーは知日派であると同時に、アメリカの資本家の日本における投資利益を優遇することを目的に創設された組織だった。一ドル＝三六〇円の固定レートを設定すれば、アメリカの資本家は七二分の一の投資で日本の利権——企業や施設——を買収することができる。極端なことを言えば、国鉄だって買うことは可能だ。さらに占領が解除されれ、必然的に円が値上がりすれば、アメリカの投資家は天文学的な利益を得ることになる。

ドッジがアメリカ資金を日本に導入させるために設けた窓口のひとつに、「米国援助物資見返り資金」（アメリカ援助物資による利益を民間工業借款《しゃっかん》に充当する資金）がある。その資金は昭和二六年、産業復興資金としてＪＤＢ（日本開発銀行）の管理下に置かれた。同銀行の頭取は帝人事件（戦前の帝国人絹を舞台に起きた敵対的株買い占め事件）の被告の小林中で、白洲次郎の人脈である。さらにジャパン・ロビーは海外――主にアメリカ――からの投資を優位に行なうことを目的とした公的機関、ＦＩＣ（外資導入懇談会）を日本に設置。会長にはやはり白洲の友人である旧財閥直系の木内信胤《のぶたね》を召致した。木内は外国為替管理委員会の委員長を兼ね、旧対外債務を保障。外資の課税を軽減するなどして米投資家への便宜を図った。

アメリカ資本の日本への投資の機は熟した。大量解雇による企業や公共事業の合理化も、アメリカの投資家という別の視線を向けてみると、まったく違う一面が見えてくる。

「極東の工場・軍事基地」としての日本

ドッジ・ラインにより日本の経済が大きな転換期を迎える一方で、ＧＨＱによる占領政策はもうひとつの大きな難題を抱えていた。東西冷戦の緊張が高まる中で、来たるべき占領解除にいかに備えるのか。中国では共産軍が次第に勢力を強め、親米派の蔣介石軍は台湾に敗走した。昭和二四年九月にはソ連が核実験に成功。国営タス通信がこれを報道する。さらに昭和二五年六月二五日、北朝鮮軍が三八度線を越えて韓国（現在）に攻め入り、朝鮮戦争が勃発した。

「日本を反共の防壁に――」

マッカーサーのこの一言が、当時の日本の情勢を的確に物語っている。さらにトルーマンの言葉を加えれば日本は「極東の工場」であり、対ソ、対中国、朝鮮戦争を想定した「極東の軍事基地」であったことになる。

昭和二二年七月、マッカーサーはすでに「対日講和条約の締結ならびに占領解除の時期到来」を言明している。さらにほぼ同時期に、トルーマンは講和条約の構想に着手していた。だが、占領解除が遅れた理由は、むしろ日本側にあった。社会党がソビエトも含む「全面講和」の政策を掲げるのに対し、吉田茂はあくまでもアメリカ一国主義の「単独講和」を主張。両者が一歩も譲らぬままに時間ばかりが過ぎていった。

「全面講和」と「単独講和」の根本的な差は、日本における「ソ連の権利を認めるか否か」にあった。もし全面講和が締結されていたら、きわめて現実的な可能性として、日本はドイツや朝鮮を例に挙げるまでもなく、南北に分断されていただろう。

だが、朝鮮戦争の勃発を機に、国内の講和論争は「単独講和」の路線に一本化された。さらにトルーマン大統領の講和特使として来日したダレス国務長官が「条約草案はアメリカが単独で作成」することを明言し、占領解除への動きはさらに加速していく。

その中で、最後まで懸案として残されたのが米軍の駐留問題だった。占領解除後も、日本は「反共の防壁」としての役割をはたさなければならない。だが日本の再軍備は、すでに〝吉田ドクトリン〟によって否定されている。米軍が占領解除後も日本に基地を確保し、軍隊を駐留させることは、通常の講和条約ではカバーできない。この懸案の解決にひとつの指針を示したのが吉田茂の発言である。

「日本政府はできるだけ早い機会に講和条約を締結することを望んでいる。講和条約が締結されてもアメリカは軍隊を日本に駐留させる必要があるだろう。もしアメリカ側がそのようなオファーを出しにくいならば、日本側から軍隊の駐留を望むという形をとってもよい」

　これは昭和二五年四月、ワシントンに特使として派遣された池田勇人蔵相が吉田首相からの伝言として、ドッジ公使に伝えたものだ。この時、特使団の一員として白洲次郎も同行している。後にこの発言は公式文書に残され、「日米安全保障条約」のきっかけとなり、昭和二六年九月八日の「サンフランシスコ条約」（日米単独講和条約と日米安保条約の同時調印）につながっていく。

　下山事件は、こうした日米講和論争の渦中で起きた事件だった。昭和二四年七月当時、日本の単独講和と日米安保はまったく具現化されていない。その状況下で米国防省は、日本に対し、「反共の防壁」としてどのような意義を見い出していたのか。極東の地図を開いて見れば、それは歴然としている。

冷戦下における前線輸送基地としての日本――。

この極東の小さな島国に軍事基地を置くことは、有事の際に戦局を優位に進めるだけでなく、共産勢力に対する決定的な抑止力となり得る。前線輸送基地とはすなわち空港、軍港、そして陸送の主柱となる〝国鉄〟である。しかも軍部にとってその輸送基地は、後の講和条約の内容にかかわらず、占領解除後も永続的に〝権利〟が保障されるものでなくてはならなかった――。

日米安保の裏で、ジャパン・ロビーは絶大な影響力を行使した。その後もハリー・カーンを中心とするジャパン・ロビーは、ドッジ・ラインを駆使し、日本の政財界を彼らにとっての理想の地に導いていく。朝鮮戦争の際には、日本は安価かつ効率の良い極東の工場の役をはたした。昭和二二年一一月二四日付の「財閥再考計画」はその四年後に結実し、まず三菱財閥が昭和二六年七月までに実質的な再建を終えた。復権した財閥にはアメリカから莫大な資本と技術が投入され、日本経済を加速度的に成長させていった。

ジャパン・ロビーが事実上の役割を終えた一九五〇年代以降も、ハリー・カーンは日本の政財界のフィクサーとして精力的に活動した。カーンはCIAの資金を日本の右翼組織と自民党に提供し、戦後最も右翼的と言われる岸信介内閣（第一次、昭和三二年）を成立させ、六〇年安保の締結を主導した。さらに弟の佐藤栄作は昭和三九年に政権を確立。ジャパン・ロビーが当初から計画していた日本の軍備増強政策に着手した。

カーンがやろうとしていたこと

ハリー・カーンとは何者だったのか。なぜそれほどまでに、日本の政財界に強大な影響力を行使することができたのか。カーンの資金面でのバック・ボーンを調べてみると、意外な事実が浮かび上がってくる。

カーンが主宰するジャパン・ロビーは、アメリカの資本家の代弁者だった。その背後にはジョン・D・ロックフェラー三世が率いる『ロックフェラー財団』、欧米一の財閥として知られる『J・P・モーガン社』とその金融帝国をはじめ、ハリマン、アスター、メロンなどの大富豪――すなわちユダヤ資本――が控えている。

さらに、カーンの最も有力な後援者に、ウィリアム・ドレーパー陸軍次官、ジェームス・フォレスタル国防長官、そしてポール・ニッツィ国務省国際貿易局次長がいた。彼らはすべて初期のジャパン・ロビーのメンバーだ。さらに、全員がウォール街の同一の投資銀行の出身者だった。その銀行でフォレスタルは一九四〇年に社長を務め、ドレーパーは副社長だった。

『ディロン・リード社』――。

私はその事実を知った時、正直、愕然とした。そうだ。松川事件当時、労組員が逮捕された東芝への出資で名前が浮上した銀行。国鉄の接収にからみ、資金源としてその名が噂に上った銀行。斎藤茂男と大叔父の飯島進が口にした、あのディロン・リード社だったのだ――。

矢板玄は言った。下山事件を知りたいのならば、「ハリー・カーンが何をやろうとしていたのかを考えろ」と――。

ディロン・リード社は、国防省内に有力な人材を送り込み、軍需産業にも積極的に投資する銀行として知られている。

ここにひとつの図式が浮かび上がってくる。日本政府は外資の導入を加速させるために下山総裁を抹殺したのではなかったのか。その謀殺の陰に米大統領の直属諜報機関であるＣＩＡの関与が浮上すれば、スキャンダルにより後の「単独講和」と「日米安保条約」の締結が白紙に戻る可能性があった。

そう考えると、吉田茂のダレス国務長官に対する言葉の本当の意味も理解できてくる。

「日本政府は一九四九年夏に発生した国鉄総裁暗殺事件は、一人の朝鮮人による犯行と断定した」

吉田は、トルーマン大統領に、計り知れない恩を売ったことになる。

四、ドン・シャグノンの手紙

新たな展開

いま、私の手元に二通の書簡がある。

一通の消印は一九五一年八月一八日。米モンタナ州のカンザスシティから投函されたものだ。黄ばんだ厚手の封筒に三枚の便箋が納められ、その両面が計六ページにわたり細かい手書きの英文で埋められている。

二通目の消印は四年後の一九五五年一〇月一九日。米ネバダ州のスパークスから投函されたものだ。こちらは航空郵便の専用封筒に『COMMERCIAL TRANSFER&STORAGE CO.』と社名の入った薄手のパラフィン紙の便箋が一枚。文面はタイプで打たれ、その下に直筆のサインが入れられている。

手紙の差出し人は二通ともGHQ（連合国軍総司令部）・CTS（交通監理部門）の元責任者ドン・シャグノン中佐。いずれも現「社団法人・日本交通協会」会長の柳井乃武夫《やないのぶお》（83）に宛てられたものである。

手紙は旧知の柳井に対する型どおりの挨拶に始まり、近況報告、占領下の日本の思い出、さらに「私の突然の帰国」に関する理由が綿々と綴られている。第三者による検閲の可能性を危惧したのか、要点をぼかすような言葉遣いの配慮の跡が節々に見受けられる。だが注意深く読み進むと、その内容がきわめて重大な事実関係を告発していることがわかる。占領下の日本、さらにある〝事件〟に関して、シャグノンの書簡は決定的な断面を浮き彫りにする。

二〇〇六年九月、私は有楽町の新国際ビルヂングに柳井乃武夫を訪ねた。会見当日は日本交通協会副会長の三坂健康、同理事長の前田喜代治が同席した。その中で、まず柳井は言った。

「(下山事件は)国鉄内部ではすべて〝他殺〟という認識でした。〝自殺説〟というのはまったく考えられない。線路上の轢死体を我々はマグロと言うんですがね。運転士には本当に迷惑な話なんです。それを運転士の親方の、運転屋で一生暮らしてきた下山総裁が自ら飛び込んでマグロになるなんて、絶対にあり得ないんです。当時の国鉄内部の空気としてはそうでしたね」

私が柳井に興味を持ったきっかけは、平成一六年八月一日付の『交通ペン』に掲載された下山事件に関する特集記事がきっかけだった。ここに柳井は、きわめて興味深い文章を寄稿している。

〈昭和24年7月5日、並木芳賢総括が私の机に紙礫《かみつぶて》を投げてよこした。広げて見ると鉛筆の走り書きで〝Mr.Shimoyama is kidnapped〟(注・下山さんが誘拐された)と書いてあった。尋ねると、下山定則総裁が今朝、日本橋の三越本店裏で車を降りて中に入って行ったきりで出て来ないので、運転手から車庫に問い合わせがあったとのこと〉

事件当時、〝現場〟に居合わせた者の証言だけに説得力がある。しかも短い文面の中に、これまで知られていなかった微妙な事実関係を示唆している。もしこれが事実ならば、国鉄の上層部は事件当日すでに「下山総裁が誘拐された」ことを認識していたことになる。

「これは、七月五日の何時頃の出来事だったのですか」

「記憶がはっきりしないのですが、おそらく割に早い時間です。(運転手の)大西君がまだ三越で待っていたとされる日の高い頃でしょうね。しかもどうして並木さんはそれを知っていたのか。さらにそれを〝Kidnapped〟と決めつけて書いてあるのか。そのあたりも謎ですね。〝He is missing〟(行方不明)ならわかるんですが……」

『下山白書』によると、下山総裁の帰りを車内で待ち続けていた大西運転手は午後五時のNHKニュースで総裁の〝失跡〟を知り、その後に国鉄本庁に連絡を入れたことになっている。だが柳井によると、〝誘拐〟という話が出たのは「大西君がまだ待っていた頃」であるという。『下山白書』によって作られた既成事実とは大きく食い違っている。

「以前、GHQのRS、レパレーション・セクションというのが三越のすぐ裏にあったんです。いまの東京銀行ビルの場所です。そこで僕は下山さんが三越からいなくなったと聞いた時、まずそこが頭に浮かんだ。事件当時すでにRSはなくなってCTSに変わっていましたが、後にそのビルにキャノン機関が入ってきたと聞いていたからです」

事件当時、三越のすぐ裏の東銀ビルにキャノン機関が入っていたことは、これまでまったく知られていない。だがもしこれが事実ならば、下山事件の解明に重大な示唆を投げかけることになる。

『交通ペン』の柳井の文章はさらに続く。重要な部分を以下に要約する。

〈騒然たる中、総司令部民間運輸局（CTS）のシャグノン鉄道部長が姿を現した。（中略）今日は珍しく中佐の階級章を付けた軍服のシャツ姿で軍用ベルト着用だ。（中略）広瀬真一課長（後年運輸事務次官）が応対した。（中略）シャグノン氏は下山総裁の行方が依然としてわからないと知ると、「今度は自分が狙われる番かもしれない」と深刻な顔をして立ち去った〉

シャグノンは「下山事件」のどちら側にいたのか。この一文は、的確かつ明確に事実関係を語りつくしている。かつてシャグノンは多くの事件研究者により、「実行犯側の人間」

である可能性を指摘されてきた。だが「今度は自分が〜」の一言はシャグノンが「下山総裁側の人間」であることを認識すると同時に、実行犯と事件構造を把握していたことを物語っている。

さらに、「なぜ軍服を着用していたのか」も興味深い。柳井によると「当時のシャグノンはほとんど軍服を着用することはなく、普段はズボン吊りをして、その上に私服の背広を着ていた」と言う。これはあくまでも推論だが、事件当日シャグノンが軍服を着用していた理由はひとつしか考えられない。占領下の日本では、日本人によるGHQの軍人に対する犯罪は重罪だった。殺害すれば、間違いなく死刑になる。軍服を着用して自分が軍人であることを主張することは、命を狙う犯行グループに対する抑止力になると考えたのだろう。つまりシャグノンが保身のために軍服を着たとすれば、下山総裁を拉致しシャグノンの命を狙う相手は、米軍人以外である可能性が高いということになる。

私は訊いた。

「なぜシャグノンは自分が狙われると思ったのでしょう」

シャグノンの話が出ると、柳井は懐かしそうな表情を浮かべた。

「それがまた謎ですね。広瀬さんが応対したので、僕はよくわからないのですよ。私はシャグノンの通訳として実際に常に横に付いていたので、彼の人柄をよく知っています。マイ・レイルロードと言ったことが後で問題になりましたが、〝うちの会社〟というような意味で日本人もよく使いますからね。けっして横暴な人ではない。ただの田舎のおじさんです。それをドン・キホーテと言ったら確かにそうなのかもしれないけれど。実はそういう話にもなるかと思い、こんな物を用意したんです」

柳井はそう言ってビニール袋の中から黄ばんだ書類の束を取り出した。それがドン・シャグノンの二通の書簡だった。

一通目、下山事件の二年後の書簡——。

三枚の紙の両面に手書きで書き込まれた書簡は、帰米した当時のシャグノンの生活の困窮を物語っている。冒頭は、次のような文面で始まる。

〈八月一八日（土）

モンタナ州カンザスシティ

柳井さん

一四日付のあなたの手紙が今朝届き、とてもうれしく思っています。あのようなおかしな形で帰国することになり、あなたの住所を控えないままだったため、これまでは直接連絡することができませんでした。それを知った時は、恥ずかしさでいっぱいでした。長期間、あなたを「ヤナイさん」と呼ぶのにすっかり慣れていたので、フルネームさえ知らな

かったことも気にかけていなかったのです〉

確かに文面からは加賀山副総裁が主張したような横暴さは感じられない。むしろかつての仲間を気遣う優しさと、紳士的な一面すら滲み出ている。この後、手紙はシャグノンが日本に残してきた車を売ってほしいという話になり、少しずつ核心へと踏み込んでいく。

〈私の突然の帰国については、あなた方の誰とも話をする機会がありませんでした。これだけは信じていただきたいのですが、私は自らの意志で帰国する道を選んだのです。知らないかもしれませんが、マッカーサーと彼の部下には、日本人に対する情などはまったくありませんでした。マッカーサーは偉大な劇作家でした。いまでもそうです。オフィスや自宅で一人でじっとし、そこから彼の地位を強固にする劇的な声明を出すことは簡単なことでした。実際の占領の業務は、カナマツ（注・兼松學《かねまつまなぶ》・運輸省渉外次長）が「W」と呼ぶマッカーサーの部下たちに完全に任せていました。彼らは、集団としても個人としても日本人を毛嫌いしていました。そうしたことは、バイダーリンデン（GHQ将軍）、アーモンド（GHQ参謀長）、マーカット（GHQ経済科学局長）や他の人々が、占領軍による鉄道の利用を巡ってどのような態度を示したかに象徴されています。アーモンドは、白人のための特別列車（注・進駐軍特別列車）が必要だとし、「くそいまいましい黄色人

種」と関わることを強いられてはならないと主張しました〉

シャグノンに関する限り、現在は資料がほとんど残っていない。米国立公文書館でもシャグノンの名は部外秘とされ、米陸軍の退役リストからも抹消されている。文献としては前述の加賀山之雄の手記の他に、『マッカーサーの日本・下』（新潮文庫）のインタビューがあるくらいだ。柳井によるとシャグノンが帰国したのは下山事件の翌年の昭和二五年。汚職と女性問題による放逐だった。

文面は当時のGHQ高官が「いかに日本人に対して差別的であったか」を正確に記述し、興味深い。柳井によると、「W」とはG2部長のウィロビー少将のことを指すと言う。前述のキャノン機関の実質的な支配者だ。書簡はさらに「自分が放逐された理由」と弁明に言及する。

〈吉田事務所の加賀山が私を訴えた時、こうした人々は、政治的意図と、私が賄賂を受け取ったという告発は多分事実ではないと理解していました。私自身の弁護にはまったく問題がありませんでした。（中略）ただ、一つだけ面倒な点がありました。私が日本人女性と関係を持っていたという指摘です。もしこれが米人女性であれば、問題にはならなかったでしょう。（中略）

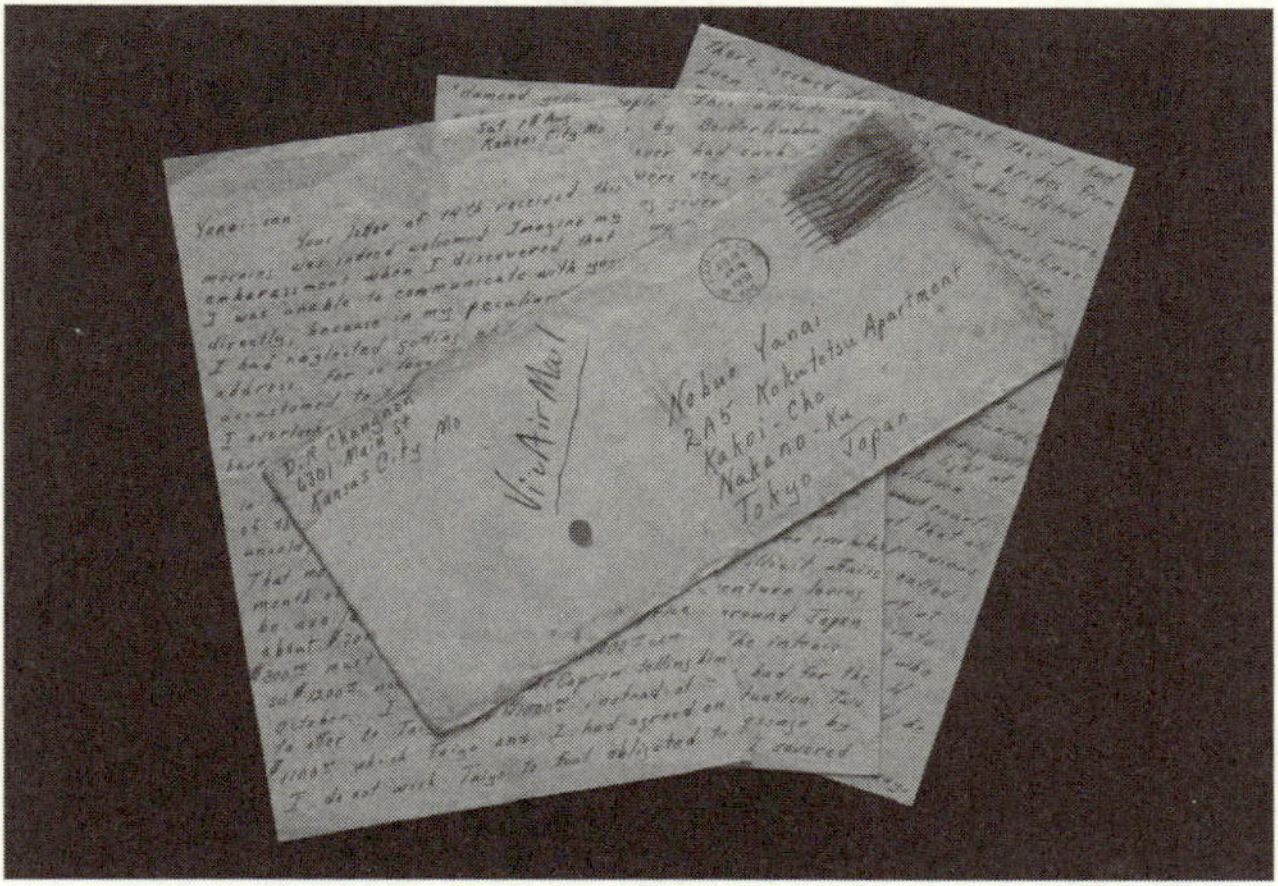

ドン・シャグノンの手紙。上が一通目、下が二通目

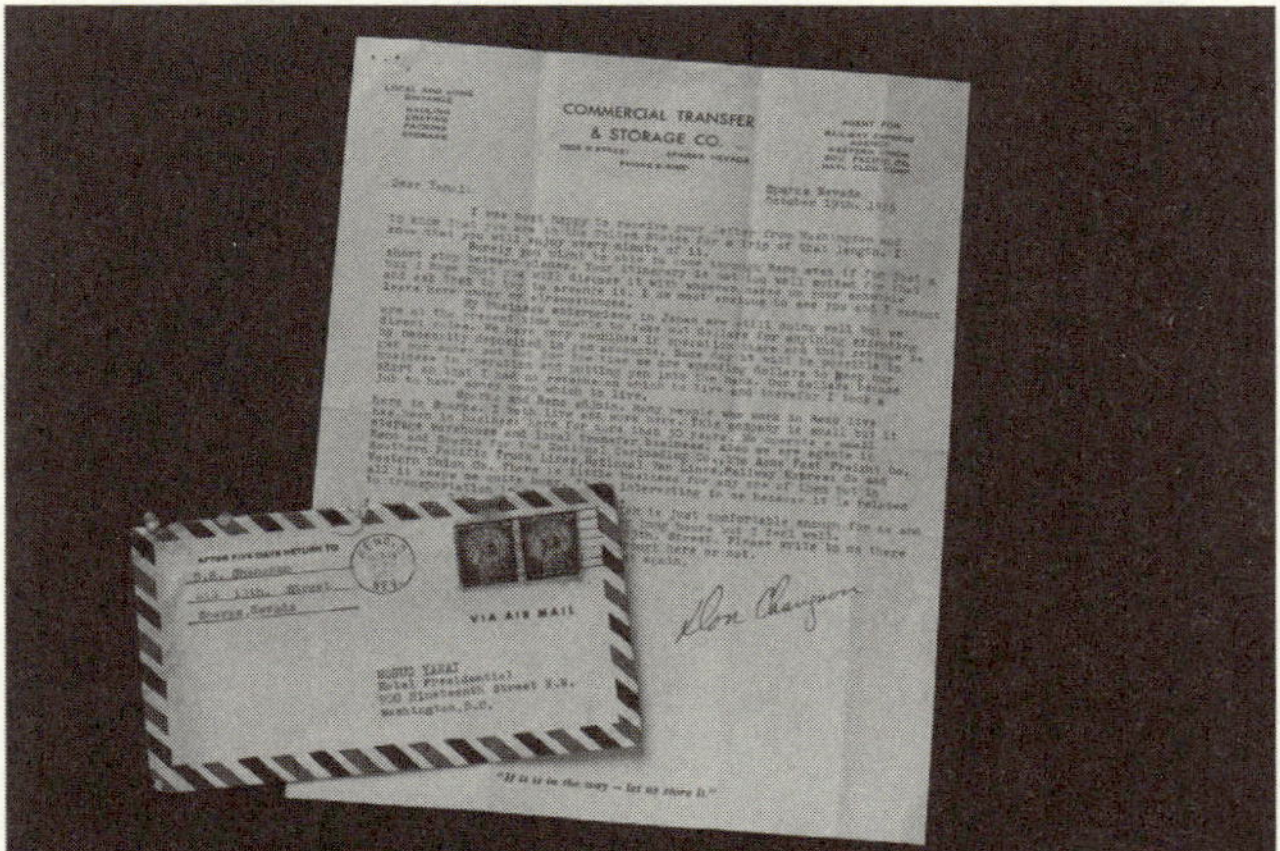

あなたもよく知っているCTSの二人に促される形で一連の捜査が再び始まり、少なくとも一〇〇人の日本人が尋問に呼ばれました。これは、我々が教えていた民主主義の原則に到底合致するものではありませんでした。ともかくも尋問は始まり、国会が議論のネタを得ると共に、我々のわずかな功績は台無しになりました。直近の捜査では、当局はY（注・日本人女性、シャグノンの愛人）を犯罪人のように扱い、彼女は精神的にぼろぼろになりました。最終的には、私が日本人から賄賂を受領した証拠はなさそうだとする声明を（GHQ側の）監察官が発表しました。これと食い違うようなことを証言した唯一の人物は、私の部下のウッズ（彼は占領地での贅沢を楽しむため、自らの地位を守ろうとしたのです）と国鉄の〇〇〇〇でした。彼らがなぜそうしたかは、私と同様にあなたもよく知っていることでしょう。（中略）

バイダーリンデンは（再び）軍法会議で私を裁くことを命じました。これは前回の尋問に呼ばれた日本人たち全員を、再び裁判所に呼ぶことを意味していました。こうした動きは、組織改革に反対する国会議員たちに利するものでした〉

一連の記述から、シャグノンの収賄疑惑がGHQ内部でいかに大きな問題となっていたかが手に取るようにわかる。要点は所々ぼかしてはいるが、文章は一貫して理論的に整理されている。とても加賀山の言うように「ドン・キホーテを地でいっているような人物」

が書いたものとは受け取れない。

柳井乃武夫の解説により、ぼかされた部分を埋めてみよう。まず冒頭の〝吉田事務所〟である。これは当時の内閣総理大臣の「吉田茂の事務所」を意味する。つまりシャグノンは、「加賀山副総裁が吉田茂の事務所を通じ、GHQの本部に自分を告発したことが事の発端だった」と言っているのだ。

後半に、「我々のわずかな功績」という微妙な表現が出てくる。柳井によると、これはリ・オーガニゼーション――組織改革――を意味すると言う。

問題は、その後の部分だ。国鉄の〇〇〇〇の部分には、当時の国鉄の施設局長の名前が入っていた。この人物は加賀山の部下であり、当時の国鉄のトンネル工事、線路施設、電化事業などをすべて統括する立場にあった。つまり、国鉄利権の総元締めである。この国鉄の〇〇〇〇と「占領地での贅沢」で利害関係の一致するCTSのウッズという人物が共謀し、シャグノンを陥れようとしたことになる。

加えて末尾の部分だ。「国会議員たちに利するもの～」という記述がある。もちろんこれは〝日本の〟国会議員を意味する。冒頭に「吉田事務所」の名が浮上していることから、当時の「与党側の国会議員」を指していると考えることに無理はない。柳井は言う。

「シャグノンが追放されれば国鉄の組織改革に反対している国会議員さんたちに、逆にGHQ側が操られることになる。〝利するもの〟というのはそういう意味でしょうね」

書簡の要点を整理してみよう。

シャグノンは国鉄の加賀山副総裁から吉田茂事務所を通じ、汚職問題でGHQに告発された。だが汚職の疑いが晴れると、いつの間にかそれが女性問題にすり替えられた。結果的にシャグノンは失脚し、国鉄の組織改革に反対する吉田政権に優位な立場をもたらした――。

実は吉田茂がGHQ内の政敵を〝汚職〟と〝女性問題〟で告発して失脚させるという図式は、シャグノンの一件に始まったことではない。昭和二三年にも、これときわめて似かよった事例が起きている。前述のGSのケージス大佐が追放された「昭電疑獄事件」だ。この時、謀略の陰で暗躍したのが、後に東北電力会長となる白洲次郎である。シャグノンの一件でも、当時吉田茂の懐刀として日常的にGHQとの折衝役を務めていた白洲の関与の可能性は否定できない。

背後にG2のウィロビーの存在が見え隠れすることも共通している。ちなみに吉田とウィロビーは懇意の仲だったことは多くの証言や文献により証明されている。また作家の松本清張は『日本の黒い霧・上』(文春文庫)の中に、「G2はお得意のスパイを始め、汚職や赤の理由をつけて本国に告げ口をし、ケージス、ダイク、そのほか二百数十名の進歩派を本国に追放してしまった」と書いている。進歩派とはすなわち、GSやESS(経済科学局)の高官である。

短い書簡の中に、当時の国鉄を取り巻く利権構造が浮き彫りになる。国鉄の組織改革を通じて合理化を推し進め、市場開放を迫るＧＨＱ。あくまでも利権に固執し、それを守るためなら手段を選ばない日本政府。その矢面に立たされたのがドン・シャグノンであり、彼と「同じ側にいた」下山定則だった。

手紙は続く。

〈私はいま、何もせずに静かに日本への入国許可を申請できる時期を待っています。何年も前に離婚した際、いまは成人している子供の養育費として全財産を妻に渡したため、お金はほとんどありません。友人宅に小さな部屋を間借りし、最低限の支出しかしていません。ここでは倹約は説かれるものではなく、実行されるものです。

それでは、私の運命が決まるまで、親愛なるあなたと、私のすべての良き友人たちのご多幸を祈って。

敬具

ドン・シャグノン〉

第一の書簡は、ここで終わっている。結局シャグノンは収賄の訴追からは免れることができたが、人種偏見に起因する女性問題により〝自ら〟の意志で日本を去ることになった。下山事件の当日、「今度は自分が狙われる番かもしれない」と言ったシャグノンの言葉が、一年後に現実のものとなったことになる。

シャグノンが訴えたかったものは

「下山事件」はなぜ起きたのか――。

CIC（対敵諜報部隊）で事件を担当していたジャッキー・芳沢は、「彼は政財界の有力者の汚職を握っていたから殺されたのだ」と証言している。〝汚職〟とは、すなわち国鉄利権にからむ贈収賄である。以下は、私と柳井との間で交わされた当時の国鉄の内部事情に関する一問一答である。

「昭和二四年当時に、『国鉄民営化』という構想があったと聞いています。これは事実ですか」

「民営化という言葉は正確ではありませんね。あえて言うならリ・オーガニゼーション。つまり組織改革です。民間にできるものは民間にやらせて、官がわかることは官にといういう。後の中曾根首相の話（昭和六二年JR民営化）とそっくりだな、と後になって思いました。この間の中曾根内閣の指導方針や何かを見ればまったく同じなのですが、同じことを総司令部がやろうとしたのに、えらい勢いで日本側が反対したんです。あの時には」

「なぜ政府は反対したのでしょうか。利権が関わっていたからですか」

「問題は利権というよりも、やはり組織改革。これはシャグノンが何回も言ってるんだけども、鉄道会社というものはただ汽車を安全に動かすことなんだ。それに専念しなくてはならないと。そして赤字を出さない。そこで真っ先に出たのが土木工事のストップ命令でした。トンネル工事、新線建設の計画をすべてストップしろと言うわけです。これが全国の、地元の代議士、それから国鉄や運輸省の土木関係者の猛反発を食らったわけですね。それに付随して電気工事もストップになった。シャグノンが何かしゃべる。僕は通訳している。覚えているのは、電気と土木の工事関係をストップしたことに対する反対陳情が後を絶たなかったことです。そのうち私鉄の方でも工事をストップさせられた」

GHQ側の代表として、CTSのシャグノンが公共工事と国鉄電化事業の中止を命令する。そのシャグノンに協力し、国鉄側の代表として組織改革を推進しようとしていたのが下山定則だった。

「『下山事件』は、土木工事の中止に起因しているのではないかとは考えられませんか」

「下山さんが邪魔になったかどうかは僕としてはわからないけど、シャグノンが邪魔になったことは確かでしょう。書簡に出てくる○○○○さんというのは、国鉄の土木の総師ですからね。シャグノンが○○○さんの名前を出して、〝理由は君にもわかるだろう〟と言うのは、要するにリ・オーガニゼーション関係で工事をストップさせた。それに対する国鉄側の反撃の総帥が○○○だとシャグノンは思っていたわけです。ここ（書簡）に出てくる国鉄側の名前は加賀山と○○○○だけなんですよね。あの時、書簡を受け取った当時にはシャグノンが何を言わんとしているのかよくわからなかったんですが……」

国鉄の組織改革。その中で強行された公共工事中止命令。消えた莫大な利権。昭和二四年当時、一〇万人規模の大量解雇の陰で、日本の土木関係者の間に未曾有の大恐慌が吹き荒れていたことを物語っている。そこに初代国鉄総裁下山定則の立場と「下山事件」の構図が見えてくる。

実は過去に、私は事件の直接的要因としてある情報を入手していた。「国鉄の東北本線の電化に伴う入札で恨みを買い、見せしめとして殺された」という大叔父の飯島進の証言である。

「下山定則が運輸次官だった当時、東北本線の電化に伴う大規模な変電所、もしくは発電所の発注工事があったと聞いています。その入札をめぐるトラブルが『下山事件』の動機になったという証言があるのですが……」

(三坂)「全線電化というのは、小千谷《おぢや》(信濃川《しなの》)の発電所ですかね……」

「〝電気〟のやり方は頭がいいんですよね。国鉄の中では弱小民族だったんだけれど、見返り資金を使うためにどうしても電化工事をやりたいわけです。しかし、GHQからいけないと言われた。そのうちに、複線電化というアイデアを出したわけです。複線にする時に、一緒にその工事に合わせて電化をやるならいいでしょうと……」

激減する国鉄公共工事。その中で小千谷の発電所は、数少ない大規模発注工事のひとつだった。発電機を開発する設備会社だけでなく、当然のことのように付随する工事を請け負う土木関連企業も蟻のように群がることになる。そこに死活を左右する競合が生まれる。この莫大な利権を事実上取り仕切っていたのが、白州次郎と水野成夫だった。

後に、小千谷の発電所について調べてみた。

「日立製作所」の社史によると、「23年4月、日本発送電（株）が全国を数十地区に分けて実態調査（注・戦時中の設備老朽化と戦災によって低下した発電量の調査）を行なった際、当社もこれに参加協力して」とある。さらに、「25年には国有鉄道小千谷発電所納めの27、500kw立軸形フランシス水車2台、26年には新潟県営三面川発電所納めの16、500kwフランシス水車を完成した」と続く。ちなみに下山定則が運輸省の運輸次官に就任したのが昭和二三年。当時の運輸次官だった伊能繁次郎が汚職問題で引責辞任したのを受けて、CTSの命により東鉄局長から大抜擢をされた。日立の社史には小千谷の発電機に関する入札の経緯は記されていない。だがその時期が実態調査のあった昭和二三年四月以降、二五年以前であることは間違いなく、下山定則が運輸次官を務めていた期間と完全に重なる。

さらに「東京電力」の社史にも興味深い記述が見付かった。「昭和24年（一九四九年）6・3GHQ、昭和24年度国内電源開発に関する建設認証、これに伴う見返資金融資発表」と書かれている。「見返資金」とはいわゆる〝M資金〟の母体とも噂されるもので、前述の「昭電疑獄事件」の復興金融金庫と同じ性格のものだ。その莫大な金が国内電源開発事業（小千谷も含む）に流れ込むことが決まったのが昭和二四年六月三日。下山定則が初代国鉄総裁に就任した二日後、下山事件が起きる一ヵ月前である。偶然で片付けるよりも、事件と関連付けて考えた方が自然だ。

もうひとつ、奇妙な符合がある。日立製作所が小千谷の発電所の拡充事業を受注した陰で、入札に漏れた会社がある。その筆頭が「東芝」だった。下山事件の四三日後の昭和二四年八月一七日、福島駅を発車した四一二号旅客列車が金谷川——松川間で脱線転覆し、機関士ら三名が惨死するという事件が起きた。枕木の犬釘が何者かによって抜かれ、レールが外されていたいわゆる「松川事件」である。結局共産党員など二〇名が検挙されたが（後に全員無罪）、内七名は東芝の左派労組員だった。

「下山事件」と「松川事件」——。

昭和二四年夏に起きた国鉄三大怪事件の内の二つが、「小千谷の発電所」というキーワードで完全に繋《つな》がったことになる。

二通目の書簡——。

柳井が出張で米ワシントンに滞在している時に現地で受け取ったものだ。

〈ネバダ州スパークス
一九五五年一〇月一九日
親愛なる柳井さん。
あなたのワシントンからの手紙を受け取り、あなたが相当の期間アメリカを旅していることを知ってとても嬉しく思いました。きっと楽しい旅になることでしょう。
飛行機を乗り換える際の短時間であっても、リノに来ることは可能かと思います。あなたの日程では簡単ではありませんが、スケジュールの担当者に相談し、変更をお願いしてもらうわけにはいかないでしょうか。あなたと会いたい気持ちはとても強いのですが、現状では私はここを出られないのです〉

当時ドン・シャグノンは、ネバダ州のスパークスに住み、隣接するリノで運輸関連の職に就いていた。その文面から、シャグノンがいかに旧友の柳井に会いたがっているかが手に取るように伝わってくる。だがこの時、柳井は結局シャグノンに会うことができなかった。

柳井がシャグノンを懐古する時、必ず思い出す風景がある。ひとつは昭和二三年から二四年頃の出来事だった。当時シャグノンは国鉄の展望車を改造したオフィスカーと呼ばれた車輛を使い、リ・オーガニゼーション（組織改革）の遊説のために日本全国を飛び回っていた。柳井も、通訳としてこれに帯同した。静岡で降りた時、たまたま駅前にダットサンの新車が置いてあった。「日本でもこういう車ができたのか」と言ってシャグノンが乗ろうとすると、大きなお腹がつかえて体が車に入らない。やっと乗り込んで走ろうとすると、今度はパワーが無くて走らない。ハンドルを摑んで唸っている姿が、何とも滑稽だった。

もうひとつの風景は、昭和二六年にシャグノンが帰国する直前である。その日の出来事を、後年柳井は次のように綴っている。

〈彼の乗船日直前に国鉄総裁公館で行なわれた少人数の送別会の情景を思い出した。退出の際シャグノンは加賀山総裁と握手をしたが、溢れる涙をどうすることも出来ず、それを見た加賀山総裁の目からも涙が溢れ出た。二人はしばらく無言で涙を流しながら手をとりあっていた。シャグノンの涙は何だったのだろうか。惜別の情もだしがたかったのか、口惜し涙だったのか〉（「鉄道ＯＢ新聞」・第五二六号）

柳井は言う。

「彼といっしょに旅をしていて、不愉快な思いをしたことは一度もなかったですね。私にとってシャグノンは、〝怪物〟でも何でもなかった……」

第二の手紙は自らの最近の仕事の内容に触れた後、次のように結んでいる。

〈小さいながらもほどよく快適な家を所有し、最近はそこそこの暮らしをしています。労働時間は長いのですが、気分は良好です。

新しい住所は○○番通り○○○番地です。ここに手紙を書き、こちらに来られるかどうかを知らせてください。

それでは再会まで。

ドン・シャグノン〉

晩年のシャグノンは、日本に戻り、生き別れになったYという日本女性と再会することを常に夢見ていたという。だがシャグノンはその後一度も日本の土を踏むことはなく、この手紙を書いた数年後にリノで静かに人生の幕を閉じた。戦争と、東洋の小さな国の文化と風習に翻弄され続けた生涯だった。

私は最後に柳井に訊いた。あの時、昭和二四年の夏にシャグノンと下山定則に何が起こったのか。『下山事件』の主謀者は、誰だったのか――。

「兼松さんは、こう言っていました。下山さんは、殺されたことは事実だろう。自殺じゃない、他殺であることは確かだろうと。しかし、誰が殺したのかがわからない。それが兼松さんがこの世に残した言葉でした。僕にも真相はわからない。もしキャノン機関の犯行だとしても、キャノンがなぜ殺したのか。むしろこちらが柴田さんに教えてもらいたいくらいです。いったい、誰なんですか」

予想外の展開だった。実は以前、私は大叔父の飯島から下山事件の主謀者は「×某」という人物であるとする証言を得ていた。「×某」は実行犯グループと目される亜細亜産業に頻繁に出入りし、G2のウィロビーやキャノン中佐とも密接に交友していた人物である。飯島によると「×某」は下山総裁を「裏切り者」と呼び、「殺してバラバラにしてやる」と公言していた。運輸省鉄道総局時代からその利権に深く食い込み、小千谷の発電所の入札やその他の公共工事の中止で莫大な損失を被った人物でもあり、松川事件でもその関与が噂された。

「×某」を主謀者とする証言には客観的な物証が存在しなかったために、これまで公表を控えてきた。以後も公表することはないだろう。

私は「ここだけの話」であることを前置きし、柳井と三坂に次のように伝えた。

「私は〝×某〟という人物だと聞いています。例の小千谷の発電所の一件を東芝が落札すれば、莫大な利益を得るはずだった人物です」

柳井と三坂が一瞬驚いたように顔を見合わせた。さらに私はその証言をした人物と、証言を得た経緯について説明した。私が話し終えるのを待って、柳井が言った。

「なるほど、〃×某〃ですか。話がそこに結びつけば理解できますね……」

柳井が納得するように、大きく何度も頷いた。

二〇〇六年九月一日――。

私と柳井乃武夫、その場にいた数人の間で、「下山事件」は静かに幕を閉じた。

終章　慟《どう》哭《こく》

東より光は来る
光をのせて東亜の土に
使いすわれら、われらが使命
見よ北斗の星のしるきが如く輝くを
曠野《ひろの》　曠野　万里つづける曠野に

（満州鉄道の歌）

荒涼とした大地に、二本の赤く錆《さ》びたレールが果てしなく延びている。人影のない操車場には朽ちかけた数輛の貨車が置き去りにされ、その上にうっすらと雪が降り積もっていた。

明治三九年（一九〇六）早春、日本の鉄道技官が初めて大連《だいれん》を視察に訪れた時、後に栄華を誇る満州鉄道は荒野に骸《むくろ》を晒《さら》す、もはや鉄道の残骸にすぎなかった。

前年の明治三八年九月五日、ポーツマス条約の調印により日露戦争が終戦。日本は条約に基づきロシアの支配下にあった満州を解放し、炭鉱資源など多くの利権を手中にした。その中に、ロシアが敷設した大連――寛城子《かんじようし》間を結ぶ東清《とうしん》鉄道があった。この荒野に続く二本のレールが、満州鉄道四〇年の歴史の幕開けだった。

日本が満州に進出した明治三九年は、国鉄の歴史が始まった年でもある。三月三一日、当時の西園寺内閣は「鉄道国有法」を公布。一〇年以内に国内の主要鉄道のすべてを国有化する趣旨を決定した。続く七月一三日には児玉源太郎満州軍総参謀長を委員長にした満州鉄道設立委員会が設置された。

満鉄は、正式には「南満州鉄道株式会社」と言う。その設立には、多くの難関が立ちはだかった。イギリスとアメリカはポーツマス条約の締結以前から満州への権利を主張。満州鉄道における門戸開放を迫った。中でもアメリカの鉄道王ハリマンは日本政府に一億円の資金提供を提案。合資会社設立の覚書を桂太郎内閣との間に取り交わしていた。

この動きに反発を強めたのが、児玉源太郎を中心とする日本の軍閥である。

「一〇万の流血と二〇億の戦費をもって購《あがな》った鉄道を、むざむざ他国に渡してなるものか――」

結果として満鉄は日本の独占的支配の道を歩むことになる。日露戦争におけるロシアからの満州の解放は、すでにこの時点で日本による新たな植民地支配の様相を帯びはじめていた。

明治三九年一一月二六日、初代総裁後藤新平の元に「南満州鉄道株式会社」が正式に発足した。その四ヵ月前の七月二三日、すでに設立委員長の児玉源太郎は満鉄の雄姿を目にすることなく、過労により急逝《きゆうせい》していた。児玉の遺志を受け継いだ後藤新平は、満鉄を単なる鉄道会社として終わらせることなく、後の満州帝国の大動脈とするべく遠大な構想を描いていたという。

満鉄は、完全な国策会社である。資本金二億円のうち、半分の一億円を日本政府が出資。残りの一億円を清国政府と民間からの公募により賄《まかな》われた。以後、満鉄は世界の注目を集めながら、植民地支配の拠点として急速に発展していく。鉄道の敷設や管理はもとより、資源開発や工業、農業、商業など七〇社にも及ぶ付帯企業や機関を経営し、大学や病院まで建設した。線路が延びればそこに新しい町ができる。産業が進出する。満鉄はやがて単なる鉄道会社の域を越え、ひとつの〝国家〟と呼ぶにふさわしい規模に成長していく。

「狭い日本にゃ住み飽きた――」

当時の日本人にとって、満鉄はある意味で民族の誇りであり、憧《あこが》れであり、郷愁の象徴であった。国民は、我れ先に満鉄を目指した。ある者はロマンに駆られ、ある者は仕事を求め、またある者は満鉄の守護神たる軍人として、着のみ着のままで大陸に渡った。

満州鉄道の栄華を象徴した“あじあ号”

後に国鉄総裁となる下山定則もその一人だった。下山総裁は戦時中の一時期、鉄道省から派遣された参謀本部員として満州、中北支、華南などを視察に訪れたことがある。戦後、下山総裁は台湾を支援する一方で、人道的な立場から中国の鉄道網の再建を日本の義務であると主張していた。満鉄に一方ならぬ愛着を抱いた一人だった。

昭和九年一一月一日、満鉄はその栄華の頂点を迎えた。日本の国力の象徴ともいえる「特急あじあ号」の誕生である。当時最新技術を投入して開発された流線型のパシナ12型機関車は、六輌の客車を引き大連——新京（長春《ちょうしゅん》）間約七〇〇キロを八時間三〇分で走り抜けたという。しかも全車輌が冷暖房完備という世界でも類を見ない豪華列車だった。

亜細亜産業が、なぜアジア産業であったのか。その社名はこの「特急あじあ号」に由来する。

だが、満州鉄道の栄光の歴史の中で、時を刻む歯車は少しずつ狂いはじめていた——。

昭和三年六月四日、奉天の一キロ手前の京奉線と満鉄の交差地点において、満州の実権を握る張作霖省長が関東軍の河本大佐によって爆殺された。軍部の意向に背《そむ》き、中央北京への進出を企《くわだ》てたがための暗殺だった。

さらに三年後の昭和六年九月一八日、関東軍の石原莞爾、板垣征四郎の両参謀の謀議により関東軍守備隊が奉天の北約八キロの地点で満鉄を爆破。いわゆる柳条湖事件である。関東軍はこの爆破を一方的に中国軍によるものと決めつけて一斉に蹶起《けっき》。翌一九日には奉天をはじめ満鉄沿線の各都市を占領下に制圧した。

以後、日本は、長く果てしない満州事変（正確には日中戦争）の泥沼へと足を踏み入れていく。日本の軍部は自らの血と汗によって築き上げた満鉄を、自らの手によって傷付けはじめた。何が彼らを狂わしてしまったのか――。

当時満州には、約二〇万人の在留邦人が暮らしていた。そのほぼ全員が、直接、もしくは間接的に満鉄に依存して生活していた。だが満鉄は、開業以来三五年を迎え、かつてない深刻な経営不振に陥っていた。そこに軍部をはさみ、中国側からの日常的な圧力が加えられた。


下山事件当時の国鉄を取り巻く状況と、あまりにもよく似ている。中国政府とGHQを置き換え、占領する側とされる側の立場を入れ替えればその構図は奇妙なほどに一致する。軍人――軍閥が事件の主謀者となり、それを敵対する側に責任を転嫁して目的を達成するやり方もそのままだ。

もちろん張作霖爆殺事件や柳条湖事件が下山事件と直接関係していたとする論法は成り立たない。だが、下山事件の背後には、満州鉄道から延々と続く人脈が存在した。精神的な支柱として、もしくは事件の発想の根幹として、その裏に満州鉄道が存在したことは確かである。

下山総裁は、正義の人だった。愛すべき国鉄を守るために、自らの体を盾として投げだした。だが、殺す側も殺される側も、ある意味ではみな満州鉄道の子供たちだったのではなかったかと思う。同じ腹から生まれた兄弟の歩む道を、いつ、何が分かちたもうたのか。たったひとつ言えることは、それぞれが、この世に生まれ落ちた瞬間から役割を背負っていたということだ。殺す側にも、殺される側にも、けっして逃れることのできない宿命があった。

いま、私は思う。事件の中で、自分が果たしてきた役割を。自分もまた、満州鉄道の子孫の一人であり、事件の共犯者ではなかったのかと——。

私は目を閉じる。

どこからか、風の哭《な》く音が聞こえてくる。

雪の積もる、荒涼とした大地を吹き抜ける風だ。

そこには、男たちの姿がある。戦争で、運命を見失った男たちだ。

彼らは自らの誇りである満州鉄道を捨て、ひたすらに故国を目指す。冷たい風に吹かれながら。凍る大地を這うように。

一人、また一人と友が倒れていく。その屍《しかばね》を乗り越えて、進み続ける。時には嗚咽を洩らし、また時には血の涙を流しながら。

かつて、祖父もそこにいた。

やさしい祖父だった。強く、逞《たくま》しい祖父でもあった。私を抱く掌《て》は常に温かく、何物にも換え難いやすらぎを与えてくれた。

その掌に、一枚の写真がある。モノクロームの、小さな写真だ。写真にはまだ幼い母と、若く美しい祖母の姿が写っている。

凍る大地に身を潜《ひそ》めながら、祖父が写真を見つめている。写真は所どころが折れ曲がり、色が薄れ、泥にまみれている。

写真の上に、雪が落ちる。いや、雪ではない。それは祖父の、涙だった。

私は祖父の名を呼ぶ。心が張り裂けんばかりに。だが、その声は祖父には届かない。

やがて祖父は立ち去っていく。広い背を丸めるように、少しずつ遠ざかっていく。

一度も振り返ることなく。私が後を追うことを拒《こば》むように。

すべては凍る満州の大地から始まった。

私は心を閉じる。だが、それでも風の音はやまない。

地の底から洩れるように、男たちの慟哭《どうこく》が聞こえてくる。

解　説――どの下山事件関連書より興奮を覚えた

櫻井《さくらい》よしこ（ジャーナリスト）

下山事件についてはすでに膨大な資料が明らかにされ、数多くの著作が世に問われてきた。にもかかわらず、事件の真相は未《いま》だ明らかにされていない。

警視庁は、初代国鉄総裁、下山定則氏の死を、自殺によるものか他殺によるものかさえ明らかにしないまま、捜査を打ち切り、同事件は一九六四年、時効を迎えて今日に至る。

事件後に流出し、取り沙汰《ざた》された情報は、当初、同事件が日本共産党をはじめとする左翼勢力による犯行であることを強く示唆するものだった。しかし、松本清張が一九六〇年に発表した『日本の黒い霧』は、その冒頭で同事件をとりあげ、GHQG2（米占領軍参謀部第二部・作戦部）が関わっていたとの見方を示した。

松本清張は、下山事件の最大の利益享受者はGHQであること、下山事件の前年に起きた帝銀事件も含めて、GHQの関与を明らかにすることなしには、これらの事件の真実は明らかにされないことを、事実を積み重ねることで示してみせた。

一方、第二次世界大戦が日本の敗北で一応の決着をみたあと、共産主義勢力、コミンテルンは尚《なお》も急速に力をつけつつあった。米国は当初、日本の伝統的、歴史的価値観を否定し、旧体制を悉《ことごと》く打破する目的で、彼らを容認した。しかし、その後、コミンテルンの脅威の、予想を超えた拡大を前にして対決姿勢を強めていく。米国の対日政策も容共から反共へと方針転換され、日本は「反共の砦《とりで》」と位置づけられる。対日政策は左から右へと烈《はげ》しい軋《きし》みを伴って転換されたが、それは日本国内における左右両勢力の熾烈《しれつ》な対立をも生み出していった。その暗く重い軋みのなかで発生した事件のひとつが下山事件だ。

日本の捜査当局は前述のように公式発表では自殺か他殺かさえも明確にせず、捜査を打ち切った。それは、占領下の日本において絶対的な権力を有していたGHQの障壁につき当たったからに他ならない。GHQにとって、下山事件は左翼勢力の犯行か、もしくは下山氏の自殺とされるのが好都合だった。如何なる形ででもGHQの加担が示唆されたり、暴露されることは、阻止しなければならないことだっただろう。

柴田哲孝氏の『下山事件　最後の証言』はこうした既出の視点を踏まえたうえで、それが身内の関わった謀殺事件であったという驚くべき可能性を抉《えぐ》り出したものだ。

それまで下山事件に特段の関心を抱いたこともない氏が、突然、同事件に目を向けさせられたのは、氏が敬愛してやまない祖父、柴田宏（ゆたか）氏が下山氏殺害に関連していたかもしれないという、身内から発せられた驚天動地の言葉だった。どんな人にとっても、身内の犯罪を解き明かすのは重い負担であろう。柴田氏は、しかし、その課題をやり遂げていく。

その顚末《てんまつ》こそ、まさに本書の醍醐味《だいごみ》なのだが、その中で、祖父宏とGHQの関係が明かされる。下山事件は下山氏の自殺によるものだったという、GHQにとって好ましい筋書きが、誰によってどのように作られていったかについても、柴田氏は冷静な解明を進めていく。

祖父はGHQの仕事をしていた。祖父の人脈のなかに長島フクという女性が存在した。フクは下山事件の自殺説を支える重要な証人の一人であった。フクを取り調べた捜査官はフクの夫の後輩だった。これらを辿《たど》っていけば、証言者も取調官も、自殺説を支えた一群の人々が、実は全員、水面下でつながっていたということになる。この秘やかな人間関係のなかでGHQへの疑いから目をそらす〝自殺説〟が作りあげられていったと推測するのは容易である。

まるでスパイ小説を読むような興奮を覚えたこのくだりを、柴田氏は、母親との会話形式でさり気なく綴《つづ》ってみせる。感情を抑制した筆致で、氏は、日本橋室町のライカビル四階にあった亜細亜産業を主舞台に、祖父の人脈が秘かに、しかし、明確な意思をもって動いたであろう軌跡を浮かび上がらせる。それは恰《あたか》も、もつれていた糸が、目に見えない力によってスルスルと一定方向に引かれ、もつれが解きほぐされ、きれいな一筋の線となって現れるような展開である。その一筋の線の上に、氏は重い結論を導き出すのだ。

「あらゆる情況証拠は、亜細亜産業の事件への関与を示唆していた」と。つまり、祖父は関与していたと、氏は結論づける。

読み進みながら、氏の心を測る自分に気づく。敬愛する〃祖父の犯罪〃を暴き、祖父の慈しみの下で育てられた自身の母親を深く傷つけることに怯《ひる》む氏がいて、もう一方に、下山事件の謎を解くことに使命感を燃やす取材者としての氏がいる。相反する二つの立場の相克のなかで、どれほど懊悩《おうのう》したことかと思う。

〃身内の犯罪〃を暴くという困難な課題を、しかし、柴田氏は真実を知りたいとの想いで乗り越えていく。恐らくは、立ち止まり、諦めようとする自分に、取材する者の使命を言い聞かせ、自己確認することでようやく前に進む気力を取り戻したこともあるだろう。こうした取材の果てに、氏の描く下山事件は新たな地平に広がっていく。そこでは、下山総裁の殺害が具体的にどう行われたかの解明は重大事でありながらも、全体像のなかのひとつの通過点にすぎないのだ。「下山総裁はなぜ殺されたのか」と題された第五章はその点で氏の面目躍如である。

氏はここで、松本清張の推測を否定するのである。清張は前述の『日本の黒い霧』で下山事件はGHQ内部の左翼容認派のGS（民政局）と保守勢力のG2（作戦部）の対立がひとつの要因だったと述べているのだが、柴田氏は、両者の対立は事件当時すでに決着がついていたことを指摘し、下山事件の真相解明には、日本を丸々、呑み込んでしまいそうな米国政府の経済政策の狙いこそ喝破しなければならないと指摘する。

たとえば、氏は問うてみせる。なぜ、戦後、為替レートは一ドル三六〇円に設定されたのかと。そして答えを出す。「戦前の七二倍という極端なレート」に設定された円とドル、そのドルの力を以てすれば、当然のことながら、「七二分の一の投資で日本の利権を買収することができる」のであり、「国鉄だって買うことは可能だ」と。

こうした問題提起の上に、氏は、ハリー・カーンという人物に焦点を当てる。カーンは米国の資本家を代弁するジャパン・ロビーを主宰した人物であり、カーンの後援者は全員、ウォール街の銀行、「ディロン・リード社」の出身だったことを、氏は突きとめるのだ。

第五章で行った問題提起は、実は、今日の日米関係に深く重なる。米国は為替、金融、株式など、あらゆる手段で日本を米国経済に資する形で支配しようとする。それに対して日本は、下山事件の当時、そして平成の今、どんな手を打ってきたのか、打っているのか。それとも日本には結局、なす術《すべ》がなかったのか。

「ジイ君」の事件への関わりへの疑問から出発して、巨大な日米両国の力のせめぎ合い、両国の間に横たわる窺《うかが》い知れない闇の部分へと、柴田氏は読者の視線を引きつけていく。私にとって、どの下山事件関連の書よりも興奮を覚えた書であった。

参考文献

以下の作品に関しては、
『謀殺　下山事件』矢田喜美雄（講談社　一九七三）
『夢追い人よ　斎藤茂男取材ノート1』斎藤茂男（築地書館　一九八九）
『葬られた夏　追跡下山事件』諸永裕司（朝日新聞社　二〇〇二）
『日本の黒い霧』松本清張（上・下）（文春文庫　一九七四）
『秘密のファイル　CIAの対日工作』（上・下）春名幹男（共同通信社　二〇〇〇）
より様々な教示を受けた。下山事件研究本、週刊誌など、資料とさせていただいたものを、列挙させていただき、謝辞に代えさせていただきたい。
『夢追い人よ　斎藤茂男取材ノート1』　斎藤茂男（築地書館　一九八九）／『葬られた夏　追跡下山事件』　諸永裕司（朝日新聞　二〇〇二）／『下山事件《シモヤマ・ケース》』　森達也（新潮社　二〇〇四）／『網走の覚書（増補版）』　宮本顕治（新日本文庫　一九八四）／『資料・下山事件』　下山事件研究会・編（みすず書房　一九六九）／『日本の黒い霧』　松本清張（文春文庫　一九七四）／『謀殺　下山事件』　矢田喜美雄（講談社　一九七三／新風舎文庫　二〇〇四）／『秘密のファ

イル　CIAの対日工作』　春名幹男（共同通信社　二〇〇〇／新潮文庫　二〇〇三）／『生体れき断』　平正一（毎日学生出版社　一九六四）　『ピアノ線の人』　野村三三（にっかん書房一九七九）／『何も知らなかった日本人』　畠山清行（青春出版社　一九七六）／『アメリカの秘密機関』　山田泰二郎（晩聲社　一九七六）／『鉄道終戦処理史』　日本国有鉄道・編（大正出版　一九八一）／『軍隊なき占領』　G・デイビス＋J・ロバーツ　森山尚美・訳（新潮社　一九九六／講談社＋α文庫　二〇〇三）／『三鷹事件』　片島紀男（日本放送出版協会　一九九九／新風舎文庫　二〇〇五）　『悪魔の飽食』　森村誠一（角川書店　一九八三）／『続・悪魔の飽食』　森村誠一（角川書店　一九八三）／『日本宰相列伝二十二　佐藤栄作』　衛藤瀋吉（時事通信社　一九八七）／『田中清玄自伝』　田中清玄（文藝春秋　一九九三）／『吉田茂とその時代』　岡崎久彦（PHP研究所　二〇〇二）／『知られざる日本占領』　C・A・ウィロビー（番町書房　一九七三）／『下山事件全研究』　佐藤一（時事通信社　一九七六）／『回想十年』①〜④　吉田茂（中公文庫　一九九八）／『随想十年』　斎藤昇（内政図書出版　一九五六）／『風の男白洲次郎』　青柳恵介（新潮文庫　二〇〇〇）／『真実を追う　下山事件捜査官の記録』　関口由三（サンケイ新聞社　一九六〇）『謀略の昭和裏面史』　黒井文太郎（宝島社　二〇〇六）／『永福柳軒という男　虚説・水野成夫傳』　岡本功司（同盟通信社　一九六二）／『さらに前進するために　民主的労働運動の歩み』　星加要（富士社会教育センター出版局　一九七四）／『昭和電工事件の内幕　中道政治の破綻』　中西重思（昭和動態研究所出版部　一九

四八）／『日本出版界のあゆみ』　小川菊松（誠文堂新光社　一九六二）／『国鉄民同を裁く』　東京都北区西ヶ原国鉄労組本部（国鉄労組出版部　一九四九）／『実録・旋風十年』　中島幸三郎（交通世論社　一九五五）／『占領秘録』　住本利男（中公文庫　一九八八）／『桜木町日記』　山川三平（駿河台書房　一九五二）／『終戦前後の一証言・ある鉄道人の回想』　兼松学（交通協力会　一九八六）／『おそめ――伝説の銀座マダムの数奇にして華麗な半生』　石井妙子（洋泉社　二〇〇六）／『日本の国鉄』　原田勝正（岩波新書　一九八四）／『国鉄の偽装経営』　吉留路樹（ルック社　一九七〇）／『私の戦後経済史』　吉野俊彦（至誠堂新書　一九六五）／『戦後日本経済史』　内野達郎（講談社学術文庫　一九七八）／『日本の右翼』　猪野健治（日新報道　一九七三）／『戦後水滸伝』　猪野健治（現代評論社　一九八五）／『マッカーサーの日本』　週刊新潮編集部（新潮社　一九八〇）／『占領軍の犯罪』　猪俣浩三（図書出版社　一九七九）／『抵抗の系譜』　猪俣浩三（酒井書店　一九六四）／『謀略』　大野達三＋岡崎万寿秀（三一新書　一九六〇）／『風と共に去り風と共に来りぬ（疑獄篇）』　森脇将光（安全投資株式会社出版部　一九五五）／『実録　満鉄調査部』（上・下）　草柳大蔵（朝日新聞社　一九七九）／『黒の機関』　森詠（ダイヤモンド社　一九七七）／『ポール・ラッシュ伝　清里の父』　山梨日日新聞社編（ユニバース出版社　一九八六）／『悪政・銃声・乱声』　児玉誉士夫（広済堂　一九七四）／『見えざる政府』　竹森久朝（白石書店　一九七六）／『内幕』　加納明弘＋高野孟（学陽書房　一九七六）／『田中角栄研究　全記録』（上・下）　立花隆（講談

社文庫　一九八二）／『馬賊一代』（上・下）　中島辰次郎（番町書房　一九七六）／『「阪田機関」出動ス』　熊野三平（展転社　一九八九）／『企業と労使関係改善のポイント』　林武一（日本生産性本部　一九六五）／『西尾末広の政治覚書』　西尾末広（毎日新聞社　一九六八）／『謀略列島』　吉原公一郎（新日本出版社　一九七八）
「改造」　一九五〇年二月号、三月号／「文藝春秋」　一九五〇年二月号／「週刊朝日」　一九九九年八月二十日・二十七日合併号／「日本」　一九五九年七月号／「朝日新聞」　一九五九年七月五日／「週刊ポスト」　一九七七年一月七日号／「別冊文藝春秋」　一九六七年十二月五日号／「アサヒ芸能」　一九七一年十一月二十五日号／「新雑誌X」　一九八六年三月号／「真相」　一九五四年三月一日号／「週刊文春」　一九五九年七月六日号／「サンデー毎日」　一九八一年五月三十一日号／「ニューズウィーク」　一九四七年一月二十七日号／「パシフィック・ニューズウィーク」　一九四七年十二月一日号

写真提供／毎日新聞社　共同通信　三樹書房
写真撮影／近藤陽介　図版製作／上野匠（三潮社）

（この作品『下山事件　最後の証言　完全版』は、平成十七年七月に小社から『下山事件　最後の証言』として四六判で刊行されたものに著者が大幅に加筆、修正をしました）

一〇〇字書評

切・り・取・り・線

購買動機（新聞、雑誌名を記入するか、あるいは○をつけてください）

- □（　　　　　　　　　　　　）の広告を見て
- □（　　　　　　　　　　　　）の書評を見て
- □ 知人のすすめで
- □ タイトルに惹かれて
- □ カバーが良かったから
- □ 内容が面白そうだから
- □ 好きな作家だから
- □ 好きな分野の本だから

・最近、最も感銘を受けた作品名をお書き下さい

・あなたのお好きな作家名をお書き下さい

・その他、ご要望がありましたらお書き下さい

住所	〒				
氏名		職業		年齢	
Eメール	※携帯には配信できません	新刊情報等のメール配信を 希望する・しない			

この本の感想を、編集部までお寄せいただけたらありがたく存じます。今後の企画の参考にさせていただきます。Eメールでも結構です。

いただいた「一〇〇字書評」は、新聞・雑誌等に紹介させていただくことがあります。その場合はお礼として特製図書カードを差し上げます。

前ページの原稿用紙に書評をお書きの上、切り取り、左記までお送り下さい。宛先の住所は不要です。

なお、ご記入いただいたお名前、ご住所等は、書評紹介の事前了解、謝礼のお届けのためだけに利用し、そのほかの目的のために利用することはありません。

〒一〇一－八七〇一
祥伝社文庫編集長　坂口芳和
電話　〇三（三二六五）二〇八〇

祥伝社ホームページの「ブックレビュー」からも、書き込めます。
http://www.shodensha.co.jp/bookreview/

祥伝社文庫

下山事件《しもやまじけん》　最後《さいご》の証言《しょうげん》
完全版

平成19年7月30日　初版第1刷発行
平成29年5月15日　第13刷発行

著　者　柴田哲孝《しばたてつたか》
発行者　辻　浩明
発行所　祥伝社《しょうでんしゃ》
東京都千代田区神田神保町3-3
〒101-8701
電話　03（3265）2081（販売部）
電話　03（3265）2080（編集部）
電話　03（3265）3622（業務部）
http://www.shodensha.co.jp/

印刷所　堀内印刷
製本所　ナショナル製本

 ISBN978-4-396-33366-9 C0195

祥伝社文庫の好評既刊

柴田哲孝　**TENGU**（てんぐ）

凄絶なミステリー。類《たぐ》い希《まれ》な恋愛小説。群馬県の寒村を襲った連続殺人事件は、いったい何者の仕業だったのか？

柴田哲孝　**渇いた夏**　私立探偵　神山健介《かみやまけんすけ》

伯父の死の真相を追う神山が辿り着く、「暴いてはならない」過去の亡霊とは!?　極上ハード・ボイルド長編。

柴田哲孝　**早春の化石**　私立探偵　神山健介

姉の遺体を探してほしい——モデル・佳子《けいこ》からの奇妙な依頼。それはやがて戦前の名家の闇へと繋がっていく！

柴田哲孝　**冬蛾《とうが》**　私立探偵　神山健介

神山健介を訪ねてきた和服姿の美女。彼女の依頼は雪に閉ざされた会津《あいづ》の寒村で起きた、ある事故の調査だった。

柴田哲孝　**秋霧《あきぎり》の街**　私立探偵　神山健介

奴らを、叩きのめせ——新潟で猟奇的殺人事件を追う神山の前に現われた謎の美女、そして背後に蠢《うごめ》く港町の闇！

柴田哲孝　**漂流者たち**　私立探偵　神山健介

東日本大震災が発生。議員秘書の同僚を殺害し、大金を奪い逃亡していた男の車も流された。神山は、男の足取りを追う。